Josi Meda

Maha Lilah

Desvendando os Mistérios:
A JORNADA DA VIDA

EDITORA **Leader**®

Coordenação:
Andréia Roma

Josi Medá

Maha Lilah
Desvendando os Mistérios
A JORNADA DA VIDA

Copyright © 2024 by Editora Leader
Todos os direitos da primeira edição são reservadas à Editora Leader

Diretora de projetos e chefe: editorial:	Andréia Roma
Revisão:	Editora Leader
Capa:	Editora Leader
Projeto gráfico e editoração:	Editora Leader
Suporte editorial:	Lais Assis
Livrarias e distribuidores:	Editora Leader
Artes e mídias:	Editora Leader
Diretor financeiro:	Alessandro Roma

Dados Internacionais de Catalogação na Publicação (CIP)

M436m   1.ed.   Meda, Josi.
Maha Lilah : a jornada da vida / Josi Meda ; coordenadora Andréia Roma. –
1.ed. – São Paulo : Editora Leader,
2024.

Various authors.
ISBN: 978-85-5474-214-0

1. Comportamento (Psicologia). 2. Lilah, Maha. 3. Mistérios. 4. Reflexões. 5. Terapia holística. 6. Vida (Jornada). I. Roma, Andréia. II. Título.

06-2024/66   CDD 158.1

Índices para catálogo sistemático:
1. Terapia holística: medicina 616.8914
Aline Graziele Benitez – Bibliotecária - CRB-1/3129

2024
Editora Leader Ltda.
Rua João Aires, 149
Jardim Bandeirantes – São Paulo – SP

Contatos:
Tel.: (11) 95967-9456
contato@editoraleader.com.br | www.editoraleader.com.br

Prefácio

É com grande honra e entusiasmo que escrevo o prefácio desta obra significativa e profundamente reflexiva. Quando fui convidado a contribuir com minhas opiniões sobre o livro, fiquei imediatamente cativado pela abordagem sensível e profunda com a qual a autora explora as várias dimensões da existência humana.

Nestes tempos de constante movimento e agitação, encontrar uma obra que nos convide a mergulhar em nossa própria essência é verdadeiramente um presente. Josi Meda nos conduz por uma jornada por meio das várias casas da Maha Lilah, explorando temas que ressoam com nossa humanidade compartilhada. Cada casa oferece um convite para contemplação, autoavaliação e crescimento interior.

O enfoque único deste livro reside na combinação habilidosa entre sabedoria espiritual e compreensão psicológica. Josi Meda, com maestria, une esses dois mundos aparentemente distintos, revelando como eles estão intrinsecamente entrelaçados em nossa jornada de autodescoberta e desenvolvimento pessoal.

Como um psicanalista e especialista em Eneagrama, fico impressionado com a maneira pela qual ela explora os diferentes aspectos da personalidade humana e guia os leitores em direção à compreensão mais profunda de si mesmos. Cada casa da Maha Lilah é como um espelho que reflete nossas complexidades internas, oferecendo oportunidades para explorar nosso potencial não realizado e abraçar nossa verdadeira natureza.

À medida que você folhear estas páginas, eu convido você a se entregar a essa jornada de exploração interior. Permita que as reflexões cuidadosamente tecidas pela Josi os guiem por meio das casas da Maha Lilah, desvendando camadas ocultas de sua própria consciência. Este livro é mais do que uma leitura, é um convite para uma experiência transformadora.

Que o conteúdo seja uma fonte de inspiração e sabedoria em sua busca contínua por autodescoberta e crescimento interior.
Com estima,

Marco Meda
Psicanalista e especialista em Eneagrama

Introdução

Na jornada da vida, muitos de nós estamos em uma busca incessante por significado, sabedoria e paz interior. Em nossa busca por respostas e compreensão, frequentemente nos voltamos para o mundo exterior para encontrar orientação. No entanto, há um reino profundo e misterioso dentro de nós, de conhecimento intemporal e *insight* transcendental, que aguarda a exploração. É nesse âmago da nossa existência que residem os segredos da nossa verdadeira natureza e o potencial para a transformação mais profunda.

Neste livro, convido você, caro leitor, a embarcar em uma jornada de exploração interior, à medida que desvendamos os véus que ocultam a riqueza da sabedoria que reside dentro de cada um de nós. Vamos nos aventurar pelos reinos da consciência, explorando casas que representam aspectos profundos e universais da nossa experiência humana. Cada casa é um portal para reflexão, autoconhecimento e autotransformação, oferecendo *insights* preciosos sobre como abraçar a plenitude da vida e alcançar um estado de verdadeira paz e realização.

À medida que avançarmos pelas páginas deste livro, mergulharemos em cada casa, examinando suas características únicas, reflexões profundas e aplicações terapêuticas práticas. Juntos, exploraremos os temas do amor impessoal, da busca pela verdade, da importância da ação, da superação da inércia, da humildade e compaixão, e muito mais. Por meio dessas explorações, buscamos desvendar os segredos para viver uma vida mais autêntica, conectada e significativa.

Prepare-se para uma jornada de autodescoberta e crescimento interior. À medida que você abraçar o convite para explorar os reinos da sabedoria interior, espero que encontre inspiração, *insight* e orientação para trilhar um caminho de transformação pessoal.

Que este livro seja um guia compassivo e iluminador em sua busca pelo despertar da consciência, e que o ajude a alcançar um estado de ser mais pleno, consciente e harmonioso.

Casa 1

Janma – Gênesis

Seja bem-vindo(a) à Casa 1 – Janma – Gênesis, a primeira morada na jornada da Maha Lilah. Neste espaço de exploração e autoconhecimento, adentraremos o reino do gênesis, o princípio primordial de toda existência. A Casa 1 é o ponto de partida, em que a semente da vida é plantada e os alicerces do nosso ser são estabelecidos.

Janma, em sua essência, representa o nascimento, o surgimento da consciência individual no vasto universo. É o momento da manifestação, quando somos lançados ao fluxo da existência com todas as suas potencialidades e desafios. Aqui, nos deparamos com as sementes de nossos traços inatos, os padrões que nos moldam desde o início.

Nesta casa, a jornada se inicia com a contemplação sobre nossa origem, nossa ancestralidade e as forças que nos influenciam desde o primeiro suspiro. É uma oportunidade para examinarmos a natureza das nossas raízes, compreendendo como nossa história pessoal se entrelaça com as correntes universais.

A Casa 1 é o portal para a autorreflexão sobre nossa identidade em evolução. É um convite para explorar como os traços do passado moldam nosso presente e como podemos, conscientemente, nutrir os alicerces do nosso crescimento futuro. Ao compreendermos a energia fundamental desta casa, somos capacitados a trilhar um caminho de autodescoberta, abrindo-nos para a riqueza de possibilidades que o universo nos oferece.

Convido você a se aprofundar nesta Casa 1 – Janma – Gênesis, mergulhando nas águas do início, da origem, e descobrindo como as sementes plantadas no gênesis da sua vida podem florescer em uma jornada de compreensão, crescimento e realização.

Algumas características e reflexões relacionadas com a Casa Janma (Gênesis)

- Novos **começos**: esta posição é marcada por um novo começo, um momento de renovação e de iniciar novos projetos ou empreendimentos em sua vida.

- Criatividade **desperta**: é um período de despertar da criatividade e da energia vital, permitindo que você manifeste suas ideias e visões de maneira mais assertiva.

- Expressão **pessoal**: esta é uma oportunidade para expressar quem você realmente é, sem limitações. Você é encorajado a abraçar sua singularidade e autenticidade.

- Exploração de **novos ca**minhos: a Casa 1 convida você a explorar novos caminhos e a se aventurar em territórios desconhecidos. É um momento de coragem e ousadia.

- Empoderamento: esta posição traz consigo um sentimento de empoderamento e autoconfiança, impulsionando-o a enfrentar desafios de maneira mais determinada.

- Manifestação de **ideias**: é um momento propício para manifestar as ideias que podem ter estado latentes dentro de você, trazendo-as à luz e tornando-as realidade.

Aplicação terapêutica da Casa Janma

- **Defina metas e intenções:** estabeleça metas claras e intenções para esse período de renascimento, focando no que deseja criar e manifestar.

- Autoexploração: dedique tempo para se conhecer melhor, identificando seus talentos, paixões e desejos mais profundos.

- **Ação consciente:** tome medidas conscientes em direção aos seus objetivos, mantendo-se focado na criação de algo novo e significativo.

- Autenticidade: comprometa-se a ser autêntico em todas as suas ações e expressões, permitindo que sua verdadeira essência brilhe.

- **Supere limitações:** liberte-se de qualquer autocrítica ou autodúvida que possa impedir seu crescimento e inovação.

- **Aproveite o momento:** reconheça que esse é um período especial de renovação e transformação, e aproveite ao máximo as oportunidades que se apresentam.

ENEAGRAMA

Aqui está a análise da Casa 1 – Janma – Gênesis, à luz do Eneagrama, para cada um dos nove tipos, juntamente com sugestões de melhoria específicas:

Tipo 8 – O Poderoso

Na Casa 1, o Tipo 8 é desafiado a reconhecer que sua busca pelo poder muitas vezes mascara um desejo profundo de proteger suas vulnerabilidades. Sugere a necessidade de explorar a autenticidade e permitir-se mostrar fraquezas.

Sugestão: praticar a abertura emocional e aprender a delegar responsabilidades para construir relacionamentos de confiança.

Tipo 9 – O Mediador

A Casa 1 convida o Tipo 9 a sair da zona de conforto e a enfrentar conflitos internos e externos para encontrar seu verdadeiro propósito. Sugere uma jornada de autodescoberta e expressão pessoal.

Sugestão: identificar e expressar necessidades e desejos pessoais, buscando atividades que inspirem paixão.

Tipo 1 – O Perfeccionista

Para o Tipo 1, a Casa 1 representa o início da busca pela perfeição e autoaperfeiçoamento. Sugerindo a importância de equilibrar a autocrítica com a aceitação de suas imperfeições.

Sugestão: praticar a autocompaixão e aprender a valorizar o progresso em vez da busca incessante pela perfeição.

Tipo 2 – O Ajudante

Na Casa 1, o Tipo 2 é desafiado a explorar as motivações por trás de seu desejo de ajudar os outros. Sugere encontrar autenticidade em suas ações altruístas, sem buscar validação externa.

Sugestão: praticar o autocuidado e estabelecer limites saudáveis, focando em suas próprias necessidades.

Tipo 3 – O Vencedor

A Casa 1 destaca a busca do Tipo 3 por realizações e reconhecimento. Sugerindo a importância de encontrar autenticidade além das aparências.

Sugestão: cultivar interesses pessoais autênticos e praticar a vulnerabilidade emocional para criar conexões genuínas.

Tipo 4 – O Intenso

Para o Tipo 4, a Casa 1 representa a busca pela singularidade e profundidade emocional. Sugere encontrar beleza na simplicidade e aprender a apreciar as pequenas coisas da vida.

Sugestão: praticar a gratidão pelo presente e cultivar momentos de contentamento.

Tipo 5 – O Analítico

A Casa 1 convida o Tipo 5 a equilibrar sua busca por conhecimento com a necessidade de conexão emocional. Sugere compartilhar sabedoria com os outros e envolver-se socialmente.

Sugestão: participar de grupos de interesse para trocar ideias e aprender com diferentes perspectivas.

Tipo 6 – O Precavido

Na Casa 1, o Tipo 6 é desafiado a enfrentar seus medos e inseguranças, buscando uma confiança interna e externa. Sugere praticar a autoafirmação positiva e enfrentar riscos com coragem.

Sugestão: cultivar a confiança em si mesmo e desafiar pensamentos autocríticos.

Tipo 7 – O Otimista

A Casa 1 convida o Tipo 7 a encontrar profundidade e significado no presente, em vez de buscar constantemente novas experiências. Sugerindo uma jornada interior para enfrentar emoções desconfortáveis.

Sugestão: praticar momentos de presença plena e explorar sentimentos mais profundos.

RESUMO

A Casa 1 – Janma – Gênesis, no contexto do Eneagrama, é um ponto de partida para a autodescoberta e crescimento de cada tipo. Ela desafia cada indivíduo a explorar suas motivações e a buscar autenticidade. Ao seguir as sugestões específicas para cada tipo, é possível iniciar um processo transformador de autoconhecimento e evolução.

CONSTELAÇÃO

Pertencimento na Casa 1 – Janma – Gênesis

A Casa 1, que representa o Gênesis ou o início de tudo, está profundamente ligada ao sentimento de Pertencimento. É em que nossa jornada na vida começa, dentro do seio da família. Essa casa é a fundação do nosso senso de identidade e conexão. O Pertencimento aqui transcende o mero ato de estar fisicamente presente; é sobre a aceitação emocional e espiritual dentro do grupo familiar.

As raízes do Pertencimento na Casa 1 podem ser nutridas por meio do reconhecimento da história familiar e das tradições. Honrar as histórias dos antepassados e entender como suas experiências moldaram a família é uma maneira poderosa de cultivar o senso de pertencimento. A compreensão de que cada membro é uma parte essencial do todo, com suas contribuições únicas, também é vital para fortalecer esse aspecto.

Hierarquia na Casa 1 – Janma – Gênesis

Dentro da Casa 1, a Hierarquia é percebida na ordem natural das gerações. Ela se manifesta nas funções e responsabilidades específicas de cada membro da família. Os mais velhos muitas vezes ocupam papéis de liderança, guiando e moldando as gerações mais jovens. A Hierarquia aqui é mais sobre reconhecimento do que dominação, é sobre a sabedoria que é transmitida de geração em geração.

Honrar a Hierarquia na Casa 1 envolve reconhecer o valor das experiências e ensinamentos dos mais velhos. Aprender com suas histórias e tradições, respeitar suas perspectivas e entender que cada geração tem seu papel único na evolução da família são aspectos importantes. A Hierarquia saudável nesta casa é construída na base do respeito mútuo e da colaboração.

Equilíbrio na Casa 1 – Janma – Gênesis

A Casa 1 também carrega a necessidade intrínseca de Equilíbrio. Como é o ponto de partida da nossa jornada, um equilíbrio saudável aqui é essencial para que possamos seguir adiante de maneira estável e harmoniosa. O Equilíbrio na Casa 1 envolve honrar tanto as origens quanto o crescimento individual, encontrando a harmonia entre o passado e o futuro.

Para cultivar o Equilíbrio na Casa 1, é importante reconhecer as influências do passado, mas também permitir que cada membro da família se torne o melhor de si mesmo. Isso requer aceitação das escolhas individuais e apreciação das contribuições únicas de cada membro. Encontrar maneiras de harmonizar tradições familiares com a evolução pessoal é um caminho para nutrir o equilíbrio.

DICAS SISTÊMICAS

- Ouça as histórias dos mais velhos da família e compartilhe essas histórias com as gerações mais jovens para manter viva a tradição.
- Respeite as funções e papéis de cada membro da família, valorizando a sabedoria dos mais velhos e as perspectivas dos mais jovens.
- Encontre maneiras de equilibrar as tradições familiares com a individualidade e a evolução de cada membro.
- Cultive um ambiente de aceitação e apoio mútuo, em que cada membro se sinta valorizado e pertencente.
- Reconheça que a família é um sistema interconectado e o bem-estar de cada membro contribui para o bem-estar do todo.

RESUMO

Em resumo, a Casa 1 – Janma – Gênesis é um ponto de partida essencial, em que o Pertencimento, a Hierarquia e o Equilíbrio desempenham papéis cruciais na formação da identidade familiar e no fortalecimento das relações. Reconhecer e honrar esses aspectos ajuda a construir uma base sólida para a jornada de crescimento e evolução de toda a família.

OS 7 CHACRAS

Aqui está a análise da Casa 1 – Janma – Gênesis, relacionada com os sete chacras, oferecendo *insights* sobre como essa casa influencia cada um dos centros de energia, juntamente com dicas para equilibrar essas influências em sua vida:

Chacra Raiz (Muladhara) – Segurança e Sobrevivência

O chacra raiz, localizado na base da coluna vertebral, encontra seu reflexo na Casa 1 – Janma, que se refere ao início, ao nascimento e à criação. A energia vital desse chacra está relacionada com a sobrevivência, a segurança e ao sentimento de pertencimento. Uma casa que ressoa com a energia do chacra raiz pode criar um ambiente sólido e seguro para o desenvolvimento de novas ideias e projetos. Para equilibrar essa conexão, é importante estabelecer uma base sólida para qualquer empreendimento, cuidando das necessidades fundamentais enquanto embarca em novos começos.

Chacra Sacral (Swadhisthana) - Criatividade e Emoções

O chacra sacral, associado à criatividade e às emoções, encontra um reflexo na Casa 1 – Janma, que se refere aos começos e às origens. A energia fluida deste chacra pode influenciar a maneira como abordamos novas ideias e projetos, infundindo-os com paixão e criatividade. Uma Casa 1 equilibrada no chacra sacral pode inspirar a busca de projetos autênticos e expressivos desde o início, permitindo que as emoções e a imaginação guiem o processo criativo.

Chacra do Plexo Solar (Manipura) - Poder Pessoal

O chacra do plexo solar, relacionado com o poder pessoal e da autoestima, encontra reflexo na Casa 1 – Janma, que está ligada a novos começos e à criação. Uma Casa 1 alinhada com a energia do chacra do plexo solar pode ser uma base sólida para a manifestação de metas e intenções. É uma energia de liderança e confiança, permitindo que você se sinta no controle de suas escolhas e decisões iniciais. Um equilíbrio saudável entre esses dois aspectos pode levar a um início positivo e produtivo.

Chacra Cardíaco (Anahata) - Amor e Compaixão

O chacra cardíaco, ligado ao amor e à compaixão, encontra um reflexo na Casa 1 – Janma, que se refere ao início e ao nascimento. Quando essa energia do chacra cardíaco está presente na Casa 1, é provável que os novos começos sejam abordados com empatia e cuidado. Pode ser um período de conexões significativas e abertura para novas experiências amorosas. Ao cultivar essa energia, você pode garantir que seus começos sejam guiados pelo amor e pela autenticidade.

Chacra Laríngeo (Vishuddha) - Comunicação e Expressão

O chacra laríngeo, associado à comunicação e à expressão, encontra um reflexo na Casa 1 – Janma, que está relacionada aos novos começos e à criação. Quando esse chacra se alinha com essa casa, os novos empreendimentos são marcados pela clareza e pela autenticidade na comunicação. É um momento de compartilhar suas intenções e visões de maneira franca e direta. Equilibrar essas energias pode levar a um início mais consciente e uma comunicação mais eficaz.

Chacra do Terceiro Olho (Ajna) - Intuição e Percepção

O Chacra do Terceiro Olho, relacionado com a intuição e a sabedoria interior, encontra um reflexo na Casa 1 – Janma, que se refere ao início e à criação. Uma conexão entre essas energias pode resultar em começos guiados por *insights* profundos e intuição aguçada. Este é um momento para confiar em sua sabedoria interna ao tomar decisões iniciais e ao traçar novos caminhos. Equilibrar essas energias pode abrir espaço para um início consciente e sábio.

Chacra Coronário (Sahasrara) – Conexão Espiritual

O chacra coronário, ligado à espiritualidade e à conexão com o divino, encontra um reflexo na Casa 1 – Janma, que está ligada aos começos e à criação. Quando essas energias se unem, os novos começos podem ser permeados por uma profunda sensação de propósito e conexão espiritual. Este é um momento para buscar uma abordagem mais elevada para novos empreendimentos, buscando orientação espiritual e inspiração. Integrar essas energias pode levar a um início mais significativo e alinhado com seus valores e aspirações espirituais.

> **RESUMO**
>
> A Casa 1 – Janma – Gênesis, com relação aos sete chacras, influencia os novos começos, nascimentos e criações de maneira única, dependendo do chacra predominante. Ao reconhecer e equilibrar a energia de cada chacra, você pode aproveitar ao máximo os começos e garantir que eles estejam alinhados com sua intuição, criatividade, poder pessoal, compaixão, comunicação, sabedoria interior e conexão espiritual.

MENSAGEM FINAL

A mensagem final para quem tirou a carta da Casa 1, Janma, é que este é um momento para novos começos e aproveitar as oportunidades para criar algo novo em sua vida. Compreenda a profundidade e o potencial dessa posição na Maha Lilah, e permita que essa energia de renascimento o guie em direção à manifestação de suas visões e desejos mais autênticos.

Casa 2

Maya – Ilusão – Esquecimento

Seja bem-vindo(a) à Casa 2 – Maya – Ilusão – Esquecimento, um espaço de profunda reflexão na jornada da Maha Lilah. Aqui, adentramos o reino da ilusão, em que as névoas do esquecimento obscurecem nossa visão da realidade mais ampla. A Casa 2 nos convida a explorar a teia complexa das ilusões que envolvem nossa compreensão do mundo e de nós mesmos.

Maya, em seu cerne, representa a ilusão que permeia nossa percepção. É o véu sutil que obscurece a verdade subjacente e nos leva a confundir a aparência com a essência. Nesta casa, enfrentamos o desafio do esquecimento – o esquecimento da nossa verdadeira natureza e da interconexão com o universo.

Nesse espaço de exploração, nos deparamos com a capacidade das ilusões de moldar nossa visão da realidade. Mergulhamos nas camadas enganosas que muitas vezes nos afastam da compreensão profunda da vida. Ao compreender as complexidades da ilusão e do esquecimento, somos convidados a transcender as limitações que esses véus impõem.

A Casa 2 é um convite para questionar as percepções superficiais e penetrar nas profundezas da verdade. É uma oportunidade para desvendar os mistérios da ilusão, revelando as verdades subjacentes que estão além das aparências enganosas. Nesta casa, exploramos como podemos desenredar as teias da ilusão e recuperar nossa conexão perdida com o tecido do universo.

Convido você a se aprofundar na Casa 2 – Maya – Ilusão – Esquecimento, explorando as complexidades das ilusões que moldam nossa realidade e descobrindo como podemos desvendar os véus da ilusão para encontrar uma compreensão mais profunda e autêntica de quem somos e do mundo que nos cerca.

Algumas características e reflexões relacionadas com a Casa Maya (Ilusão e Esquecimento)

- Autoconhecimento: reconhecer as ilusões pessoais e os padrões de pensamento que podem distorcer a percepção da realidade.
- Desapego: praticar o desapego das ilusões materiais e das identidades superficiais, buscando uma compreensão mais profunda do eu.
- *Mindfulness*: cultivar a atenção plena para estar presente no momento atual e reconhecer as ilusões que surgem na mente.
- Autoindagação: questionar as crenças e suposições que mantêm as ilusões no lugar, buscando a verdade interior.
- **Busca da verdade:** embarcar em uma jornada espiritual ou filosófica para descobrir a verdade mais profunda além das aparências ilusórias.
- Despertar **espiritual**: buscar a iluminação e o despertar espiritual, superando as ilusões para alcançar uma compreensão mais clara da realidade.

Aplicação terapêutica da Casa Maya

- Autoquestionamento: questione regularmente suas crenças e percepções para identificar e desafiar as ilusões que possam surgir.
- Práticas de **meditação**: incorpore práticas de meditação e contemplação para acalmar a mente e observar as ilusões que surgem.
- Consciência do **momento presente**: pratique o *mindfulness* para estar plenamente presente no momento e evitar ser arrastado pelas ilusões.
- Estudo **filosófico**: explore sistemas de pensamento filosófico e espiritual que abordam a natureza da realidade e as ilusões da vida.
- Expressão **criativa**: utilize formas criativas, como arte ou escrita, para explorar e expressar as complexidades das ilusões e da verdade interior.

ENEAGRAMA

Aqui está a análise da Casa 2 – Maya – Ilusão – Esquecimento, à luz do Eneagrama, para cada um dos nove tipos, juntamente com sugestões de melhoria específicas:

Tipo 8 – O Poderoso

Quando o Tipo 8 cai na Casa 2, a ilusão pode se manifestar como a crença de que o controle é a única maneira de enfrentar os desafios. Isso pode levar a ignorar a própria vulnerabilidade.

Sugestão: praticar a vulnerabilidade e reconhecer que a verdadeira força também envolve a abertura para a conexão emocional genuína.

Tipo 9 – O Mediador

Para o Tipo 9 na Casa 2, a ilusão pode ser a de que evitar conflitos e suprimir necessidades pessoais traz paz. Isso pode levar ao esquecimento das próprias prioridades.

Sugestão: praticar a autoafirmação e tomar decisões que reflitam verdadeiros desejos, mesmo que isso cause desconforto temporário.

Tipo 1 – O Perfeccionista

Quando o Tipo 1 está na Casa 2, a ilusão pode ser a busca implacável pela perfeição externa, esquecendo-se de aceitar a humanidade e os erros.

Sugestão: cultivar a autocompaixão, abraçar a imperfeição e aprender a apreciar a beleza da autenticidade.

Tipo 2 – O Ajudante

Para o Tipo 2 na Casa 2, a ilusão pode ser a de que a autoestima está ligada à capacidade de cuidar dos outros, esquecendo-se de cuidar de si mesmo.

Sugestão: praticar o autocuidado genuíno e estabelecer limites saudáveis, lembrando-se de que merece amor e atenção também.

Tipo 3 – O Vencedor

A ilusão para o Tipo 3 na Casa 2 pode ser a crença de que o sucesso externo é a única medida de valor, esquecendo-se da importância da autenticidade.

Sugestão: explorar interesses pessoais genuínos, além das aparências, e praticar a autoaceitação.

Tipo 4 – O Intenso

Quando o Tipo 4 cai na Casa 2, a ilusão pode ser a de que a identidade é moldada apenas pelas emoções intensas, esquecendo-se da totalidade do ser.

Sugestão: cultivar a estabilidade emocional e encontrar valor nas experiências cotidianas, não apenas nas mais intensas.

Tipo 5 – O Analítico

Para o Tipo 5 na Casa 2, a ilusão pode ser a de que o conhecimento intelectual é a única forma de segurança, esquecendo-se da importância da conexão emocional.

Sugestão: praticar a abertura emocional, compartilhar sabedoria com os outros e criar relacionamentos mais profundos.

Tipo 6 – O Precavido

A ilusão para o Tipo 6 na Casa 2 pode ser a crença de que a desconfiança constante é a única forma de se proteger, esquecendo-se da capacidade de confiar em si mesmo e nos outros.

Sugestão: cultivar a autoconfiança e permitir-se relaxar em ambientes seguros.

Tipo 7 – O Otimista

Quando o Tipo 7 está na Casa 2, a ilusão pode ser a busca incessante por experiências positivas, esquecendo-se de enfrentar emoções mais profundas.

Sugestão: praticar momentos de presença plena, explorar sentimentos desconfortáveis e encontrar alegria na introspecção.

RESUMO

A Casa 2 – Maya – Ilusão – Esquecimento, no contexto do Eneagrama, convida cada tipo a examinar as ilusões que podem afetar seu crescimento pessoal. As sugestões específicas para cada tipo podem ajudar a reconhecer e superar essas ilusões, promovendo um maior autoconhecimento e uma jornada de autenticidade.

CONSTELAÇÃO

Pertencimento na Casa 2 – Maya – Ilusão – Esquecimento

A Ilusão da Casa 2 frequentemente nos afasta do sentimento de Pertencimento. À medida que esquecemos nossa conexão mais profunda, podemos nos sentir isolados e perdidos em meio à ilusão do mundo material. Cultivar o Pertencimento nesta casa é fundamental para lembrarmos que somos parte de uma teia interconectada de seres humanos e da energia universal.

Reconectar-se ao Pertencimento envolve reconhecer que todos compartilhamos a mesma essência espiritual. Ao valorizar as conexões humanas e as interações significativas, podemos romper a ilusão de separação. Investir em relacionamentos autênticos e em comunidades solidárias pode ajudar a restabelecer esse senso de Pertencimento.

Hierarquia na Casa 2 – Maya – Ilusão – Esquecimento

A Ilusão na Casa 2 frequentemente obscurece a Hierarquia natural da existência. Nossa percepção limitada pode nos fazer acreditar que somos separados do divino e das forças cósmicas. No entanto, compreender a Hierarquia universal nos lembra que somos parte de um todo maior, em constante evolução.

Reconhecer a Hierarquia nesta casa envolve aceitar que, embora sejamos individualmente únicos, estamos interligados em um sistema maior de energia e consciência. Aceitar a sabedoria dos antepassados, das tradições e do divino nos ajuda a transcender a ilusão de que estamos sozinhos. A Hierarquia espiritual nos lembra que somos parte de um plano cósmico maior.

Equilíbrio na Casa 2 – Maya – Ilusão – Esquecimento

A Ilusão na Casa 2 frequentemente nos desequilibra, nos puxando para a busca excessiva por prazeres materiais e satisfação imediata. Encontrar o Equilíbrio é fundamental para transcender essa ilusão e lembrar que a verdadeira realização vem de dentro.

Cultivar o Equilíbrio envolve reconhecer que a busca excessiva por prazeres materiais é apenas uma ilusão passageira. Praticar o autocuidado emocional e espiritual nos ajuda a restaurar o equilíbrio interno. Encontrar a harmonia entre as necessidades do corpo e as aspirações espirituais nos leva além das ilusões do mundo material.

DICAS SISTÊMICAS

- Explore práticas espirituais, como meditação e yoga, para reconectar-se à sua essência espiritual.
- Investigue a história de sua linhagem familiar, pois isso pode ajudar a romper a ilusão de separação.
- Estabeleça limites saudáveis para evitar a busca excessiva por prazeres passageiros.
- Priorize relacionamentos autênticos e conexões significativas em vez de buscas superficiais.
- Pratique a gratidão regularmente para lembrar-se das bênçãos presentes em sua vida.

RESUMO

A Casa 2 – Maya – Ilusão – Esquecimento nos desafia a superar as ilusões da separação e reconectar-nos à nossa essência espiritual. Cultivar um senso de Pertencimento, compreender a Hierarquia espiritual e buscar o Equilíbrio interno nos ajuda a transcender as ilusões da Casa 2, revelando a verdade por trás da ilusão.

Em resumo, a Casa 2 – Maya – Ilusão – Esquecimento nos desafia a superar as ilusões da separação e reconectar-nos à nossa essência espiritual. Cultivar um senso de Pertencimento, compreender a Hierarquia espiritual e buscar o Equilíbrio interno nos ajuda a transcender as ilusões da Casa 2, revelando a verdade por trás da ilusão.

OS 7 CHACRAS

Aqui está a análise da Casa 2 – Maya – Ilusão – Esquecimento, relacionada com os sete chacras, oferecendo *insights* sobre como essa casa afeta cada um dos centros de energia, juntamente com dicas para equilibrar essas influências em sua vida:

Chacra Raiz (Muladhara) – Segurança e Sobrevivência

Na Casa 2, a energia de Maya pode afetar o chacra raiz, levando a uma sensação de ilusão com relação à segurança e à estabilidade. Pode haver um esquecimento momentâneo das necessidades básicas de sobrevivência. Para equilibrar isso, concentre-se em práticas que fortaleçam seu senso de segurança, como exercícios de enraizamento, alimentação saudável e criando um ambiente estável.

Chacra Sacral (Swadhisthana) – Criatividade e Emoções

Nesta casa, Maya pode obscurecer sua compreensão das emoções e da criatividade. Você pode se iludir ao reprimir ou negligenciar esses aspectos. Para equilibrar, permita-se explorar suas emoções e canalizar sua criatividade de maneira saudável. Dança, arte e expressão emocional consciente podem ser benéficos.

Chacra do Plexo Solar (Manipura) – Poder Pessoal

A ilusão de Maya na Casa 2 pode obscurecer seu senso de poder pessoal. Você pode esquecer o quão capaz é de tomar decisões e agir com assertividade. Para equilibrar, pratique afirmações positivas e tome medidas assertivas em sua vida. Cultive a autoconfiança e a clareza em suas escolhas.

Chacra Cardíaco (Anahata) – Amor e Compaixão

A Casa 2 pode influenciar o chacra cardíaco com ilusões sobre o amor e a conexão. Você pode esquecer o verdadeiro significado do amor e lutar para cultivar relações autênticas. Para equilibrar, pratique a autocompaixão e o amor próprio. Expresse gratidão e gentileza em seus relacionamentos.

Chacra Laríngeo (Vishuddha) – Comunicação e Expressão

Neste contexto, Maya pode criar ilusões com relação à sua capacidade de comunicação. Você pode esquecer sua voz autêntica e lutar para expressar suas verdades. Para equilibrar, pratique a comunicação consciente e a expressão criativa. Cantar, falar positivamente e ouvir atentamente podem ajudar.

Chacra do Terceiro Olho (Ajna) – Intuição e Percepção

A energia da Casa 2 pode afetar seu chacra do terceiro olho, levando a ilusões e esquecimento de sua intuição. Você pode se desconectar de sua sabedoria interior. Para equilibrar, cultive a meditação e a introspecção. Confie em sua intuição e faça pausas para refletir.

Chacra Coronário (Sahasrara) – Conexão Espiritual

Nesta casa, Maya pode criar ilusões com relação à sua conexão espiritual. Você pode esquecer sua ligação com o divino e se sentir desconectado do aspecto espiritual da vida. Para equilibrar, adote práticas espirituais que ressoem com você. Meditação, yoga e contemplação podem ajudar a restabelecer essa conexão.

RESUMO

A Casa 2 – Maya – Ilusão – Esquecimento, quando vista por meio da lente dos sete chacras, pode obscurecer diferentes aspectos de sua vida, desde segurança até espiritualidade. Equilibrar essas influências envolve a conscientização desses efeitos e a prática de técnicas que nutrem cada um dos chacras. Lembre-se de que o autoconhecimento é fundamental, e explorar essas energias de maneira pessoal pode levar a uma vida mais plena e autêntica.

Em resumo, a Casa 2 – Maya – Ilusão – Esquecimento, quando vista por meioatravés da lente dos sete chacras, pode obscurecer diferentes aspectos de sua vida, desde segurança até espiritualidade. Equilibrar essas influências envolve a conscientização desses efeitos e a prática de técnicas que nutrem cada um dos chacras. Lembre-se de que o autoconhecimento é fundamental, e explorar essas energias de maneira pessoal pode levar a uma vida mais plena e autêntica.

MENSAGEM FINAL

A mensagem final para quem tirou a carta de Maya é que a verdadeira realidade pode estar oculta por trás das ilusões, sendo preciso esforço e dedicação para quebrar esses padrões ilusórios e encontrar a verdade interior. Ao se libertar das ilusões e lembrar-se das verdades mais profundas, você pode experimentar uma transformação interior que o guiará em direção a uma compreensão mais profunda da vida e da existência.

Casa 3

Krodh – Raiva – Cólera

Seja bem-vindo(a) à Casa 3 – Krodh – Raiva – Cólera, um espaço de profunda exploração das emoções humanas na jornada pela Maha Lilah. Aqui, adentramos o reino tumultuado da raiva e da cólera, em que as chamas dessas emoções intensas dançam em nossa psique, desafiando nossa compreensão e autocontrole.

A Casa 3 nos convida a examinar a complexidade da raiva, uma emoção primordial que muitas vezes surge como uma resposta às provocações e frustrações da vida. Krodh representa a erupção incandescente dessa energia, que pode ter um impacto profundo em nosso estado mental, emocional e até físico.

Neste espaço de exploração, nos deparamos com a natureza da raiva e seus efeitos avassaladores. A raiva, quando não é compreendida e canalizada adequadamente, pode se tornar uma força destrutiva que prejudica não apenas a nós mesmos, mas também os relacionamentos e o ambiente ao nosso redor.

A Casa 3 é um convite para examinarmos a origem da raiva, suas causas subjacentes e suas implicações em nossa vida. É uma oportunidade para aprendermos a lidar com essa emoção poderosa de maneira saudável, transformando sua energia em uma força positiva que nos impulsiona para ação construtiva e transformação interior.

Convido você a se aprofundar na Casa 3 – Krodh – Raiva – Cólera, explorando os recônditos dessa emoção humana complexa. Ao compreender as raízes da raiva e cultivar maneiras saudáveis de lidar com ela, podemos transformar essa energia intensa em um meio de autodescoberta, crescimento emocional e relações mais harmoniosas.

Algumas características e reflexões relacionadas com a Casa Krodh (Raiva e Cólera)

- Autoconhecimento: reconhecer os sinais de raiva em si mesmo, incluindo reações físicas e emocionais, a fim de compreender melhor suas origens.

- Gatilhos e causas: identificar os gatilhos que desencadeiam a raiva e investigar as causas subjacentes dessa emoção intensa.

- Autocontrole: desenvolver técnicas de controle emocional para lidar com a raiva de maneira construtiva, evitando explosões emocionais prejudiciais.

- **Comunicação eficaz:** aprender a expressar sentimentos e pensamentos de maneira assertiva e saudável, em vez de reagir com agressividade.

- **Empatia e compreensão:** praticar a empatia ao considerar o ponto de vista de outras pessoas e entender suas perspectivas, mesmo quando há desentendimentos.

- **Técnicas de relaxamento:** explorar métodos como a meditação, a respiração profunda e a atividade física para acalmar a mente e reduzir a intensidade da raiva.

Aplicação terapêutica da Casa Krodh

- Autocuidado: priorize o autocuidado e o bem-estar emocional, reservando tempo para atividades que o relaxem e o façam sentir-se bem.

- Técnicas de resfriamento: desenvolva táticas para "esfriar" quando sentir raiva, como contar até dez antes de responder ou se afastar da situação.

- **Expressão criativa:** encontre uma saída saudável para liberar a energia da raiva, seja por meio da escrita, arte ou música.

- **Comunicação não violenta**: pratique a comunicação não violenta, focando na expressão de sentimentos sem culpar ou julgar os outros.

- **Reflexão pós-raiva:** após sentir raiva, reflita sobre a situação e considere como você poderia ter lidado com ela de maneira diferente.

ENEAGRAMA

Aqui está a análise da Casa 3 – Krodh – Raiva – Cólera, à luz do Eneagrama, para cada um dos nove tipos, juntamente com sugestões de melhoria específicas:

Tipo 8 – O Poderoso

Quando o Tipo 8 cai na Casa 3, a raiva pode se manifestar como um desejo de controle excessivo e uma reação rápida à ameaça percebida.

Sugestão: praticar a expressão saudável da raiva, comunicando necessidades sem dominar os outros, e cultivar a empatia ao lidar com conflitos.

Tipo 9 – O Mediador

Para o Tipo 9 na Casa 3, a raiva pode ser reprimida, resultando em uma desconexão das próprias necessidades e sentimentos.

Sugestão: praticar a autoafirmação, identificando e expressando a raiva de maneira construtiva, e estabelecendo limites claros para evitar ressentimentos.

Tipo 1 – O Perfeccionista

Quando o Tipo 1 está na Casa 3, a raiva pode surgir devido às expectativas não cumpridas e à busca constante pela perfeição.

Sugestão: permitir-se sentir a raiva de forma saudável, aceitar imperfeições e praticar a autocompaixão ao lidar com erros.

Tipo 2 – O Ajudante

Para o Tipo 2 na Casa 3, a raiva pode ser reprimida para manter a imagem de alguém altruísta e prestativo.

Sugestão: reconhecer e validar as próprias necessidades e emoções, comunicando-as de maneira direta e cultivando relacionamentos autênticos.

Tipo 3 – O Vencedor

A raiva para o Tipo 3 na Casa 3 pode surgir quando os objetivos não são alcançados ou quando a imagem pública é ameaçada.

Sugestão: priorizar a autenticidade sobre o sucesso externo, permitir-se sentir vulnerabilidade e reconhecer que o valor vai além das realizações.

Tipo 4 – O Intenso

Quando o Tipo 4 cai na Casa 3, a raiva pode surgir devido à sensação de inadequação ou de não ser compreendido.

Sugestão: praticar a aceitação das próprias emoções, buscar perspectivas objetivas e focar na conexão com os outros em vez de se isolar.

Tipo 5 – O Analítico

Para o Tipo 5 na Casa 3, a raiva pode ser desencadeada por invasões emocionais ou excesso de estímulo.

Sugestão: praticar o compartilhamento emocional com confiança seletiva, estabelecer limites claros e lembrar-se de que os sentimentos são legítimos.

Tipo 6 – O Precavido

A raiva para o Tipo 6 na Casa 3 pode resultar da sensação de falta de segurança e confiança.

Sugestão: cultivar a autoconfiança, buscar evidências objetivas antes de assumir que algo está errado e praticar a expressão direta das preocupações.

Tipo 7 – O Otimista

Quando o Tipo 7 está na Casa 3, a raiva pode ser reprimida para manter uma imagem positiva e evitar sentimentos negativos.

Sugestão: permitir-se sentir raiva de maneira saudável, explorar sua fonte e praticar a resolução de conflitos de forma construtiva.

RESUMO

A Casa 3 – Krodh – Raiva – Cólera, no contexto do Eneagrama, convida cada tipo a explorar sua relação com a raiva e a expressá-la de maneira saudável. As sugestões específicas para cada tipo podem ajudar a reconhecer e gerenciar a raiva, promovendo um equilíbrio emocional e uma comunicação mais autêntica.

CONSTELAÇÃO

Pertencimento na Casa 3 – Krodh – Raiva – Cólera

A Raiva muitas vezes nos leva a sentir-nos desconectados e alienados. Buscar Pertencimento é vital para superar a raiva, pois nos lembra de que todos compartilhamos desafios humanos comuns. Quando nos lembramos de que não estamos sozinhos em nossas lutas, a raiva pode ceder espaço à empatia e à compreensão.

Cultivar Pertencimento envolve a criação de redes de apoio, como amigos, familiares ou grupos de apoio, em que possamos compartilhar nossos sentimentos de forma saudável. A empatia pelo sofrimento alheio ajuda a aliviar a raiva e promove conexões mais profundas.

Hierarquia na Casa 3 – Krodh – Raiva – Cólera

A Raiva muitas vezes ocorre quando nossa percepção da Hierarquia é desafiada. Sentimos raiva quando nossas expectativas não são atendidas ou quando nos sentimos desrespeitados. Compreender a Hierarquia interior e exterior é essencial para lidar com a raiva de maneira saudável.

Reconhecer a Hierarquia envolve respeitar a dignidade de cada ser humano, independentemente de suas diferenças. Isso ajuda a evitar sentimentos de superioridade ou inferioridade que podem levar à raiva. Aceitar as ordens naturais da vida e abraçar a humildade é uma maneira de equilibrar a raiva.

Equilíbrio na Casa 3 – Krodh – Raiva – Cólera

A Raiva muitas vezes resulta de desequilíbrio emocional. Buscar Equilíbrio é fundamental para transformar a raiva em uma força construtiva. O equilíbrio interno nos permite responder de maneira adequada aos desafios, em vez de reagir impulsivamente com raiva.

Cultivar Equilíbrio envolve a prática regular de técnicas de gerenciamento de estresse, como meditação, exercícios físicos e mindfulness. Ao aprender a reconhecer os gatilhos da raiva e desenvolver resiliência emocional, podemos responder à raiva de maneira mais calma e consciente.

DICAS SISTÊMICAS

- Ao sentir raiva, respire profundamente antes de responder. Isso permite que você evite reações impulsivas.
- Pratique a empatia, imaginando o que a outra pessoa pode estar passando.
- Reflita sobre as crenças e expectativas que estão alimentando sua raiva. Isso pode ajudar a reavaliar sua perspectiva.
- Mantenha um diário de emoções para acompanhar padrões de raiva e identificar gatilhos recorrentes.
- Busque ajuda profissional, como terapia, para aprender a lidar com a raiva de maneira mais saudável.

RESUMO

A Casa 3 – Krodh – Raiva – Cólera nos desafia a transformar a raiva em empatia e compreensão. Cultivar o Pertencimento, compreender a Hierarquia interior e promover o Equilíbrio emocional nos ajuda a enfrentar a raiva de maneira construtiva, promovendo relações mais saudáveis e uma vida mais equilibrada.

Em resumo, a Casa 3 – Krodh – Raiva – Cólera nos desafia a transformar a raiva em empatia e compreensão. Cultivar o Pertencimento, compreender a Hierarquia interior e promover o Equilíbrio emocional nos ajuda a enfrentar a raiva de maneira construtiva, promovendo relações mais saudáveis e uma vida mais equilibrada.

OS 7 CHACRAS

Aqui está a análise da Casa 3 – Krodh – Raiva – Cólera, relacionada com os sete chacras, fornecendo *insights* sobre como essa casa impacta cada um dos centros de energia, juntamente com dicas para equilibrar essas influências em sua vida:

Chacra Raiz (Muladhara) – Segurança e Sobrevivência

A presença da raiva na Casa 3 pode abalar o chacra raiz, causando sensações de insegurança e instabilidade. Pode haver uma tendência a reagir excessivamente por medo. Para equilibrar isso, pratique técnicas de enraizamento, meditação e atividades que promovam uma sensação de segurança.

Chacra Sacral (Swadhisthana) – Criatividade e Emoções

A raiva na Casa 3 pode afetar as emoções e a criatividade ligadas ao chacra sacral. Isso pode resultar em explosões emocionais e bloqueios criativos. Para equilibrar, explore maneiras saudáveis de expressar emoções, como dança, arte e práticas de autocuidado.

Chacra do Plexo Solar (Manipura) – Poder Pessoal

Nesta casa, a raiva pode impactar o chacra do plexo solar, levando a um desequilíbrio no poder pessoal. Pode haver uma luta entre o desejo de controle e a expressão saudável da individualidade. Para equilibrar, pratique o autocontrole e cultive a confiança interior.

Chacra Cardíaco (Anahata) – Amor e Compaixão

A presença de raiva na Casa 3 pode obscurecer o chacra cardíaco, dificultando o cultivo do amor e da compaixão. Isso pode resultar em relacionamentos tensos e dificuldade em expressar afeto. Para equilibrar, pratique o perdão, a empatia e encontre maneiras de se conectar com os outros de maneira saudável.

Chacra Laríngeo (Vishuddha) – Comunicação e Expressão

A raiva na Casa 3 pode afetar a comunicação e a expressão ligadas ao chacra laríngeo. Isso pode levar a palavras impulsivas e ações inadequadas. Para equilibrar, pratique a comunicação consciente, a escuta atenta e a expressão construtiva de suas necessidades.

Chacra do Terceiro Olho (Ajna) – Intuição e Percepção

Neste contexto, a raiva na Casa 3 pode obscurecer a intuição e a percepção ligadas ao chacra do terceiro olho. Isso pode levar a decisões impulsivas e falta de clareza mental. Para equilibrar, pratique a meditação, o autoquestionamento e cultive a sabedoria interior.

Chacra Coronário (Sahasrara) – Conexão Espiritual

A presença de raiva na Casa 3 pode afetar a conexão espiritual do chacra coronário, levando a sentimentos de desconexão e isolamento. Pode ser difícil encontrar significado e propósito. Para equilibrar, adote práticas espirituais que promovam a tranquilidade mental, como meditação e contemplação.

RESUMO

A Casa 3 – Krodh – Raiva – Cólera, quando vista por meio da perspectiva dos sete chacras, pode criar desequilíbrios emocionais, mentais e espirituais. Equilibrar essas influências envolve a conscientização desses efeitos e a prática de técnicas que promovam a autogestão emocional e o bem-estar. Lembre-se de que trabalhar com a raiva de maneira saudável pode levar a uma vida mais pacífica e conectada.

MENSAGEM FINAL

A mensagem final para quem tirou a carta de Krodh é que é possível superar a raiva e encontrar a paz interior. Ao explorar e compreender a raiva, você tem a oportunidade de aprender a lidar com ela de maneira saudável e construtiva. Com prática e consciência, você pode transformar a energia da raiva em uma força positiva para o autodesenvolvimento e a melhoria de suas relações com os outros.

Casa 4

Lobh – Cobiça – Ganância

Seja bem-vindo(a) à Casa 4 – Lobh – Cobiça – Ganância, um espaço de profunda investigação das complexas emoções que giram em torno do desejo e da busca incessante por mais. Aqui, adentramos um reino de reflexão sobre a natureza humana que muitas vezes se enreda na teia da cobiça e da ganância.

Na Casa 4, somos convidados a examinar a cobiça em todas as suas manifestações, desde o desejo material excessivo até a ânsia por poder, status e reconhecimento. Lobh representa uma busca insaciável por mais, muitas vezes às custas de valores mais elevados e conexões humanas autênticas.

Neste espaço de exploração, confrontamos as implicações da ganância em nossas vidas. A ganância pode nos levar a buscar satisfação em objetos externos, deixando-nos presos em um ciclo interminável de busca e insatisfação. Essa busca implacável por acumulação pode nos afastar de experiências significativas e de uma apreciação genuína pela vida.

A Casa 4 nos convida a questionar os impulsos internos de cobiça, a examinar suas raízes e a entender como ela pode moldar nossas ações e decisões. É uma oportunidade para buscar um equilíbrio saudável entre nossos desejos materiais e nossas necessidades espirituais, cultivando uma consciência de que a verdadeira plenitude não reside na acumulação, mas na conexão com o eu interior e com os outros.

Convido você a mergulhar na Casa 4 – Lobh – Cobiça – Ganância, explorando as camadas profundas dessa emoção humana complexa. Ao examinarmos as motivações por trás da cobiça e da ganância, podemos cultivar uma relação mais saudável com o desejo, direcionando nossa energia para um crescimento pessoal autêntico e uma busca por valores que verdadeiramente enriqueçam nossa jornada na Maha Lilah.

Algumas características e reflexões relacionadas com a Casa Lobh (Cobiça e Ganância)

- Autoconsciência: reconhecer os momentos em que sentimentos de cobiça e ganância surgem em nossas mentes e como eles podem afetar nossas ações e decisões.

- Comportamento **egoísta**: compreender como a busca desenfreada por posses materiais ou sucesso pessoal pode levar a comportamentos egoístas e prejudicar nossas relações com os outros.

- Desapego: refletir sobre a importância do desapego com relação a bens materiais e reconhecer que a verdadeira felicidade não está necessariamente ligada à acumulação de riqueza.

- Generosidade: cultivar a generosidade e a disposição de compartilhar o que temos com os outros, reconhecendo que essa atitude pode trazer satisfação genuína e fortalecer conexões humanas.

- Solidariedade: compreender a importância de se preocupar com o bem-estar dos outros e de contribuir para o benefício da sociedade como um todo.

- Busca de **significado**: refletir sobre o que realmente importa na vida e buscar um sentido mais profundo e significativo, além das conquistas materiais.

Aplicação terapêutica da Casa Lobh

- **Prática de gratidão:** pratique a gratidão diariamente, focando nas coisas que você já tem em vez de se concentrar no que falta.

- **Atos de generosidade:** encontre maneiras de ser mais generoso, seja por meio de doações, voluntariado ou simples atos de bondade.

- **Autoanálise:** reflita sobre seus desejos e necessidades materiais e questione se eles são verdadeiramente essenciais para sua felicidade.

- **Prática do desapego:** experimente se desapegar de itens materiais que você não usa ou precisa mais, contribuindo para uma sensação de liberdade e simplicidade.

- **Compaixão pelos outros:** desenvolva empatia e compreensão com relação às lutas e desafios enfrentados por outras pessoas, buscando maneiras de oferecer apoio.

ENEAGRAMA

Aqui está a análise da Casa 4 – Lobh – Cobiça – Ganância, à luz do Eneagrama, para cada um dos nove tipos, juntamente com sugestões de melhoria específicas:

Tipo 8 – O Poderoso

Quando o Tipo 8 cai na Casa 4, a cobiça pode manifestar-se como um desejo de controlar recursos e poder, buscando mais para si.

Sugestão: explorar a generosidade e compartilhar recursos com os outros, praticando a empatia e o reconhecimento das necessidades alheias.

Tipo 9 – O Mediador

Para o Tipo 9 na Casa 4, a cobiça pode ser voltada para manter a paz e evitar conflitos, buscando a harmonia externa.

Sugestão: reconhecer e expressar suas próprias necessidades e desejos, evitando a complacência excessiva e tomando decisões alinhadas com o verdadeiro eu.

Tipo 1 – O Perfeccionista

Quando o Tipo 1 está na Casa 4, a cobiça pode surgir da busca constante pela perfeição e pela autoridade moral.

Sugestão: praticar a autocompaixão e aceitar as próprias imperfeições, evitando o autojulgamento severo e valorizando a autenticidade.

Tipo 2 – O Ajudante

Para o Tipo 2 na Casa 4, a cobiça pode se manifestar por meio da busca por reconhecimento e aprovação, sacrificando-se pelo bem-estar dos outros.

Sugestão: investir em autovalorização independentemente de validação externa e equilibrar o cuidado próprio com o cuidado pelos outros.

Tipo 3 – O Vencedor

A cobiça para o Tipo 3 na Casa 4 pode se relacionar com a busca incansável por realizações e sucesso, visando constantemente a aprovação dos outros.

Sugestão: priorizar metas pessoais genuínas e valorizar as conquistas autênticas, independentemente do reconhecimento externo.

Tipo 4 – O Intenso

Quando o Tipo 4 cai na Casa 4, a cobiça pode surgir de uma busca constante por uma identidade especial e única, comparando-se aos outros.

Sugestão: praticar a autossuficiência emocional, aceitar a si mesmo como é e focar na autenticidade interna em vez de comparações.

Tipo 5 – O Analítico

Para o Tipo 5 na Casa 4, a cobiça pode estar relacionada à busca por conhecimento e recursos, acumulando informações como forma de segurança.

Sugestão: cultivar a generosidade intelectual, compartilhar o conhecimento e equilibrar a busca por recursos com a conexão humana.

Tipo 6 – O Precavido

A cobiça para o Tipo 6 na Casa 4 pode surgir da busca por segurança e apoio externo, desejando uma sensação de pertencimento.

Sugestão: praticar a confiança em si mesmo e nos outros, buscar autossuficiência emocional e cultivar relacionamentos baseados em genuinidade.

Tipo 7 – Otimista

Quando o Tipo 7 está na Casa 4, a cobiça pode manifestar-se como uma busca constante por experiências novas e emocionantes, evitando o tédio.

Sugestão: praticar a apreciação do momento presente, cultivar a gratidão pelo que já possui e evitar escapismos constantes.

RESUMO

A Casa 4 – Lobh – Cobiça – Ganância, no contexto do Eneagrama, convida cada tipo a explorar suas relações com os desejos e a busca constante por mais. As sugestões específicas para cada tipo podem ajudar a equilibrar os desejos pessoais com valores mais profundos e a desenvolver um senso de contentamento interno.

CONSTELAÇÃO

Pertencimento na Casa 4 – Lobh – Cobiça – Ganância

A Ganância muitas vezes surge quando nos sentimos insuficientes ou inadequados. Buscar Pertencimento é crucial para superar a cobiça, pois nos lembra que somos parte de uma comunidade e não precisamos acumular excessivamente para nos sentirmos completos.

Cultivar Pertencimento envolve a construção de relações saudáveis e significativas. Conectar-se com outros por meio do apoio emocional e compartilhamento de experiências ajuda a preencher o vazio que a cobiça tenta preencher. Ao nos sentirmos aceitos e valorizados, a necessidade de acumulação excessiva diminui.

Hierarquia na Casa 4 – Lobh – Cobiça – Ganância

A Ganância muitas vezes surge quando há uma percepção de falta ou desigualdade. Compreender a Hierarquia, tanto interior quanto exterior, é essencial para lidar com a cobiça. Reconhecer que cada um tem seu próprio caminho e ritmo ajuda a evitar comparações que levam à cobiça.

Reconhecer a Hierarquia envolve praticar a gratidão por aquilo que já temos. Ao valorizar nossas conquistas e bênçãos, somos menos propensos a desejar excessivamente o que os outros possuem. Aceitar que todos têm diferentes jornadas de vida nos ajuda a equilibrar nossas aspirações.

Equilíbrio na Casa 4 – Lobh – Cobiça – Ganância

A Ganância muitas vezes surge quando há um desequilíbrio em nossos desejos e necessidades. Buscar Equilíbrio é fundamental para transformar a cobiça em contentamento. O equilíbrio nos ajuda a discernir entre necessidades reais e desejos impulsivos.

Cultivar Equilíbrio envolve a prática da moderação e autocontrole. Ao aprender a avaliar conscientemente nossos desejos antes de agir, podemos evitar a cobiça excessiva. Além disso, focar na satisfação interior e nas experiências em vez de bens materiais ajuda a equilibrar nossas aspirações.

DICAS SISTÊMICAS

- Pratique a gratidão diariamente, focando nas bênçãos que você já tem.
- Antes de fazer uma compra, reflita se é uma necessidade real ou um desejo impulsivo.
- Reserve um tempo para avaliar seus valores e prioridades na vida.
- Compartilhe suas conquistas e sentimentos com amigos próximos ou familiares.
- Estabeleça metas realistas e mensuráveis para alcançar o que deseja.

RESUMO

A Casa 4 – Lobh – Cobiça – Ganância nos desafia a transformar a cobiça em contentamento e gratidão. Cultivar o Pertencimento, compreender a Hierarquia interior e promover o Equilíbrio emocional nos ajuda a superar a cobiça, promovendo relações mais saudáveis e uma vida mais plena.

OS 7 CHACRAS

Aqui está a análise da Casa 4 – Lobh – Cobiça – Ganância, relacionada com os sete chacras, oferecendo *insights* sobre como essa casa afeta cada um dos centros de energia, juntamente com dicas para equilibrar essas influências em sua vida:

Chacra Raiz (Muladhara) – Segurança e Sobrevivência

Na Casa 4, a cobiça pode afetar o chacra raiz, levando a preocupações excessivas com a segurança material. Pode haver uma busca por mais recursos para se sentir seguro. Para equilibrar isso, pratique a gratidão pelo que você tem e foque na sensação de estar enraizado e seguro, independentemente das circunstâncias.

Chacra Sacral (Swadhisthana) – Criatividade e Emoções

A cobiça na Casa 4 pode obscurecer a criatividade e as emoções ligadas ao chacra sacral. Isso pode resultar em uma busca excessiva por prazer sensorial e satisfação imediata. Para equilibrar, explore formas saudáveis de expressão criativa e encontre alegria nas atividades que não estão ligadas a ganhos materiais.

Chacra do Plexo Solar (Manipura) – Poder Pessoal

Nesta casa, a ganância pode afetar o chacra do plexo solar, causando desequilíbrio no poder pessoal. Pode haver uma tendência a controlar os outros e a situação para obter mais. Para equilibrar, pratique a generosidade e cultive um senso de poder interno que não depende de acumulação material.

Chacra Cardíaco (Anahata) – Amor e Compaixão

A cobiça na Casa 4 pode afetar o chacra cardíaco, dificultando a expressão do amor e da compaixão genuínos. Pode haver uma ênfase excessiva nos próprios desejos. Para equilibrar, pratique atos de bondade e serviço aos outros, cultivando um coração aberto e desapegado.

Chacra Laríngeo (Vishuddha) – Comunicação e Expressão

A ganância na Casa 4 pode influenciar a comunicação e a expressão ligadas ao chacra laríngeo. Pode haver uma tendência a usar a fala para manipular ou obter ganhos pessoais. Para equilibrar, pratique a comunicação honesta e autêntica, usando sua voz para construir conexões genuínas.

Chacra do Terceiro Olho (Ajna) – Intuição e Percepção

Neste contexto, a cobiça na Casa 4 pode obscurecer a intuição e a percepção ligadas ao chacra do terceiro olho. Pode ser difícil ver além dos desejos materiais. Para equilibrar, cultive a meditação e a introspecção, buscando uma compreensão mais profunda da vida além da busca por ganhos materiais.

Chacra Coronário (Sahasrara) – Conexão Espiritual

A ganância na Casa 4 pode afetar a conexão espiritual do chacra coronário, levando a uma desconexão do aspecto espiritual da vida. Pode ser difícil encontrar significado e propósito além da acumulação material. Para equilibrar, dedique-se a práticas espirituais que promovam a clareza mental e a consciência superior.

RESUMO

A Casa 4 – Lobh – Cobiça – Ganância, vista por meio da perspectiva dos sete chacras, pode criar desequilíbrios emocionais, mentais e espirituais. Equilibrar essas influências envolve reconhecer a tendência à acumulação excessiva e adotar práticas que promovam a generosidade, a gratidão e uma conexão mais profunda com a vida.

Em resumo, a Casa 4 – Lobh – Cobiça – Ganância, vista por meio através da perspectiva dos sete chacras, pode criar desequilíbrios emocionais, mentais e espirituais. Equilibrar essas influências envolve reconhecer a tendência à acumulação excessiva e adotar práticas que promovam a generosidade, a gratidão e uma conexão mais profunda com a vida.

MENSAGEM FINAL

A mensagem final para quem tirou a carta de Lobh é que o verdadeiro valor da vida está na conexão com os outros e em ajudar a construir um mundo melhor. Ao refletir sobre a cobiça e a ganância, você tem a oportunidade de cultivar valores mais elevados, como generosidade, solidariedade e empatia. Isso não apenas pode trazer uma sensação mais profunda de satisfação pessoal, mas também contribuir para relacionamentos mais saudáveis e uma sociedade mais harmoniosa.

Casa 5

Bhu-Loka – Plano Físico

Seja bem-vindo(a) à Casa 5 – Bhu-Loka – Plano Físico, um espaço em que adentramos as dimensões tangíveis e palpáveis da existência. Aqui, mergulhamos na essência do mundo material que nos cerca e exploramos as profundas interações entre nossa consciência e o plano físico.

Na Casa 5, somos convidados a contemplar a manifestação tangível da realidade. Bhu-Loka representa o plano físico, em que nossas experiências ganham forma, cor e textura. É o reino da matéria, do corpo físico, dos sentidos e das sensações. É o cenário em que nossas interações com o mundo se desenrolam.

Neste espaço de exploração, somos desafiados a reconhecer a interconexão entre nossa consciência interna e o mundo físico. É uma oportunidade para investigar como nossas percepções e experiências no plano físico influenciam nossa jornada espiritual. A Casa 5 nos convida a refletir sobre como utilizamos nossos sentidos para interagir com o mundo ao nosso redor, e como essas interações podem moldar nossa compreensão da realidade.

Ao adentrar a Casa 5, convido você a explorar a profunda relação entre mente e matéria. À medida que examinamos nossa conexão com o plano físico, podemos ganhar uma apreciação mais profunda pela riqueza sensorial da vida. Essa jornada nos levará a uma compreensão mais ampla de como nosso corpo, mente e espírito estão intrinsecamente entrelaçados nessa dança cósmica.

Abrace a oportunidade de mergulhar na Casa 5 – Bhu-Loka – Plano Físico e permita que essa exploração enriqueça sua percepção da realidade. À medida que desvendamos os mistérios do mundo material, descobrimos uma teia complexa de conexões entre nossa consciência e o ambiente físico, oferecendo uma perspectiva única sobre a Maha Lilah.

Algumas características e reflexões relacionadas com a Casa Bhu-Loka

- **Cuidado com o corpo:** reconhecer que nosso corpo físico é uma parte essencial de nossa existência na Terra. Cuidar dele por meio de uma alimentação saudável, exercícios e autocuidado é fundamental para o bem-estar.
- **Conexão com a natureza:** Bhu-Loka nos lembra de nossa ligação com a natureza. Passar tempo ao ar livre, em ambientes naturais, pode ser rejuvenescedor e restaurador.
- **Equilíbrio:** encontrar um equilíbrio entre as demandas da vida moderna e a necessidade de cuidar do corpo e da mente é essencial para uma vida saudável.
- **Gratidão:** praticar a gratidão pelo nosso corpo e pela Terra em que vivemos nos ajuda a desenvolver uma apreciação mais profunda pela vida.
- **Mente-corpo-conexão:** reconhecer a interconexão entre mente, corpo e espírito e como cuidar de nosso corpo físico pode afetar positivamente nossa saúde mental e emocional.

Aplicação terapêutica da Casa Bhu-Loka

- **Prática de *mindfulness*:** pratique a atenção plena para se conectar com o seu corpo e a natureza ao seu redor. Isso pode ajudar a reduzir o estresse e promover a tranquilidade.
- **Exercícios ao ar livre:** reserve um tempo para se exercitar ao ar livre, seja caminhando, correndo, praticando ioga ou simplesmente desfrutando da natureza.
- **Alimentação saudável:** preste atenção à sua dieta e à nutrição, optando por alimentos que nutram seu corpo e promovam a saúde.
- **Descanso adequado:** priorize o sono adequado, pois isso desempenha um papel fundamental em nossa saúde física e mental.
- **Gratidão diária:** reserve um momento todos os dias para expressar gratidão pelo seu corpo e pelo mundo natural ao seu redor.

ENEAGRAMA

Aqui está a análise da Casa 5 – Bhu-Loka – Plano Físico, à luz do Eneagrama, para cada um dos nove tipos, juntamente com sugestões de melhoria específicas:

Tipo 8 – O Poderoso

Quando o Tipo 8 cai na Casa 5, o foco no plano físico pode manifestar-se como a busca por controle e dominação do ambiente.

Sugestão: cultivar um equilíbrio entre o controle e a confiança nos outros, valorizando a colaboração e promovendo relações saudáveis.

Tipo 9 – O Mediador

Para o Tipo 9 na Casa 5, o foco excessivo no plano físico pode resultar em desconexão emocional e negligência das próprias necessidades.

Sugestão: praticar a autenticidade emocional, reconhecendo e expressando sentimentos, enquanto mantém a harmonia com os outros.

Tipo 1 – O Perfeccionista

Quando o Tipo 1 está na Casa 5, pode haver uma busca exaustiva por aperfeiçoamento físico e organização.

Sugestão: permitir flexibilidade e aceitar imperfeições, evitando o perfeccionismo excessivo e equilibrando a atenção aos detalhes com a apreciação do momento presente.

Tipo 2 – O Ajudante

Para o Tipo 2 na Casa 5, o foco no plano físico pode envolver o cuidado excessivo dos outros, negligenciando as próprias necessidades.

Sugestão: priorizar o autocuidado, definir limites saudáveis e reconhecer que também merece atenção e carinho.

Tipo 3 – O Vencedor

A presença do Tipo 3 na Casa 5 pode levar a um foco intenso na conquista material e na imagem externa.

Sugestão: valorizar também os aspectos emocionais e pessoais, buscando autenticidade em vez de busca constante por reconhecimento externo.

Tipo 4 – O Intenso

Quando o Tipo 4 cai na Casa 5, pode haver uma tendência a se desconectar do plano físico devido à busca por autenticidade emocional.

Sugestão: encontrar maneiras de se conectar com o corpo e o ambiente, praticando a apreciação do presente e a autenticidade emocional.

Tipo 5 – O Analítico

Para o Tipo 5 na Casa 5, o foco no plano físico pode estar na busca de conhecimento e compreensão profunda do mundo material.

Sugestão: equilibrar a busca pelo conhecimento com a participação ativa na vida, compartilhando o conhecimento e praticando o engajamento social.

Tipo 6 – O Precavido

A presença do Tipo 6 na Casa 5 pode resultar em vigilância constante do ambiente físico por questões de segurança.

Sugestão: cultivar a confiança interna, permitir-se relaxar e encontrar um equilíbrio entre a vigilância e a abertura para novas experiências.

Tipo 7 – O Otimista

Quando o Tipo 7 está na Casa 5, o foco no plano físico pode se manifestar como busca constante por experiências sensoriais e novas aventuras.

Sugestão: praticar a presença no momento atual, encontrando satisfação nas experiências cotidianas e evitando escapar constantemente para o futuro.

> **RESUMO**
>
> A Casa 5 – Bhu-Loka – Plano Físico, no contexto do Eneagrama, convida cada tipo a equilibrar sua atenção ao mundo material com o desenvolvimento de uma perspectiva emocional e espiritual. As sugestões específicas para cada tipo podem ajudar a encontrar um equilíbrio saudável entre a busca por realizações no plano físico e a apreciação das experiências mais profundas da vida.

CONSTELAÇÃO

Pertencimento na Casa 5 – Bhu-Loka – Plano Físico

O Pertencimento nesta casa envolve a sensação de conexão com o mundo físico que nos cerca. Isso inclui a Terra, nosso corpo e todos os elementos materiais que compõem nossa existência. Ao cultivar um sentimento de Pertencimento a esse plano, desenvolvemos um respeito mais profundo pela natureza e pelos recursos disponíveis.

> *Reconhecer nosso Pertencimento ao Plano Físico nos lembra da interdependência entre todos os seres vivos e o ambiente. Ao cuidar e preservar a Terra e seus recursos, demonstramos nosso apreço por fazer parte deste sistema maior.*

Hierarquia na Casa 5 – Bhu-Loka – Plano Físico

A compreensão da Hierarquia no Plano Físico envolve reconhecer a ordem natural das coisas. Isso se reflete na forma como a natureza opera, em que cada elemento tem um papel e função específicos. Ao entender que estamos interligados com todos os seres vivos e elementos do planeta, aceitamos a Hierarquia da vida.

Reconhecer a Hierarquia nos lembra da importância de respeitar o equilíbrio ecológico. Ao reconhecer a interdependência entre os seres vivos e os recursos naturais, contribuímos para a sustentabilidade e a harmonia do Plano Físico.

Equilíbrio na Casa 5 – Bhu-Loka – Plano Físico

O Equilíbrio no Plano Físico envolve a harmonização das nossas necessidades e desejos materiais. Buscar um equilíbrio saudável entre o consumo e a conservação ajuda a evitar o esgotamento dos recursos naturais. Além disso, equilibrar o cuidado com o nosso corpo físico, mente e emoções é fundamental para uma vida plena.

Cultivar o Equilíbrio envolve escolher conscientemente a sustentabilidade em nossas ações diárias. Isso inclui a redução do consumo excessivo e a adoção de hábitos saudáveis que beneficiem nosso corpo e mente. Ao encontrar o equilíbrio entre dar e receber, contribuímos para um Plano Físico mais saudável e equilibrado.

DICAS SISTÊMICAS

- Pratique o consumo consciente, considerando as reais necessidades antes das compras.
- Adote hábitos de vida saudáveis, como uma dieta equilibrada e atividades físicas.
- Participe de atividades de conservação ambiental e reciclagem.
- Reconheça a conexão entre você, outros seres vivos e o ambiente ao seu redor.
- Eduque-se sobre os impactos ecológicos das suas escolhas e faça ajustes para um estilo de vida mais sustentável.

RESUMO

A Casa 5 – Bhu-Loka – Plano Físico nos convida a reconhecer nosso Pertencimento ao mundo material, a aceitar a Hierarquia natural da vida e a buscar o Equilíbrio entre nossas necessidades e a preservação dos recursos. Ao adotar ações conscientes, contribuímos para um Plano Físico mais saudável e sustentável para nós e as gerações futuras.

Dicas Sistêmicas:
- Pratique o consumo consciente, considerando as reais necessidades antes das compras. Adote hábitos de vida saudáveis, como uma dieta equilibrada e atividades físicas. Participe de atividades de conservação ambiental e reciclagem. Reconheça a conexão entre você, outros seres vivos e o ambiente ao seu redor. Eduque-se sobre os impactos ecológicos das suas escolhas e faça ajustes para um estilo de vida mais sustentável.

Em resumo, a Casa 5 – Bhu-Loka – Plano Físico nos convida a reconhecer nosso Pertencimento ao mundo material, a aceitar a Hierarquia natural da vida e a buscar o Equilíbrio entre nossas necessidades e a preservação dos recursos. Ao adotar ações conscientes, contribuímos para um Plano Físico mais saudável e sustentável para nós e as gerações futuras.

OS 7 CHACRAS

Aqui está a análise da Casa 5 – Bhu-Loka – Plano Físico, relacionada com os sete chacras, oferecendo *insights* sobre como essa casa influencia cada um dos centros de energia, juntamente com dicas para equilibrar essas influências em sua vida:

Chacra Raiz (Muladhara) – Segurança e Sobrevivência

Na Casa 5, a energia do plano físico pode impactar o chacra raiz, influenciando sua sensação de segurança e estabilidade no mundo material. Prestar atenção à sua saúde física e ambiente pode fortalecer essa área. Práticas de enraizamento, como caminhar descalço na terra, também são benéficas.

Chacra Sacral (Swadhisthana) – Criatividade e Emoções

A Casa 5 pode influenciar as emoções e a criatividade ligadas ao chacra sacral. Focar em atividades criativas e expressivas, como arte, música ou dança, pode ajudar a equilibrar essa influência. Além disso, cuidar de suas emoções e permitir a expressão saudável é fundamental.

Chacra do Plexo Solar (Manipura) – Poder Pessoal

Nesta casa, a energia do plano físico pode afetar o chacra do plexo solar, ligado ao poder pessoal. Encontrar um equilíbrio entre agir assertivamente no mundo e respeitar os limites dos outros é crucial. Praticar a autoafirmação e tomar decisões conscientes é uma maneira de equilibrar essa área.

Chacra Cardíaco (Anahata) – Amor e Compaixão

A influência da Casa 5 pode tocar o chacra cardíaco, afetando sua capacidade de amar e se relacionar. Cultivar relações saudáveis e expressar amor de maneira autêntica é vital. Lembre-se de que o amor próprio também é uma parte essencial desse equilíbrio.

Chacra Laríngeo (Vishuddha) – Comunicação e Expressão

Neste contexto, a Casa 5 pode influenciar a comunicação e a expressão do chacra laríngeo. Encontrar formas construtivas de se comunicar e expressar suas ideias é importante. Praticar a escuta atenta e falar de maneira honesta e respeitosa contribui para o equilíbrio.

Chacra do Terceiro Olho (Ajna) – Intuição e Percepção

A energia da Casa 5 pode afetar a intuição e a percepção ligadas ao chacra do terceiro olho. Manter-se consciente das mensagens que o mundo físico está lhe transmitindo é fundamental. Praticar a meditação e sintonizar-se com sua intuição o ajudará a equilibrar essa área.

Chacra Coronário (Sahasrara) – Conexão Espiritual

Na Casa 5, a influência do plano físico pode afetar sua conexão espiritual no chacra coronário. Lembre-se de que o mundo material também pode ser uma fonte de aprendizado e crescimento espiritual. Praticar a gratidão e a contemplação pode ajudar a equilibrar essa relação.

> **RESUMO**
>
> A Casa 5 – Bhu-Loka – Plano Físico, vista por meio da perspectiva dos sete chacras, destaca a importância de equilibrar os aspectos físicos da vida com as necessidades emocionais, mentais e espirituais. Praticar a conscientização nessas áreas pode levar a uma vida mais completa e harmoniosa.

MENSAGEM FINAL

A mensagem final para quem tirou a carta de Bhu-Loka é que o corpo físico é sagrado e merece ser cuidado com carinho e atenção. Lembre-se de que estamos intrinsecamente ligados à natureza e que honrar essa conexão pode trazer equilíbrio, saúde e bem-estar à sua vida. Ao reconhecer a importância do plano físico e da vida na Terra, você pode desenvolver uma apreciação mais profunda pela experiência humana e pela maravilha da natureza que nos cerca.

Casa 6

Moha – Apego – Confusão

Seja bem-vindo(a) à Casa 6 – Moha – Apego – Confusão, um espaço de exploração profunda das complexas emoções humanas e das armadilhas que o apego pode criar em nossa jornada. Nesta casa, somos convidados a examinar o intricado tecido das nossas relações emocionais e a compreender como o apego pode nos envolver em um véu de confusão.

Moha, representado na Casa 6, é uma jornada interior em direção ao entendimento do apego e dos sentimentos que podem nos manter presos a padrões de pensamento e comportamento. É um convite para refletir sobre como nossas afeições, desejos e anseios podem nos conduzir a estados de confusão e ilusão, muitas vezes obscurecendo nossa visão clara da realidade.

Neste espaço de reflexão, exploramos a natureza transitória da vida e as armadilhas do apego excessivo. A Casa 6 nos convida a questionar como nossos apegos podem nos distanciar da clareza mental e como podemos liberar os laços que nos mantêm presos a ciclos repetitivos de pensamentos e emoções.

Ao explorar a Casa 6 – Moha – Apego – Confusão, você é convidado a examinar seus próprios padrões de apego e a considerar como eles podem estar afetando sua compreensão da realidade. Essa exploração profunda pode ser uma oportunidade de crescimento interior, permitindo que você reconheça os apegos que o mantêm em um estado de confusão e descubra caminhos para libertar-se dessas amarras.

Portanto, adentre a Casa 6 com mente aberta e coração receptivo, pois a jornada que você está prestes a embarcar é uma exploração corajosa de suas próprias emoções e apegos, oferecendo uma oportunidade para dissipar a confusão e trazer clareza à sua vida na Maha Lilah.

Algumas características e reflexões relacionadas com a Casa Moha

- Autoconhecimento: reconhecer os padrões de apego e ilusão em nossa vida é fundamental para o crescimento pessoal. Isso envolve examinar nossas motivações e comportamentos em diferentes áreas.

- **Desapego emocional:** Moha nos lembra da importância de se libertar do apego excessivo a pessoas, situações ou objetos. Isso não significa não se importar, mas sim permitir que as coisas fluam naturalmente.

- **Clareza mental:** a ilusão muitas vezes surge da falta de clareza e compreensão. Refletir sobre nossas crenças e preconceitos pode ajudar a dissipar a confusão.

- **Relacionamentos saudáveis:** apego excessivo pode levar a relacionamentos desequilibrados. Cultivar relacionamentos saudáveis baseados na liberdade e na aceitação mútua é essencial.

- **Aceitação e amor incondicional:** Moha nos incentiva a praticar a aceitação de nós mesmos e dos outros, sem cair nas armadilhas do apego. O amor incondicional é uma expressão desse tipo de aceitação.

Aplicação terapêutica da Casa Moha

- **Autorreflexão:** tire um tempo para examinar seus relacionamentos e áreas de sua vida em que você pode estar preso a padrões de apego e ilusão.

- **Prática de desapego:** explore técnicas que promovam o desapego emocional, como a meditação de atenção plena e a prática de deixar ir.

- **Compreensão das motivações:** investigue por que você se sente apegado a certas coisas ou pessoas. Isso pode ajudar a trazer clareza à sua mentalidade.

- **Comunicação aberta:** em relacionamentos, cultive uma comunicação aberta e honesta para evitar ilusões e mal-entendidos.

- **Cultivo da aceitação:** pratique a aceitação de si mesmo e dos outros, reconhecendo que todos têm suas próprias lutas e jornadas.

ENEAGRAMA

Aqui está a análise da Casa 6 – Moha – Apego – Confusão, à luz do Eneagrama, para cada um dos nove tipos, juntamente com sugestões de melhoria específicas:

Tipo 8 – Poderoso

Quando o Tipo 8 está na Casa 6 – Moha – Apego – Confusão, isso sugere a importância de reconhecer os apegos que podem estar ligados à necessidade de controle.

Sugestão: praticar a liberação consciente do apego ao controle, permitindo uma abordagem mais flexível nas situações.

Tipo 9 – Mediador

Nesta casa, o Tipo 9 é convidado a examinar seus apegos relacionados à busca constante de harmonia.

Sugestão: aplicar a prática da autenticidade e confrontar a tendência de evitar conflitos, o que pode levar à confusão interna.

Tipo 1 – Perfeccionista

Para o Tipo 1 nesta casa, é relevante explorar os apegos ligados à busca pela perfeição. Sugestão: praticar a autorreflexão compassiva e aceitar que a busca constante pela perfeição pode levar à confusão e à rigidez.

Tipo 2 – Ajudante

Quando o Tipo 2 está na Casa 6 – Moha – Apego – Confusão, isso indica a importância de examinar os apegos relacionados à busca por aprovação e validação dos outros.

Sugestão: praticar o desapego das expectativas externas e cultivar a autenticidade.

Tipo 3 – Vencedor

Nesta casa, o Tipo 3 é desafiado a explorar os apegos ligados à busca por realizações externas e reconhecimento.

Sugestão: aplicar a prática da autovalorização intrínseca e reconhecer que a confusão pode surgir quando a identidade está excessivamente ligada a conquistas.

Tipo 4 – Intenso

Quando o Tipo 4 está na Casa 6 – Moha – Apego – Confusão, isso sugere a importância de examinar os apegos relacionados à identidade emocional.

Sugestão: praticar a aceitação de que a confusão pode surgir da busca contínua por estados emocionais intensos e únicos.

Tipo 5 – Analítico

Nesta casa, o Tipo 5 é convidado a explorar os apegos ligados à busca incessante por conhecimento e isolamento.

Sugestão: aplicar a prática de compartilhar conhecimentos com os outros e evitar o aprofundamento excessivo na busca pelo entendimento.

Tipo 6 – Precavido

Quando o Tipo 6 está na Casa 6 – Moha – Apego – Confusão, isso indica a importância de examinar os apegos ligados aos medos e à busca por segurança externa.

Sugestão: praticar a confiança em suas próprias decisões e enfrentar a confusão que pode surgir do excesso de questionamento.

Tipo 7 – Otimista

Nesta casa, o Tipo 7 é desafiado a explorar os apegos relacionados à busca constante por novas experiências e evitação de desconforto.

Sugestão: aplicar a prática de estar plenamente presente no momento atual e enfrentar a confusão que pode surgir da inquietação.

RESUMO

A Casa 6 – Moha – Apego – Confusão, à luz do Eneagrama, convida cada tipo a examinar seus apegos e como eles podem levar à confusão interna. As sugestões específicas para cada tipo podem servir como ferramentas valiosas para promover o crescimento pessoal e a autotransformação.

Em resumo, a Casa 6 – Moha – Apego – Confusão, à luz do Eneagrama, convida cada tipo a examinar seus apegos e como eles podem levar à confusão interna. As sugestões específicas para cada tipo podem servir como ferramentas valiosas para promover o crescimento pessoal e a autotransformação.

CONSTELAÇÃO

Pertencimento na Casa 6 – Moha – Apego – Confusão

O Pertencimento nessa casa está ligado à maneira como nos conectamos com nossas crenças, ideias e padrões emocionais. Muitas vezes, nos apegamos a certas ideias ou situações por medo da mudança. Reconhecer nosso Pertencimento a padrões de pensamento e emoções pode nos ajudar a entender por que nos apegamos a eles.

Ao compreender que esses padrões fazem parte de quem somos, podemos começar a explorar maneiras de encontrar um senso de Pertencimento mais saudável. Isso envolve reconhecer que somos mais do que nossos apegos e crenças e que podemos nos libertar de padrões destrutivos.

Hierarquia na Casa 6 – Moha – Apego – Confusão

A Hierarquia nessa casa pode se relacionar com a forma como damos poder aos nossos apegos e crenças. Muitas vezes, colocamos esses padrões acima de nossas necessidades e bem-estar. Ao reconhecer a Hierarquia desses padrões em nossas vidas, podemos começar a questionar se eles realmente nos servem.

Reconhecer a Hierarquia nos ajuda a ganhar clareza sobre em que estamos investindo nossa energia emocional e mental. Ao reavaliar a importância que damos aos nossos apegos, podemos encontrar um maior equilíbrio em nossa jornada de autoconhecimento.

Equilíbrio na Casa 6 – Moha – Apego – Confusão

O Equilíbrio nessa casa envolve encontrar um caminho entre os extremos do apego excessivo e da completa rejeição de padrões emocionais. O equilíbrio surge quando começamos a questionar nossos apegos e a identificar como eles podem estar nos mantendo em estados de confusão.

Cultivar o Equilíbrio requer uma abordagem compassiva com relação a nós mesmos e aos nossos padrões. Ao reconhecer que os apegos são naturais, mas também podem nos limitar, podemos explorar maneiras de liberar o que já não nos serve.

DICAS SISTÊMICAS

- Pratique a autorreflexão para identificar padrões de apego e confusão em sua vida.
- Busque apoio terapêutico ou de aconselhamento para explorar padrões emocionais mais profundamente.
- Medite regularmente para cultivar a clareza mental e emocional.
- Mantenha um diário para acompanhar seus pensamentos e emoções.
- Explore práticas de desapego e *mindfulness* para encontrar equilíbrio.

RESUMO

A Casa 6 – Moha – Apego – Confusão nos convida a questionar nossos padrões de apego e confusão por meio do Pertencimento saudável a nós mesmos, da avaliação da Hierarquia dos padrões em nossa vida e da busca do Equilíbrio entre a aceitação e a transformação. Ao abraçar essa jornada, podemos encontrar clareza e liberdade emocional.

OS 7 CHACRAS

Aqui está a análise da Casa 6 – Moha – Apego – Confusão, relacionada com os sete chacras, oferecendo *insights* sobre como essa casa influencia cada um dos centros de energia, juntamente com dicas para equilibrar essas influências em sua vida:

Chacra Raiz (Muladhara) – Segurança e Sobrevivência

Na Casa 6, a energia de apego e confusão pode afetar o chacra raiz, impactando a sensação de segurança e estabilidade. Para equilibrar essa influência, é essencial praticar a aceitação do presente e soltar os apegos a ideias rígidas de segurança.

Chacra Sacral (Swadhisthana) – Criatividade e Emoções

O apego emocional e a confusão da Casa 6 podem influenciar o chacra sacral. É importante explorar e expressar suas emoções, ao mesmo tempo em que desenvolve a habilidade de soltar apegos a padrões emocionais negativos para promover a criatividade saudável.

Chacra do Plexo Solar (Manipura) – Poder Pessoal

Nesta casa, a energia de apego e confusão pode impactar o chacra do plexo solar, afetando seu poder pessoal. Praticar a autodisciplina e a autoconfiança é fundamental para liberar os apegos que minam sua autoestima.

Chacra Cardíaco (Anahata) – Amor e Compaixão

O apego e a confusão da Casa 6 também podem tocar o chacra cardíaco. Busque cultivar relacionamentos saudáveis, praticando a compaixão e o desapego emocional. Isso permite que o amor flua de maneira mais livre e autêntica.

Chacra Laríngeo (Vishuddha) – Comunicação e Expressão

Nesta casa, a energia de apego e confusão pode influenciar a comunicação e expressão do chacra laríngeo. Desenvolva a capacidade de comunicar suas ideias de maneira clara e sincera, ao mesmo tempo em que se desapega da necessidade de ser sempre compreendido.

Chacra do Terceiro Olho (Ajna) – Intuição e Percepção

Apego a crenças rígidas e confusão mental da Casa 6 podem impactar o chacra do terceiro olho. Pratique a meditação e o desenvolvimento da intuição para equilibrar essa influência. Esteja aberto a novas perspectivas e questione suas suposições.

Chacra Coronário (Sahasrara) – Conexão Espiritual

Na Casa 6, a energia de apego e confusão também pode afetar sua conexão espiritual no chacra coronário. Pratique a meditação e o desapego mental para se conectar com o aspecto transcendental da vida de forma mais clara.

> **RESUMO**
>
> A Casa 6 – Moha – Apego – Confusão, vista por meio da perspectiva dos sete chacras, destaca a importância de reconhecer e soltar os apegos que limitam seu crescimento pessoal e espiritual. Ao cultivar a clareza mental e a compaixão, você pode encontrar equilíbrio e liberdade em sua jornada.

Mensagem finalA mensagem final para quem tirou a carta de Moha é que a verdadeira felicidade está na liberdade e na conexão com o coração. Ao se desapegar de padrões ilusórios e cultivar relacionamentos saudáveis baseados na aceitação e no amor incondicional, você pode criar um ambiente mais autêntico e satisfatório para si mesmo e para aqueles ao seu redor. Lembre-se de que a clareza mental e o desapego emocional são chaves para alcançar um estado de bem-estar mais profundo e significativo.

Casa 7

Mada – Vaidade – Orgulho – Presunção

Seja bem-vindo(a) à Casa 7 – Mada – Vaidade – Orgulho – Presunção, um espaço de profunda introspecção que nos convida a explorar os matizes complexos da vaidade, do orgulho e da presunção que podem influenciar nossas percepções e interações. Nesta casa, mergulhamos na exploração da natureza humana e de como esses traços podem moldar nossas relações e perspectivas.

Mada, o cerne da Casa 7, é a jornada interior em direção ao entendimento das camadas sutis da vaidade, do orgulho exagerado e da presunção que muitas vezes nos separam da verdadeira essência dos outros e de nós mesmos. Aqui, somos convidados a refletir sobre como essas emoções podem afetar nossas decisões, ações e relacionamentos.

Ao explorar a Casa 7 – Mada – Vaidade – Orgulho – Presunção, você embarcará em uma jornada de autoavaliação, questionando seus próprios sentimentos de vaidade e orgulho. Você examinará como esses sentimentos podem distorcer sua percepção e criar uma ilusão de superioridade, separando-o de uma conexão autêntica com os outros.

Essa casa oferece uma oportunidade única de examinar a vaidade de maneira honesta e profunda, buscando compreender como ela pode influenciar suas escolhas e comportamentos. Ao fazer isso, você estará no caminho para descobrir um maior senso de humildade e uma valorização mais sincera dos outros, em vez de envolver-se em um jogo de presunção.

Portanto, adentre a Casa 7 com mente aberta e coração disposto, pois a jornada que você está prestes a embarcar é uma exploração corajosa das complexidades da vaidade, do orgulho e da presunção. Ao compreender esses traços em si mesmo, você estará no caminho para uma conexão mais autêntica e uma visão mais clara da realidade na Maha Lilah.

Algumas características e reflexões relacionadas com a Casa Mada

- **Vaidade e orgulho:** a Casa Mada foca na vaidade e no orgulho excessivo, destacando como essas características podem influenciar negativamente nossa visão de nós mesmos e dos outros.

- **Distanciamento social:** a presunção muitas vezes nos distancia das pessoas ao nosso redor, criando uma barreira entre nós e os relacionamentos significativos.

- **Ilusão da superioridade:** a vaidade nos faz acreditar que somos superiores aos outros, obscurecendo nossa capacidade de valorizar as contribuições e realizações deles.

- **Desconexão da essência:** o orgulho excessivo pode nos desconectar de nossa verdadeira essência, nos prendendo a uma imagem inflada de nós mesmos.

Aplicação terapêutica da Casa Mada

- **Autoconhecimento profundo:** a Casa Mada nos convida a explorar nossos próprios sentimentos de vaidade e orgulho, incentivando uma investigação honesta de nossas motivações e comportamentos.

- **Prática da humildade:** a terapia envolve a prática diária da humildade, cultivando a consciência de nossas próprias limitações e abrindo espaço para a valorização dos outros.

- **Exercícios de empatia:** por meio de exercícios e reflexões, podemos desenvolver nossa capacidade de se colocar no lugar dos outros, compreendendo melhor suas perspectivas e experiências.

- **Valorização das conexões:** ao reconhecermos e valorizarmos os outros em vez de nos concentrarmos em nós mesmos, fortalecemos nossos relacionamentos e criamos um ambiente de compreensão mútua.

- **Cultivo da autenticidade:** a aplicação terapêutica também inclui o cultivo da autenticidade, permitindo que nos apresentemos de maneira genuína, sem a necessidade de inflar nosso ego.

- **Desconstrução do ego:** trabalhar com a Casa Mada envolve a desconstrução gradual do ego inflado, permitindo que nos aproximemos de nossa verdadeira natureza e nos reconectemos com nossa essência.

ENEAGRAMA

Aqui está a análise da Casa 7 – Mada – Vaidade – Orgulho – Presunção, à luz do Eneagrama, para cada um dos nove tipos, juntamente com sugestões de melhoria específicas:

Tipo 8 – O Poderoso

Quando o Tipo 8 cai na Casa 7, o desafio pode ser a tendência a exibir um orgulho excessivo e a busca por status e poder.

Sugestão: cultivar a humildade, reconhecendo que o verdadeiro poder reside na empatia e na capacidade de compartilhar com os outros.

Tipo 9 – O Mediador

Para o Tipo 9 na Casa 7, a vaidade pode se manifestar como resistência a confrontações e evitação de conflitos.

Sugestão: abraçar a autenticidade e expressar suas opiniões, encontrando o equilíbrio entre a harmonia e a assertividade.

Tipo 1 – O Perfeccionista

Quando o Tipo 1 está na Casa 7, a busca pela perfeição pode se manifestar como um senso rígido de superioridade.

Sugestão: praticar a compaixão consigo mesmo e com os outros, abraçando a imperfeição como parte da experiência humana.

Tipo 2 – O Ajudante

Para o Tipo 2 na Casa 7, o orgulho pode se manifestar como a necessidade de ser indispensável para os outros.

Sugestão: cultivar a autossuficiência emocional, valorizando-se independentemente das contribuições para os outros.

Tipo 3 – O Vencedor

A presença do Tipo 3 na Casa 7 pode resultar em um desejo intenso por reconhecimento e admiração.

Sugestão: valorizar sua autenticidade em vez de buscar validação externa, encontrando satisfação na jornada pessoal, independentemente do reconhecimento.

Tipo 4 – O Intenso

Quando o Tipo 4 cai na Casa 7, a vaidade pode se manifestar como uma busca por originalidade extrema e exclusividade.

Sugestão: encontrar beleza nas experiências cotidianas, valorizando a conexão com os outros em vez de buscar constantemente o excepcional.

Tipo 5 – O Analítico

Para o Tipo 5 na Casa 7, o orgulho pode se manifestar como a necessidade de acumular conhecimento e se destacar intelectualmente.

Sugestão: compartilhar seus *insights* de maneira colaborativa e praticar o equilíbrio entre a busca pelo conhecimento e a conexão social.

Tipo 6 – O Precavido

A presença do Tipo 6 na Casa 7 pode resultar em um orgulho relacionado com a segurança e a lealdade.

Sugestão: cultivar a confiança em suas próprias escolhas e habilidades, encontrando equilíbrio entre a precaução e a abertura para novas experiências.

Tipo 7 – O Otimista

Quando o Tipo 7 está na Casa 7, a presunção pode se manifestar como a busca constante por prazeres superficiais e evasão de emoções desconfortáveis.

Sugestão: praticar a moderação, permitindo-se enfrentar sentimentos mais profundos e apreciar o momento presente.

RESUMO

A Casa 7 – Mada – Vaidade – Orgulho – Presunção, no contexto do Eneagrama, convida cada tipo a reconhecer os aspectos do ego que podem se manifestar como vaidade ou orgulho e a cultivar humildade e autenticidade. As sugestões específicas para cada tipo podem ajudar a encontrar um equilíbrio saudável entre a busca por reconhecimento e a valorização das conexões e autenticidade genuína.

CONSTELAÇÃO

Pertencimento na Casa 7 – Mada – Vaidade – Orgulho – Presunção

O Pertencimento nesta casa está relacionado com a forma como nos ligamos à nossa imagem e ao que desejamos projetar para os outros. Muitas vezes, a vaidade e o orgulho surgem de um desejo profundo de sermos aceitos e valorizados. Reconhecer que pertencemos a um grupo maior de seres humanos que também lutam com esses sentimentos pode nos ajudar a nos conectar mais profundamente com nossa humanidade compartilhada.

Ao compreender que nossas inseguranças e vaidades são experiências comuns, podemos cultivar um senso de pertencimento que é fundamentado na autenticidade e não na aparência exterior.

Hierarquia na Casa 7 – Mada – Vaidade – Orgulho – Presunção

A Hierarquia nesta casa pode se relacionar com a forma como classificamos nossa autoestima com base em comparações com os outros. O orgulho muitas vezes nos leva a acreditar que somos superiores em algum aspecto. No entanto, essa hierarquia ilusória pode criar separação e isolamento.

Ao reconhecer a Hierarquia falsa que criamos, podemos buscar o entendimento de que todos têm lutas e inseguranças. Isso pode nos ajudar a nivelar o campo e a construir relacionamentos mais autênticos e respeitosos.

Equilíbrio na Casa 7 – Mada – Vaidade – Orgulho – Presunção

O Equilíbrio nesta casa envolve cultivar uma autoestima saudável e uma apreciação genuína de nossas qualidades, sem entrar na armadilha da vaidade excessiva. Também significa reconhecer quando nossa busca por reconhecimento externo está prejudicando nossa autoestima interna.

Cultivar o Equilíbrio requer uma prática constante de autoconsciência e autoaceitação. Isso nos permite valorizar a nós mesmos sem a necessidade constante de validação externa.

DICAS SISTÊMICAS

- Pratique a humildade, lembrando-se de que todos têm seus desafios e vitórias.
- Explore o trabalho de desenvolvimento pessoal para entender as raízes do orgulho e da vaidade.
- Mantenha um círculo de amigos e familiares que o apoiem de maneira genuína.
- Pratique a gratidão diariamente para se concentrar nas coisas que valoriza internamente.

Lembre-se de que a verdadeira autoestima vem de um senso de propósito e autenticidade.

RESUMO

A Casa 7 – Mada – Vaidade – Orgulho – Presunção nos convida a questionar nossos padrões de vaidade e orgulho por meio do Pertencimento autêntico, da avaliação da Hierarquia interna e da busca do Equilíbrio entre a autoestima saudável e a humildade. Ao abraçar essa jornada, podemos encontrar uma autoestima verdadeira e relações mais autênticas com os outros.

Os 7 Chacras

Aqui está a análise da Casa 7 – Mada – Vaidade – Orgulho – Presunção, relacionada com os sete chacras, oferecendo *insights* sobre como essa casa influencia cada um dos centros de energia, juntamente com dicas para equilibrar essas influências em sua vida:

Chacra Raiz (Muladhara) – Segurança e Sobrevivência

Na Casa 7, a energia de vaidade e orgulho pode afetar o chacra raiz, impactando a sensação de segurança. Praticar a humildade e o reconhecimento de que todos compartilham a mesma humanidade pode ajudar a equilibrar essa influência.

Chacra Sacral (Swadhisthana) – Criatividade e Emoções

O orgulho e a vaidade da Casa 7 podem influenciar o chacra sacral. Ao se conectar com suas emoções genuínas e praticar a aceitação de si mesmo, você pode equilibrar essas influências negativas e permitir que a criatividade flua livremente.

Chacra do Plexo Solar (Manipura) – Poder Pessoal

Nesta casa, a energia de vaidade e presunção pode afetar o chacra do plexo solar. Cultivar a empatia e a autenticidade é essencial para liberar o desejo de se destacar acima dos outros.

Chacra Cardíaco (Anahata) – Amor e Compaixão

O orgulho e a vaidade da Casa 7 também podem tocar o chacra cardíaco. Pratique a compaixão e o amor incondicional, lembrando-se de que todos merecem ser tratados com respeito e dignidade.

Chacra Laríngeo (Vishuddha) – Comunicação e Expressão

Na Casa 7, a energia de vaidade e presunção pode influenciar a comunicação e expressão do chacra laríngeo. Busque a comunicação aberta e autêntica, evitando a armadilha de querer impressionar os outros.

Chacra do Terceiro Olho (Ajna) – Intuição e Percepção

A vaidade e o orgulho da Casa 7 podem impactar o chacra do terceiro olho. Pratique a autoconsciência e a humildade para equilibrar essa influência, permitindo uma percepção mais clara e objetiva.

Chacra Coronário (Sahasrara) – Conexão Espiritual

Nesta casa, a energia de vaidade e presunção também pode afetar sua conexão espiritual no chacra coronário. Pratique a gratidão e a humildade, lembrando-se de que a espiritualidade se baseia na busca por uma compreensão mais profunda, não na superioridade.

> **RESUMO**
>
> A Casa 7 – Mada – Vaidade – Orgulho – Presunção, vista por meio da perspectiva dos sete chacras, ressalta a importância de cultivar a humildade e a autenticidade em sua jornada. Ao equilibrar essas influências negativas, você pode se abrir para uma conexão mais profunda consigo mesmo e com os outros.

MENSAGEM FINAL

A mensagem final desta casa é um convite para abandonar a vaidade e o orgulho excessivos, abrindo caminho para a humildade e a valorização dos outros. Ao reconhecermos nossa interconexão e compartilharmos a luz do reconhecimento, criamos um ambiente de respeito e compreensão mútua, enriquecendo nossa vida com relacionamentos autênticos e significativos. Que esta casa nos inspire a trilhar o caminho da humildade, criando um espaço para o florescimento de nossa verdadeira essência e de relacionamentos verdadeiramente enriquecedores.

Casa 8

Matsarya – Avidez

Seja bem-vindo(a) à Casa 8 – Matsarya – Avidez, um espaço de exploração profunda das complexas emoções ligadas à avidez e ao desejo excessivo. Nesta casa, convidamos você a examinar as nuances da avidez e como ela pode influenciar nossas escolhas, percepções e interações com o mundo ao nosso redor.

Matsarya, o cerne da Casa 8, é uma jornada interior que nos leva a refletir sobre os desejos insaciáveis que muitas vezes nos impulsionam a buscar mais e mais, sem considerar as consequências. Aqui, exploramos como a avidez pode distorcer nossas prioridades e nos afastar de um equilíbrio saudável na busca por satisfação material ou emocional.

Ao adentrar a Casa 8 – Matsarya – Avidez, você será convidado(a) a explorar suas próprias inclinações com relação à avidez e ao desejo excessivo. Você examinará como essas emoções podem moldar suas decisões e como elas podem afetar tanto você quanto aqueles ao seu redor.

A avidez pode nos conduzir por caminhos incertos, nos afastando de valores essenciais e nos deixando em um estado de constante insatisfação. Ao explorar essa casa, você terá a oportunidade de reconhecer os padrões de avidez em sua vida e buscar uma compreensão mais profunda de suas origens e impactos.

Portanto, prepare-se para uma jornada de autoexploração e autoconsciência na Casa 8. Ao compreender a avidez e seu papel em sua vida, você estará trilhando o caminho em direção a um maior equilíbrio, contentamento e um relacionamento mais saudável com os desejos que habitam dentro de você, nesta jornada fascinante pela Maha Lilah.

Algumas características e reflexões relacionadas com a Casa Matsarya

- Consciência **financeira**: reconhecer e avaliar nossas atitudes com relação ao dinheiro e aos bens materiais. Isso envolve entender se estamos retendo excessivamente recursos por medo de escassez.

- **Generosidade:** refletir sobre como podemos ser mais generosos em nossas ações e atitudes, seja com nosso tempo, energia, recursos financeiros ou apoio emocional.

- **Desapego material:** Matsarya nos convida a examinar se nossa felicidade está excessivamente vinculada à posse de bens materiais. A prática do desapego pode ajudar a liberar o apego excessivo às coisas materiais.

- **Compartilhar sem expectativas:** aprender a dar e compartilhar sem esperar algo em troca é uma lição fundamental dessa casa. Isso envolve fazer atos de bondade e generosidade de forma genuína e altruísta.

- **Impacto nas relações:** a avareza pode afetar negativamente nossos relacionamentos, causando distanciamento e ressentimento. A generosidade, por outro lado, pode fortalecer laços e criar uma atmosfera de confiança.

Aplicação terapêutica da Casa Matsarya

- **Autoexame:** avalie suas atitudes com relação ao dinheiro, bens materiais e generosidade. Pergunte a si mesmo se você tende a reter excessivamente ou se sente dificuldade em compartilhar.

- **Prática de dar:** desenvolva o hábito de dar regularmente, seja por meio de doações, ajuda voluntária ou gestos de bondade. Busque oportunidades de compartilhar seus recursos e tempo.

- **Desenvolvimento do desapego:** explore práticas que promovam o desapego material, como a simplificação da vida, a redução do consumo excessivo e a valorização de experiências em vez de bens materiais.

- **Cultivo da generosidade:** trabalhe na construção de relacionamentos baseados na generosidade e na disposição de ajudar os outros. Isso pode criar um ambiente positivo ao seu redor.

- **Prática da gratidão:** desenvolva uma prática diária de gratidão, focando nas coisas pelas quais você é grato. Isso pode ajudar a mudar a mentalidade de escassez para uma mentalidade de abundância.

ENEAGRAMA

Aqui está a análise da Casa 8 – Matsarya – Avidez, à luz do Eneagrama, para cada um dos nove tipos, juntamente com sugestões de melhoria específicas:

Tipo 8 – O Poderoso

Quando o Tipo 8 cai na Casa 8, a avidez pode se manifestar como um desejo insaciável por controle e poder.

Sugestão: praticar a generosidade e o compartilhamento, reconhecendo que a verdadeira força reside na capacidade de influenciar positivamente os outros e criar alianças sólidas.

Tipo 9 – O Mediador

Para o Tipo 9 na Casa 8, a avidez pode se manifestar como um desejo de evitar conflitos a qualquer custo, levando à supressão de suas próprias necessidades.

Sugestão: encontrar sua voz e expressar suas opiniões, aprendendo a estabelecer limites saudáveis e a defender seus valores.

Tipo 1 – O Perfeccionista

Quando o Tipo 1 está na Casa 8, a avidez pode se manifestar como uma busca implacável por perfeição e rigidez excessiva.

Sugestão: praticar autocompaixão e aceitação da imperfeição, permitindo-se flexibilidade e adaptabilidade diante das mudanças.

Tipo 2 – O Ajudante

Para o Tipo 2 na Casa 8, a avidez pode se manifestar como uma busca por validação e amor por meio do cuidado excessivo pelos outros.

Sugestão: cultivar a autenticidade, reconhecendo suas próprias necessidades e valorizando-se independentemente da ajuda aos outros.

Tipo 3 – O Vencedor

A presença do Tipo 3 na Casa 8 pode resultar em uma busca incessante por sucesso e reconhecimento, levando a uma avidez por realizações externas.

Sugestão: praticar a autenticidade e encontrar satisfação em seu verdadeiro eu, em vez de buscar validação constante.

Tipo 4 – O Intenso

Quando o Tipo 4 cai na Casa 8, a avidez pode se manifestar como uma busca por identidade por meio da comparação com os outros.

Sugestão: cultivar a autoaceitação e apreciar a singularidade própria, valorizando as próprias experiências em vez de buscar constantemente o que está faltando.

Tipo 5 – O Analítico

Para o Tipo 5 na Casa 8, a avidez pode se manifestar como uma busca excessiva por conhecimento e informações, afastando-se do contato humano.

Sugestão: equilibrar a busca por conhecimento com o compartilhamento e a interação social, reconhecendo a riqueza das experiências emocionais.

Tipo 6 – O Precavido

A presença do Tipo 6 na Casa 8 pode resultar em uma avidez por segurança e estabilidade, levando a um excesso de cautela.

Sugestão: cultivar a confiança em suas próprias decisões e capacidades, permitindo-se enfrentar desafios com coragem.

Tipo 7 – O Otimista

Quando o Tipo 7 está na Casa 8, a avidez pode se manifestar como uma busca constante por prazeres e experiências novas, evitando o enfrentamento de questões mais profundas.

Sugestão: praticar o foco e a introspecção, permitindo-se explorar a riqueza do mundo interior.

CONSTELAÇÃO

Pertencimento na Casa 8 – Matsarya – Avidez

O Pertencimento nesta casa está relacionado com a forma como nos sentimos conectados ou desconectados dos outros devido à avidez. A avidez muitas vezes resulta de um desejo insaciável por mais, levando a uma sensação de separação e isolamento.

Ao compreender que todos compartilhamos a experiência de desejos e lutas, podemos nos sentir mais conectados à humanidade em sua totalidade. Isso nos permite cultivar relacionamentos mais autênticos e genuínos.

Hierarquia na Casa 8 – Matsarya – Avidez

A Hierarquia nesta casa pode se manifestar como uma competição incessante, em que medimos nosso valor com base em nossas posses e realizações materiais. Isso pode levar a uma sensação de superioridade ou inferioridade com relação aos outros.

Ao reconhecer que nossa verdadeira valia vai além das posses materiais, podemos romper com essa hierarquia ilusória e buscar conexões mais significativas e igualitárias.

Equilíbrio na Casa 8 – Matsarya – Avidez

O Equilíbrio nesta casa envolve reconhecer a diferença entre nossas necessidades genuínas e desejos excessivos. Trata-se de buscar satisfação interna em vez de buscar constantemente gratificação externa. O desafio está em encontrar um ponto médio entre buscar o progresso material e a contenção.

Cultivar o Equilíbrio requer autoconsciência e prática constante de avaliação de nossos desejos. Isso nos permite buscar o que é verdadeiramente significativo em nossas vidas.

RESUMO

A Casa 8 – Matsarya – Avidez nos convida a examinar nossa relação com o desejo excessivo por meio do Pertencimento autêntico, da análise da Hierarquia material e do cultivo do Equilíbrio entre nossas necessidades internas e desejos externos. Ao abraçar essa jornada, podemos encontrar contentamento genuíno e relacionamentos mais significativos.

OS 7 CHACRAS

Aqui está a análise da Casa 8 – Matsarya – Avidez, relacionada com os sete chacras, oferecendo *insights* sobre como essa casa influencia cada um dos centros de energia, juntamente com dicas para equilibrar essas influências em sua vida:

Chacra Raiz (Muladhara) – Segurança e Sobrevivência

Na Casa 8, a energia de avidez pode afetar o chacra raiz, impactando a sensação de segurança. Praticar a gratidão pelo que você tem e cultivar a consciência de que a verdadeira segurança reside dentro de você pode ajudar a equilibrar essa influência.

Chacra Sacral (Swadhisthana) – Criatividade e Emoções

A avidez da Casa 8 também pode influenciar o chacra sacral. Ao se conectar com suas emoções e expressar sua criatividade de forma genuína, você pode equilibrar essas influências negativas.

Chacra do Plexo Solar (Manipura) – Poder Pessoal

Nesta casa, a energia de avidez pode afetar o chacra do plexo solar. Cultivar a autodisciplina e o controle sobre os desejos excessivos é essencial para equilibrar essa influência.

Chacra Cardíaco (Anahata) – Amor e Compaixão

O desejo avarento da Casa 8 também pode tocar o chacra cardíaco. Pratique a compaixão e a generosidade, lembrando-se de que a verdadeira riqueza está em compartilhar o amor com os outros.

Chacra Laríngeo (Vishuddha) – Comunicação e Expressão

Na Casa 8, a energia de avidez pode influenciar a comunicação e a expressão do chacra laríngeo. Busque uma comunicação clara e autêntica, evitando o discurso manipulativo.

Chacra do Terceiro Olho (Ajna) – Intuição e Percepção

A avidez da Casa 8 também pode impactar o chacra do terceiro olho. Pratique a autoconsciência e a contemplação para equilibrar essa influência, permitindo uma percepção mais objetiva.

Chacra Coronário (Sahasrara) – Conexão Espiritual

Nesta casa, o desejo avarento também pode afetar sua conexão espiritual no chacra coronário. Pratique a desapego material e busque uma conexão espiritual mais profunda, lembrando-se de que o verdadeiro propósito vai além das posses materiais.

> **RESUMO**
>
> A Casa 8 – Matsarya – Avidez, vista por meio da perspectiva dos sete chacras, destaca a importância de cultivar o desapego e a generosidade em sua jornada. Ao equilibrar essas influências negativas, você pode se abrir para uma conexão mais profunda consigo mesmo, com os outros e com o mundo.
>
> A Casa 8 – Matsarya – Avidez, no contexto do Eneagrama, convida cada tipo a reconhecer os aspectos de avidez e excesso em sua busca por poder, segurança, sucesso ou prazer. As sugestões específicas para cada tipo podem ajudar a encontrar um equilíbrio saudável, valorizando o que é verdadeiramente significativo e cultivando a autenticidade e a aceitação.

Em resumo, a Casa 8 – Matsarya – Avidez, vista por meioatravés da perspectiva dos sete chacras, destaca a importância de cultivar o desapego e a generosidade em sua jornada. Ao equilibrar essas influências negativas, você pode se abrir para uma conexão mais profunda consigo mesmo, com os outros e com o mundo.

MENSAGEM FINAL

Em resumo, a Casa 8 – Matsarya – Avidez, no contexto do Eneagrama, convida cada tipo a reconhecer os aspectos de avidez e excesso em sua busca por poder, segurança, sucesso ou prazer. As sugestões específicas para cada tipo podem ajudar a encontrar um equilíbrio saudável, valorizando o que é verdadeiramente significativo e cultivando a autenticidade e a aceitação.

A mensagem final para quem tirou a carta de Matsarya é que a verdadeira riqueza não está apenas nas posses materiais, mas também na capacidade de compartilhar e dar sem reservas. Ao cultivar a generosidade e superar a avareza, você não apenas beneficia os outros, mas também cria um ambiente mais positivo e satisfatório para si mesmo. Lembre-se de que a generosidade é uma qualidade valiosa que pode trazer alegria e significado tanto para sua vida quanto para as vidas daqueles ao seu redor.

Casa 9

Kama-Loka – Desejo – Sensualidade

Seja bem-vindo(a) à Casa 9 – Kama-Loka – Desejo – Sensualidade, um domínio que nos convida a explorar as profundezas dos desejos e da sensualidade que permeiam a experiência humana. Nesta casa, embarcaremos em uma jornada para compreender os diversos matizes do desejo e como eles podem influenciar nossa busca por prazer e satisfação.

Kama-Loka, o epicentro da Casa 9, é um espaço de reflexão sobre os desejos sensoriais e as paixões que muitas vezes guiam nossas ações e decisões. Aqui, investigaremos a natureza do desejo em suas várias formas, desde as ânsias físicas até os anseios emocionais, explorando como eles podem moldar nossa percepção do mundo e das relações interpessoais.

Ao adentrar a Casa 9 – Kama-Loka – Desejo – Sensualidade, convidamos você a mergulhar na análise das motivações e impulsos que emanam do desejo. Você explorará como essas forças podem impactar seus relacionamentos, aspirações e até mesmo sua autoimagem.

Os desejos, em sua variedade de formas, podem ser forças poderosas que nos impulsionam ou que nos desviam de nossos caminhos escolhidos. Nesta casa, você terá a oportunidade de examinar as interações complexas entre desejos, escolhas e consequências, à medida que busca um equilíbrio saudável entre a busca por prazer e a manutenção de uma vida significativa e harmoniosa.

Portanto, prepare-se para uma jornada de autoexploração na Casa 9. Ao compreender os desejos e sua influência em sua jornada, você estará trilhando um caminho em direção a uma relação mais consciente com a sensualidade e um entendimento mais profundo de como ela molda sua jornada na Maha Lilah.

Algumas características e reflexões relacionadas com a Casa Kama-Loka

- **Consciência sexual:** Kama-Loka nos convida a desenvolver uma maior consciência sobre nossa energia sexual e compreender como ela afeta nossos pensamentos, emoções e ações. Isso envolve entender que o desejo e a sensualidade são aspectos naturais da experiência humana.

- **Equilíbrio:** a casa destaca a importância de cultivar a energia sexual de forma equilibrada. Isso implica em não reprimir os desejos, mas também não se deixar dominar por eles. O equilíbrio ajuda a canalizar essa energia de maneira construtiva.

- **Criação e expressão:** reconheça que a energia sexual não é apenas física, mas também criativa. Ela pode ser canalizada para a expressão artística, projetos criativos e outras formas de manifestação pessoal.

- **Intimidade e relações:** Kama-Loka nos lembra da importância de cultivar relações íntimas saudáveis e respeitosas, em que a energia sexual é compartilhada de maneira consensual e amorosa.

- **Transcendência:** embora o foco seja na energia sexual, Kama-Loka também nos convida a transcender o desejo em direção a uma compreensão mais profunda da espiritualidade e da conexão interior.

Aplicação terapêutica da Casa Kama-Loka

- Autoconhecimento: explore seus próprios desejos e sentimentos sexuais com autoconsciência. Compreenda quais são suas motivações e como você pode direcionar essa energia de maneira positiva.

- Comunicação: se você está em um relacionamento, pratique a comunicação aberta e honesta com seu parceiro sobre desejos e limites. Isso ajuda a construir uma base saudável para a intimidade.

- Autocontrole: desenvolva habilidades de autocontrole, aprendendo a reconhecer quando os desejos estão se tornando excessivos ou prejudiciais e buscando maneiras de redirecionar essa energia.

- Criatividade: explore formas de canalizar a energia sexual para a criatividade. Isso pode envolver o engajamento em atividades artísticas, escrever, dançar ou outras formas de expressão.

- Meditação e **espiritualidade**: utilize práticas de meditação e espiritualidade para transcender os desejos superficiais e se conectar com aspectos mais profundos de si mesmo.

ENEAGRAMA

Aqui está a análise da Casa 9 – Kama-Loka – Desejo – Sensualidade, à luz do Eneagrama, para cada um dos nove tipos, juntamente com sugestões de melhoria específicas:

Tipo 8 – O Poderoso

Quando o Tipo 8 cai na Casa 9, o desejo e a sensualidade podem ser vivenciados com intensidade.

Sugestão: cultivar a vulnerabilidade emocional, permitindo-se conectar-se profundamente com os sentimentos e necessidades, em vez de focar apenas na ação e na força.

Tipo 9 – O Mediador

Para o Tipo 9 na Casa 9, o desejo e a sensualidade podem ser vivenciados com hesitação, devido à tendência de evitar conflitos.

Sugestão: aprender a expressar desejos e necessidades pessoais, enquanto mantém a harmonia nas relações.

Tipo 1 – O Perfeccionista

Quando o Tipo 1 está na Casa 9, o desejo e a sensualidade podem ser experimentados com cautela e uma busca por controlar impulsos.

Sugestão: permitir-se momentos de indulgência e prazer, reconhecendo que a vida também é sobre desfrutar.

Tipo 2 – O Ajudante

Para o Tipo 2 na Casa 9, o desejo e a sensualidade podem ser expressos por meio do desejo de cuidar e agradar aos outros.

Sugestão: praticar o autocuidado, aprendendo a atender às próprias necessidades e a desenvolver um relacionamento saudável consigo mesmo.

Tipo 3 – O Vencedor

A presença do Tipo 3 na Casa 9 pode levar a uma busca por atender aos desejos e padrões de sucesso externos.

Sugestão: conectar-se com seus desejos autênticos, em vez de perseguir apenas a aprovação externa, encontrando realização genuína.

Tipo 4 – O Intenso

Quando o Tipo 4 cai na Casa 9, o desejo e a sensualidade podem ser experimentados de maneira profunda e intensa.

Sugestão: encontrar equilíbrio emocional, valorizando a experiência do presente em vez de se perder em desejos utópicos.

Tipo 5 - O Analítico

Para o Tipo 5 na Casa 9, o desejo e a sensualidade podem ser explorados intelectualmente, mas podem ser negligenciados emocionalmente.

Sugestão: praticar a presença e a conexão emocional, permitindo-se sentir e expressar desejos de maneira autêntica.

Tipo 6 - O Precavido

A presença do Tipo 6 na Casa 9 pode levar a uma preocupação excessiva com relação aos desejos e prazeres.

Sugestão: cultivar a confiança interna, permitindo-se explorar desejos sem medo e com um senso de segurança interno.

Tipo 7 - O Otimista

Quando o Tipo 7 está na Casa 9, o desejo e a sensualidade podem ser buscados por meio da busca constante por novas experiências.

Sugestão: praticar a moderação, encontrando satisfação nos prazeres presentes em vez de constantemente buscar o próximo.

> **RESUMO**
>
> A Casa 9 – Kama-Loka – Desejo – Sensualidade, no contexto do Eneagrama, convida cada tipo a explorar seus desejos e sensações de maneira saudável e autêntica. As sugestões específicas para cada tipo podem ajudar a encontrar um equilíbrio entre a satisfação dos desejos e a conexão emocional genuína, enquanto se mantém em harmonia com os outros e consigo mesmo.

Em resumo, a Casa 9 – Kama-Loka – Desejo – Sensualidade, no contexto do Eneagrama, convida cada tipo a explorar seus desejos e sensações de maneira saudável e autêntica. As sugestões específicas para cada tipo podem ajudar a encontrar um equilíbrio entre a satisfação dos desejos e a conexão emocional genuína, enquanto se mantém em harmonia com os outros e consigo mesmo.

CONSTELAÇÃO

Pertencimento na Casa 9 – Kama-Loka – Desejo – Sensualidade

O Pertencimento nesta casa refere-se a como nos conectamos com nossos desejos e prazeres sensuais, com relação à sociedade e aos outros. Às vezes, nossos desejos podem nos fazer sentir isolados ou envergonhados.

> *Compreender que todos têm desejos e anseios nos ajuda a cultivar empatia e compreensão. Isso cria uma sensação de pertencimento à humanidade, independentemente de nossas inclinações sensoriais.*

Hierarquia na Casa 9 - Kama-Loka - Desejo - Sensualidade

A Hierarquia nesta casa pode se manifestar como uma busca incessante por prazeres sensoriais, em que medimos nosso valor com base em nossa capacidade de saciar nossos desejos. Isso pode levar a uma busca constante por mais, levando a sentimentos de insatisfação.

Ao reconhecer que a satisfação genuína vai além dos prazeres sensoriais, podemos romper com essa hierarquia ilusória e buscar alegria e realização em experiências mais profundas.

Equilíbrio na Casa 9 - Kama-Loka - Desejo - Sensualidade

O Equilíbrio nesta casa envolve discernir entre a busca saudável por prazeres sensuais e o excesso de indulgência. Trata-se de desfrutar das experiências sensoriais sem ser controlado por elas, encontrando contentamento em vez de compulsão.

Cultivar o Equilíbrio requer autoconsciência e prática de autodisciplina. Isso nos ajuda a satisfazer nossos desejos de forma equilibrada, evitando excessos prejudiciais.

RESUMO

A Casa 9 - Kama-Loka - Desejo - Sensualidade nos convida a explorar nossos desejos e prazeres sob a ótica do Pertencimento genuíno, a desafiar a Hierarquia ilusória que coloca os prazeres acima de tudo, e a cultivar o Equilíbrio entre a satisfação dos desejos e a autodisciplina. Ao fazer isso, podemos experimentar uma busca por prazer mais consciente e gratificante.

OS 7 CHACRAS/MAHA LILAH

Aqui está a análise da Casa 9 - Kama-Loka - Desejo - Sensualidade, relacionada com os sete chacras, oferecendo *insights* sobre como essa casa influencia cada um dos centros de energia, juntamente com dicas para equilibrar essas influências em sua vida:

Chacra Raiz (Muladhara) - Segurança e Sobrevivência

A Casa 9 pode afetar o chacra raiz, pois os desejos sensuais podem impactar a sensação de segurança. Praticar a moderação e encontrar segurança em si mesmo, independentemente das circunstâncias, ajuda a equilibrar essa influência.

Chacra Sacral (Swadhisthana) - Criatividade e Emoções

O desejo sensual da Casa 9 também pode influenciar o chacra sacral. Ao canalizar a energia sensual para expressões criativas e emocionais saudáveis, você equilibra essas influências.

Chacra do Plexo Solar (Manipura) – Poder Pessoal

Nesta casa, o desejo e a sensualidade podem afetar o chacra do plexo solar. Cultivar o autocontrole e direcionar sua energia para metas pessoais pode ajudar a equilibrar essas influências.

Chacra Cardíaco (Anahata) – Amor e Compaixão

A sensualidade da Casa 9 também pode influenciar o chacra cardíaco. Ao cultivar relacionamentos baseados em amor e compaixão genuínos, você equilibra essas influências.

Chacra Laríngeo (Vishuddha) – Comunicação e Expressão

Na Casa 9, o desejo sensual pode impactar a comunicação e a expressão no chacra laríngeo. Pratique a comunicação aberta e honesta, evitando o uso manipulativo da linguagem.

Chacra do Terceiro Olho (Ajna) – Intuição e Percepção

A sensualidade da Casa 9 também pode afetar o chacra do terceiro olho. Pratique a autoconsciência e a intuição para discernir entre os desejos superficiais e as verdadeiras necessidades.

Chacra Coronário (Sahasrara) – Conexão Espiritual

Nesta casa, o desejo sensual pode influenciar sua conexão espiritual no chacra coronário. Pratique a contemplação e a meditação para transcender os desejos materiais e buscar uma conexão mais profunda.

RESUMO

A Casa 9 – Kama-Loka – Desejo – Sensualidade, vista por meio dos sete chacras, destaca a importância de equilibrar os desejos sensuais com expressões saudáveis de criatividade, amor e autocontrole. Ao fazer isso, você pode se libertar das armadilhas dos desejos superficiais e encontrar um equilíbrio entre o físico e o espiritual.

MENSAGEM FINAL

A mensagem final para quem tirou a carta de Kama-Loka é que a energia sexual é uma força poderosa e criativa em nossas vidas. Ao cultivar essa energia de forma consciente e equilibrada, você pode não apenas enriquecer sua vida pessoal e relacionamentos, mas também canalizá-la para o crescimento pessoal e a evolução espiritual. Lembre-se de que a energia sexual é uma parte natural e saudável da experiência humana, e seu potencial pode ser usado para impulsionar seu desenvolvimento em várias áreas da vida.

Casa 10

Shuddhi – Purificação

Seja bem-vindo(a) à Casa 10 – Shuddhi – Purificação, um espaço dedicado à busca interior pela clareza, renovação e transformação. Nesta casa, convidamos você a explorar os caminhos da purificação, um processo que visa liberar o peso do passado e cultivar a pureza da mente, do corpo e do espírito.

A Casa 10, Shuddhi, é um oásis de reflexão sobre a necessidade e o significado da purificação em nossas vidas. Aqui, examinaremos como os padrões de pensamento, comportamentos enraizados e a bagagem emocional podem nos distanciar de nossa essência mais pura e autêntica.

Ao trilhar os corredores da Casa 10, você terá a oportunidade de compreender a importância da purificação como um processo contínuo de autorreflexão e crescimento. A purificação não se limita apenas à limpeza física, mas estende-se ao nível espiritual e emocional, em que nos esforçamos para liberar a negatividade, as limitações autoimpostas e as influências que nos impedem de evoluir.

Este é um espaço em que você pode explorar práticas de purificação, como meditação, introspecção e desapego, enquanto busca um estado de maior clareza mental e emocional. A purificação é uma jornada interior que visa remover as impurezas da mente e do coração, permitindo que você se reconecte com sua verdadeira natureza e potencial.

A Casa 10 – Shuddhi – Purificação é um lembrete gentil de que a jornada espiritual é, em essência, uma busca constante para se libertar das amarras do passado e das influências negativas, permitindo que sua verdadeira essência brilhe. Ao mergulhar na experiência desta casa, você estará trilhando um caminho de autotransformação e autodescoberta, buscando alcançar um estado de purificação interior e uma conexão mais profunda com sua própria essência divina.

Algumas características e reflexões relacionadas com a Casa Shuddhi

- **Autoconsciência:** Shuddhi nos incentiva a olhar para dentro e desenvolver uma profunda autoconsciência. Isso envolve examinar nossos pensamentos, emoções e comportamentos, identificando padrões negativos que podem estar nos impedindo de evoluir espiritualmente.

- **Libertação de padrões negativos:** a casa Shuddhi nos lembra da importância de nos libertarmos de padrões negativos, como pensamentos autocríticos, ressentimentos, raiva e outras emoções prejudiciais. Isso requer um processo de autorreflexão e transformação interior.

- **Práticas de limpeza:** pode envolver a prática de técnicas de limpeza e purificação, tanto físicas quanto espirituais. Isso pode incluir meditação, oração, jejum, desintoxicação física e outras práticas que ajudam a purificar o corpo e a mente.

- **Cultivando virtudes:** Shuddhi também nos convida a cultivar virtudes como compaixão, amor, gratidão e perdão. Essas virtudes ajudam a purificar nossa mente e coração, criando um espaço para o crescimento espiritual.

- **Jornada de autotransformação:** a purificação interior é uma jornada contínua de autotransformação. Envolve reconhecer nossas fraquezas e trabalhar ativamente para superá-las, cultivando qualidades que nos aproximem de nossa verdadeira natureza.

Aplicação terapêutica da Casa Shuddhi

- **Práticas espirituais:** incorpore práticas espirituais diárias, como meditação, ioga, oração ou contemplação, para ajudar a purificar a mente e encontrar clareza interior.

- **Autorreflexão:** reserve um tempo regularmente para refletir sobre seus pensamentos, emoções e comportamentos. Identifique padrões negativos e trabalhe para transformá-los.

- **Libertação emocional:** explore técnicas de libertação emocional, como o perdão e a aceitação. Isso pode ajudar a liberar ressentimentos e mágoas que podem estar bloqueando sua evolução espiritual.

- **Desintoxicação física:** considere adotar hábitos de vida saudáveis, como uma dieta equilibrada, exercícios e descanso adequado, para purificar o corpo físico.

- **Cultive virtudes:** esforce-se para cultivar virtudes positivas em sua vida diária. Pratique a compaixão, a generosidade e a gratidão em suas interações com os outros.

ENEAGRAMA

Aqui está a análise da Casa 10 – Shuddhi – Purificação, à luz do Eneagrama, para cada um dos nove tipos, juntamente com sugestões de melhoria específicas:

Tipo 8 – O Poderoso

Quando o Tipo 8 cai na Casa 10, a busca pela purificação pode estar relacionada a liberar ressentimentos e a necessidade de controle.

Sugestão: praticar a vulnerabilidade emocional, permitindo-se ser mais autêntico e aberto em suas relações.

Tipo 9 – O Mediador

Para o Tipo 9 na Casa 10, a purificação pode envolver confrontar evitações e confrontos internos.

Sugestão: priorizar suas próprias necessidades e opiniões, mesmo quando isso envolver confrontos saudáveis e assertivos.

Tipo 1 – O Perfeccionista

Quando o Tipo 1 está na Casa 10, a purificação pode estar ligada à busca incessante pela perfeição.

Sugestão: praticar a autocompaixão, permitindo-se cometer erros e encontrar equilíbrio entre a busca pela excelência e a aceitação do que é.

Tipo 2 – O Ajudante

Para o Tipo 2 na Casa 10, a purificação pode envolver liberar a necessidade de ser constantemente útil para os outros.

Sugestão: direcionar o amor e cuidado para si mesmo, praticando a autossuficiência e definindo limites saudáveis.

Tipo 3 – O Vencedor

A presença do Tipo 3 na Casa 10 pode levar a uma busca por uma imagem pública perfeita.

Sugestão: reconectar-se com os valores e paixões internas, permitindo-se autenticidade mesmo quando isso significa mostrar vulnerabilidade.

Tipo 4 – O Intenso

Quando o Tipo 4 cai na Casa 10, a purificação pode envolver liberar identificações excessivas com estados emocionais.

Sugestão: cultivar gratidão pelo presente e pelas experiências cotidianas, em vez de buscar constantemente emoções intensas.

Tipo 5 – O Analítico

Para o Tipo 5 na Casa 10, a purificação pode envolver liberar a tendência de se isolar para proteger a energia.

Sugestão: praticar a conexão emocional e o compartilhamento de conhecimento, encontrando um equilíbrio entre recolhimento e interação.

Tipo 6 – O Precavido

A presença do Tipo 6 na Casa 10 pode levar a uma busca por segurança por meio do controle.

Sugestão: cultivar a confiança interna, permitindo-se enfrentar medos e incertezas de maneira saudável e corajosa.

Tipo 7 – O Otimista

Quando o Tipo 7 está na Casa 10, a purificação pode envolver liberar a busca constante por estímulos externos. A sugestão é praticar a atenção plena e a contemplação, encontrando satisfação no momento presente sem fugir para o próximo estímulo.

RESUMO

A Casa 10 – Shuddhi – Purificação, no contexto do Eneagrama, convida cada tipo a explorar e liberar padrões não saudáveis, alcançando um estado de autenticidade e integridade. As sugestões específicas para cada tipo podem ajudar a focar em áreas de crescimento pessoal, buscando a autodescoberta e a evolução contínua.

CONSTELAÇÃO

Pertencimento na Casa 10 – Shuddhi – Purificação

O Pertencimento nesta casa refere-se à nossa conexão com a jornada de purificação e crescimento espiritual. Às vezes, podemos nos sentir isolados ao buscar mudanças internas, mas é importante lembrar que muitos estão passando por jornadas semelhantes.

Entender que pertencemos a uma comunidade de buscadores espirituais pode fornecer apoio e inspiração ao nosso processo de purificação.

Hierarquia na Casa 10 – Shuddhi – Purificação

A Hierarquia nesta casa pode se manifestar como a tendência de julgar nossa própria purificação com relação à de outros. Isso pode levar a sentimentos de inadequação ou superioridade espiritual.

Compreender que cada jornada espiritual é única ajuda a dissolver essa hierarquia e nos permite concentrar na nossa própria evolução, sem comparações prejudiciais.

Equilíbrio na Casa 10 – Shuddhi – Purificação

O Equilíbrio nesta casa envolve encontrar uma abordagem saudável para a purificação. Às vezes, podemos nos envolver tanto em práticas espirituais que negligenciamos nossas responsabilidades mundanas. Ou, ao contrário, podemos evitar a purificação devido ao medo do desconforto.

Encontrar o equilíbrio significa integrar a busca espiritual em nossa vida cotidiana, sem excessos ou negligências, permitindo que a purificação ocorra de forma gradual e sustentável.

RESUMO

A Casa 10 – Shuddhi – Purificação nos convida a olhar para nossos esforços de crescimento espiritual sob a ótica do Pertencimento, a abandonar a Hierarquia que nos leva a comparações prejudiciais e a buscar o Equilíbrio entre a busca espiritual e a vida cotidiana. Ao fazer isso, podemos embarcar em uma jornada de purificação mais autêntica e transformadora.

OS 7 CHACRAS

Aqui está a análise da Casa 10 – Shuddhi – Purificação, relacionada com os sete chacras, oferecendo *insights* sobre como essa casa influencia cada um dos centros de energia, juntamente com dicas para equilibrar essas influências em sua vida:

Chacra Raiz (Muladhara) – Segurança e Sobrevivência

Na Casa 10, a busca pela purificação pode influenciar o chacra raiz. Ao encontrar estabilidade interna e cultivar um ambiente seguro, você equilibra essas influências.

Chacra Sacral (Swadhisthana) - Criatividade e Emoções

A purificação da Casa 10 também pode afetar o chacra sacral. Ao canalizar a energia de purificação para expressões criativas e emocionais saudáveis, você equilibra essas influências.

Chacra do Plexo Solar (Manipura) - Poder Pessoal

Nesta casa, a busca pela purificação pode influenciar o chacra do plexo solar. Cultivar a autoconfiança e o empoderamento pessoal ajuda a equilibrar essas influências.

Chacra Cardíaco (Anahata) - Amor e Compaixão

A purificação da Casa 10 também pode afetar o chacra cardíaco. Ao praticar a autocompaixão e cultivar relacionamentos baseados em amor genuíno, você equilibra essas influências.

Chacra Laríngeo (Vishuddha) - Comunicação e Expressão

Na Casa 10, a busca pela purificação pode influenciar a comunicação e a expressão no chacra laríngeo. Pratique a comunicação honesta e autêntica para equilibrar essas influências.

Chacra do Terceiro Olho (Ajna) - Intuição e Percepção

A purificação da Casa 10 também pode afetar o chacra do terceiro olho. Ao cultivar a clareza mental e a intuição, você equilibra essas influências.

Chacra Coronário (Sahasrara) - Conexão Espiritual

Nesta casa, a busca pela purificação pode influenciar sua conexão espiritual no chacra coronário. Pratique a meditação e a espiritualidade para equilibrar essas influências.

RESUMO

A Casa 10 – Shuddhi – Purificação, vista por meio dos sete chacras, destaca a importância de buscar a purificação interna e externa em todos os níveis da sua vida. Ao fazer isso, você pode equilibrar sua energia e alcançar um estado de harmonia entre corpo, mente e espírito.

MENSAGEM FINAL

A mensagem final para quem tirou a carta de Shuddhi é que a purificação interior é essencial para a evolução espiritual e o crescimento pessoal. Ao se libertar de padrões negativos e cultivar virtudes positivas, você cria um espaço para a realização e o bem-estar em sua jornada espiritual. Lembre-se de que a purificação é um processo contínuo, e cada passo que você dá em direção à pureza interior o aproxima mais de sua verdadeira natureza e potencial espiritual.

Casa 11

Gandharvas – Diversão

Seja bem-vindo(a) à Casa 11 – Gandharvas – Diversão, um espaço encantador e vibrante dedicado à celebração da alegria e à apreciação das alegrias simples da vida. Aqui, convidamos você a explorar o reino da diversão e entretenimento, em que podemos nos permitir momentos de descontração e prazer em meio às demandas da jornada da vida.

A Casa 11 é um refúgio de leveza e alegria, um lembrete de que a busca espiritual não é apenas sobre introspecção profunda, mas também sobre a celebração da existência. Neste ambiente acolhedor, abraçamos a importância de momentos de lazer, de permitir que nossos corações se alegrem e de nos conectarmos com atividades que nos trazem felicidade.

A Casa 11 – Gandharvas – Diversão nos convida a explorar as diferentes formas de diversão e entretenimento que podem enriquecer nossa vida. É uma oportunidade para nos permitirmos sorrisos genuínos, risadas contagiantes e experiências que nos fazem sentir vivos e conectados com o presente momento.

Aqui, você terá a chance de explorar como a diversão pode desempenhar um papel vital em nosso bem-estar emocional e mental. Além disso, é um espaço para refletir sobre o equilíbrio saudável entre o trabalho e o lazer, e como a incorporação de momentos de diversão pode contribuir para um sentido mais profundo de plenitude.

A Casa 11 – Gandharvas – Diversão também nos lembra da importância de compartilhar momentos de alegria com aqueles ao nosso redor, cultivando relacionamentos e conexões genuínas por meio de experiências compartilhadas. Ao explorar essa casa, você estará convidado a encontrar maneiras criativas de incorporar a diversão em sua vida diária e a reconhecer que momentos de alegria são essenciais para nutrir o espírito e manter um senso de harmonia e equilíbrio.

Algumas características e reflexões relacionadas com a Casa Gandharvas

Explorando as diversões: *nesta casa, somos convidados a explorar as diferentes formas de diversões e prazeres que nos trazem alegria e satisfação. Isso pode incluir hobbies, entretenimento, socialização e outras atividades que nos proporcionam momentos de descontração.*

Equilíbrio entre trabalho e lazer: *Gandharvas nos lembra da importância de equilibrar as atividades de lazer com nossas responsabilidades e compromissos. Encontrar um equilíbrio saudável entre o trabalho e o tempo livre é essencial para a saúde mental e emocional.*

***Mindfulness* nas diversões:** *a casa nos convida a praticar a consciência plena (mindfulness) durante as atividades de lazer. Isso significa estar presente e realmente aproveitar o momento, em vez de se distrair com preocupações ou distrações.*

Autoconhecimento: *é uma oportunidade para se autoconhecer e entender quais atividades de lazer são mais significativas para você. Conectar-se com suas preferências pessoais pode ajudar a escolher atividades que realmente tragam alegria e satisfação.*

Evitar excessos: *enquanto a diversão é importante, Gandharvas também nos lembra da importância de evitar excessos. O equilíbrio é fundamental para garantir que as diversões não prejudiquem outras áreas de nossas vidas.*

Aplicação terapêutica da Casa Gandharvas

- **Agenda balanceada:** crie uma agenda que reserve tempo tanto para o trabalho quanto para as atividades de lazer. Isso ajuda a garantir que você tenha tempo para relaxar e desfrutar da vida.

- ***Mindfulness* nas diversões:** ao envolver-se em atividades de lazer, pratique a consciência plena. Desfrute do momento presente e permita-se estar completamente imerso na experiência.

- **Exploração criativa:** experimente novas atividades de lazer e hobbies para descobrir o que mais lhe traz alegria. Isso pode incluir coisas que você nunca tentou antes.

- **Limites saudáveis:** estabeleça limites saudáveis para suas atividades de lazer, especialmente se houver tendência a exagerar ou negligenciar outras responsabilidades.
- **Compartilhando diversão:** compartilhe momentos de diversão com amigos e entes queridos. Isso pode fortalecer relacionamentos e criar memórias preciosas.

ENEAGRAMA

Aqui está a análise da Casa 11 – Gandharvas – Diversão, à luz do Eneagrama, para cada um dos nove tipos, juntamente com sugestões de melhoria específicas:

Tipo 8 – O Poderoso

Quando o Tipo 8 cai na Casa 11, a busca por diversão pode estar relacionada a encontrar maneiras de relaxar e soltar o controle.

Sugestão: praticar atividades lúdicas que permitam a expressão livre e a alegria, sem a necessidade de ser sempre o líder.

Tipo 9 – O Mediador

Para o Tipo 9 na Casa 11, a diversão pode envolver permitir-se sair da zona de conforto e explorar novas experiências.

Sugestão: abraçar aventuras e hobbies que despertem paixão, permitindo-se sentir uma energia renovada.

Tipo 1 – O Perfeccionista

Quando o Tipo 1 está na Casa 11, a diversão pode estar ligada a liberar a necessidade de perfeição constante.

Sugestão: permitir-se momentos de descontração e criatividade sem se preocupar com os detalhes minuciosos.

Tipo 2 – O Ajudante

Para o Tipo 2 na Casa 11, a diversão pode envolver liberar a necessidade de agradar constantemente os outros.

Sugestão: focar em atividades que nutram sua própria alegria e autoexpressão, sem se preocupar com a aprovação externa.

Tipo 3 – O Vencedor

A presença do Tipo 3 na Casa 11 pode levar a uma busca por reconhecimento e sucesso até mesmo na diversão.

Sugestão: permitir-se momentos de lazer autênticos, em que não é necessário impressionar ninguém.

Tipo 4 – O Intenso

Quando o Tipo 4 cai na Casa 11, a diversão pode envolver liberar a busca por emoções intensas.

Sugestão: permitir-se desfrutar das pequenas alegrias da vida cotidiana e encontrar beleza na simplicidade.

Tipo 5 – O Analítico

Para o Tipo 5 na Casa 11, a diversão pode envolver se desligar da constante busca por conhecimento.

Sugestão: envolver-se em atividades criativas e sociais que permitam a desconexão e a recarga emocional.

Tipo 6 – O Precavido

A presença do Tipo 6 na Casa 11 pode levar a uma busca por segurança até mesmo na diversão.

Sugestão: permitir-se explorar novas situações e abraçar a incerteza, encontrando alegria na flexibilidade.

Tipo 7 – O Otimista

Quando o Tipo 7 está na Casa 11, a diversão pode envolver encontrar um equilíbrio entre a busca por prazer constante e a verdadeira satisfação interna.

Sugestão: praticar a atenção plena e envolver-se em atividades que tragam alegria genuína.

RESUMO

A Casa 11 – Gandharvas – Diversão, no contexto do Eneagrama, convida cada tipo a permitir-se momentos de alegria e relaxamento autênticos, liberando padrões de comportamento e abraçando a espontaneidade. As sugestões específicas para cada tipo podem ajudar a focar em áreas de crescimento pessoal, buscando o equilíbrio entre responsabilidade e prazer.

CONSTELAÇÃO

Pertencimento na Casa 11 – Gandharvas – Diversão

O Pertencimento nesta casa está relacionado com a nossa conexão com grupos sociais e atividades recreativas. Buscamos diversão em contextos em que nos sentimos aceitos e integrados. Participar de atividades que compartilhamos com outros cria um senso de comunidade e pertencimento.

Lembrar que fazemos parte de grupos que valorizam as mesmas formas de diversão pode nutrir nossos laços sociais e nos trazer alegria compartilhada.

Hierarquia na Casa 11 – Gandharvas – Diversão

A Hierarquia nesta casa pode se manifestar como uma competição sutil em busca de experiências mais emocionantes ou exclusivas. Isso pode levar à busca constante por novidades para se destacar entre os outros.

Entender que a diversão não precisa ser uma competição e que cada pessoa tem suas próprias preferências ajuda a superar a mentalidade de hierarquia.

Equilíbrio na Casa 11 – Gandharvas – Diversão

O Equilíbrio nesta casa é alcançado quando buscamos diversão de maneira saudável e moderada. Às vezes, podemos nos envolver tanto em atividades recreativas que negligenciamos outras áreas de nossas vidas.

Encontrar o equilíbrio significa desfrutar de momentos de diversão, mas também reservar tempo para responsabilidades e autorreflexão.

RESUMO

Na Casa 11, buscamos diversão em grupos sociais onde nos sentimos integrados, fortalecendo nossos laços sociais e nutrindo a alegria compartilhada. Evitamos competições sutis por experiências emocionantes, reconhecendo que a diversão é uma experiência pessoal e única para cada indivíduo. Encontramos um equilíbrio saudável entre diversão e responsabilidades, garantindo que nossa busca por momentos de lazer não prejudique outras áreas de nossas vidas.

OS 7 CHACRAS

Aqui está a análise da Casa 11 – Gandharvas – Diversão, relacionada com os sete chacras, oferecendo *insights* sobre como essa casa influencia cada um dos centros de energia, juntamente com dicas para equilibrar essas influências em sua vida:

Chacra Raiz (Muladhara) – Segurança e Sobrevivência

Na Casa 11, a diversão está intrinsecamente ligada à sensação de pertencimento e segurança. Você se diverte mais quando se sente seguro e enraizado em seu ambiente. Equilibrar essa influência envolve garantir que seus momentos de diversão não comprometam sua segurança ou a dos outros.

Chacra Sacral (Swadhisthana) – Criatividade e Emoções

A diversão na Casa 11 pode despertar a criatividade e as emoções. Para equilibrar essa influência, permita-se expressar sua criatividade de maneira saudável e esteja consciente das emoções que surgem durante a diversão.

Chacra do Plexo Solar (Manipura) – Poder Pessoal

Nesta casa, a diversão pode estar relacionada ao seu senso de poder pessoal. Certifique-se de que a diversão não o leve a buscar poder sobre os outros. O equilíbrio é encontrado quando você se diverte enquanto mantém sua autoestima intacta.

Chacra Cardíaco (Anahata) – Amor e Compaixão

A diversão na Casa 11 é mais significativa quando está cheia de amor e compaixão. Para equilibrar essa influência, pratique a empatia e a compaixão durante seus momentos de diversão, estendendo essa energia aos outros.

Chacra Laríngeo (Vishuddha) – Comunicação e Expressão

A comunicação e a expressão desempenham um papel importante na diversão na Casa 11. Mantenha uma comunicação autêntica e gentil durante esses momentos, evitando qualquer forma de manipulação.

Chacra do Terceiro Olho (Ajna) – Intuição e Percepção

A diversão na Casa 11 pode despertar sua intuição e percepção. Para equilibrar essa influência, esteja aberto a *insights* intuitivos durante a diversão e use-os para melhorar sua experiência.

Chacra Coronário (Sahasrara) – Conexão Espiritual

Nesta casa, a diversão pode se conectar a uma experiência espiritual mais profunda. Esteja aberto à possibilidade de que momentos de diversão também possam ser momentos de conexão espiritual e crescimento.

RESUMO

Aqui está a análise da Casa 11 – Gandharvas – Diversão, relacionada com os sete chacras, oferecendo *insights* sobre como essa casa influencia cada um dos centros de energia, juntamente com dicas para equilibrar essas influências em sua vida:

MENSAGEM FINAL

A mensagem final para quem tirou a carta de Gandharvas é que é importante se divertir e aproveitar a vida, mas também é essencial encontrar um equilíbrio saudável entre as diversões e as responsabilidades. Ao encontrar esse equilíbrio, você poderá desfrutar plenamente das alegrias da vida, ao mesmo tempo em que atende às suas obrigações de maneira eficaz.

Casa 12

Irsã — Inveja

Seja bem-vindo(a) à Casa 12 – Irsã – Inveja, um espaço de exploração profunda das emoções humanas que nos convida a examinar a sombra da inveja e suas complexas ramificações. Aqui, embarcaremos em uma jornada interior para compreender as nuances desse sentimento e seus efeitos em nossa vida e relacionamentos.

A Casa 12 é um reino de autoconhecimento e autorreflexão, em que mergulharemos na essência da inveja e suas manifestações. Esta casa nos desafia a confrontar nossos sentimentos mais delicados e nos incentiva a explorar por que a inveja surge e como podemos lidar com ela de maneira saudável.

A inveja, muitas vezes oculta sob camadas de outras emoções, é um convite à análise profunda de nossos próprios desejos e insatisfações. Ao explorar essa casa, examinaremos como a inveja pode surgir em diferentes áreas de nossas vidas, desde conquistas materiais até realizações pessoais, e como ela pode afetar nosso bem-estar emocional e mental.

Nesta casa, também teremos a oportunidade de examinar os efeitos da inveja em nossos relacionamentos e na maneira como nos conectamos com os outros. Além disso, exploraremos a diferença entre a admiração saudável e a inveja tóxica, e como podemos transformar a inveja em uma oportunidade de crescimento pessoal.

A Casa 12 – Irsã – Inveja nos desafia a reconhecer nossos sentimentos com honestidade e a cultivar a autocompaixão enquanto exploramos essa emoção complexa. Ao compreender os aspectos subjacentes da inveja e suas implicações em nossas vidas, podemos trilhar um caminho de crescimento e transformação, buscando a cura e a superação dessa emoção para nos tornarmos versões mais autênticas e plenas de nós mesmos.

Algumas características e reflexões relacionadas com a Casa Irsã

- Explorando a inveja: nesta casa, somos convidados a explorar a emoção da inveja e a reconhecer quando ela surge em nossas vidas. Isso pode envolver uma reflexão honesta sobre nossos sentimentos com relação ao sucesso alheio.

- Desconstruindo a inveja: é uma oportunidade para desconstruir os padrões de pensamento que levam à inveja e ao ciúme. Compreender suas causas subjacentes pode ajudar a lidar com essas emoções de maneira mais saudável.

- Cultivando a gratidão: Irsã nos lembra da importância de cultivar a gratidão pelas bênçãos e conquistas em nossa própria vida. Praticar a gratidão pode ajudar a diminuir a intensidade da inveja.

- Empatia e compaixão: em vez de permitir que a inveja nos domine, Irsã nos encoraja a cultivar a empatia e a compaixão pelos outros. Tentar entender os desafios e esforços de quem alcançou sucesso pode ajudar a transformar a inveja em uma atitude mais positiva.

- Celebração do sucesso alheio: a chave é aprender a celebrar o sucesso e as conquistas dos outros, reconhecendo que o sucesso de uma pessoa não diminui a nossa própria jornada.

Aplicação terapêutica da Casa Irsã

- **Autoconscientização:** identifique os momentos em que a inveja ou o ciúme surgem em sua vida. Tornar-se consciente dessas emoções é o primeiro passo para lidar com elas.

- **Prática da gratidão:** reserve um tempo diariamente para refletir sobre as coisas pelas quais você é grato. Isso pode ajudar a mudar o foco da inveja para a apreciação.

- **Cultivar empatia:** tente se colocar no lugar da pessoa que desperta sentimentos de inveja. Isso pode ajudar a humanizar a situação e a criar empatia genuína.

- **Compartilhar alegria:** em vez de sentir inveja, pratique a alegria genuína pelo sucesso dos outros. Parabenize-os sinceramente e compartilhe suas realizações.

- **Trabalho interior:** se a inveja estiver afetando profundamente sua vida, considere a busca de terapia ou aconselhamento pode ser útil para explorar esses sentimentos em um ambiente de apoio.

ENEAGRAMA

Aqui está a análise da Casa 12 – Irsã – Inveja, à luz do Eneagrama, para cada um dos nove tipos, juntamente com sugestões de melhoria específicas:

Tipo 8 – O Poderoso

Quando o Tipo 8 cai na Casa 12, a tendência à inveja pode surgir de uma comparação constante com aqueles que parecem ter mais poder.

Sugestão: cultivar um senso de autenticidade e reconhecer suas próprias conquistas, sem se comparar com os outros.

Tipo 9 – O Mediador

Para o Tipo 9 na Casa 12, a inveja pode surgir de um desejo subconsciente de ter a mesma força de vontade e direção que vê nos outros.

Sugestão: abraçar seus próprios desejos e tomar decisões alinhadas com seus valores pessoais.

Tipo 1 – O Perfeccionista

Quando o Tipo 1 está na Casa 12, a inveja pode surgir da percepção de que outros estão agindo de forma mais correta ou eficiente.

Sugestão: praticar a compaixão consigo mesmo e permitir-se falhar, entendendo que ninguém é perfeito.

Tipo 2 – O Ajudante

Para o Tipo 2 na Casa 12, a inveja pode surgir quando percebe que outras pessoas estão recebendo mais atenção ou reconhecimento.

Sugestão: cultivar uma conexão mais profunda consigo mesmo e valorizar suas próprias necessidades.

Tipo 3 – O Vencedor

A presença do Tipo 3 na Casa 12 pode levar a uma inveja com relação à imagem de sucesso dos outros.

Sugestão: focar no desenvolvimento interno e na autenticidade, em vez de buscar validação externa.

Tipo 4 – O Intenso

Quando o Tipo 4 cai na Casa 12, a inveja pode surgir da sensação de que outros têm uma identidade mais única ou intensa.

Sugestão: praticar a gratidão pelo que você é e pelo que tem, evitando comparações constantes.

Tipo 5 - O Analítico

Para o Tipo 5 na Casa 12, a inveja pode surgir quando percebe que outros têm um conhecimento mais amplo.

Sugestão: buscar o equilíbrio entre a busca por conhecimento e a aplicação prática do que você já sabe.

Tipo 6 - O Precavido

A presença do Tipo 6 na Casa 12 pode levar a uma inveja com relação à confiança dos outros em suas decisões.

Sugestão: cultivar a autoconfiança e tomar decisões com base em sua própria intuição.

Tipo 7 - O Otimista

Quando o Tipo 7 está na Casa 12, a inveja pode surgir da percepção de que outros estão aproveitando mais a vida.

Sugestão: encontrar satisfação nas experiências presentes e praticar a aceitação do momento atual.

> **RESUMO**
>
> A Casa 12 – Irsã – Inveja, no contexto do Eneagrama, convida cada tipo a enfrentar suas tendências invejosas e cultivar a autenticidade, a autovalorização e a aceitação. As sugestões específicas para cada tipo podem ajudar a focar em áreas de crescimento pessoal, buscando um relacionamento mais saudável com os sentimentos de inveja.

CONSTELAÇÃO

Pertencimento na Casa 12 - Irsã - Inveja

O Pertencimento nesta casa pode ser desafiador, pois a inveja muitas vezes nos afasta dos outros. Sentir inveja pode nos levar a nos comparar com os outros de maneira negativa, o que pode minar nosso senso de pertencimento e autoestima.

> *Ao reconhecer que todos têm suas próprias jornadas e desafios, podemos cultivar uma maior aceitação de nós mesmos e dos outros, promovendo um senso de pertencimento mais saudável.*

Hierarquia na Casa 12 – Irsã – Inveja

A Hierarquia nesta casa pode se manifestar como uma sensação de inferioridade com relação a quem possuímos inveja. Sentimos que os outros têm algo que está fora do nosso alcance, o que pode nos colocar em uma posição inferior.

Compreender que todos têm suas lutas e vitórias únicas e que cada pessoa é valiosa independentemente de suas posses ajuda a dissolver sentimentos de hierarquia.

Equilíbrio na Casa 12 – Irsã – Inveja

O Equilíbrio nesta casa é encontrado ao confrontar nossos sentimentos de inveja com autocompaixão e autorreflexão. Em vez de simplesmente negar a inveja, podemos explorar porque nos sentimos assim e buscar maneiras construtivas de lidar com esses sentimentos.

Encontrar equilíbrio também significa cultivar gratidão pelo que temos e concentrar nossa energia em nosso próprio crescimento pessoal.

RESUMO

A Casa 12 – Irsã – Inveja nos convida a explorar como Pertencimento saudável, a rejeição de Hierarquia prejudicial e o Equilíbrio emocional podem nos ajudar a lidar com a inveja de maneira construtiva. Ao fazer isso, podemos cultivar uma maior aceitação de nós mesmos e dos outros, promovendo relacionamentos mais autênticos e positivos.

OS 7 CHACRAS

Aqui está a análise da Casa 12 – Irsã – Inveja, relacionada com os sete chacras, oferecendo *insights* sobre como essa casa influencia cada um dos centros de energia, juntamente com dicas para equilibrar essas influências em sua vida:

Chacra Raiz (Muladhara) – Segurança e Sobrevivência

Na Casa 12, a inveja pode abalar a sensação de segurança no chacra raiz. A busca por aquilo que os outros têm pode criar insegurança. Para equilibrar essa influência, concentre-se em cultivar uma sensação de segurança interna, valorizando suas próprias conquistas e recursos.

Chacra Sacral (Swadhisthana) – Criatividade e Emoções

A inveja pode interferir nas emoções e na criatividade no chacra sacral. Comparar-se aos outros pode sufocar sua própria expressão criativa e levar a sentimentos negativos. Para equilibrar essa influência, concentre-se em reconhecer e celebrar suas próprias realizações e talentos.

Chacra do Plexo Solar (Manipura) – Poder Pessoal

Nesta casa, a inveja pode minar o seu poder pessoal no chacra do plexo solar. Quando você inveja os outros, pode sentir que não tem controle sobre sua própria vida. O equilíbrio é encontrado ao cultivar a autoestima e a confiança em suas habilidades.

Chacra Cardíaco (Anahata) – Amor e Compaixão

A inveja pode criar bloqueios no chacra cardíaco, prejudicando a capacidade de amar e sentir compaixão. Para equilibrar essa influência, pratique a gratidão e o perdão, concentrando-se no amor por si mesmo e pelos outros.

Chacra Laríngeo (Vishuddha) – Comunicação e Expressão

Na Casa 12, a inveja pode afetar a comunicação e a expressão no chacra laríngeo. Isso pode levar a fofocas e críticas negativas. O equilíbrio é alcançado ao praticar a comunicação honesta e construtiva.

Chacra do Terceiro Olho (Ajna) – Intuição e Percepção

A inveja pode obscurecer a intuição e a percepção no chacra do terceiro olho. Você pode ver os outros de maneira distorcida, o que prejudica seu discernimento. Para equilibrar essa influência, cultive a autoconsciência e a clareza mental.

Chacra Coronário (Sahasrara) – Conexão Espiritual

Nesta casa, a inveja pode interferir na conexão espiritual no chacra coronário. A inveja frequentemente está enraizada na falta de contentamento espiritual. Pratique a gratidão espiritual e a busca pela realização interior para equilibrar essa influência.

RESUMO

A Casa 12 – Irsã – Inveja, vista por meio dos sete chacras, destaca a importância de superar a inveja e cultivar uma atitude de gratidão e contentamento. Ao fazer isso, você pode equilibrar sua energia e abrir espaço para o crescimento pessoal e espiritual.

Mensagem finalA mensagem final para quem tirou a carta de Irsã é que a verdadeira felicidade está em celebrar o sucesso dos outros e em cultivar a alegria e a gratidão em sua própria vida. Ao transformar a inveja em empatia, compaixão e celebração mútua, você não apenas fortalece suas relações, mas também contribui para a criação de um mundo mais positivo e harmonioso.

Casa 13

Antariksha — Futilidade

Seja bem-vindo(a) à Casa 13 – Antariksha – Futilidade, um espaço de exploração profunda das complexidades da futilidade e do vazio que podem influenciar nossa jornada na vida. Neste reino de introspecção, convidamos você a explorar as nuances da busca por significado e a compreender como a futilidade pode se manifestar em nossas vidas de maneiras sutis e impactantes.

A Casa 13 nos convida a refletir sobre os momentos em que nos sentimos presos em uma sensação de vazio, quando nossas realizações parecem destituídas de propósito genuíno. É um espaço em que exploramos a natureza efêmera de muitas das nossas buscas e conquistas, e como elas podem eventualmente nos deixar insatisfeitos e em busca de algo mais profundo e significativo.

A futilidade, muitas vezes enraizada em padrões sociais e expectativas externas, é uma emoção complexa que nos convida a investigar o que verdadeiramente dá sentido à nossa vida. Nesta casa, examinaremos como nossas escolhas, objetivos e realizações podem se relacionar com essa sensação de vazio e como podemos encontrar maneiras de preenchê-la com significado genuíno.

Além disso, a Casa 13 nos lembra da importância de explorar nossa espiritualidade e conexão interna como uma maneira de transcender a futilidade e encontrar um sentido mais profundo em nossa jornada. É um chamado à autorreflexão e à busca de autenticidade, permitindo-nos questionar as camadas superficiais da vida e mergulhar nas profundezas do nosso ser.

Ao adentrar a Casa 13 – Antariksha – Futilidade, somos convidados a examinar nossas motivações, desejos e realizações à luz de uma busca por significado duradouro. É uma oportunidade para reconhecer o que realmente importa para nós e como podemos direcionar nossas energias para encontrar um propósito que transcenda as aparências efêmeras da vida.

Algumas características e reflexões relacionadas com a Casa Antariksha

- Explorando o vazio: nesta casa, somos convidados a explorar o vazio existencial e os sentimentos de falta de propósito que podem surgir em momentos da vida. É um convite para questionar e compreender a natureza desses sentimentos.
- Busca por significado: Antariksha nos lembra da importância de buscar significado e propósito em nossa jornada. Isso pode envolver a exploração de nossos interesses, paixões e valores para descobrir o que realmente ressoa conosco.
- Autoconhecimento: refletir sobre quem somos, quais são nossos valores e o que desejamos alcançar na vida pode nos ajudar a encontrar um caminho com mais propósito e significado.
- Aceitação e transformação: Antariksha também convida à aceitação das incertezas e desafios da vida. Ao enfrentar esses sentimentos de nulidade, podemos começar a transformá-los em uma busca ativa por propósito e realização.
- Exploração criativa: a criatividade pode desempenhar um papel importante na superação da sensação de futilidade. Buscar meios criativos de expressão pode ajudar a dar um sentido renovado à vida.

Aplicação terapêutica da Casa Antariksha

- **Autoexploração:** tire um tempo para refletir sobre suas paixões, interesses e valores. Isso pode ajudar a identificar áreas de significado em sua vida.
- **Definir metas:** estabelecer metas pessoais e profissionais pode fornecer um senso claro de direção e propósito.
- **Práticas de *mindfulness*:** práticas como a meditação e o *mindfulness* podem ajudar a lidar com os sentimentos de vazio e a cultivar uma maior conexão consigo mesmo.
- **Exploração de novas experiências:** experimentar coisas novas, seja aprender uma nova habilidade ou viajar para um novo lugar, pode ajudar a trazer um senso renovado de propósito.
- **Buscar ajuda profissional:** se os sentimentos de nulidade forem esmagadores, buscar a orientação de um terapeuta ou conselheiro pode ajudar a explorar esses sentimentos em um ambiente seguro.

ENEAGRAMA

Aqui está a análise da Casa 13 – Antariksha – Futilidade, à luz do Eneagrama, para cada um dos nove tipos, juntamente com sugestões de melhoria específicas:

Tipo 8 – O Poderoso

Quando o Tipo 8 cai na Casa 13, a tendência à futilidade pode surgir quando desvaloriza atividades que pareçam insignificantes ou não relacionadas ao sucesso.

Sugestão: encontrar significado nas pequenas coisas e cultivar empatia por aqueles que veem o valor nessas atividades.

Tipo 9 – O Mediador

Para o Tipo 9 na Casa 13, a futilidade pode surgir devido à resistência em confrontar conflitos ou fazer escolhas assertivas.

Sugestão: reconhecer que enfrentar desafios e tomar decisões pode levar a um senso mais profundo de propósito.

Tipo 1 – O Perfeccionista

Quando o Tipo 1 está na Casa 13, a futilidade pode surgir quando se concentra excessivamente em eliminar imperfeições e perde de vista a visão maior.

Sugestão: praticar a flexibilidade e permitir um certo grau de imperfeição em busca de um equilíbrio saudável.

Tipo 2 – O Ajudante

Para o Tipo 2 na Casa 13, a futilidade pode surgir quando prioriza as necessidades dos outros acima das suas próprias.

Sugestão: dedicar tempo para autocuidado e descobrir seu próprio valor independentemente do que faz pelos outros.

Tipo 3 – O Vencedor

A presença do Tipo 3 na Casa 13 pode levar a uma sensação de futilidade quando as realizações não trazem a gratificação esperada.

Sugestão: cultivar a autenticidade e buscar satisfação interna, em vez de depender da validação externa.

Tipo 4 – O Intenso

Quando o Tipo 4 cai na Casa 13, a futilidade pode surgir da busca constante por uma identidade única.

Sugestão: encontrar valor na simplicidade e nas conexões humanas comuns, buscando o significado nas experiências cotidianas.

Tipo 5 – O Analítico

Para o Tipo 5 na Casa 13, a futilidade pode surgir quando busca conhecimento sem aplicá-lo ou compartilhá-lo.

Sugestão: equilibrar o aprendizado intelectual com a prática e a interação social para encontrar um senso de propósito mais completo.

Tipo 6 – O Precavido

A presença do Tipo 6 na Casa 13 pode levar a uma sensação de futilidade quando se preocupar excessivamente com cenários hipotéticos.

Sugestão: praticar a confiança em suas próprias escolhas e cultivar a coragem para lidar com incertezas.

Tipo 7 – O Otimista

Quando o Tipo 7 está na Casa 13, a futilidade pode surgir quando busca constantemente novas experiências para evitar o tédio.

Sugestão: praticar a presença no momento atual e encontrar alegria nas coisas simples da vida.

> **RESUMO**
>
> A Casa 13 – Antariksha – Futilidade, no contexto do Eneagrama, convida cada tipo a examinar como a busca constante por realizações ou distrações pode levar a uma sensação de vazio. As sugestões específicas para cada tipo podem ajudar a direcionar a atenção para áreas de vida mais significativas, buscando um senso mais profundo de propósito e contentamento.

CONSTELAÇÃO

Pertencimento na Casa 13 – Antariksha – Futilidade

O Pertencimento nesta casa pode ser afetado pela sensação de que nossas ações e esforços são fúteis. Isso pode nos levar a questionar nosso valor e nosso lugar no mundo. Sentir que não pertencemos a algo maior pode agravar os sentimentos de futilidade.

Para fortalecer o pertencimento, é essencial buscar conexões autênticas com os outros e encontrar grupos ou comunidades que compartilhem nossos valores e interesses.

Hierarquia na Casa 13 – Antariksha – Futilidade

A Hierarquia nesta casa pode se manifestar como a percepção de que nossos esforços são menos valiosos em comparação com os de outras pessoas. Podemos nos sentir inadequados ou insignificantes diante do que percebemos como realizações significativas dos outros.

Lembrar que cada indivíduo tem uma jornada única e que todas as contribuições têm valor é fundamental para dissolver sentimentos de hierarquia.

Equilíbrio na Casa 13 – Antariksha – Futilidade

O Equilíbrio nesta casa é alcançado ao confrontar a sensação de futilidade com uma busca ativa por significado. Em vez de se render à apatia, podemos explorar novos interesses, metas e atividades que tragam propósito à nossa vida.

Encontrar equilíbrio também significa aceitar que nem todos os esforços precisam ter um resultado tangível imediato, e que a jornada em si pode ser recompensadora.

RESUMO

A Casa 13 – Antariksha – Futilidade nos convida a examinar como Pertencimento genuíno, rejeição de Hierarquia prejudicial e Equilíbrio na busca por significado podem nos ajudar a superar sentimentos de futilidade. Ao fazer isso, podemos cultivar uma perspectiva mais positiva com relação a nossos esforços e encontrar valor em cada parte de nossa jornada.

OS 7 CHACRAS

Aqui está a análise da Casa 13 – Antariksha – Futilidade, relacionada com os sete chacras, oferecendo *insights* sobre como essa casa influencia cada um dos centros de energia, juntamente com dicas para equilibrar essas influências em sua vida:

Chacra Raiz (Muladhara) – Segurança e Sobrevivência

Na Casa 13, a futilidade pode minar a sensação de segurança no chacra raiz. A busca por coisas superficiais e sem significado pode criar instabilidade. É importante ancorar-se em valores e necessidades fundamentais para equilibrar essas influências.

Chacra Sacral (Swadhisthana) – Criatividade e Emoções

A busca pela futilidade na Casa 13 pode interferir nas emoções e na criatividade no chacra sacral. Concentrar-se em coisas sem importância pode levar à falta de inspiração. Recupere sua criatividade explorando atividades significativas.

Chacra do Plexo Solar (Manipura) – Poder Pessoal

Nesta casa, a futilidade pode minar o seu poder pessoal no chacra do plexo solar. Gastar energia em objetivos vazios pode enfraquecer sua autoestima. Recupere seu poder concentrando-se em metas autênticas e construtivas.

Chacra Cardíaco (Anahata) – Amor e Compaixão

A busca pela futilidade na Casa 13 pode criar bloqueios no chacra cardíaco, dificultando a capacidade de amar profundamente. Foque em relacionamentos e atividades que nutram o coração para equilibrar essas influências.

Chacra Laríngeo (Vishuddha) – Comunicação e Expressão

Na Casa 13, a busca pela futilidade pode influenciar negativamente a comunicação e a expressão no chacra laríngeo. Pratique a comunicação autêntica e direta para evitar a superficialidade.

Chacra do Terceiro Olho (Ajna) – Intuição e Percepção

A futilidade na Casa 13 pode obscurecer a intuição e a percepção no chacra do terceiro olho. Busque significado e profundidade em suas experiências para equilibrar essa influência.

Chacra Coronário (Sahasrara) – Conexão Espiritual

Nesta casa, a busca pela futilidade pode prejudicar a conexão espiritual no chacra coronário. Explore práticas espirituais que tragam significado à sua vida e ajudem a elevar sua consciência.

> **RESUMO**
>
> A Casa 13 – Antariksha – Futilidade, vista por meio dos sete chacras, destaca a importância de direcionar sua energia para aspectos significativos e autênticos da vida. Ao fazer isso, você pode equilibrar sua energia e encontrar um sentido mais profundo em suas experiências.

MENSAGEM FINAL

A mensagem final para quem tirou a carta de Antariksha é que, apesar dos momentos de vazio e falta de propósito, a vida tem um propósito e um significado único para cada ser humano. Ao se envolver em uma jornada de autoexploração, busca de significado e aceitação das incertezas, você pode descobrir um caminho que ressoa com sua verdadeira essência e trazer um sentido renovado à sua vida.

Casa 14

Bhuva-Loka – Poder da Mente

Seja bem-vindo(a) à Casa 14 – Bhuva-Loka – Poder da Mente, um espaço enigmático que nos convida a explorar as profundezas do poder da mente humana e sua influência sobre nossa jornada na existência. Nesta esfera de contemplação, convidamos você a mergulhar na fascinante interação entre nossos pensamentos, emoções e a realidade que criamos.

A Casa 14 nos conduz a uma jornada de autoexploração e autodescoberta, em que desvendaremos os segredos da mente e sua capacidade de moldar nossas experiências. Aqui, examinamos como nossos pensamentos podem criar realidades internas e externas, influenciando nossas ações, percepções e interações com o mundo ao nosso redor.

Ao adentrar a Casa 14, somos desafiados a refletir sobre a qualidade de nossos pensamentos e a reconhecer como eles podem contribuir para nossa paz interior, felicidade e bem-estar. Nesta jornada, exploramos os diferentes aspectos da mente, desde a clareza e a positividade até os desafios da negatividade e da confusão mental.

Além disso, a Casa 14 nos convida a investigar a natureza da mente como uma ferramenta poderosa de manifestação. Como nossos pensamentos e crenças podem influenciar a realidade ao nosso redor? Como podemos usar conscientemente o poder da mente para criar uma vida mais alinhada com nossos desejos e propósito?

Ao explorar a Casa 14 – Bhuva-Loka – Poder da Mente, mergulhamos em uma jornada para desvendar o vasto potencial da mente humana e sua capacidade de criar, transformar e transcender. Convidamos você a explorar os recônditos da sua própria mente, descobrindo como cultivar uma mentalidade positiva, empoderada e alinhada com sua visão mais elevada da vida.

Algumas características e reflexões relacionadas com a Casa Bhuva-Loka

- Mente como criadora: nesta casa, é importante reconhecer o poder da mente como uma força criativa. Nossos pensamentos e intenções podem moldar nossa realidade e afetar nosso bem-estar emocional e espiritual.

- Conexão com o mundo espiritual: Bhuva-Loka nos convida a explorar e cultivar uma conexão mais profunda com o mundo espiritual, seja por meio da meditação, orações, rituais ou outras práticas espirituais.

- Jornada pessoal: a espiritualidade é uma jornada única e pessoal. Cada indivíduo pode encontrar significado e propósito em sua própria maneira de se conectar com o Divino.

- Busca de paz interior: por meio da espiritualidade, muitas pessoas buscam encontrar paz interior, um sentido de propósito e harmonia em suas vidas.

- Explorando o plano astral: Bhuva-Loka também nos convida a explorar o plano astral, uma dimensão mais sutil da existência, em que a consciência pode expandir além dos limites físicos.

Aplicação terapêutica da Casa Bhuva-Loka

- **Práticas meditativas:** a meditação pode ser uma ferramenta valiosa para explorar a conexão com o mundo espiritual, expandir a consciência e encontrar paz interior.

- **Exploração espiritual:** busque explorar diferentes tradições espirituais e práticas para encontrar aquela que mais ressoa com você.

- **Tempo para reflexão:** reserve momentos para a reflexão e autoconhecimento, permitindo que você se conecte com sua espiritualidade de forma mais profunda.

- **Práticas de gratidão:** cultive um sentimento de gratidão pelas bênçãos da vida e pela conexão com o Divino.

- **Criação de rituais pessoais:** crie rituais pessoais que o ajudem a se conectar com a dimensão espiritual, como acender uma vela, recitar mantras ou fazer afirmações positivas.

ENEAGRAMA

Aqui está a análise da Casa 14 – Bhuva-Loka – Poder da Mente, à luz do Eneagrama, para cada um dos nove tipos, juntamente com sugestões de melhoria específicas:

Tipo 8 – O Poderoso

Quando o Tipo 8 está na Casa 14, esta casa ressoa com o desejo natural do Tipo 8 de liderar e influenciar. O poder da mente é uma ferramenta valiosa para orientar e inspirar os outros.

Sugestão: equilibrar essa influência com a escuta ativa e a consideração das perspectivas dos outros. Isso construirá relações mais autênticas e duradouras.

Tipo 9 – O Mediador

Quando o Tipo 9 está na Casa 14, é lembrada sua capacidade de unificar e harmonizar. A mente pacificadora pode ser direcionada para a autoexpressão, permitindo que suas próprias opiniões e necessidades sejam conhecidas.

Sugestão: aplicar essa habilidade de mediador também a si mesmo, para alcançar um equilíbrio saudável entre suas próprias necessidades e as dos outros.

Tipo 1 – O Perfeccionista

Quando o Tipo 1 está na Casa 14, a mente analítica e capaz de discernir do Tipo 1 encontra espaço para se destacar.

Sugestão: usar essa mente crítica com compaixão, aplicando-a à autoaceitação e aceitando imperfeições tanto em si mesmo quanto nos outros. Isso resultará em relações mais autênticas e menos julgamento.

Tipo 2 – O Ajudante

Quando o Tipo 2 está na Casa 14, essa casa lembra a capacidade de entender as necessidades dos outros.

Sugestão: aplicar essa empatia a si mesmo, priorizando suas próprias necessidades e estabelecendo limites saudáveis. Isso contribuirá para relacionamentos mais equilibrados e autênticos.

Tipo 3 – O Vencedor

Quando o Tipo 3 está na Casa 14, é lembrado o poder da mente em criar histórias de sucesso.

Sugestão: direcionar essa habilidade para explorar sua verdadeira identidade, além das realizações externas. Isso resultará em relacionamentos mais autênticos e uma conexão mais profunda com a própria essência.

Tipo 4 - O Intenso

Quando o Tipo 4 está na Casa 14, essa casa destaca a capacidade da mente de criar significado e profundidade.

Sugestão: direcionar essa intensidade para encontrar a beleza nas experiências cotidianas e comuns. Isso levará a uma apreciação renovada da vida e das pequenas coisas.

Tipo 5 - O Analista

Quando o Tipo 5 está na Casa 14 é um terreno familiar para o Tipo 5, conhecido por sua mente analítica.

Sugestão: usar essa habilidade não apenas para adquirir conhecimento, mas também para compartilhar ideias com os outros. Isso criará oportunidades para colaboração e conexões mais profundas.

Tipo 6 - O Precavido

Quando o Tipo 6 está na Casa 14, essa casa destaca a capacidade da mente em antecipar riscos e desafios.

Sugestão: usar essa habilidade para enfrentar medos internos e desenvolver confiança nas próprias habilidades. Isso resultará em uma maior sensação de segurança e redução da ansiedade.

Tipo 7 - O Otimista

Quando o Tipo 7 está na Casa 14 é convidado a usar sua mente otimista para se aprofundar no momento presente.

Sugestão: cultivar a atenção plena e a gratidão, abraçando o agora em vez de buscar constantemente novas experiências. Isso levará a uma sensação mais profunda de contentamento e satisfação.

> **RESUMO**
>
> A Casa 14 – Bhuva-Loka – Poder da Mente, no contexto do Eneagrama, oferece a cada tipo uma oportunidade única de explorar e aprimorar suas habilidades mentais. As sugestões específicas para cada tipo visam orientar o uso desse poder de maneira equilibrada e construtiva, promovendo um crescimento pessoal mais profundo e relações mais autênticas. Ao abraçar o significado desta casa, cada indivíduo pode alinhar sua mente com suas aspirações interiores e contribuir para um desenvolvimento mais amplo de si mesmo e dos outros.

CONSTELAÇÃO

Pertencimento na Casa 14 – Bhuva-Loka – Poder da Mente

O Pertencimento nesta casa está ligado à forma como nos conectamos com nossa própria mente e pensamentos. Sentir-se alienado de nossos próprios pensamentos ou lutar contra pensamentos indesejados pode afetar nosso senso de pertencimento a nós mesmos.

Cultivar o pertencimento aqui envolve aceitar a variedade de pensamentos que surgem e desenvolver uma relação saudável com a própria mente.

Hierarquia na Casa 14 – Bhuva-Loka – Poder da Mente

A Hierarquia nesta casa pode se manifestar como o desejo de controlar constantemente os pensamentos ou como a sensação de que certos pensamentos têm mais importância do que outros. Isso pode criar uma dinâmica de poder interno, em que tentamos suprimir pensamentos indesejados e elevar os considerados "certos".

Para equilibrar a hierarquia, é importante reconhecer que a mente é naturalmente diversa e que todos os pensamentos têm valor como partes do todo.

Equilíbrio na Casa 14 – Bhuva-Loka – Poder da Mente

O Equilíbrio nesta casa é alcançado ao desenvolver a capacidade de observar os pensamentos sem julgamento. Em vez de envolver-se com cada pensamento, podemos cultivar a mente de observador, permitindo que os pensamentos fluam sem criar excesso de identificação.

Encontrar equilíbrio também significa usar o poder da mente de maneira construtiva, direcionando-a para metas e atividades que beneficiam nossa vida e a dos outros.

RESUMO

A Casa 14 – Bhuva-Loka – Poder da Mente nos convida a explorar Pertencimento, rejeição de Hierarquia prejudicial e Equilíbrio na relação com nossos próprios pensamentos. Ao cultivar uma mente observadora e direcionar seu poder de forma positiva, podemos encontrar harmonia interna e usar nossa mente como uma ferramenta construtiva em nossa jornada.

OS 7 CHACRAS

Aqui está a análise da Casa 14 – Bhuva-Loka – Poder da Mente, relacionada com os sete chacras, oferecendo *insights* sobre como essa casa influencia cada um dos centros de energia, juntamente com dicas para equilibrar essas influências em sua vida:

Chacra Raiz (Muladhara) – Segurança e Sobrevivência

Na Casa 14, o foco no poder da mente pode afetar a sensação de segurança no chacra raiz. Se você se desconectar da realidade física, pode se sentir desequilibrado. Mantenha uma base sólida na realidade para equilibrar essas influências.

Chacra Sacral (Swadhisthana) – Criatividade e Emoções

A ênfase no poder da mente na Casa 14 pode influenciar as emoções e a criatividade no chacra sacral. Evite a sobrecarga mental permitindo que suas emoções fluam naturalmente e se expressando de maneira criativa.

Chacra do Plexo Solar (Manipura) – Poder Pessoal

Nesta casa, o poder da mente pode impactar o chacra do plexo solar. A busca excessiva pelo controle mental pode minar sua autoconfiança. Equilibre essa influência mantendo um senso saudável de poder pessoal.

Chacra Cardíaco (Anahata) – Amor e Compaixão

O poder da mente na Casa 14 pode afetar o chacra cardíaco, dificultando a conexão com o amor e a compaixão. Lembre-se de que o verdadeiro poder da mente inclui a capacidade de amar e se relacionar profundamente.

Chacra Laríngeo (Vishuddha) – Comunicação e Expressão

Na Casa 14, o poder da mente pode impactar a comunicação e a expressão no chacra laríngeo. Pratique a comunicação clara e autêntica, evitando a tendência de se perder em pensamentos excessivos.

Chacra do Terceiro Olho (Ajna) – Intuição e Percepção

A ênfase no poder da mente na Casa 14 pode ampliar a intuição e a percepção no chacra do terceiro olho. Cultive sua sabedoria interior e confie em sua intuição para equilibrar essas influências.

Chacra Coronário (Sahasrara) – Conexão Espiritual

Nesta casa, o poder da mente pode afetar sua conexão espiritual no chacra coronário. Lembre-se de que o poder da mente inclui a capacidade de se conectar com o divino de maneira profunda e significativa.

> **RESUMO**
>
> A Casa 14 – Bhuva-Loka – Poder da Mente, vista por meio dos sete chacras, destaca a importância de equilibrar o poder da mente com a conexão com o coração, o corpo e o espírito. Ao fazer isso, você pode acessar todo o potencial da sua mente de maneira harmoniosa e saudável.

MENSAGEM FINAL

A mensagem final para quem tirou a carta de Bhuva-Loka é que a espiritualidade é uma jornada única e pessoal que pode trazer paz e significado para a vida. Ao se conectar com o mundo espiritual e cultivar uma conexão mais profunda consigo mesmo e com o Divino, você pode encontrar um sentido mais profundo de propósito e uma maior sensação de harmonia em sua vida. Lembre-se de que a espiritualidade é uma busca contínua e que cada passo nessa jornada pode levar a uma maior compreensão de si mesmo e do universo que o cerca.

Casa 15

Naga-Loka – Fantasia

Seja bem-vindo(a) à Casa 15 – Naga-Loka – Fantasia, um reino intrigante que nos convida a explorar os recantos da imaginação e a compreender o papel das fantasias em nossas vidas. Neste espaço de reflexão, convidamos você a adentrar um mundo de sonhos e ilusões, em que a linha entre a realidade e a ficção se torna tênue.

A Casa 15 nos conduz a uma jornada pelo reino da mente, em que as fronteiras da possibilidade se expandem e a imaginação desenha cenários surpreendentes. Aqui, examinamos a natureza das fantasias, como elas são criadas e como podem influenciar nossa perspectiva e comportamento.

Ao explorar a Casa 15, somos convidados a refletir sobre o papel das fantasias em nossas vidas. Elas podem ser fontes de inspiração e criatividade, permitindo-nos explorar ideias e visões além do comum. No entanto, também podem nos envolver em ilusões que distorcem nossa compreensão da realidade.

Esta casa nos desafia a explorar os limites entre a fantasia e a realidade, questionando como nossas visões imaginárias podem impactar nossas escolhas, desejos e até mesmo nossos relacionamentos. É uma oportunidade de mergulhar profundamente em nossos sonhos e aspirações, enquanto também cultivamos discernimento para separar o imaginário do tangível.

Ao atravessar as portas da Casa 15 – Naga-Loka – Fantasia, somos convidados a explorar as paisagens multifacetadas da mente humana e a abraçar a capacidade de sonhar e criar. Convidamos você a navegar por entre as intricadas teias da imaginação, descobrindo o equilíbrio entre a beleza das fantasias e a clareza da realidade.

Algumas características e reflexões relacionadas com a Casa Naga-Loka

- Exploração da imaginação: permitir-se mergulhar em um mundo de fantasia e imaginação pode abrir portas para novas ideias e perspectivas.
- Inovação: a imaginação é uma fonte inesgotável de inspiração e pode levar a soluções inovadoras para os desafios da vida.
- Expressão criativa: a imaginação pode ser expressa por meio de diversas formas de arte, como pintura, escrita, música e dança.
- Liberdade de pensamento: ao explorar a fantasia, somos convidados a romper as barreiras da realidade e a abraçar a liberdade de pensamento.
- Cultivo da criatividade: ao dedicar tempo para nutrir nossa criatividade, podemos encontrar novas maneiras de abordar problemas e expressar nossas emoções.

Aplicação terapêutica da Casa Naga-Loka

- **Práticas artísticas:** participar de atividades artísticas, como pintura, desenho, escrita ou música, pode estimular a imaginação e a criatividade.
- **Visualização criativa:** praticar visualizações criativas pode ajudar a ampliar a imaginação e a encontrar respostas para questões pessoais.
- **Leitura e *storytelling*:** ler livros e mergulhar em histórias pode expandir o mundo da imaginação e inspirar a criatividade.
- **Jogos e brincadeiras:** participar de jogos de tabuleiro, jogos de RPG ou brincadeiras pode desencadear a imaginação e promover a criatividade.
- **Meditar e relaxar:** encontrar momentos de relaxamento e tranquilidade pode criar um espaço interno propício para a imaginação florescer.

ENEAGRAMA

Aqui está a análise da Casa 15 – Naga-Loka – Fantasia, à luz do Eneagrama, para cada um dos nove tipos, juntamente com sugestões de melhoria específicas:

Tipo 8 – Poderoso

Quando o Tipo 8 está na Casa 15 é convidado a explorar a interação entre seus desejos mais profundos e suas fantasias.

Sugestão: usar a mente determinada para canalizar essa energia fantasiosa em projetos reais que se alinhem com seus valores e propósitos.

Tipo 9 – Mediador

Quando o Tipo 9 está na Casa 15 esta casa destaca a tendência a se perder em sonhos e desejos internos.

Sugestão: usar essa mente pacífica para discernir quais fantasias são realistas e construtivas, mantendo um equilíbrio entre a busca por harmonia interna e ação externa.

Tipo 1 – Perfeccionista

Quando o Tipo 1 está na Casa 15 é lembrado a capacidade da mente em criar padrões ideais.

Sugestão: usar essa mente crítica de maneira construtiva, identificando quais fantasias podem contribuir para um mundo mais justo e alinhado com seus princípios.

Tipo 2 – Ajudante

Quando o Tipo 2 está na Casa 15 essa casa ressoa com o desejo de satisfazer as necessidades dos outros e, ao mesmo tempo, sonhar com reconhecimento.

Sugestão: direcionar essa energia para nutrir a própria autenticidade, permitindo-se realizar seus próprios desejos e aspirações.

Tipo 3 – Vencedor

Quando o Tipo 3 está na Casa 15 é convidado a explorar a relação entre suas imagens de sucesso e a realidade.

Sugestão: usar a mente ambiciosa para definir metas autênticas e alinhadas com sua verdadeira identidade, em vez de buscar aprovação externa.

Tipo 4 – Intenso

Quando o Tipo 4 está na Casa 15 esta casa destaca a tendência a se perder em cenários internos ricos e emocionais.

Sugestão: usar essa mente criativa para encontrar beleza nas experiências cotidianas e compartilhar suas visões internas com os outros.

Tipo 5 – Analítico

Quando o Tipo 5 está na Casa 15 o Analítico encontra um terreno fértil para explorar as fantasias da mente.

Sugestão: equilibrar a busca pelo conhecimento com a aplicação prática, permitindo que as fantasias alimentem sua criatividade e inovação.

Tipo 6 – Precavido

Quando o Tipo 6 está na Casa 15 essa casa destaca a tendência a se preocupar com cenários hipotéticos e fantasias negativas.

Sugestão: direcionar a mente para explorar possibilidades positivas e cultivar a confiança interna para enfrentar desafios.

Tipo 7 – Otimista

Quando o Tipo 7 está na Casa 15 encontra sua propensão natural para imaginar possibilidades ilimitadas.

Sugestão: usar a mente inovadora para também explorar emoções e pensamentos mais profundos, buscando um equilíbrio entre as fantasias e a realidade.

RESUMO

A Casa 15 – Naga-Loka – Fantasia, no contexto do Eneagrama, convida cada tipo a examinar a relação entre suas fantasias internas e a vida real. As sugestões específicas para cada tipo visam equilibrar o potencial criativo das fantasias com a necessidade de uma abordagem prática e realista da vida. Ao abraçar o significado desta casa, cada indivíduo pode usar sua mente imaginativa.

CONSTELAÇÃO

Pertencimento na Casa 15 – Naga-Loka – Fantasia

O Pertencimento nesta casa está ligado à nossa relação com o mundo da imaginação e das fantasias. Muitas vezes, nos envolvemos em histórias imaginárias e mundos fictícios como uma forma de escapismo. No entanto, isso pode nos desconectar da realidade e nos fazer sentir separados do mundo ao nosso redor.

Cultivar o pertencimento aqui envolve encontrar um equilíbrio saudável entre a exploração criativa da fantasia e a conexão com a realidade.

Hierarquia na Casa 15 – Naga-Loka – Fantasia

A Hierarquia nesta casa pode se manifestar como a tendência de valorizar mais o mundo das fantasias do que a realidade. Isso pode levar a escapar das responsabilidades e desafios da vida real, buscando refúgio na fantasia.

Para equilibrar a hierarquia, é importante reconhecer que a imaginação e a fantasia têm seu lugar, mas também devemos manter um pé na realidade.

Equilíbrio na Casa 15 – Naga-Loka – Fantasia

O Equilíbrio nesta casa é alcançado ao usar a imaginação e a fantasia como uma ferramenta criativa e inspiradora, em vez de uma fuga da realidade.

Devemos aprender a discernir quando é apropriado mergulhar nas fantasias e quando é necessário enfrentar as demandas do mundo real.

Encontrar equilíbrio também significa não deixar as fantasias controlarem nossa vida, mas, sim, usá-las para enriquecer nossas experiências cotidianas.

RESUMO

A Casa 15 – Naga-Loka – Fantasia nos convida a explorar Pertencimento, Hierarquia saudável e Equilíbrio com relação ao mundo da imaginação. Ao usar a fantasia de maneira construtiva e consciente, podemos enriquecer nossas vidas e permanecer conectados tanto ao mundo interior quanto ao exterior.

OS 7 CHACRAS

Aqui está a análise da Casa 15 – Naga-Loka – Fantasia, relacionada com os sete chacras, oferecendo *insights* sobre como essa casa influencia cada um dos centros de energia, juntamente com dicas para equilibrar essas influências em sua vida:

Chacra Raiz (Muladhara) – Segurança e Sobrevivência

Na Casa 15, a inclinação para a fantasia pode impactar a sensação de segurança no chacra raiz. Se a fantasia levar à desconexão com a realidade, você pode se sentir inseguro. Mantenha os pés no chão para equilibrar essas influências.

Chacra Sacral (Swadhisthana) – Criatividade e Emoções

A fantasia na Casa 15 pode influenciar as emoções e a criatividade no chacra sacral. Use a fantasia de forma construtiva para alimentar a sua criatividade, mas evite escapar das emoções reais.

Chacra do Plexo Solar (Manipura) – Poder Pessoal

Nesta casa, a tendência à fantasia pode afetar o chacra do plexo solar. Se a fantasia levar à evitação de responsabilidades, você pode minar seu poder pessoal. Equilibre isso mantendo um senso de responsabilidade saudável.

Chacra Cardíaco (Anahata) – Amor e Compaixão

A fantasia na Casa 15 pode dificultar a conexão com o amor e a compaixão no chacra cardíaco. Lembre-se de que o amor genuíno está enraizado na realidade. Use a fantasia para nutrir sua capacidade de amar de maneira autêntica.

Chacra Laríngeo (Vishuddha) - Comunicação e Expressão

Na Casa 15, a fantasia pode influenciar a comunicação e a expressão no chacra laríngeo. Pratique a comunicação honesta e autêntica, evitando a tendência de criar histórias fantasiosas.

Chacra do Terceiro Olho (Ajna) - Intuição e Percepção

A inclinação para a fantasia na Casa 15 pode ampliar a intuição e a percepção no chacra do terceiro olho. Use essa capacidade para discernir entre *insights* valiosos e ilusões fantasiosas.

Chacra Coronário (Sahasrara) - Conexão Espiritual

Nesta casa, a fantasia pode afetar sua conexão espiritual no chacra coronário. Lembre-se de que a espiritualidade genuína transcende a fantasia. Use sua capacidade de visualização para fortalecer sua conexão com o divino.

RESUMO

A Casa 15 – Naga-Loka – Fantasia, vista por meio dos sete chacras, destaca a importância de equilibrar a fantasia com uma conexão sólida com a realidade. Ao fazer isso, você pode usar a imaginação de maneira construtiva e manter uma base sólida no mundo real.

MENSAGEM FINAL

A mensagem final para quem tirou a carta de Naga-Loka é que a imaginação é uma ferramenta poderosa para a criação e a realização dos sonhos. Ao explorar a dimensão da fantasia e da imaginação, você pode encontrar inspiração, novas ideias e soluções criativas para a vida. Lembre-se de que a imaginação é um presente valioso que todos possuem, e cultivá-la pode trazer alegria, inovação e um senso de maravilha para a sua jornada.

Casa 16

Dvesa – Ciúme

Seja bem-vindo(a) à Casa 16 – Dvesa – Ciúme, um reino complexo que nos convida a explorar as emoções intensas e muitas vezes perturbadoras relacionadas ao ciúme. Neste espaço de reflexão, convidamos você a examinar as profundezas do ciúme, suas origens e o impacto que pode ter em nossas vidas e relacionamentos.

A Casa 16 nos leva a uma jornada por meio das camadas intricadas do ciúme, uma emoção que pode surgir quando nos sentimos ameaçados, inseguros ou inadequados em comparação a outros. Essa casa nos convida a explorar as razões por trás desses sentimentos e a examinar como eles podem moldar nossas atitudes e comportamentos.

Ao adentrar a Casa 16, somos desafiados a refletir sobre a natureza do ciúme e como ele pode afetar nossos relacionamentos e bem-estar emocional. É uma oportunidade de compreender como o ciúme pode surgir tanto de desejos internos quanto de fatores externos, e como ele pode ser expresso de maneiras variadas.

Esta casa nos incentiva a explorar a linha tênue entre o ciúme saudável, que pode nos ajudar a reconhecer nossas próprias inseguranças, e o ciúme prejudicial, que pode corroer a confiança e a harmonia em nossas interações. É uma jornada de autoexploração, permitindo-nos confrontar nossos próprios sentimentos de ciúmes e buscar maneiras construtivas de lidar com eles.

Ao atravessar as portas da Casa 16 – Dvesa – Ciúme, somos convidados a enfrentar a complexidade dessa emoção e a buscar uma compreensão mais profunda de suas raízes e manifestações. Convidamos você a explorar as sombras do ciúme e a cultivar a clareza emocional necessária para nutrir relacionamentos saudáveis e promover um maior bem-estar interior.

Alguns aspectos e reflexões relacionados a Dvesa incluem

- Autoconsciência: reconhecer quando sentimentos de ciúme e inveja surgem em nossa mente é o primeiro passo para lidar com eles de maneira saudável.
- Gratidão: praticar a gratidão nos ajuda a valorizar o que temos em vez de nos concentrarmos no que os outros possuem.
- Empatia: tentar se colocar no lugar do outro e compreender suas jornadas e desafios pode ajudar a cultivar a compaixão.
- Celebrar as conquistas alheias: em vez de se sentir ameaçado pelas realizações dos outros, aprender a celebrá-las e alegrar-se com suas vitórias promove uma atitude mais saudável e positiva.
- Foco interno: ao direcionar nossa atenção para nossas próprias metas e objetivos, podemos evitar comparações negativas e sentimentos de inferioridade.

Aplicação terapêutica da Casa Dvesa

- **Autorreflexão:** explorar as causas subjacentes do ciúme e da inveja pode ajudar a desvendar crenças e padrões limitantes.
- **Praticar a compaixão:** ser gentil consigo mesmo e com os outros pode ajudar a criar uma mentalidade mais amorosa e tolerante.
- **Enfrentar inseguranças:** trabalhar em direção à segurança emocional e à autoestima sólidas pode reduzir a tendência ao ciúme.
- **Foco no crescimento pessoal:** concentrar-se em nosso próprio crescimento e desenvolvimento pode nos ajudar a superar a comparação constante com os outros.
- **Evitar competição negativa:** reconhecer que a vida não é uma competição e que o sucesso de outra pessoa não diminui nossas próprias realizações pode ajudar a liberar sentimentos de inveja.

ENEAGRAMA

Aqui está a análise da Casa 16 – Dvesa – Ciúme, à luz do Eneagrama, para cada um dos nove tipos, juntamente com sugestões de melhoria específicas:

Tipo 8 – Poderoso

Quando o Tipo 8 está na Casa 16 é desafiado a confrontar suas tendências de ciúme e possessividade.

Sugestão: cultivar a confiança interna e reconhecer que os relacionamentos não precisam ser baseados no controle, permitindo espaço para a liberdade e autenticidade.

Tipo 9 - Mediador

Quando o Tipo 9 está na Casa 16 esta casa destaca o ciúme que pode surgir da comparação com os outros.

Sugestão: valorizar sua própria singularidade e expressar suas opiniões e desejos, em vez de se comparar constantemente.

Tipo 1 - Perfeccionista

Quando o Tipo 1 está na Casa 16 é convidado a enfrentar o ciúme que pode surgir de suas expectativas internas rígidas.

Sugestão: praticar a autocompaixão e aceitar que imperfeições fazem parte da experiência humana.

Tipo 2 - Ajudante

Quando o Tipo 2 está na Casa 16 essa casa destaca o ciúme que pode surgir quando se compara com aqueles que parecem receber mais atenção.

Sugestão: direcionar a energia de apoio para si mesmo e cultivar a autovalorização independentemente das ações dos outros.

Tipo 3 - Vencedor

Quando o Tipo 3 está na Casa 16 é convidado a explorar o ciúme que pode surgir da busca constante por sucesso e reconhecimento.

Sugestão: focar em metas autênticas que ressoem com sua verdadeira identidade, em vez de buscar validação externa.

Tipo 4 - Intenso

Quando o Tipo 4 está na Casa 16 esta casa destaca o ciúme que pode surgir da percepção de falta de singularidade.

Sugestão: direcionar a atenção para as próprias realizações e encontrar a beleza na conexão humana comum, em vez de buscar incessantemente o "diferente".

Tipo 5 - Analítico

Quando o Tipo 5 está na Casa 16 o Analítico encontra um terreno em que o ciúme pode surgir da comparação intelectual.

Sugestão: usar a mente investigativa para explorar a causa subjacente desse ciúme e desenvolver empatia tanto por si mesmo quanto pelos outros.

Tipo 6 - Precavido

Quando o Tipo 6 está na Casa 16 essa casa destaca o ciúme que pode surgir de preocupações sobre a lealdade dos outros.

Sugestão: cultivar a confiança em si mesmo e nos relacionamentos, praticando a comunicação aberta e honesta.

Tipo 7 – Otimista

Quando o Tipo 7 está na Casa 16 o Otimista encontra o desafio de lidar com o ciúme que pode surgir de receios de perder experiências emocionantes.

Sugestão: praticar a gratidão pelo que já possui e cultivar profundidade emocional nas conexões existentes.

> **RESUMO**
>
> A Casa 16 – Dvesa – Ciúme, no contexto do Eneagrama, convida cada tipo a explorar suas reações de ciúme e comparação. As sugestões específicas para cada tipo visam direcionar essa energia de maneira mais construtiva, permitindo que cada indivíduo cultive uma compreensão mais profunda de si mesmo e dos outros, enquanto nutre relacionamentos saudáveis.

CONSTELAÇÃO

Pertencimento na Casa 16 – Dvesa – Ciúme

O Pertencimento nesta casa está relacionado com o nosso senso de segurança e autoestima. O ciúme muitas vezes surge quando nos sentimos ameaçados em nossos relacionamentos ou em nossa posição social. O desejo de pertencer e ser valorizado pode levar ao ciúme, se não estivermos seguros em nossa própria identidade.

Cultivar o pertencimento aqui envolve trabalhar na construção de uma autoestima saudável e confiança em si mesmo, para que o ciúme seja reduzido.

Hierarquia na Casa 16 – Dvesa – Ciúme

A Hierarquia nesta casa pode se manifestar como a comparação constante com os outros e a sensação de que alguém tem mais do que nós. O ciúme muitas vezes resulta de nos sentirmos inferiores com relação a alguém ou a algo que desejamos.

Para equilibrar a hierarquia, é importante lembrar que cada indivíduo é único e que o valor pessoal não deve ser medido pela comparação com os outros.

Equilíbrio na Casa 16 – Dvesa – Ciúme

O Equilíbrio nesta casa é alcançado ao reconhecer e lidar com o ciúme de forma saudável. Isso envolve a compreensão de que o ciúme é um sentimento natural, mas também a escolha de não permitir que ele controle nossas ações e pensamentos.

Encontrar equilíbrio também significa valorizar o que temos e reconhecer que o ciúme pode nos impedir de desfrutar plenamente das bênçãos que já possuímos.

RESUMO

A Casa 16 – Dvesa – Ciúme nos convida a explorar Pertencimento, lidar com Hierarquia de forma saudável e buscar Equilíbrio emocional com relação aos sentimentos de ciúmes. Ao trabalharmos em nossa autoestima e gratidão, podemos reduzir o impacto do ciúme em nossas vidas e construir relacionamentos mais saudáveis e significativos.

OS 7 CHACRAS

Aqui está a análise da Casa 16 – Dvesa – Ciúme, relacionada com os sete chacras, oferecendo *insights* sobre como essa casa influencia cada um dos centros de energia, juntamente com dicas para equilibrar essas influências em sua vida:

Chacra Raiz (Muladhara) – Segurança e Sobrevivência

O ciúme na Casa 16 pode minar a sensação de segurança no chacra raiz. O medo de perder o que se tem pode levar aos sentimentos de insegurança. Trabalhe para cultivar uma sensação de segurança interna, independentemente das comparações.

Chacra Sacral (Swadhisthana) – Criatividade e Emoções

O ciúme pode influenciar profundamente as emoções e a criatividade no chacra sacral. Pode ser útil usar esses sentimentos como uma forma de autoexame, mas evite que eles o dominem.

Chacra do Plexo Solar (Manipura) – Poder Pessoal

Nesta casa, o ciúme pode impactar o chacra do plexo solar. O medo de perder algo pode levar à busca excessiva de controle. Pratique a confiança em si mesmo e no fluxo da vida para equilibrar essa tendência.

Chacra Cardíaco (Anahata) – Amor e Compaixão

O ciúme pode prejudicar a capacidade de amar e demonstrar compaixão no chacra cardíaco. Trabalhe na aceitação e na gratidão pelo que você tem, em vez de focar no que os outros têm.

Chacra Laríngeo (Vishuddha) – Comunicação e Expressão

Na Casa 16, o ciúme pode afetar a comunicação e a expressão no chacra laríngeo. Evite fofocas ou expressões prejudiciais relacionadas com a inveja. Concentre-se em se expressar de maneira autêntica e construtiva.

Chacra do Terceiro Olho (Ajna) – Intuição e Percepção

O ciúme pode distorcer a intuição e a percepção no chacra do terceiro olho. Esteja ciente de como a inveja pode influenciar sua capacidade de discernimento. Pratique a objetividade e a clareza mental.

Chacra Coronário (Sahasrara) – Conexão Espiritual

Nesta casa, o ciúme pode criar bloqueios em sua conexão espiritual no chacra coronário. Cultive a gratidão e a humildade para abrir espaço para a espiritualidade e a conexão com algo maior do que você.

RESUMO

A Casa 16 – Dvesa – Ciúme, vista por meio dos sete chacras, destaca a importância de reconhecer e lidar com os sentimentos de ciúme de maneira saudável. Ao fazer isso, você pode liberar a energia presa e avançar em direção a relacionamentos mais autênticos e uma sensação de paz interior.

MENSAGEM FINAL

A mensagem final para quem tirou a carta de Dvesa é que a verdadeira felicidade reside em cultivar a compaixão, a gratidão e a celebração pelas conquistas dos outros. Ao superar o ciúme e a inveja, você abrirá espaço para relações mais positivas e uma maior apreciação por sua própria jornada. Lembre-se de que cada indivíduo tem sua própria trajetória e que a compaixão e a celebração das conquistas alheias podem enriquecer sua própria vida e relacionamento.

Casa 17

Daya – Compaixão – Perdão

Seja bem-vindo(a) à Casa 17 – Daya – Compaixão – Perdão, um espaço de profunda reflexão que nos convida a explorar as virtudes da compaixão e do perdão em nossas vidas. Nesta jornada de autoexploração, você é convidado(a) a examinar as complexas emoções e os poderosos sentimentos relacionados a esses temas.

A Casa 17 nos abre as portas para compreender a essência da compaixão, um atributo humano que nos conecta com a capacidade de sentir empatia, solidariedade e gentileza para com os outros e para nós mesmos. Ela nos convida a mergulhar na profunda conexão que a compaixão estabelece entre todos os seres, transcendendo barreiras e diferenças.

Além disso, a Casa 17 também nos convida a explorar a natureza do perdão, um ato poderoso de liberação que nos permite deixar de lado ressentimentos e mágoas. Ela nos desafia a questionar e aprofundar nossa compreensão sobre o significado do perdão, tanto para os outros quanto para nós mesmos.

Neste espaço de reflexão, somos chamados a investigar como a compaixão e o perdão podem contribuir para a cura de relacionamentos feridos, a redução do sofrimento emocional e o cultivo de um coração mais leve e livre. A Casa 17 nos encoraja a explorar a transformação que a compaixão e o perdão podem trazer para nossas vidas, promovendo não apenas a harmonia em nossos relacionamentos, mas também a paz interior e o crescimento pessoal.

Ao entrar na Casa 17 – Daya – Compaixão – Perdão, você é convidado(a) a explorar as profundezas desses sentimentos benevolentes e a descobrir como eles podem enriquecer sua jornada de autodescoberta e conexão com os outros. Convidamos você a refletir sobre o poder transformador da compaixão e do perdão, e a buscar maneiras de integrar essas virtudes em sua vida, permitindo que elas guiem suas ações e escolhas em direção a um caminho de harmonia e aceitação.

Alguns aspectos e reflexões relacionados a Daya incluem

- **Empatia:** a compaixão começa com a capacidade de se colocar no lugar do outro e compreender suas emoções e experiências.
- **Perdão:** a compaixão também envolve a habilidade de perdoar os outros e a si mesmo por erros e imperfeições.
- **Ajudar os outros:** a compaixão se manifesta por meio da vontade de estender uma mão amiga e oferecer ajuda e apoio aos que estão passando por dificuldades.
- **Cultivar a bondade:** ser gentil e amável com os outros e consigo mesmo é um aspecto importante da compaixão.
- **Conexão humana:** a compaixão fortalece nossas conexões humanas e cria um senso de comunidade e solidariedade.

Aplicação terapêutica da Casa Daya

- **Praticar a escuta ativa:** prestar atenção genuína aos sentimentos e preocupações dos outros é um ato compassivo que valida suas experiências.
- **Voluntariado:** encontrar oportunidades de envolver-se em atividades voluntárias pode ser uma maneira significativa de praticar a compaixão e ajudar os outros.
- **Autocompaixão:** aprender a ser compassivo consigo mesmo em momentos de dificuldade e tristeza é essencial para cultivar a compaixão pelos outros.
- **Evitar julgamento:** cultivar a compreensão de que todos têm suas lutas e desafios pessoais pode ajudar a evitar julgamentos negativos.
- **Espalhar a compaixão:** ao praticar a compaixão e a bondade diariamente, você pode inspirar e influenciar positivamente as pessoas ao seu redor.

ENEAGRAMA

Aqui está a análise da Casa 17 – Daya – Compaixão – Perdão, à luz do Eneagrama, para cada um dos nove tipos, juntamente com sugestões de melhoria específicas:

Tipo 8 – O Poderoso

Quando o Tipo 8 está na Casa 17 – Daya – Compaixão – Perdão, a jornada é em direção a desenvolver a compreensão empática e a capacidade de perdoar.

Sugestão: permitir-se ser vulnerável e canalizar sua força interior para criar conexões mais profundas com os outros.

Tipo 9 - O Mediador

Para o Tipo 9 na Casa 17 - Daya - Compaixão - Perdão, a jornada é em direção a encontrar a voz interior e expressar necessidades e desejos autênticos.

Sugestão: praticar a autoafirmação e aprender a perdoar a si mesmo e aos outros como um caminho para a paz interior.

Tipo 1 - O Perfeccionista

Nesta casa, o Tipo 1 é convidado a desenvolver a compaixão consigo mesmo e com os outros, aceitando imperfeições.

Sugestão: equilibrar a busca pela melhoria com a aceitação de que a perfeição não é alcançável, e praticar o perdão como parte do crescimento pessoal.

Tipo 2 - O Ajudante

Quando o Tipo 2 está na Casa 17 - Daya - Compaixão - Perdão, a jornada é em direção a compreender que a verdadeira ajuda não deve ser baseada em expectativas ou desejo de reconhecimento.

Sugestão: oferecer ajuda genuína sem esperar recompensa e aprender a perdoar a si mesmo por não ser sempre o "provedor".

Tipo 3 - O Vencedor

Para o Tipo 3 nesta casa, a jornada é em direção a cultivar autenticidade e compaixão em vez de buscar constantemente aprovação externa.

Sugestão: praticar o perdão a si mesmo por não ser perfeito e buscar realizações que estejam alinhadas com seus verdadeiros valores.

Tipo 4 - O Intenso

Nesta casa, o Tipo 4 é convidado a canalizar sua intensidade emocional em direção à compreensão e empatia pelos outros.

Sugestão: praticar o perdão, tanto para si mesmo quanto para os outros, e encontrar a beleza na conexão humana comum.

Tipo 5 - O Analítico

Quando o Tipo 5 está na Casa 17 - Daya - Compaixão - Perdão, a jornada é em direção a sair do isolamento emocional e conectar-se com a própria humanidade e a dos outros. Sugestão: praticar a empatia e o perdão como uma maneira de enriquecer sua compreensão do mundo.

Tipo 6 - O Precavido

Para o Tipo 6 nesta casa, a jornada é em direção a desenvolver confiança interna e a capacidade de perdoar a si mesmo por dúvidas e preocupações.

Sugestão: praticar a autocompaixão e direcionar a lealdade para dentro, em vez de apenas para os outros.

Tipo 7 – O Otimista

Nesta casa, o Otimista é convidado a cultivar uma compaixão que vai além da busca por novas experiências.

Sugestão: praticar a presença e o perdão, encontrando gratidão no momento presente e permitindo que as emoções sejam vividas plenamente.

RESUMO

A Casa 17 – Daya – Compaixão – Perdão, no contexto do Eneagrama, convida cada tipo a explorar a compaixão e o perdão como ferramentas para o crescimento pessoal e a harmonia nas relações. As sugestões específicas para cada tipo podem ajudar a cultivar uma abordagem mais compassiva para consigo mesmo e com os outros, criando espaço para a cura emocional e a autenticidade.

CONSTELAÇÃO

Pertencimento na Casa 17 – Daya – Compaixão – Perdão

O Pertencimento nesta casa está relacionado com a nossa conexão com os outros seres humanos e ao reconhecimento de que todos nós compartilhamos experiências semelhantes de luta, dor e crescimento. A compaixão e o perdão são impulsionados pelo senso de pertencimento, pois quando percebemos nossa própria humanidade compartilhada, torna-se mais fácil estender a compaixão aos outros.

Cultivar o pertencimento aqui envolve reconhecer nossa conexão com os outros e praticar a empatia e a compreensão.

Hierarquia na Casa 17 – Daya – Compaixão – Perdão

A Hierarquia nesta casa pode se manifestar como a noção de que alguém é superior ou inferior devido a ações passadas. O perdão está profundamente ligado a superar essa hierarquia percebida. Muitas vezes, o ato de perdoar envolve deixar de lado sentimentos de superioridade moral.

Para equilibrar a hierarquia, é importante lembrar que todos somos seres humanos falíveis e merecemos compaixão, independentemente de nossas ações passadas.

Equilíbrio na Casa 17 – Daya – Compaixão – Perdão

O Equilíbrio nesta casa é alcançado ao cultivar a compaixão por nós mesmos e pelos outros, e ao praticar o perdão genuíno. Isso não significa esquecer as transgressões passadas, mas sim liberar o peso emocional que elas têm sobre nós.

Encontrar equilíbrio também envolve aprender a estabelecer limites saudáveis para proteger nosso próprio bem-estar, enquanto ainda mostramos compaixão e perdão.

RESUMO

A Casa 17 – Daya – Compaixão – Perdão nos convida a explorar Pertencimento, a lidar com Hierarquia de forma compassiva e buscar Equilíbrio emocional por meio da compaixão e do perdão genuínos. Ao praticarmos a compaixão por nós mesmos e pelos outros, podemos construir relacionamentos mais saudáveis e maior sensação de harmonia em nossas vidas.

OS 7 CHACRAS

Aqui está a análise da Casa 17 – Daya – Compaixão – Perdão, relacionada com os sete chacras, oferecendo *insights* sobre como essa casa influencia cada um dos centros de energia, juntamente com dicas para equilibrar essas influências em sua vida:

Chacra Raiz (Muladhara) – Segurança e Sobrevivência

A compaixão e o perdão podem contribuir para uma sensação de segurança no chacra raiz. Quando você perdoa a si mesmo e aos outros, libera o peso do ressentimento, proporcionando uma base mais sólida.

Chacra Sacral (Swadhisthana) – Criatividade e Emoções

Esses sentimentos podem abrir espaço para emoções mais saudáveis no chacra sacral. A capacidade de perdoar está ligada à saúde emocional. Use essa energia para nutrir a criatividade e relacionamentos.

Chacra do Plexo Solar (Manipura) – Poder Pessoal

A compaixão e o perdão podem influenciar positivamente o chacra do plexo solar. Perdoar a si mesmo é um ato de empoderamento pessoal. Use essa energia para afirmar seu poder pessoal de maneira construtiva.

Chacra Cardíaco (Anahata) – Amor e Compaixão

Essa casa está intrinsecamente ligada ao chacra cardíaco. A compaixão e o perdão abrem seu coração para o amor genuíno. Use essa energia para cultivar relacionamentos baseados em compaixão e amor.

Chacra Laríngeo (Vishuddha) – Comunicação e Expressão

A capacidade de perdoar e expressar compaixão pode melhorar a comunicação no chacra laríngeo. Isso promove conversas mais autênticas e construtivas, livres de ressentimento.

Chacra do Terceiro Olho (Ajna) – Intuição e Percepção

A compaixão e o perdão podem aprimorar sua intuição e percepção no chacra do terceiro olho. Quando você solta o julgamento e o ressentimento, sua visão interior se torna mais clara.

Chacra Coronário (Sahasrara) – Conexão Espiritual

Essa casa está relacionada à conexão espiritual no chacra coronário. O perdão pode ser uma expressão de humildade espiritual. Use essa energia para se conectar com um plano mais elevado de compreensão e aceitação.

> **RESUMO**
>
> A Casa 17 – Daya – Compaixão – Perdão, vista por meio dos sete chacras, enfatiza a importância de cultivar a compaixão e praticar o perdão, tanto com relação a si mesmo quanto aos outros. Ao fazer isso, você abre espaço para relacionamentos mais saudáveis, cura emocional e crescimento espiritual.

MENSAGEM FINAL

A mensagem final para quem tirou a carta de Daya é que a compaixão e a benevolência são virtudes poderosas que podem transformar o mundo e tornar a vida mais significativa. Ao cultivar a bondade e a empatia pelos outros, você não apenas impacta positivamente as pessoas ao seu redor, mas também encontra um maior senso de conexão e propósito em sua própria vida. Lembre-se de que a compaixão não é apenas um ato ocasional, mas um modo de viver que pode trazer mais significado e satisfação à sua jornada.

Casa 18

Harsha-Loka – Alegria

Seja bem-vindo(a) à Casa 18 – Harsha-Loka – Alegria, um refúgio de celebração e positividade que nos convida a explorar as profundezas da alegria e sua influência em nossas vidas. Neste espaço de reflexão e descoberta, você está convidado(a) a mergulhar nas múltiplas dimensões desse estado emocional contagiante.

A Casa 18 nos recebe com os braços abertos para explorar a natureza da alegria, uma emoção que transcende as barreiras e eleva nossos espíritos. Ela nos convida a examinar os elementos que desencadeiam a alegria em nossas vidas e a entender como essa emoção positiva pode impactar nosso bem-estar físico, mental e emocional.

Alegria é mais do que apenas um sentimento momentâneo de felicidade; é uma energia vital que nos conecta com um estado de ser mais elevado. Ao entrarmos nesta casa, somos convidados a contemplar como a alegria pode ser encontrada nas pequenas coisas da vida, nas conexões humanas, nas conquistas pessoais e nas experiências compartilhadas.

Além disso, a Casa 18 nos lembra da importância de cultivar a alegria como um estado de espírito constante, mesmo diante dos desafios e adversidades. Ela nos incentiva a explorar maneiras de nutrir a alegria em nosso interior, permitindo que ela seja um farol de luz mesmo nas situações mais difíceis.

Ao explorar a Casa 18 – Harsha-Loka – Alegria, você é convidado(a) a refletir sobre como a alegria pode influenciar sua perspectiva de vida, fortalecer seus relacionamentos e contribuir para uma maior sensação de plenitude. Convidamos você a abraçar a alegria como uma força transformadora, encontrando maneiras de incorporá-la em sua jornada diária e compartilhá-la com os outros, criando assim uma atmosfera de positividade e celebração à sua volta.

Alguns aspectos e reflexões relacionados a Harsha-Loka incluem

- **Felicidade interior:** a alegria verdadeira vem de dentro, independentemente das circunstâncias externas. Cultivar a felicidade interior envolve encontrar satisfação e contentamento em nós mesmos.
- **Contagiar alegria:** a alegria é uma emoção contagiante. Quando estamos alegres e felizes, nossa energia positiva pode influenciar positivamente as pessoas ao nosso redor.
- Compartilhar a alegria: compartilhar nossas alegrias com os outros não apenas aumenta a nossa própria felicidade, mas também cria conexões mais significativas e fortalece os laços com as pessoas.
- **Ser Grato:** a gratidão é um elemento importante da alegria. Ao apreciar e agradecer pelas coisas positivas em nossa vida, amplificamos nossa sensação de felicidade.
- **Escolher Alegria:** em muitos aspectos, a alegria é uma escolha. Podemos optar por enfatizar o positivo, encontrar beleza nas pequenas coisas e desenvolver uma atitude de gratidão.

Aplicação terapêutica da Casa Harsha-Loka

- **Praticar a atenção plena:** desenvolver a capacidade de estar presente no momento atual pode nos ajudar a apreciar mais plenamente as pequenas alegrias da vida.
- **Cultivar *hobbies* e interesses:** encontrar atividades que nos tragam alegria e satisfação pode contribuir para uma sensação geral de bem-estar e felicidade.
- **Cultivar relacionamentos positivos:** relacionamentos saudáveis e positivos podem ser fontes de alegria e apoio emocional.
- **Espalhar bondade:** fazer atos de bondade e gentileza com relação aos outros pode trazer alegria tanto para quem dá quanto para quem recebe.
- **Desenvolver resiliência:** cultivar resiliência e aprender a lidar com desafios de forma construtiva pode ajudar a preservar a sensação de alegria mesmo em tempos difíceis.

ENEAGRAMA

Aqui está a análise da Casa 18 – Harsha-Loka – Alegria, à luz do Eneagrama, para cada um dos nove tipos, juntamente com sugestões de melhoria específicas:

Tipo 8 – O Poderoso

Quando o Tipo 8 está na Casa 18 – Harsha-Loka – Alegria, a jornada é em direção a experimentar alegria autêntica por meio da conexão com os outros, em vez de buscar o controle.

Sugestão: permitir-se ser vulnerável, compartilhando a alegria com aqueles ao seu redor.

Tipo 9 – O Mediador

Para o Tipo 9 na Casa 18 – Harsha-Loka – Alegria, a jornada é em direção a encontrar alegria na expressão autêntica e na busca de seus próprios desejos.

Sugestão: cultivar a autenticidade e permitir-se viver plenamente, trazendo alegria não apenas para os outros, mas também para si mesmo.

Tipo 1 – O Perfeccionista

Nesta casa, o Tipo 1 é convidado a encontrar alegria no presente e permitir que a alegria coexista com a busca pela melhoria.

Sugestão: liberar a autocrítica excessiva e permitir momentos de espontaneidade e alegria sem se preocupar com a perfeição.

Tipo 2 – O Ajudante

Quando o Tipo 2 está na Casa 18 – Harsha-Loka – Alegria, a jornada é em direção a encontrar alegria genuína que não dependa da aprovação ou reconhecimento dos outros.

Sugestão: cultivar a autoaceitação e encontrar alegria em cuidar de si mesmo, além de cuidar dos outros.

Tipo 3 – O Vencedor

Para o Tipo 3 nesta casa, a jornada segue em direção de experimentar a alegria autêntica, que vai além das realizações externas.

Sugestão: encontrar alegria na autenticidade e cultivar relacionamentos verdadeiros que tragam satisfação duradoura.

Tipo 4 – O Intenso

Nesta casa, o Tipo 4 é convidado a encontrar alegria na simplicidade da vida cotidiana, em vez de buscar constantemente a intensidade emocional.

Sugestão: praticar a gratidão e encontrar a beleza nas pequenas coisas, trazendo alegria à vida diária.

Tipo 5 - O Analítico

Quando o Tipo 5 está na Casa 18 - Harsha-Loka - Alegria, a jornada é em direção a compartilhar o conhecimento e as descobertas com os outros para criar conexões significativas.

Sugestão: permitir que a mente analítica enriqueça as interações sociais, trazendo alegria por meio do compartilhamento.

Tipo 6 - O Precavido

Para o Tipo 6 nesta casa, a jornada é em direção a encontrar alegria na confiança em si mesmo e nos outros, superando a constante preocupação.

Sugestão: praticar a autoconfiança e permitir que a alegria surja da liberação do medo constante.

Tipo 7 - O Otimista

Nesta casa, o Otimista é convidado a encontrar alegria na quietude do momento presente, em vez de buscar constantemente novas experiências.

Sugestão: praticar a presença plena e permitir que a alegria seja encontrada nas coisas simples da vida.

> **RESUMO**
>
> A Casa 18 - Harsha-Loka - Alegria, no contexto do Eneagrama, convida cada tipo a encontrar alegria autêntica e duradoura por meio da aceitação, autenticidade e conexão com os outros.

CONSTELAÇÃO

Pertencimento na Casa 18 - Harsha-Loka - Alegria

O Pertencimento nesta casa está relacionado com a nossa capacidade de nos conectar com os outros por meio da alegria. A alegria muitas vezes é compartilhada em comunidade, em que nos sentimos parte de um grupo que celebra conquistas, realizações e momentos felizes.

Cultivar o pertencimento aqui envolve se abrir para compartilhar alegria com os outros e permitir que a alegria deles também nos toque.

Hierarquia na Casa 18 - Harsha-Loka - Alegria

A Hierarquia nesta casa pode se manifestar quando comparamos nossas alegrias com as dos outros. Isso pode levar à competição desnecessária ou à sensação de superioridade ou inferioridade com base nas nossas experiências alegres.

Para equilibrar a hierarquia, é importante lembrar que a alegria é subjetiva e individual, e não precisa ser comparada com a dos outros para ser valiosa.

Equilíbrio na Casa 18 – Harsha-Loka – Alegria

O Equilíbrio nesta casa é alcançado ao encontrar alegria tanto nas pequenas conquistas quanto nas grandes vitórias. É importante não depender apenas de realizações externas para experimentar alegria, mas também cultivá-la internamente por meio de gratidão e apreciação.

Encontrar equilíbrio também envolve celebrar a alegria dos outros sem deixar que isso diminua a nossa própria.

> **RESUMO**
>
> A Casa 18 – Harsha-Loka – Alegria nos convida a explorar Pertencimento, a equilibrar a Hierarquia da alegria e a encontrar Equilíbrio emocional ao celebrar as alegrias tanto internas quanto externas. Ao fazermos isso, podemos experimentar uma sensação mais profunda de conexão com os outros e uma alegria genuína que enriquece nossas vidas.

OS 7 CHACRAS

Aqui está a análise da Casa 18 – Harsha-Loka – Alegria, relacionada com os sete chacras, oferecendo *insights* sobre como essa casa influencia cada um dos centros de energia, juntamente com dicas para equilibrar essas influências em sua vida:

Chacra Raiz (Muladhara) – Segurança e Sobrevivência

A alegria pode fortalecer a sensação de segurança no chacra raiz. Quando você se permite sentir alegria, constrói uma base sólida de positividade em sua vida.

Chacra Sacral (Swadhisthana) – Criatividade e Emoções

Essa casa está ligada à expressão saudável de emoções e criatividade no chacra sacral. A alegria nutre a criatividade e promove a expressão emocional positiva.

Chacra do Plexo Solar (Manipura) – Poder Pessoal

A alegria pode fortalecer o poder pessoal no chacra do plexo solar. Quando você se sente alegre, aumenta a confiança em suas habilidades e capacidades.

Chacra Cardíaco (Anahata) – Amor e Compaixão

Essa casa está intrinsecamente ligada ao chacra cardíaco. A alegria abre seu coração para o amor e a compaixão. Ela promove relacionamentos baseados em sentimentos genuínos de carinho.

Chacra Laríngeo (Vishuddha) – Comunicação e Expressão

A alegria pode melhorar a comunicação no chacra laríngeo. Quando você se sente alegre, é mais provável que suas palavras e expressões sejam positivas e inspiradoras.

Chacra do Terceiro Olho (Ajna) – Intuição e Percepção

Essa casa pode aprimorar sua intuição e percepção no chacra do terceiro olho. A alegria clareia sua mente, permitindo uma visão interior mais aguçada.

Chacra Coronário (Sahasrara) – Conexão Espiritual

Essa casa também está relacionada à conexão espiritual no chacra coronário. A alegria pode elevar sua espiritualidade, conectando-o a estados mais elevados de consciência e compreensão.

> **RESUMO**
>
> A Casa 18 – Harsha-Loka – Alegria, vista por meio dos sete chacras, enfatiza a importância de permitir a alegria em sua vida. Ela fortalece sua base emocional, promove relacionamentos saudáveis, aumenta a confiança e a criatividade, além de elevar sua conexão espiritual. Cultivar alegria é uma maneira poderosa de equilibrar sua energia e melhorar sua qualidade de vida.

MENSAGEM FINAL

A mensagem final para quem tirou a carta de Harsha-Loka é que a alegria é uma energia poderosa que pode trazer mais cor e beleza para a vida. Cultivar a felicidade interior e compartilhar essa alegria com os outros é uma maneira significativa de criar conexões mais profundas e encontrar um maior sentido de bem-estar. Lembre-se de que a alegria não depende apenas das circunstâncias externas, mas também da nossa atitude e perspectiva. Ao escolher cultivar alegria e gratidão em sua vida, você estará criando um caminho de bem-estar e positividade que pode influenciar positivamente a si mesmo e aos que o cercam.

Casa 19

Karma-Loka — Ação e Reação — Karma

Seja bem-vindo(a) à Casa 19 – Karma-Loka – Ação e Reação – Karma, um espaço de profunda reflexão sobre o princípio universal de causa e efeito que molda nossa jornada de vida. Nesta casa, convidamos você a explorar as complexas interconexões entre nossas ações, reações e o destino que delas emerge.

Karma, uma palavra profundamente carregada de significado, é o fio condutor desta casa. Aqui, somos desafiados a compreender a intrincada teia de nossas escolhas e como elas influenciam não apenas nossa própria experiência, mas também o mundo ao nosso redor.

A Casa 19 nos convida a reconhecer que cada ação desencadeia uma reação, criando um ciclo contínuo de energia que molda nossa realidade. Ao explorar essa casa, você terá a oportunidade de mergulhar nas lições que o karma oferece, refletindo sobre como nossas decisões passadas influenciam o presente e como nossas ações presentes moldam o futuro.

Karma-Loka é um espaço para explorar a responsabilidade pessoal e a consciência das consequências de nossas ações. Ao compreender a interligação entre o que fazemos e o que experimentamos, somos desafiados a cultivar a sabedoria, a empatia e a compaixão em nossas escolhas cotidianas.

Seja aberto(a) a explorar as profundezas do karma e suas implicações em sua vida. Convidamos você a contemplar como as ações conscientes podem gerar mudanças positivas, não apenas para você, mas também para a comunidade e o mundo como um todo. Ao mergulhar na Casa 19 – Karma-Loka – Ação e Reação – Karma, você está convidado(a) a desvendar os mistérios desse princípio cósmico e a buscar um alinhamento mais consciente com o fluxo da vida.

Algumas características e reflexões relacionadas com a Casa Karma-Loka

- Responsabilidade pelas ações: reconhecer que somos responsáveis por nossas ações e que cada escolha que fazemos pode ter um impacto em nossa vida e nas vidas dos outros.
- Lei de causa e efeito: compreender que nossas ações criam reações e consequências, sejam elas positivas ou negativas.
- Aprendizado e evolução: entender que a jornada da vida é uma oportunidade contínua de aprendizado e crescimento, e que nossas ações moldam nosso caminho de evolução espiritual.
- Consciência das intenções: refletir sobre as intenções por trás de nossas ações, pois nossas intenções podem influenciar os resultados de nossas ações.
- Ciclo de causa e efeito: reconhecer que o karma pode operar em ciclos, e que as ações passadas podem influenciar nosso presente e futuro.

Aplicação terapêutica da Casa Karma-Loka

- **Cultivar a consciência:** desenvolver a consciência plena de nossas ações diárias e como elas podem afetar nossas vidas e as vidas dos outros.
- **Aprender com experiências passadas:** refletir sobre eventos passados em nossa vida para entender como nossas ações passadas podem estar afetando nosso presente e como podemos fazer escolhas mais conscientes no futuro.
- **Praticar a responsabilidade:** assumir responsabilidade por nossas ações e estar disposto a enfrentar as consequências delas, sejam elas boas ou desafiadoras.
- **Cultivar ações positivas:** buscar agir com bondade, compaixão e generosidade, buscando assim criar karma positivo em nossas vidas.
- **Perdoar a si mesmo e aos outros:** entender que todos nós estamos sujeitos ao karma e que, ao perdoar a si mesmo e aos outros, podemos liberar energias negativas e buscar a cura interior.

ENEAGRAMA

Aqui está a análise da Casa 19 – Karma-Loka – Ação e Reação – Karma, à luz do Eneagrama, para cada um dos nove tipos, juntamente com sugestões de melhoria específicas:

Tipo 8 – O Poderoso

Quando o Tipo 8 está na Casa 19 – Karma-Loka – Ação e Reação – Karma, a jornada é em direção a reconhecer como suas ações podem ter impactos duradouros, tanto positivos quanto negativos.

Sugestão: cultivar a consciência das consequências de suas decisões, buscando ações que tragam benefícios a longo prazo.

Tipo 9 – O Mediador

Para o Tipo 9 na Casa 19 – Karma-Loka – Ação e Reação – Karma, a jornada é em direção a compreender que a falta de ação também pode ter consequências.

Sugestão: assumir um papel ativo na vida, tomando decisões que estejam alinhadas com suas próprias necessidades e valores.

Tipo 1 – O Perfeccionista

Nesta casa, o Tipo 1 é convidado a perceber que mesmo as ações bem-intencionadas podem ter efeitos colaterais não planejados.

Sugestão: praticar a aceitação de que nem tudo pode ser perfeitamente controlado e direcionar a energia para ações construtivas e significativas.

Tipo 2 – O Ajudante

Quando o Tipo 2 está na Casa 19 – Karma-Loka – Ação e Reação – Karma, a jornada é em direção a compreender que ajudar os outros não deve ser em detrimento de si mesmo.

Sugestão: encontrar um equilíbrio saudável entre cuidar dos outros e cuidar de suas próprias necessidades.

Tipo 3 – O Vencedor

Para o Tipo 3 nesta casa, a jornada é em direção a perceber que o sucesso vazio pode levar a um ciclo de ação constante, sem pausa para reflexão.

Sugestão: buscar metas que estejam alinhadas com seus valores autênticos e aprender a encontrar significado na jornada, não apenas nos resultados.

Tipo 4 – O Intenso

Nesta casa, o Tipo 4 é convidado a entender que o foco excessivo nas emoções pode levar a ações impulsivas.

Sugestão: praticar o equilíbrio emocional e tomar decisões baseadas em uma perspectiva mais ampla, considerando tanto sentimentos quanto lógica.

Tipo 5 – O Analítico

Quando o Tipo 5 está na Casa 19 – Karma-Loka – Ação e Reação – Karma, a jornada é em direção a entender que a busca constante por conhecimento pode ser uma forma de evitar a ação.

Sugestão: aplicar o conhecimento adquirido de maneira prática e envolver-se mais ativamente no mundo.

Tipo 6 – O Precavido

Para o Tipo 6 nesta casa, a jornada é em direção a reconhecer como a preocupação excessiva pode paralisar ação.

Sugestão: aprender a confiar em si mesmo e nas próprias decisões, canalizando a energia da preocupação em ações construtivas.

Tipo 7 – O Otimista

Nesta casa, o Otimista é convidado a compreender que buscar constantemente novas experiências pode levá-lo a uma série de ações superficiais.

Sugestão: cultivar a capacidade de se comprometer com projetos a longo prazo e encontrar alegria na profundidade, em vez da amplitude.

> **RESUMO**
>
> A Casa 19 – Karma-Loka – Ação e Reação – Karma, no contexto do Eneagrama, convida cada tipo a examinar as consequências de suas ações e inações, reconhecendo que o que é dado ao mundo volta de alguma forma. As sugestões específicas para cada tipo podem ajudar a direcionar a energia para ações mais conscientes e significativas, criando um ciclo de karma positivo.

CONSTELAÇÃO

Pertencimento na Casa 19 – Karma-Loka – Ação e Reação – Karma

O Pertencimento nesta casa está ligado à nossa conexão com o ciclo de causa e efeito. Reconhecemos que nossas ações não são isoladas, mas estão entrelaçadas com as ações de outros e com o tecido mais amplo da vida. Sentir-se parte desse tecido cósmico de causa e efeito nos ajuda a entender a importância de nossas escolhas.

> *Cultivar o pertencimento aqui envolve agir de maneira consciente e ética, sabendo que nossas ações afetam não apenas a nós mesmos, mas também os outros e o mundo ao nosso redor.*

Hierarquia na Casa 19 – Karma-Loka – Ação e Reação – Karma

A Hierarquia nesta casa pode se manifestar quando julgamos as ações dos outros como mais ou menos significativas do que as nossas. Isso pode levar a sentimentos de superioridade moral ou à tendência de impor nossas opiniões sobre o que é certo ou errado.

Para equilibrar a hierarquia, é importante lembrar que todas as ações têm consequências e que não somos juízes das escolhas dos outros. Tratar todas as ações com respeito e compreensão é fundamental.

Equilíbrio na Casa 19 – Karma-Loka – Ação e Reação – Karma

O Equilíbrio nesta casa é alcançado ao agir de forma consciente, ética e responsável, sabendo que nossas ações reverberam no mundo ao nosso redor. Também envolve reconhecer que nem todas as consequências são imediatamente aparentes e que o processo de causa e efeito pode ser complexo.

Encontrar equilíbrio também significa aceitar as consequências de nossas ações sem nos culpar excessivamente ou nos eximirmos de responsabilidade.

RESUMO

A Casa 19 – Karma-Loka – Ação e Reação – Karma nos convida a explorar Pertencimento, a equilibrar a Hierarquia das ações e a encontrar Equilíbrio ao agir de maneira consciente e responsável. Ao fazer isso, podemos contribuir positivamente para o tecido interconectado da vida e cultivar um senso de responsabilidade ética em nossas escolhas.

OS 7 CHACRAS

Aqui está a análise da Casa 19 – Karma-Loka – Ação e Reação – Karma, relacionada com os sete chacras, oferecendo *insights* sobre como essa casa influencia cada um dos centros de energia, juntamente com dicas para equilibrar essas influências em sua vida:

Chacra Raiz (Muladhara) – Segurança e Sobrevivência

A casa Karma-Loka está diretamente ligada ao chacra raiz, pois as ações e reações têm implicações na segurança e sobrevivência. Consciência de suas ações e seu impacto no mundo pode fortalecer a sensação de segurança.

Chacra Sacral (Swadhisthana) – Criatividade e Emoções

Karma também influencia o chacra sacral, pois afeta suas emoções e sua capacidade de expressar sua criatividade. Consciência de como suas ações afetam suas emoções é essencial para um equilíbrio saudável.

Chacra do Plexo Solar (Manipura) – Poder Pessoal

A noção de karma pode impactar profundamente o poder pessoal no chacra do plexo solar. Perceber que você tem controle sobre suas ações e reações é fundamental para manter esse centro forte e equilibrado.

Chacra Cardíaco (Anahata) – Amor e Compaixão

Karma também está ligado ao chacra cardíaco, pois suas ações e reações afetam seus relacionamentos e sua capacidade de amar e perdoar. Praticar ações compassivas e amorosas ajuda a equilibrar esse centro.

Chacra Laríngeo (Vishuddha) – Comunicação e Expressão

A comunicação é uma parte importante do karma, e isso afeta o chacra laríngeo. Praticar uma comunicação consciente e autêntica é essencial para equilibrar esse centro.

Chacra do Terceiro Olho (Ajna) – Intuição e Percepção

Karma também pode afetar a intuição e percepção no chacra do terceiro olho, pois suas ações passadas podem moldar sua maneira de ver o mundo. A reflexão e a conscientização são fundamentais aqui.

Chacra Coronário (Sahasrara) – Conexão Espiritual

Karma está intrinsecamente relacionado com a sua jornada espiritual e, portanto, afeta o chacra coronário. A busca por compreensão e crescimento espiritual pode ajudar a equilibrar esse centro.

RESUMO

A Casa 19 – Karma-Loka – Ação e Reação – Karma, vista por meio dos sete chacras, destaca a importância de estar consciente de suas ações e reações e de como elas afetam todos os aspectos de sua vida. Praticar ações positivas e compassivas é fundamental para equilibrar sua energia e cultivar relacionamentos saudáveis e uma conexão espiritual mais profunda.

MENSAGEM FINAL

A mensagem final para quem tirou a carta de Karma-Loka é que a vida é uma jornada de aprendizado e evolução, regida pela lei do karma. Nossas ações têm consequências, e cultivar a consciência e a responsabilidade em nossas escolhas pode nos ajudar a criar um caminho de crescimento espiritual e bem-estar. Ao compreender a lei de causa e efeito, podemos nos tornar mais atentos às nossas ações e suas implicações, buscando assim criar um karma mais positivo e construtivo. O karma não é uma punição, mas sim uma oportunidade de aprendizado e crescimento espiritual, e ao agir com responsabilidade e consciência, podemos moldar nosso destino e encontrar um sentido mais profundo em nossa jornada de vida.

Casa 20

Dãna – Compartilhar

Seja bem-vindo(a) à Casa 20 – Dãna – Compartilhar, um espaço dedicado à essência generosa do ato de dar e compartilhar. Nesta casa, convidamos você a explorar o profundo significado por trás da ação de compartilhar e como essa prática transcende a simples troca de bens materiais.

Dãna, a palavra que ressoa neste espaço, é muito mais do que uma simples doação. Ela representa a nobre virtude de oferecer de si mesmo, seja por meio de recursos, tempo, conhecimento ou amor. A Casa 20 é um convite para refletir sobre como o ato de compartilhar pode criar laços profundos, nutrir a conexão humana e transformar não apenas a vida daqueles que recebem, mas também a nossa própria vida.

Aqui, você encontrará uma oportunidade de examinar a verdadeira natureza do compartilhamento. Não se trata apenas de dar o que temos em excesso, mas de cultivar um coração aberto e altruísta que enxerga as necessidades dos outros e busca ativamente aliviar seu fardo.

A Casa 20 – Dãna – Compartilhar nos convida a explorar como essa prática pode enriquecer nossa vida espiritual e emocional. Ao compartilhar, expandimos nossa compreensão da interconexão de todas as coisas e testemunhamos o impacto positivo que podemos ter na vida daqueles ao nosso redor.

Portanto, esteja aberto(a) para mergulhar na experiência profunda e gratificante do compartilhamento. À medida que exploramos esta casa, lembramos que a generosidade não é apenas um ato isolado, mas um caminho para uma vida mais significativa, cheia de conexões autênticas e uma sensação profunda de propósito.

Algumas características e reflexões relacionadas com a Casa Dãna

- Altruísmo: praticar a caridade envolve ser altruísta e agir em benefício dos outros, com um coração generoso e desapegado.
- Empatia: desenvolver a capacidade de se colocar no lugar dos outros e compreender suas necessidades, para que possamos oferecer ajuda significativa.
- Impacto positivo: reconhecer que mesmo pequenos atos de caridade podem ter um impacto positivo significativo na vida de outras pessoas.
- Desapego: praticar a caridade com desapego, ou seja, sem esperar nada em troca, ajuda a cultivar um senso genuíno de generosidade e amor incondicional.
- Responsabilidade social: entender que temos uma responsabilidade social de apoiar aqueles que estão em necessidade e contribuir para a construção de uma sociedade mais compassiva e solidária.

Aplicação terapêutica da Casa Dāna

- **Identificar oportunidades:** ficar atento a oportunidades em nossa vida diária para praticar a caridade, seja por meio de doações, oferecendo ajuda ou prestando serviço voluntário.
- **Cultivar empatia:** desenvolver a empatia, buscando compreender as lutas e desafios enfrentados por outras pessoas, pode nos motivar a ser mais generosos.
- **Doar recursos:** considerar doar recursos financeiros ou materiais para organizações de caridade ou pessoas que estejam precisando de apoio.
- **Compartilhar tempo e habilidades:** além de doações materiais, compartilhar nosso tempo e habilidades com os outros também é uma forma poderosa de praticar a caridade.
- **Promover ações em grupo:** buscar formas de envolver amigos, familiares ou colegas em atividades de caridade, promovendo uma cultura de generosidade em nosso círculo social.

ENEAGRAMA

Aqui está a análise da Casa 20 – Dāna – Compartilhar, à luz do Eneagrama, para cada um dos nove tipos, juntamente com sugestões de melhoria específicas:

Tipo 8 – O Poderoso

Quando o Tipo 8 está na Casa 20 – Dãna – Compartilhar, a jornada é em direção a compreender que o verdadeiro poder pode ser encontrado no ato de compartilhar recursos e conhecimento com generosidade.

Sugestão: praticar o compartilhamento sem esperar retorno imediato e reconhecer que ajudar os outros também pode fortalecer sua própria posição.

Tipo 9 – O Mediador

Para o Tipo 9 na Casa 20 – Dãna – Compartilhar, a jornada é em direção a encontrar a voz interior e compartilhar suas opiniões e desejos de maneira autêntica.

Sugestão: praticar a assertividade e reconhecer que expressar suas necessidades não é egoísmo, mas um ato de autenticidade.

Tipo 1 – O Perfeccionista

Nesta casa, o Tipo 1 é convidado a perceber que compartilhar nem sempre significa ter total controle sobre a situação.

Sugestão: permitir-se relaxar em situações que estão fora de seu controle direto e encontrar a perfeição na generosidade genuína.

Tipo 2 – O Ajudante

Quando o Tipo 2 está na Casa 20 – Dãna – Compartilhar, a jornada é em direção a reconhecer o equilíbrio entre ajudar os outros e cuidar de si mesmo.

Sugestão: praticar o autocuidado e compartilhar com a intenção de ajudar, não apenas para receber reconhecimento.

Tipo 3 – O Vencedor

Para o Tipo 3 nesta casa, a jornada é em direção a encontrar significado no compartilhamento autêntico, em vez de compartilhar apenas para obter validação externa.

Sugestão: conectar-se com suas motivações internas ao compartilhar e valorizar a autenticidade.

Tipo 4 – O Intenso

Nesta casa, o Tipo 4 é convidado a perceber que compartilhar suas emoções e experiências pode criar conexões mais profundas com os outros.

Sugestão: abrir-se para compartilhar tanto a dor quanto a alegria, reconhecendo que ambas fazem parte da experiência humana.

Tipo 5 - O Analítico

Quando o Tipo 5 está na Casa 20 - Dãna - Compartilhar, a jornada é em direção a reconhecer que compartilhar conhecimento pode enriquecer as interações sociais e não esgotar seus recursos.

Sugestão: encontrar um equilíbrio entre aprender e ensinar, contribuindo para um ambiente de aprendizado mútuo.

Tipo 6 - O Precavido

Para o Tipo 6 nesta casa, a jornada é em direção a confiar no processo de compartilhar suas preocupações e medos com os outros, criando conexões mais fortes.

Sugestão: praticar a vulnerabilidade e reconhecer que compartilhar pode trazer apoio e compreensão.

Tipo 7 - O Otimista

Nesta casa, o Otimista é convidado a entender que o compartilhamento também envolve estar presente nas situações difíceis, não apenas nas agradáveis.

Sugestão: cultivar a resiliência emocional ao compartilhar tanto os momentos de alegria quanto os desafios.

RESUMO

A Casa 20 - Dãna - Compartilhar, no contexto do Eneagrama, convida cada tipo a explorar o ato de compartilhar de maneiras autênticas e significativas. As sugestões específicas para cada tipo podem ajudar a cultivar um senso de generosidade genuína, permitindo que o ato de compartilhar se torne uma expressão de conexão e enriquecimento mútuo.

CONSTELAÇÃO

Pertencimento na Casa 20 - Dãna - Compartilhar

O Pertencimento nesta casa está relacionado com a compreensão de que todos fazemos parte de uma comunidade maior. Quando compartilhamos, reconhecemos nossa interdependência e o impacto positivo que podemos ter uns sobre os outros. Sentir-se conectado à comunidade é essencial para cultivar a vontade de compartilhar.

Cultivar o pertencimento aqui envolve praticar a generosidade não apenas como um ato isolado, mas como uma expressão do nosso compromisso com o bem-estar coletivo.

Hierarquia na Casa 20 – Dāna – Compartilhar

A Hierarquia nesta casa pode se manifestar quando nos sentimos superiores ou inferiores aos outros com base em nossa capacidade de compartilhar. Isso pode criar desequilíbrios de poder e minar a verdadeira generosidade.

Equilibrar a hierarquia envolve compartilhar de maneira humilde e reconhecer que todos têm algo a oferecer, independentemente das diferenças materiais.

Equilíbrio na Casa 20 – Dāna – Compartilhar

O Equilíbrio nesta casa é alcançado ao compartilhar de maneira consciente e equitativa. Isso significa que compartilhamos com alegria, mas também consideramos as necessidades reais dos outros e nossas próprias necessidades.

Encontrar equilíbrio também envolve praticar a generosidade sem esperar recompensas ou reconhecimento excessivo.

RESUMO

A Casa 20 – Dāna – Compartilhar nos convida a explorar Pertencimento, equilibrar a Hierarquia das ações de compartilhar e encontrar Equilíbrio ao praticar a generosidade consciente. Ao fazer isso, podemos contribuir para a construção de uma comunidade mais solidária e harmoniosa.

OS 7 CHACRAS

Aqui está uma análise da Casa 20 – Dāna – Compartilhar, relacionada com os sete chacras, oferecendo *insights* sobre como essa casa influencia cada um dos centros de energia, juntamente com dicas para equilibrar essas influências em sua vida:

Chacra Raiz (Muladhara) – Segurança e Sobrevivência

A Casa 20, centrada no conceito de compartilhar, pode influenciar o chacra raiz, uma vez que envolve aspectos fundamentais de segurança e sobrevivência. Compartilhar recursos e apoio com outros pode fortalecer seu senso de segurança.

Chacra Sacral (Swadhisthana) – Criatividade e Emoções

O ato de compartilhar também influencia o chacra sacral, conectando-se à sua criatividade e emoções. Expressar-se por meio do compartilhamento pode levar a uma compreensão mais profunda de suas habilidades criativas e conexões emocionais.

Chacra do Plexo Solar (Manipura) – Poder Pessoal

O compartilhamento pode afetar significativamente o chacra do plexo solar, pois está relacionado com o poder pessoal. Reconhecer o poder da generosidade e o impacto positivo que ela pode ter em sua vida ajuda a manter um chacra do plexo solar equilibrado.

Chacra Cardíaco (Anahata) – Amor e Compaixão

O compartilhamento está intimamente relacionado com o chacra cardíaco, pois envolve atos de amor e compaixão. Participar do compartilhamento promove um sentimento de amor e empatia pelos outros, contribuindo para um chacra cardíaco equilibrado.

Chacra Laríngeo (Vishuddha) – Comunicação e Expressão

A comunicação desempenha um papel crucial no compartilhamento, impactando o chacra laríngeo. Expressar suas intenções de forma clara e honesta ao compartilhar promove um chacra laríngeo equilibrado.

Chacra do Terceiro Olho (Ajna) – Intuição e *Insight*

Compartilhar experiências e *insights* pode afetar o chacra do terceiro olho, melhorando a intuição e a percepção. Quando você compartilha sua sabedoria e aprende com os outros, contribui para um chacra do terceiro olho mais equilibrado.

Chacra Coronário (Sahasrara) – Conexão Espiritual

O compartilhamento também pode ter implicações espirituais relacionadas ao chacra coronário. Atos de compartilhamento podem levar a um aumento na sensação de unidade e conexão com os outros, contribuindo para um chacra coronário equilibrado.

> **RESUMO**
>
> A Casa 20 – Dāna – Compartilhar, quando vista por meio da perspectiva dos sete chacras, destaca a importância de compartilhar recursos, amor e apoio com os outros. Participar de atos de compartilhamento pode promover equilíbrio em seus centros de energia e cultivar um sentimento de interconexão e compaixão em sua vida.

MENSAGEM FINAL

A mensagem final para quem tirou a carta de Dāna é que a caridade é a expressão mais pura do amor e da bondade. Praticar a caridade nos permite abrir nossos corações e conectar-nos aos outros de maneira significativa. Ao cultivar a generosidade e ajudar os outros, estamos não apenas beneficiando suas vidas, mas também enriquecendo a nossa própria experiência de vida. A caridade não apenas traz alegria aos que recebem, mas também nutre nossa própria alma e nos ajuda a encontrar um senso mais profundo de significado e propósito em nossa jornada.

Casa 21

Saman Paap – Expiação – Perseverança

Seja bem-vindo(a) à Casa 21 – Saman Paap – Expiação – Perseverança, um espaço que nos convida a explorar o conceito de expiação e a importância da perseverança em nosso crescimento espiritual. Nesta casa, mergulharemos na profunda jornada de buscar a redenção por meio da reflexão, ação corretiva e determinação contínua.

A expressão "Saman Paap" encapsula a ideia de expiação, que vai além do arrependimento superficial. Ela nos instiga a enfrentar de frente as consequências de nossos erros, a abraçar a responsabilidade e a buscar ativamente a reparação. Nesta casa, a expiação é entendida como uma ponte para a transformação interior, uma maneira de nos libertarmos das amarras do passado e seguir em direção a uma existência mais consciente e alinhada.

A Casa 21 nos convida a refletir sobre a importância da perseverança ao buscar a expiação. Reconhecemos que a jornada de crescimento pessoal nem sempre é fácil; no entanto, é por meio da determinação constante que podemos transmutar nossas falhas em oportunidades de aprendizado e evolução.

Ao explorar a Casa 21 – Saman Paap – Expiação – Perseverança, convidamos você a examinar seu próprio processo de expiação, a enfrentar as sombras do passado e a trilhar o caminho da autorreforma. Por meio dessa jornada de reflexão e ação, descobrimos como a expiação genuína pode nos libertar das correntes da culpa e nos guiar em direção a uma vida de integridade, crescimento espiritual e autotransformação.

Portanto, esteja preparado(a) para mergulhar profundamente na busca da expiação e abraçar a virtude da perseverança em seu percurso. À medida que exploramos esta casa, lembramos que a expiação não é apenas um ato isolado, mas um compromisso contínuo com a autodescoberta e o aprimoramento espiritual.

Algumas características e reflexões relacionadas com a Casa Saman Paap

- Autoconsciência: reconhecer e ser consciente das ações negativas que cometemos no passado, e o impacto que elas podem ter causado em nós mesmos e nos outros.

- Assumir responsabilidade: aceitar a responsabilidade pelas consequências de nossas ações negativas e estar disposto a enfrentar as consequências.

- Repensar comportamentos: refletir sobre as motivações por trás de nossas ações passadas e considerar como podemos agir de forma diferente e mais positiva no futuro.

- Reparação: buscar reparar os danos causados por nossas ações negativas, se possível, e fazer as pazes com aqueles que possam ter sido afetados por elas.

- Perdão: buscar o perdão, tanto de nós mesmos quanto dos outros, e liberar o peso emocional e o remorso associados a nossas ações passadas.

Aplicação terapêutica da Casa Saman Paap

- **Autorreflexão:** iniciar um processo de autorreflexão profunda para identificar quaisquer ações negativas passadas que possam precisar de expiação e reparação.

- **Conversar e pedir perdão:** se possível, entrar em contato com aqueles que possam ter sido afetados por nossas ações e pedir perdão de maneira sincera.

- **Buscar ajuda profissional:** em alguns casos, pode ser útil buscar ajuda de um profissional de saúde mental para processar emoções difíceis e lidar com remorso ou culpa.

- **Mudança de comportamento:** comprometer-se a agir de forma diferente no futuro, buscando cultivar ações positivas e compassivas.

- **Práticas de autocuidado:** desenvolver práticas de autocuidado para cultivar a paz interior e promover o perdão, como meditação, escrita terapêutica ou outras atividades que possam ajudar a liberar emoções negativas.

ENEAGRAMA

Aqui está a análise da Casa 21 – Saman Paap – Expiação – Perseverança, à luz do Eneagrama, para cada um dos nove tipos, juntamente com sugestões de melhoria específicas:

Tipo 8 – O Poderoso

Quando o Tipo 8 está na Casa 21 – Saman Paap – Expiação – Perseverança, a jornada é em direção a reconhecer que a perseverança pode ser alcançada por meio da vulnerabilidade e do reconhecimento das próprias falhas.

Sugestão: praticar a humildade ao reconhecer erros e buscar maneiras de se redimir, fortalecendo assim suas relações.

Tipo 9 – O Mediador

Para o Tipo 9 nesta casa, a jornada é em direção a enfrentar os conflitos internos e externos com perseverança, em vez de evitá-los.

Sugestão: praticar o confronto saudável e se comprometer com a resolução, lembrando-se de que a paz verdadeira requer ação.

Tipo 1 – O Perfeccionista

Nesta casa, o Tipo 1 é convidado a entender que a busca pela perfeição pode ser equilibrada com a aceitação da própria humanidade e a perseverança em direção a objetivos realistas.

Sugestão: praticar o perdão pessoal e lembrar que o progresso é mais importante do que a perfeição.

Tipo 2 – O Ajudante

Quando o Tipo 2 está na Casa 21 – Saman Paap – Expiação – Perseverança, a jornada é em direção a cultivar relacionamentos genuínos, em vez de buscar validação por meio do auxílio aos outros.

Sugestão: praticar a autenticidade nas relações e perseverar em se conhecer verdadeiramente.

Tipo 3 – O Vencedor

Para o Tipo 3 nesta casa, a jornada é em direção a encontrar significado e perseverança em sua própria autenticidade, em vez de buscar constantemente conquistas externas.

Sugestão: cultivar uma conexão mais profunda consigo mesmo e perseverar no caminho que realmente ressoa com sua essência.

Tipo 4 – O Intenso

Nesta casa, o Tipo 4 é convidado a perceber que a perseverança não é apenas encontrada em momentos dramáticos, mas também nas situações cotidianas.

Sugestão: praticar a paciência e perseverar em encontrar a beleza e a intensidade nas pequenas coisas da vida.

Tipo 5 – O Analítico

Quando o Tipo 5 está na Casa 21 – Saman Paap – Expiação – Perseverança, a jornada é em direção a compartilhar o conhecimento acumulado com os outros, em vez de se isolar.

Sugestão: perseverar na busca pelo equilíbrio entre aprender e ensinar, criando conexões significativas.

Tipo 6 – O Precavido

Para o Tipo 6 nesta casa, a jornada é em direção a confiar em suas próprias decisões e em sua intuição, em vez de depender excessivamente dos outros.

Sugestão: praticar a autossuficiência e perseverar em construir sua própria confiança.

Tipo 7 – O Otimista

Nesta casa, o Tipo 7 é convidado a encontrar perseverança ao enfrentar momentos difíceis em vez de evitá-los.

Sugestão: praticar a resiliência emocional e perseverar em permanecer presente mesmo nas situações desafiadoras.

> **RESUMO**
>
> A Casa 21 – Saman Paap – Expiação – Perseverança, no contexto do Eneagrama, convida cada tipo a encontrar a força na perseverança, superando desafios internos e externos. As sugestões específicas para cada tipo podem ajudar a cultivar uma abordagem mais resiliente diante das adversidades, buscando uma verdadeira sensação de autenticidade e progresso.

CONSTELAÇÃO

Pertencimento na Casa 21 – Saman Paap – Expiação – Perseverança

O Pertencimento nesta casa se relaciona com a compreensão de que todos nós, como seres humanos, cometemos erros e temos a capacidade de nos redimir. Sentir-se parte de uma comunidade que valoriza a transformação e a expiação é fundamental para abraçar essa jornada.

> *Cultivar o pertencimento aqui envolve aceitar nossas próprias falhas e buscar reconciliação com os outros, fortalecendo a noção de que estamos todos conectados em nossa humanidade compartilhada.*

Hierarquia na Casa 21 – Saman Paap – Expiação – Perseverança

A Hierarquia nesta casa pode se manifestar quando consideramos alguns erros como mais graves ou imperdoáveis do que outros. Isso pode levar a julgamentos e desequilíbrios em nossa disposição para perdoar ou nos expiar.

Equilibrar a hierarquia envolve a compreensão de que todos têm um caminho individual de expiação e crescimento, e que nossas experiências podem nos ensinar lições valiosas.

Equilíbrio na Casa 21 – Saman Paap – Expiação – Perseverança

O Equilíbrio nesta casa é encontrado quando nos esforçamos para nos redimir e melhorar, mas também aceitamos nossas limitações humanas. A perseverança em fazer ações corretivas deve ser equilibrada com a aceitação gentil de nós mesmos.

Encontrar equilíbrio também significa reconhecer que a expiação não é apenas sobre se livrar da culpa, mas também sobre aprender, crescer e contribuir positivamente.

RESUMO

A Casa 21 – Saman Paap – Expiação – Perseverança nos convida a explorar Pertencimento, equilibrar a Hierarquia das ações de expiação e encontrar Equilíbrio ao abraçar a jornada de crescimento e transformação. Ao fazê-lo, podemos cultivar uma mentalidade de aceitação e crescimento contínuo.

OS 7 CHACRAS

Aqui está uma análise da Casa 21 – Saman Paap – Expiação – Perseverança, relacionada com os sete chacras, oferecendo *insights* sobre como essa casa influencia cada um dos centros de energia, juntamente com dicas para equilibrar essas influências em sua vida:

Chacra Raiz (Muladhara) – Segurança e Sobrevivência

A Casa 21, centrada na expiação e perseverança, pode influenciar o chacra raiz, pois esses temas estão ligados à sensação de segurança e sobrevivência. Ao reconhecer a importância da expiação e da perseverança em sua vida, você pode fortalecer sua base de segurança.

Chacra Sacral (Swadhisthana) – Criatividade e Emoções

A expiação envolve lidar com emoções complexas e desafios emocionais. Isso impacta o chacra sacral, uma vez que suas emoções e criatividade estão intrinsecamente ligadas à sua capacidade de perseverar por meio desses desafios.

Chacra do Plexo Solar (Manipura) – Poder Pessoal

A perseverança está relacionada ao poder pessoal e à determinação. A Casa 21 pode influenciar positivamente o chacra do plexo solar, incentivando você a assumir o controle de sua vida e superar obstáculos com confiança.

Chacra Cardíaco (Anahata) – Amor e Compaixão

Lidar com a expiação muitas vezes requer compaixão, tanto por si mesmo quanto pelos outros. Isso impacta o chacra cardíaco, pois envolve atos de amor e perdão com relação a eventos passados.

Chacra Laríngeo (Vishuddha) – Comunicação e Expressão

A comunicação é essencial ao lidar com a expiação e a perseverança. Ao expressar seus sentimentos e experiências de maneira saudável e aberta, você contribui para um chacra laríngeo equilibrado.

Chacra do Terceiro Olho (Ajna) – Intuição e *Insight*

A Casa 21 pode afetar o chacra do terceiro olho, pois a expiação muitas vezes envolve introspecção e reflexão profunda. Cultivar a intuição e o insight é importante para lidar com questões relacionadas com a expiação.

Chacra Coronário (Sahasrara) – Conexão Espiritual

A expiação e a perseverança podem ter implicações espirituais, influenciando o chacra coronário. Ao buscar um sentido mais profundo de propósito e significado, você pode fortalecer sua conexão espiritual.

> **RESUMO**
>
> A Casa 21 – Saman Paap – Expiação – Perseverança, vista por meio da perspectiva dos sete chacras, destaca a importância de enfrentar desafios emocionais e passados com determinação, compaixão e autenticidade. Esses princípios podem promover equilíbrio em seus centros de energia e ajudá-lo a crescer espiritualmente e emocionalmente.

MENSAGEM FINAL

A mensagem final para quem tirou a carta de Saman Paap é que a expiação e a reparação são os primeiros passos para a transformação interior e a evolução espiritual. Ao assumir a responsabilidade por nossas ações passadas e buscar reparar os danos causados, podemos encontrar uma sensação de paz interior e crescimento pessoal. A jornada de expiação e reparação pode ser desafiadora, mas é um passo importante para liberar o peso emocional e avançar em direção a uma vida mais plena e alinhada com nossos valores mais elevados.

Casa 22

Dharma-Loka – Ação Correta – Virtude

Seja bem-vindo(a) à Casa 22 – Dharma-Loka – Ação Correta – Virtude, um espaço que nos convida a explorar os princípios fundamentais do Dharma, a busca pela ação correta e a prática das virtudes em nossas vidas. Nesta casa, mergulharemos na compreensão do Dharma como um guia para viver de acordo com os princípios éticos e morais que sustentam a harmonia cósmica.

"Dharma-Loka" encapsula a ideia central do Dharma, que se refere ao dever, à moralidade e à retidão. Nesta casa, exploraremos como viver em conformidade com o Dharma é fundamental para nossa jornada espiritual e para criar um equilíbrio saudável em todos os aspectos da vida.

A Casa 22 nos convida a refletir sobre a importância da ação correta e como nossas escolhas diárias podem moldar nosso destino espiritual. Ao praticar virtudes como honestidade, compaixão, humildade e serviço altruísta, alinhamos nossas vidas com um propósito mais elevado e contribuímos para um mundo mais justo e harmonioso.

Ao explorar a Casa 22 – Dharma-Loka – Ação Correta – Virtude, convidamos você a examinar seu próprio código de ética e a refletir sobre como suas ações impactam sua própria vida e a vida dos outros. Essa casa nos lembra que a busca pelo Dharma é uma jornada constante de autoaperfeiçoamento, que envolve tomar decisões conscientes e alinhar nossas vidas com os valores universais de justiça, bondade e compreensão.

Portanto, esteja preparado(a) para explorar o significado mais profundo do Dharma, a prática da ação correta e a incorporação de virtudes em sua jornada. À medida que nos aprofundamos nesta casa, reconhecemos que viver de acordo com o Dharma é um caminho para uma vida de significado, propósito e autotranscendência.

Algumas características e reflexões relacionadas com a Casa Dharma-Loka

- Princípios éticos: esta posição nos lembra da importância de viver de acordo com princípios éticos e morais, como justiça, bondade, honestidade e respeito.
- Harmonia interior: ao agir de acordo com o dharma, encontramos uma sensação de harmonia interior e alinhamento com nossos valores mais elevados.
- Conexão com os outros: a prática do dharma envolve agir de forma compassiva e cuidadosa em nossas relações com os outros, promovendo a harmonia e o bem-estar mútuos.
- Autoconhecimento: reflexão sobre nossas motivações e intenções por trás de nossas ações, buscando agir de forma justa e virtuosa.
- Crescimento espiritual: o *dharma* está intimamente ligado ao crescimento espiritual, pois busca a evolução pessoal em direção a uma vida mais significativa e alinhada com o propósito interior.

Aplicação terapêutica da Casa Dharma-Loka

- **Autoavaliação:** refletir sobre nossas ações passadas e presentes para identificar como podemos viver mais em harmonia com o dharma em nossa vida cotidiana.
- **Cultivar a compaixão:** buscar formas de agir com compaixão e empatia em nossas interações com os outros, buscando promover a harmonia e o bem-estar mútuos.
- **Estudo e reflexão:** aprofundar o conhecimento sobre os princípios éticos e morais que são importantes para nós e como podemos aplicá-los em nossa vida diária.
- **Integridade:** comprometer-se a agir com integridade e autenticidade, buscando alinhar nossas ações com nossos valores e crenças mais profundos.
- **Aceitação:** aceitar que o caminho do dharma pode não ser perfeito, mas que é uma jornada contínua de crescimento e aprendizado.

ENEAGRAMA

Aqui está a análise da Casa 22 – Dharma-Loka – Ação Correta – Virtude, à luz do Eneagrama, para cada um dos nove tipos, juntamente com sugestões de melhoria específicas:

Tipo 8 – O Poderoso

Quando o Tipo 8 está na Casa 22 – Dharma-Loka – Ação Correta – Virtude, a jornada é em direção a usar sua energia e liderança de forma construtiva, em prol do bem maior.

Sugestão: praticar a empatia e direcionar seu poder para empoderar os outros, encontrando um equilíbrio entre assertividade e compaixão.

Tipo 9 – O Mediador

Para o Tipo 9 nesta casa, a jornada é em direção a expressar suas próprias opiniões e valores, em vez de se anular para manter a paz.

Sugestão: praticar a autenticidade e ação direta, encontrando maneiras de contribuir para um mundo mais harmonioso.

Tipo 1 – O Perfeccionista

Nesta casa, o Tipo 1 é convidado a equilibrar sua busca pela perfeição com a aceitação da imperfeição inerente à vida.

Sugestão: agir de acordo com seus princípios, mas também aprender a ter flexibilidade diante das situações imprevistas.

Tipo 2 – O Ajudante

Quando o Tipo 2 está na Casa 22 – Dharma-Loka – Ação Correta – Virtude, a jornada é em direção a ajudar genuinamente os outros sem esperar reconhecimento ou recompensa.

Sugestão: praticar a doação desinteressada e encontrar satisfação na ação altruística.

Tipo 3 – O Vencedor

Para o Tipo 3 nesta casa, a jornada é em direção a realizar conquistas que estejam alinhadas com seus valores verdadeiros, em vez de buscar a validação externa.

Sugestão: praticar a autenticidade e usar suas habilidades para contribuir positivamente.

Tipo 4 – O Intenso

Nesta casa, o Tipo 4 é convidado a canalizar sua intensidade criativa para ações construtivas que beneficiem a si mesmo e aos outros.

Sugestão: encontrar significado na vida cotidiana e expressar sua individualidade de maneira positiva.

Tipo 5 – O Analítico

Quando o Tipo 5 está na Casa 22 – Dharma-Loka – Ação Correta – Virtude, a jornada é em direção a compartilhar o conhecimento acumulado para o benefício coletivo.

Sugestão: praticar a colaboração e usar suas habilidades intelectuais para promover a compreensão.

Tipo 6 – O Precavido

Para o Tipo 6 nesta casa, a jornada é em direção a confiar em sua intuição e agir corajosamente, em vez de se apegar ao medo e à dúvida.

Sugestão: praticar a confiança em si mesmo e direcionar sua energia para ações que fortaleçam sua segurança interior.

Tipo 7 – O Otimista

Nesta casa, o Tipo 7 é convidado a encontrar alegria na simplicidade e a praticar o foco em vez de buscar constantemente novas experiências.

Sugestão: usar sua energia de forma construtiva, canalizando-a para projetos significativos.

> **RESUMO**
>
> A Casa 22 – Dharma-Loka – Ação Correta – Virtude, no contexto do Eneagrama, convida cada tipo a agir de acordo com seus valores mais elevados, contribuindo para um mundo mais harmonioso. As sugestões específicas para cada tipo podem ajudar a canalizar suas características distintas para ações construtivas, buscando o crescimento pessoal e a contribuição positiva.

CONSTELAÇÃO

Pertencimento na Casa 22 – Dharma-Loka – Ação Correta – Virtude

O Pertencimento nesta casa está profundamente ligado à ideia de pertencer a um grupo ou comunidade que valoriza e pratica ações corretas e virtuosas. É por meio desse senso de pertencimento que nos sentimos incentivados a agir de acordo com os princípios do Dharma.

Cultivar o pertencimento aqui envolve encontrar ou criar um ambiente em que as virtudes são apreciadas e celebradas, permitindo que cada indivíduo se sinta parte de uma comunidade moralmente alinhada.

Hierarquia na Casa 22 – Dharma-Loka – Ação Correta – Virtude

A Hierarquia nesta casa se relaciona com a compreensão de que algumas ações são mais virtuosas do que outras. É importante lembrar que a hierarquia está enraizada nos princípios éticos e morais do Dharma.

> *Equilibrar a hierarquia envolve discernir ações com base em seus méritos éticos, reconhecendo que cada pessoa pode estar em diferentes estágios de sua jornada de virtude.*

Equilíbrio na Casa 22 – Dharma-Loka – Ação Correta – Virtude

O Equilíbrio nesta casa é encontrado quando nos esforçamos para agir de acordo com o Dharma, mas também reconhecemos que somos seres humanos sujeitos a erros. Equilíbrio é praticar virtude sem cair no perfeccionismo excessivo ou na rigidez moral.

> *Encontrar equilíbrio também significa agir com compaixão e discernimento, considerando o contexto e as circunstâncias ao aplicar princípios éticos.*

RESUMO

A Casa 22 – Dharma-Loka – Ação Correta – Virtude nos convida a explorar Pertencimento, equilibrar a Hierarquia das ações virtuosas e encontrar Equilíbrio ao viver de acordo com o Dharma. Ao fazer isso, podemos contribuir para um mundo mais ético e harmonioso, enquanto cultivamos nosso próprio crescimento espiritual.

OS 7 CHACRAS

Aqui está uma análise da Casa 22 – Dharma-Loka – Ação Correta – Virtude, relacionada com os sete chacras, oferecendo *insights* sobre como essa casa influencia cada um dos centros de energia, juntamente com dicas para equilibrar essas influências em sua vida:

Chacra Raiz (Muladhara) – Segurança e Sobrevivência

A Casa 22, centrada na ação correta e na virtude, pode influenciar o chacra raiz, pois esses princípios estão relacionados à segurança e sobrevivência. Ao praticar ações virtuosas, você reforça sua base de segurança e estabilidade.

Chacra Sacral (Swadhisthana) – Criatividade e Emoções

A busca pela ação correta e pela virtude também afeta o chacra sacral, uma vez que está ligada à expressão criativa das emoções. Agir de forma ética e virtuosa pode influenciar positivamente suas emoções e criatividade.

Chacra do Plexo Solar (Manipura) – Poder Pessoal

A Casa 22 pode impactar o chacra do plexo solar, uma vez que a ação correta muitas vezes requer uma forte sensação de poder pessoal para fazer escolhas éticas e manter princípios morais.

Chacra Cardíaco (Anahata) – Amor e Compaixão

Lidar com a virtude e a ação correta envolve o coração, uma vez que a compaixão e o amor são fundamentais. Isso influencia positivamente o chacra cardíaco, promovendo relacionamentos baseados em amor genuíno.

Chacra Laríngeo (Vishuddha) – Comunicação e Expressão

A comunicação ética e autêntica é essencial ao praticar a ação correta. A Casa 22 pode afetar positivamente o chacra laríngeo, encorajando a expressão clara e honesta de seus valores e princípios.

Chacra do Terceiro Olho (Ajna) – Intuição e Percepção

A busca pela ação correta muitas vezes envolve a intuição e a percepção profunda. Isso impacta o chacra do terceiro olho, incentivando a reflexão e o discernimento com relação às escolhas éticas.

Chacra Coronário (Sahasrara) – Conexão Espiritual

A prática da virtude está relacionada à conexão espiritual e ao entendimento mais profundo da moralidade. A Casa 22 pode influenciar o chacra coronário, promovendo uma conexão espiritual mais elevada.

RESUMO

A Casa 22 – Dharma-Loka – Ação Correta – Virtude, vista por meio da perspectiva dos sete chacras, destaca a importância de agir de maneira ética e moralmente correta em todas as áreas da vida. Ao incorporar esses princípios, você pode promover equilíbrio em seus centros de energia e viver uma vida alinhada com valores elevados.

MENSAGEM FINAL

A mensagem final para quem tirou a carta de Dharma-Loka é que a virtude e a ação correta são a base da verdadeira felicidade e realização pessoal. Cultivar a ética e a moralidade em todas as nossas ações e relações nos levará a uma vida mais harmoniosa e alinhada com nosso propósito interior. O dharma nos convida a buscar ações virtuosas e compassivas, o que não apenas beneficia nossa própria vida, mas também contribui para um mundo mais justo e harmonioso ao nosso redor. Viver de acordo com o dharma é um processo contínuo de crescimento espiritual e autorreflexão, em que podemos encontrar uma profunda sensação de realização e significado em nossa jornada pessoal.

Casa 23

Swarga-Loka — Autoconfiança

Seja bem-vindo(a) à Casa 23 – Swarga-Loka – Autoconfiança, um espaço que nos convida a explorar e nutrir a poderosa qualidade da autoconfiança em nossas vidas. Nesta casa, embarcaremos em uma jornada para compreender como a confiança em si mesmo pode influenciar positivamente nossas ações, decisões e realizações.

"Swarga-Loka" representa o reino da autoconfiança, em que aprendemos a acreditar em nosso potencial, capacidades e intuições. Esta casa nos desafia a reconhecer a importância de cultivar uma autoimagem saudável e a confiar em nossas habilidades para enfrentar desafios e alcançar metas.

A Casa 23 é um lembrete de que a autoconfiança não é apenas uma qualidade interna, mas também um fator crucial para nossas realizações exteriores. Quando confiamos em nós mesmos, somos mais propensos a tomar iniciativas, superar obstáculos e explorar novas oportunidades com coragem.

Durante nossa exploração nesta casa, você será convidado(a) a refletir sobre suas crenças pessoais, suas conquistas passadas e o papel da autoconfiança em seu crescimento pessoal. A autoconfiança não significa ausência de dúvidas, mas sim a coragem de avançar apesar delas, com resiliência e determinação.

À medida que nos aprofundamos na Casa 23 – Swarga-Loka – Autoconfiança, lembramos que a confiança em si mesmo é um recurso interior que pode ser nutrido e fortalecido ao longo do tempo. Esta casa nos desafia a questionar as autocríticas e a abraçar nosso próprio valor, capacitando-nos a abraçar a vida com uma postura positiva e confiante.

Portanto, esteja preparado(a) para explorar os reinos da autoconfiança e descobrir como essa qualidade transformadora pode moldar sua jornada de autodescoberta e realização pessoal. À medida que você se aprofunda nesta casa, é nossa esperança que você desperte e fortaleça a chama da confiança que reside dentro de você.

Algumas Características e reflexões relacionadas com a Casa Swarga-Loka

- **Conexão com o divino:** esta posição ressalta a importância de cultivar uma conexão íntima e pessoal com o Divino, seja qual for a sua compreensão dessa divindade. É um convite para explorar e fortalecer sua espiritualidade.
- **Busca pela iluminação:** Swarga-Loka nos lembra que a jornada espiritual é uma busca pela iluminação interior, pelo conhecimento profundo e pela expansão da consciência.
- **Paz interior:** a conexão com o Divino pode trazer uma sensação de paz profunda e duradoura, independentemente das circunstâncias externas.
- **Sabedoria:** ao mergulhar na espiritualidade, você pode ganhar uma compreensão mais profunda do significado da vida, da natureza do ser humano e da relação com o universo.
- **Amor incondicional:** essa posição também ressalta a presença do amor incondicional e da compaixão divina, que podem ser fontes de conforto e inspiração.

Aplicação terapêutica da Casa Swarga-Loka

- **Práticas espirituais:** explore diferentes práticas espirituais, como meditação, oração, contemplação e estudo de textos sagrados, para fortalecer sua conexão com o Divino.
- **Autoexploração:** dedique tempo à reflexão profunda sobre sua espiritualidade pessoal, crenças e valores. Pergunte a si mesmo sobre o significado mais profundo da vida.
- **Cultivo da paz interior:** por meio da meditação e do autoconhecimento, trabalhe para cultivar a paz interior, especialmente em momentos desafiadores.
- **Busca contínua:** lembre-se de que a espiritualidade é uma jornada contínua. Esteja aberto a aprender e crescer ao longo do caminho.
- **Prática da gratidão:** cultive uma atitude de gratidão com relação à sua conexão com o Divino e às bênçãos que você recebe em sua vida.

- **Comunidade espiritual:** considere se juntar a grupos ou comunidades espirituais que compartilham interesses semelhantes e oferecem apoio e inspiração.

ENEAGRAMA

Aqui está a análise da Casa 23 – Swarga-Loka – Autoconfiança, à luz do Eneagrama, para cada um dos nove tipos, juntamente com sugestões de melhoria específicas:

Tipo 8 - O Poderoso

Quando o Tipo 8 está na Casa 23 – Swarga-Loka – Autoconfiança, a jornada é em direção a usar sua força e assertividade de forma confiante, sem esmagar os outros.

Sugestão: praticar a empatia e o respeito pelas opiniões alheias, encontrando um equilíbrio entre liderança e cooperação.

Tipo 9 - O Mediador

Para o Tipo 9 nesta casa, a jornada é em direção a desenvolver uma autoconfiança interna e expressar suas próprias necessidades e desejos.

Sugestão: praticar a autenticidade e a assertividade, encontrando a voz interior que muitas vezes é silenciada.

Tipo 1 - O Perfeccionista

Nesta casa, o Tipo 1 é convidado a cultivar uma autoconfiança baseada na aceitação da imperfeição humana. A jornada é em direção a agir de acordo com seus princípios, mas também permitir-se errar e aprender com os desafios.

Sugestão:

Tipo 2 - O Ajudante

Quando o Tipo 2 está na Casa 23 – Swarga-Loka – Autoconfiança, a jornada é em direção a reconhecer sua própria importância e valor, independentemente de sua capacidade de ajudar os outros.

Sugestão: praticar a autoaceitação e o autocuidado genuíno.

Tipo 3 - O Vencedor

Para o Tipo 3 nesta casa, a jornada é em direção a desenvolver uma autoconfiança que não depende apenas de realizações externas.

Sugestão: buscar validação interna, reconhecendo que o valor pessoal vai além das conquistas visíveis.

Tipo 4 – O Intenso

Nesta casa, o Tipo 4 é convidado a encontrar sua autoconfiança no reconhecimento de sua singularidade interna. A jornada é em direção a usar sua intensidade emocional de forma construtiva, expressando suas emoções de maneira saudável.

Sugestão:

Tipo 5 – O Analítico

Quando o Tipo 5 está na Casa 23 – Swarga-Loka – Autoconfiança, a jornada é em direção a compartilhar seu conhecimento sem medo de perder sua expertise.

Sugestão: praticar a abertura para aprender com os outros e usar sua mente analítica para promover o crescimento mútuo.

Tipo 6 – O Precavido

Para o Tipo 6 nesta casa, a jornada é em direção a confiar em sua própria intuição e tomar decisões confiantes.

Sugestão: praticar a autossuficiência e reconhecer sua capacidade de enfrentar desafios sem a necessidade constante de validação externa.

Tipo 7 – O Otimista

Nesta casa, o Tipo 7 é convidado a encontrar autoconfiança na capacidade de lidar com momentos de desconforto e tédio. A jornada é em direção a desenvolver a resiliência emocional e praticar a presença plena, em vez de buscar constantemente distrações.

Sugestão:

> **RESUMO**
>
> A Casa 23 – Swarga-Loka – Autoconfiança, no contexto do Eneagrama, convida cada tipo a cultivar uma autoconfiança saudável e equilibrada, baseada na aceitação de si mesmo e na compreensão de suas qualidades únicas. As sugestões específicas para cada tipo podem ajudar a direcionar sua jornada em direção a uma autoestima genuína e ação confiante.

CONSTELAÇÃO

Pertencimento na Casa 23 – Swarga-Loka – Autoconfiança

O Pertencimento nesta casa está relacionado com a maneira como nos sentimos conectados e aceitos por nós mesmos. A autoconfiança floresce quando nos sentimos autênticos e em harmonia com nossa própria identidade.

Cultivar o pertencimento aqui envolve abraçar nossa singularidade e reconhecer que pertencemos a nós mesmos, antes de qualquer pertencimento externo.

Hierarquia na Casa 23 – Swarga-Loka – Autoconfiança

A Hierarquia nesta casa se refere à importância de valorizar e confiar em nossa própria capacidade e potencial. Reconhecemos que cada pessoa tem uma jornada única e, ao abraçar nossos talentos e desafios, estabelecemos uma hierarquia saudável dentro de nós mesmos.

Equilibrar a hierarquia implica em reconhecer nossas qualidades, sem nos colocarmos acima ou abaixo dos outros.

Equilíbrio na Casa 23 – Swarga-Loka – Autoconfiança

O Equilíbrio nesta casa é alcançado quando mantemos uma autoconfiança saudável, sem cair na arrogância ou na insegurança. Trata-se de reconhecer nossas habilidades e limitações com humildade.

Encontrar equilíbrio envolve cuidar de nossa autoestima sem depender excessivamente da validação externa.

RESUMO

A Casa 23 – Swarga-Loka – Autoconfiança nos convida a explorar Pertencimento, construir uma Hierarquia interna saudável e encontrar Equilíbrio em nossa autoconfiança. Ao fazer isso, podemos desenvolver uma relação mais profunda e autêntica conosco mesmos, promovendo nosso bem-estar emocional e mental.

Os 7 ChacrasAqui está uma análise da Casa 23 – Swarga-Loka – Autoconfiança, relacionada com os sete chacras, oferecendo *insights* sobre como essa casa influencia cada um dos centros de energia, juntamente com dicas para equilibrar essas influências em sua vida:

Chacra Raiz (Muladhara) – Segurança e Sobrevivência

A Casa 23, que envolve a autoconfiança, pode afetar o chacra raiz, pois acreditar em si mesmo é essencial para se sentir seguro e sobreviver de maneira confiante no mundo.

Chacra Sacral (Swadhisthana) – Criatividade e Emoções

A confiança em si mesmo também está ligada ao chacra sacral, pois ela impulsiona a expressão criativa das emoções. Quando você confia em suas habilidades, pode criar e expressar de forma mais eficaz.

Chacra do Plexo Solar (Manipura) – Poder Pessoal

A autoconfiança está diretamente relacionada ao chacra do plexo solar, uma vez que se refere ao seu senso de poder pessoal e autoestima. Um plexo solar equilibrado é fundamental para a confiança em si mesmo.

Chacra Cardíaco (Anahata) – Amor e Compaixão

Ter autoconfiança também influencia o chacra cardíaco, pois acreditar em si mesmo pode levar a relacionamentos mais amorosos e compassivos, tanto consigo mesmo quanto com os outros.

Chacra Laríngeo (Vishuddha) – Comunicação e Expressão

A autoconfiança melhora a comunicação e a expressão, o que afeta positivamente o chacra laríngeo. Quando você confia em sua voz e em suas ideias, pode se comunicar de maneira mais clara e autêntica.

Chacra do Terceiro Olho (Ajna) – Intuição e Percepção

A confiança em si mesmo também está relacionada ao chacra do terceiro olho, pois influencia sua intuição e percepção. Acreditar em suas próprias habilidades pode melhorar sua capacidade de discernimento.

Chacra Coronário (Sahasrara) – Conexão Espiritual

A autoconfiança pode ter um impacto espiritual, uma vez que está relacionada à sua confiança na jornada espiritual. Isso pode fortalecer sua conexão com o divino e promover uma espiritualidade mais confiante.

> **RESUMO**
>
> A Casa 23 – Swarga-Loka – Autoconfiança, vista por meio da perspectiva dos sete chacras, destaca a importância de acreditar em si mesmo e cultivar uma autoestima saudável. Ao fazer isso, você pode equilibrar seus centros de energia e viver com mais confiança e autenticidade.

MENSAGEM FINAL

A mensagem final para quem tirou a carta da casa Swarga-Loka é que a conexão com o Divino é uma fonte profunda de paz, sabedoria e amor incondicional. Cultivar essa conexão pode enriquecer sua vida espiritual e trazer um sentido mais profundo de propósito e significado. Lembre-se de que a busca pela iluminação interior é uma jornada única e pessoal, e permita que a espiritualidade seja uma guia amorosa em sua vida.

Casa 24

Ku-Sang-Loka – Más Companhias – Falsidade

Seja bem-vindo(a) à Casa 24 – Ku-Sang-Loka – Más Companhias – Falsidade, um espaço de profunda reflexão sobre a influência das companhias e a honestidade em nossa jornada de crescimento pessoal. Nesta casa, mergulharemos nas complexidades das relações interpessoais e nas consequências da falsidade em nossas vidas.

"Ku-Sang-Loka" nos conduz ao reino das más companhias e da falsidade, em que somos convidados a examinar de perto as influências que nos cercam. Esta casa nos instiga a avaliar o impacto das pessoas com as quais nos associamos, bem como a autenticidade de nossas próprias ações e palavras.

Ao explorarmos a Casa 24, é importante reconhecer que as companhias que escolhemos podem moldar nossa visão de mundo, nossos valores e até mesmo nossas decisões. Más companhias podem nos levar por caminhos desviados, enquanto a falsidade mina a confiança e a sinceridade que são essenciais para relacionamentos saudáveis.

Esta casa nos desafia a refletir sobre a importância de cultivar relacionamentos autênticos e genuínos, baseados na verdade e no respeito mútuo. Também nos convida a examinar nossas próprias ações e a praticar a honestidade, mesmo que isso possa ser difícil em certos momentos.

Durante nossa exploração nesta casa, convidamos você a se questionar sobre as influências ao seu redor e a considerar como a sinceridade e a integridade podem fortalecer suas conexões pessoais e contribuir para um ambiente mais harmonioso.

Portanto, prepare-se para examinar as sombras das más companhias e da falsidade, enquanto busca uma compreensão mais profunda de como esses aspectos podem impactar sua jornada. À medida que adentramos na Casa 24 – Ku-Sang-Loka – Más Companhias – Falsidade, esperamos que você possa encontrar clareza na importância de cercar-se de autenticidade e cultivar relacionamentos que nutram seu crescimento interior.

Algumas características e reflexões relacionadas com a Casa Ku-Sang-Loka

- Escolhas e Influências: esta posição enfatiza que as escolhas que fazemos e as influências com as quais nos cercamos têm um impacto profundo em nossa jornada de vida. Companhias negativas e influências falsas podem levar a decisões prejudiciais.
- **Aprendizado social:** a presença de más companhias pode moldar nossas atitudes, comportamentos e valores de maneira negativa. É fundamental reconhecer como o ambiente social influencia nossas ações.
- Afastamento de Negatividade: Ku-Sang-Loka nos lembra da importância de nos afastarmos de relacionamentos tóxicos e influências negativas que possam nos impedir de crescer e prosperar.
- **Crescimento pessoal:** ao escolher companhias positivas e influências construtivas, podemos cultivar um ambiente que promova nosso crescimento pessoal, valores saudáveis e aspirações elevadas.
- Discernimento: essa posição destaca a necessidade de discernimento ao avaliar as intenções e motivações das pessoas ao nosso redor, evitando armadilhas de manipulação e falsidade.

Aplicação terapêutica da Casa Ku-Sang-Loka

- **Avaliação de relacionamentos:** faça uma reflexão honesta sobre os relacionamentos em sua vida. Identifique aqueles que têm um impacto negativo em seu bem-estar emocional e considere se afastar deles.
- **Definir limites:** aprenda a definir limites saudáveis com pessoas que têm influências negativas, protegendo-se de energias prejudiciais.
- **Cultivo de relações positivas:** busque ativamente companhias e relacionamentos que promovam um ambiente positivo e de apoio mútuo.
- **Busca por inspiração:** procure pessoas que o inspirem, que compartilhem valores semelhantes e que incentivem seu crescimento pessoal.
- **Desenvolvimento pessoal:** ao se afastar de más companhias, você pode criar espaço para se concentrar em seu próprio desenvolvimento pessoal e nas metas que deseja alcançar.
- **Autoconhecimento:** reflita sobre suas próprias escolhas e influências. Pergunte-se se você está agindo de acordo com seus valores ou se está sendo influenciado negativamente.

ENEAGRAMA

Aqui está a análise da Casa 24 – Ku-Sang-Loka – Más Companhias – Falsidade, à luz do Eneagrama, para cada um dos nove tipos, juntamente com sugestões de melhoria específicas:

Tipo 8 – O Poderoso

Quando o Tipo 8 está na Casa 24 – Ku-Sang-Loka – Más Companhias – Falsidade, a tendência pode ser envolver-se em relacionamentos tóxicos devido a uma busca por poder ou influência.

Sugestão: discernir entre relacionamentos genuínos e aqueles baseados em interesse pessoal, priorizando conexões autênticas.

Tipo 9 – O Mediador

Para o Tipo 9 nesta casa, a tendência é evitar confrontos e envolver-se em relacionamentos falsos para manter a paz.

Sugestão: cultivar a assertividade e estabelecer limites claros para evitar ser arrastado para situações que não são genuínas.

Tipo 1 – O Perfeccionista

Nesta casa, o Tipo 1 é desafiado pela busca da perfeição nas pessoas ao seu redor, podendo levar à crítica constante.

Sugestão: praticar a aceitação das imperfeições humanas e focar em construir relacionamentos genuínos em vez de buscar constantemente a correção.

Tipo 2 – O Ajudante

Quando o Tipo 2 está na Casa 24 – Ku-Sang-Loka – Más Companhias – Falsidade, a tendência é envolver-se em relacionamentos em que busca validação por meio de cuidados excessivos.

Sugestão: priorizar a autenticidade e cultivar relacionamentos em que haja reciprocidade e verdadeira conexão.

Tipo 3 – O Vencedor

Para o Tipo 3 nesta casa, a tendência é se associar a pessoas que pareçam aumentar sua imagem de sucesso.

Sugestão: valorizar relacionamentos que o apoiem em sua autenticidade, em vez de buscar aprovação por meio de conexões superficiais.

Tipo 4 – O Intenso

Nesta casa, o Tipo 4 é desafiado pela busca de relacionamentos intensos, podendo ignorar sinais de falsidade.

Sugestão: cultivar a objetividade e discernimento, focando em relacionamentos que tragam estabilidade emocional e verdadeira conexão.

Tipo 5 – O Analítico

Quando o Tipo 5 está na Casa 24 – Ku-Sang-Loka – Más Companhias – Falsidade, a tendência é se afastar de relacionamentos por medo de ser explorado.

Sugestão: equilibrar a autoproteção com a abertura para conexões saudáveis, valorizando o compartilhamento genuíno.

Tipo 6 – O Precavido

Para o Tipo 6 nesta casa, a tendência é desconfiar dos outros e envolver-se em relacionamentos por medo de ficar sozinho.

Sugestão: cultivar a confiança em seus próprios instintos e se conectar com pessoas que valorizem a honestidade e a lealdade.

Tipo 7 – O Otimista

Nesta casa, o Tipo 7 é desafiado pela busca constante de novas experiências, podendo ignorar sinais de falsidade em busca de emoções.

Sugestão: praticar a atenção plena ao escolher relacionamentos, valorizando conexões que proporcionem alegria genuína e autêntica.

> **RESUMO**
>
> A Casa 24 – Ku-Sang-Loka – Más Companhias – Falsidade, no contexto do Eneagrama, convida cada tipo a discernir entre relacionamentos genuínos e superficiais, evitando a armadilha de envolver-se em conexões falsas por motivos inadequados. As sugestões específicas para cada tipo podem ajudar a direcionar a busca por relacionamentos autênticos e saudáveis.

CONSTELAÇÃO

Pertencimento na Casa 24 – Ku-Sang-Loka – Más Companhias – Falsidade

O Pertencimento nesta casa pode ser desafiador, pois a influência de más companhias e falsidade pode nos levar a questionar nossa autenticidade e nosso senso de pertencimento. É crucial reconhecer que nosso verdadeiro pertencimento está em estar alinhado com nossos valores e autenticidade.

Cultivar pertencimento envolve afastar-se de influências negativas e buscar conexões genuínas.

Hierarquia na Casa 24 – Ku-Sang-Loka – Más Companhias – Falsidade

A Hierarquia nesta casa é sobre priorizar nossos valores acima das pressões externas. Colocar a verdade e a integridade em um lugar de destaque em nossa hierarquia interna nos ajuda a tomar decisões conscientes e éticas.

Equilibrar a hierarquia envolve manter nossos princípios acima das influências negativas.

Equilíbrio na Casa 24 – Ku-Sang-Loka – Más Companhias – Falsidade

O Equilíbrio nesta casa significa discernir quando devemos nos afastar de más companhias e evitar a falsidade. É fundamental reconhecer o impacto negativo que essas influências podem ter em nossa vida.

Encontrar equilíbrio envolve cultivar autenticidade e manter relações saudáveis e verdadeiras.

RESUMO

A Casa 24 – Ku-Sang-Loka – Más Companhias – Falsidade destaca a importância do Pertencimento autêntico, da Hierarquia de valores e do Equilíbrio entre afastar-se de influências negativas e buscar relações verdadeiras e saudáveis. Ao fazê-lo, promovemos um ambiente que favorece nosso crescimento pessoal e bem-estar emocional.

Os 7 Chacras

Aqui está a análise da Casa 24 – Ku-Sang-Loka – Más Companhias – Falsidade, relacionada com os sete chacras, oferecendo *insights* sobre como essa casa influencia cada um dos centros de energia, juntamente com dicas para equilibrar essas influências em sua vida:

Chacra Raiz (Muladhara) – Segurança e Sobrevivência

A presença de más companhias e falsidade pode abalar a sensação de segurança no chacra raiz, criando um ambiente de desconfiança e instabilidade.

Chacra Sacral (Swadhisthana) – Criatividade e Emoções

Más companhias e falsidade também afetam o chacra sacral, dificultando a expressão criativa e emocional autêntica, uma vez que a desconfiança pode surgir nas interações.

Chacra do Plexo Solar (Manipura) – Poder Pessoal

O chacra do plexo solar é fortemente influenciado por más companhias, pois elas podem minar o poder pessoal e a autoestima, levando à insegurança e à dúvida.

Chacra Cardíaco (Anahata) – Amor e Compaixão

A falsidade e as más companhias podem prejudicar a capacidade do chacra cardíaco de amar e perdoar, levando a relacionamentos mais tensos e menos compassivos.

Chacra Laríngeo (Vishuddha) – Comunicação e Expressão

Interagir com pessoas falsas pode prejudicar a comunicação honesta e autêntica no chacra laríngeo, tornando-a mais difícil e menos confiável.

Chacra do Terceiro Olho (Ajna) – Intuição e Percepção

A presença de falsidade pode obscurecer a intuição e a percepção no chacra do terceiro olho, levando a uma visão distorcida da realidade.

Chacra Coronário (Sahasrara) – Conexão Espiritual

Más companhias e falsidade podem minar a conexão espiritual no chacra coronário, uma vez que a confiança nas coisas mais elevadas é abalada.

RESUMO

A Casa 24 – Ku-Sang-Loka – Más Companhias – Falsidade, vista por meio da perspectiva dos sete chacras, destaca como a presença de más companhias e a falsidade podem afetar negativamente seu equilíbrio energético e bem-estar emocional e espiritual. É importante estar atento às influências ao seu redor e buscar relacionamentos genuínos e autênticos para manter um fluxo de energia saudável em seus chacras.

MENSAGEM FINAL

A mensagem final para quem tirou a carta da casa Ku-Sang-Loka é que escolher as companhias certas e se afastar de influências negativas é crucial para seu crescimento e bem-estar. Relações saudáveis e influências construtivas podem ajudá-lo a alcançar seus objetivos e a criar uma vida significativa. Lembre-se de que você tem o poder de escolher quem e o que permite entrar em sua vida, e isso pode fazer toda a diferença em sua jornada.

Casa 25

Su-Sang-Loka – Boas Companhias – Amizade

Seja bem-vindo(a) à Casa 25 – Su-Sang-Loka – Boas Companhias – Amizade, um espaço dedicado à valorização e compreensão do poder das conexões positivas e genuínas em nossas vidas. Nesta casa, convidamos você a explorar a importância das boas companhias e a profundidade das relações de amizade que moldam nossa jornada.

"Su-Sang-Loka" nos guia até o reino das boas companhias e da amizade, em que a essência das relações saudáveis é colocada em foco. Esta casa nos convida a contemplar a influência das pessoas que escolhemos ter ao nosso lado e a reconhecer o papel vital que a amizade desempenha em nosso crescimento pessoal.

Ao adentrar na Casa 25, é fundamental entender que as boas companhias podem nos inspirar, nutrir e motivar positivamente. Amizades verdadeiras oferecem apoio mútuo, compreensão e uma base sólida para enfrentar desafios da vida. Essas relações são construídas sobre alicerces de confiança, respeito e empatia.

Nesta casa, convidamos você a refletir sobre a qualidade de suas relações de amizade e a reconhecer como elas moldaram sua jornada até o momento. Além disso, exploraremos como a presença de boas companhias pode influenciar nosso crescimento espiritual, emocional e mental.

Por meio da exploração da Casa 25 – Su-Sang-Loka – Boas Companhias – Amizade, aspiramos a inspirar uma busca por conexões significativas e genuínas em sua vida. À medida que mergulhamos nesta casa, esperamos que você reconheça a importância de nutrir e valorizar amizades que elevam seu ser e contribuem para uma jornada repleta de harmonia e apoio mútuo.

Algumas características e reflexões relacionadas com a Casa Su-Sang-Loka

- Apoio emocional: boas amizades oferecem um apoio emocional significativo. Estar cercado por pessoas que nos valorizam e nos compreendem ajuda-nos a enfrentar os desafios da vida com maior confiança.

- Crescimento pessoal: relacionamentos saudáveis podem nos impulsionar a crescer e evoluir como indivíduos. As boas companhias nos desafiam a melhorar e nos tornar a melhor versão de nós mesmos.

- Compartilhamento de alegrias e tristezas: amizades verdadeiras compartilham tanto momentos de felicidade como de tristeza. Ter alguém com quem compartilhar nossas experiências nos permite vivenciar emoções de forma mais significativa.

- Confiança e lealdade: relações saudáveis são baseadas na confiança e lealdade mútuas. Saber que podemos contar com nossos amigos em tempos de necessidade cria um senso de segurança e conforto.

- **Inspirar e ser inspirado:** boas amizades nos inspiram a alcançar nossos objetivos e sonhos, e também nos encorajam a apoiar os sonhos e metas dos outros.

Aplicação terapêutica da Casa Su-Sang-Loka

- Valorizar relacionamentos saudáveis: é importante valorizar e nutrir as amizades verdadeiras em nossas vidas. Isso pode ser feito por meio de expressões de gratidão, comunicação aberta e demonstrações de apoio.

- Identificar relacionamentos tóxicos: ao refletir sobre a importância de boas companhias, também é essencial reconhecer relacionamentos tóxicos que podem estar nos prejudicando. Se necessário, devemos tomar medidas para estabelecer limites ou até mesmo afastar-nos de relacionamentos prejudiciais.

- Cultivar novas amizades: se estamos carentes de amizades significativas, podemos buscar oportunidades para conhecer novas pessoas e construir conexões genuínas por meio de interesses comuns, grupos de apoio ou atividades sociais.

- Praticar a empatia: nutrir amizades saudáveis envolve ser empático e solidário com as necessidades e experiências dos outros. A empatia fortalece os laços entre as pessoas e cria um ambiente de compreensão mútua.

ENEAGRAMA

Aqui está a análise da Casa 25 – Su-Sang-Loka – Boas Companhias – Amizade, à luz do Eneagrama, para cada um dos nove tipos, juntamente com sugestões de melhoria específicas:

Tipo 8 – O Poderoso

Quando o Tipo 8 está na Casa 25 – Su-Sang-Loka – Boas Companhias – Amizade, a tendência é buscar amizades que compartilhem sua força e confiança.

Sugestão: abrir-se para pessoas que ofereçam perspectivas diferentes e aprender a ouvir sem julgamentos, fortalecendo a empatia.

Tipo 9 – O Mediador

Para o Tipo 9 nesta casa, a busca por harmonia pode levar à escolha de amizades que evitem conflitos.

Sugestão: valorizar relacionamentos que desafiem sua complacência, incentivando a expressão autêntica de suas opiniões e desejos.

Tipo 1 – O Perfeccionista

Nesta casa, o Tipo 1 pode ser atraído por amizades que compartilhem sua busca pela excelência.

Sugestão: permitir espaço para a diversão e a espontaneidade em suas amizades, lembrando que nem tudo precisa ser perfeito.

Tipo 2 – O Ajudante

Quando o Tipo 2 está na Casa 25 – Su-Sang-Loka – Boas Companhias – Amizade, a tendência é buscar amizades em que possa cuidar e ajudar.

Sugestão: cultivar amizades baseadas na reciprocidade, em que suas próprias necessidades também são valorizadas.

Tipo 3 – O Vencedor

Para o Tipo 3 nesta casa, a busca pelo sucesso pode influenciar a escolha de amizades que reforcem sua imagem de sucesso.

Sugestão: valorizar amizades que apreciem você por quem você é, além de suas realizações.

Tipo 4 – O Intenso

Nesta casa, o Tipo 4 pode ser atraído por amizades que compartilhem sua busca por profundidade e significado.

Sugestão: valorizar amizades leves e divertidas, equilibrando o desejo por conexões intensas com momentos de alegria simples.

Tipo 5 - O Analítico

Quando o Tipo 5 está na Casa 25 - Su-Sang-Loka - Boas Companhias - Amizade, a tendência é buscar amizades intelectualmente estimulantes.

Sugestão: também valorizar amizades que proporcionem apoio emocional e conexão humana.

Tipo 6 - O Precavido

Para o Tipo 6 nesta casa, a busca por segurança pode levar à escolha de amizades confiáveis e estáveis.

Sugestão: também cultivar amizades que incentivem a coragem e o enfrentamento saudável de desafios.

Tipo 7 - O Otimista

Nesta casa, o Tipo 7 pode ser atraído por amizades que compartilhem sua busca por novas experiências.

Sugestão: valorizar amizades que também ofereçam apoio emocional durante momentos de reflexão e introspecção.

RESUMO

A Casa 25 - Su-Sang-Loka - Boas Companhias - Amizade, no contexto do Eneagrama, convida cada tipo a examinar suas motivações ao escolher amizades e a buscar conexões autênticas que valorizem a diversidade e a autenticidade. As sugestões específicas para cada tipo podem ajudar a cultivar amizades mais saudáveis e enriquecedoras.

CONSTELAÇÃO

Pertencimento na Casa 25 - Su-Sang-Loka - Boas Companhias - Amizade

O Pertencimento nesta casa é enriquecido por relacionamentos genuínos e apoio mútuo. Sentir-se parte de um círculo de amigos confiáveis é fundamental para nossa saúde emocional. Por meio da verdadeira amizade, encontramos um espaço em que podemos ser nós mesmos.

Cultivar pertencimento envolve nutrir amizades que nos apoiam e nos aceitam.

Hierarquia na Casa 25 – Su-Sang-Loka – Boas Companhias – Amizade

A Hierarquia nesta casa destaca a importância de valorizar amizades saudáveis. Priorizar relacionamentos baseados em respeito, confiança e apoio mútuo nos ajuda a manter nossa paz interna.

Equilibrar a hierarquia envolve escolher amizades que promovam nosso crescimento e bem-estar.

Equilíbrio na Casa 25 – Su-Sang-Loka – Boas Companhias – Amizade

O Equilíbrio nesta casa significa investir em amizades de forma equilibrada. Encontrar um ponto médio entre dar e receber apoio é essencial para manter relacionamentos saudáveis e duradouros.

Encontrar equilíbrio envolve estar presente para os amigos e permitir que eles estejam presentes para nós.

RESUMO

A Casa 25 – Su-Sang-Loka – Boas Companhias – Amizade ressalta a importância do Pertencimento genuíno, da Hierarquia de amizades saudáveis e do Equilíbrio nas trocas emocionais. Investir em relacionamentos significativos promove uma rede de apoio que enriquece nossa jornada e contribui para nosso bem-estar emocional.

OS 7 CHACRAS

Aqui está a análise da Casa 25 – Su-Sang-Loka – Boas Companhias – Amizade, relacionada com os sete chacras, oferecendo *insights* sobre como essa casa influencia cada um dos centros de energia, juntamente com dicas para equilibrar essas influências em sua vida:

Chacra Raiz (Muladhara) – Segurança e Sobrevivência

Boas companhias e amizades saudáveis podem fortalecer a sensação de segurança no chacra raiz, criando um ambiente de confiança e apoio mútuo.

Chacra Sacral (Swadhisthana) – Criatividade e Emoções

As amizades positivas também têm um impacto significativo no chacra sacral, facilitando a expressão criativa e emocional genuína, uma vez que você se sente à vontade para ser você mesmo.

Chacra do Plexo Solar (Manipura) – Poder Pessoal

Relacionamentos saudáveis fortalecem o chacra do plexo solar, promovendo a autoconfiança e o empoderamento pessoal, pois você é apoiado e respeitado por aqueles ao seu redor.

Chacra Cardíaco (Anahata) – Amor e Compaixão

Amizades autênticas enriquecem o chacra cardíaco, permitindo que você ame e perdoe mais facilmente, criando relacionamentos baseados em amor genuíno e compaixão.

Chacra Laríngeo (Vishuddha) – Comunicação e Expressão

A comunicação honesta e autêntica é incentivada por boas companhias e amizades, ajudando no desenvolvimento do chacra laríngeo, tornando-o mais claro e eficaz.

Chacra do Terceiro Olho (Ajna) – Intuição e Percepção

Relações positivas podem aprimorar a intuição e a percepção no chacra do terceiro olho, pois você confia na sabedoria compartilhada por amigos íntimos.

Chacra Coronário (Sahasrara) – Conexão Espiritual

Amizades profundas e significativas podem aprofundar sua conexão espiritual no chacra coronário, uma vez que compartilham jornadas espirituais e apoiam o crescimento espiritual mútuo.

> **RESUMO**
>
> A Casa 25 – Su-Sang-Loka – Boas Companhias – Amizade, vista por meio da perspectiva dos sete chacras, realça como boas companhias e amizades saudáveis podem enriquecer sua vida em todos os níveis. Essas relações promovem equilíbrio e bem-estar, fortalecendo seus chacras e contribuindo para um estado de harmonia entre corpo, mente e espírito. É importante cultivar e valorizar essas amizades em sua jornada pessoal.

MENSAGEM FINAL

A mensagem final para quem tirou a carta de Su-Sang-Loka é que as boas amizades podem nos ajudar a superar desafios e encontrar felicidade e amor verdadeiro. Cultivar relacionamentos saudáveis é uma parte essencial de uma vida plena e feliz. Por meio do apoio, inspiração e confiança mútua, podemos enriquecer nossa jornada de vida e aproveitar a jornada junto com aqueles que nos apoiam incondicionalmente. A busca por boas companhias e amizades verdadeiras pode trazer um profundo senso de conexão, pertencimento e alegria em nossas vidas.

Casa 26

Duhkha – Sofrimento – Pesar – Aflição

Seja bem-vindo(a) à Casa 26 – Duhkha – Sofrimento – Pesar – Aflição, um espaço dedicado à compreensão e à reflexão sobre as complexidades do sofrimento humano e as formas pelas quais lidamos com as aflições em nossas vidas. Nesta casa, convidamos você a explorar a natureza do sofrimento, suas causas e como podemos encontrar maneiras de superá-lo.

O Duhkha nos conduz ao âmago das experiências dolorosas e dos momentos de tristeza que todos nós enfrentamos em algum momento. Esta casa nos convida a examinar o sofrimento não apenas como uma inevitabilidade, mas também como uma oportunidade para crescimento e transformação.

Ao entrar na Casa 26, é importante reconhecer que o sofrimento faz parte da jornada humana. Exploraremos as diferentes formas de aflição – física, emocional, espiritual – e os desafios que elas apresentam. É uma oportunidade para refletir sobre como lidamos com o sofrimento, as estratégias de enfrentamento que empregamos e como podemos encontrar resiliência em meio às adversidades.

Nesta casa, convidamos você a contemplar a natureza impermanente do sofrimento e a explorar como ele pode ser uma ferramenta para o crescimento pessoal e espiritual. Vamos examinar as lições que o sofrimento pode nos ensinar e como podemos cultivar a compaixão por nós mesmos e pelos outros durante esses momentos difíceis.

Por meio da exploração da Casa 26 – Duhkha – Sofrimento – Pesar – Aflição, buscamos uma compreensão mais profunda do papel do sofrimento em nossas vidas e como podemos encontrar força, sabedoria e transformação em meio às suas sombras. Que esta casa o inspire a abordar o sofrimento com coragem, compaixão e a compreensão de que mesmo nas profundezas do pesar, existe o potencial para a cura e o crescimento.

Algumas características e reflexões relacionadas com a Casa Duhkha

- **Aceitação do sofrimento:** reconhecer que o sofrimento faz parte da vida e que todos nós podemos passar por momentos difíceis.
- **Cuidado com a saúde mental:** importância de buscar apoio, seja por meio de terapia, apoio de amigos e familiares ou outras formas de suporte emocional, para lidar com o sofrimento de forma saudável.
- **Resiliência:** aprender a lidar com as adversidades e encontrar maneiras construtivas de superar os desafios e crescer a partir das experiências difíceis.
- **Busca de equilíbrio interior:** encontrar práticas e recursos que promovam o bem-estar emocional, como meditação, ioga, expressão criativa, ou outras atividades que ajudem a lidar com o estresse e a tristeza.

Aplicação terapêutica da Casa Duhkha

- **Autocuidado:** priorizar o cuidado com a saúde mental e emocional, buscando momentos de descanso, autorreflexão e atividades que tragam conforto e alegria.
- **Buscar apoio:** ao sentir-se sobrecarregado pelo sofrimento, é importante procurar ajuda profissional, como terapia ou aconselhamento, para processar e lidar com as emoções difíceis.
- **Praticar a autocompaixão:** ser gentil consigo mesmo e compreender que todos nós enfrentamos desafios e temos momentos de tristeza.
- **Encontrar significado:** refletir sobre o que pode ser aprendido com o sofrimento e como ele pode nos ajudar a crescer e desenvolver maior compreensão e empatia pelos outros.

ENEAGRAMA

Aqui está a análise da Casa 26 – Duhkha – Sofrimento – Pesar – Aflição, à luz do Eneagrama, para cada um dos nove tipos, juntamente com sugestões de melhoria específicas:

Tipo 8 – O Poderoso

Quando o Tipo 8 está na Casa 26 – Duhkha – Sofrimento – Pesar – Aflição, o sofrimento pode resultar de resistir a mostrar vulnerabilidade ou admitir fraquezas.

Sugestão: permitir-se ser humano e procurar apoio em vez de carregar tudo sozinho.

Tipo 9 - O Mediador

Para o Tipo 9 nesta casa, o sofrimento pode surgir quando evita conflitos e nega suas próprias necessidades.

Sugestão: aprender a expressar suas opiniões e desejos de maneira saudável, enfrentando situações difíceis em vez de evitá-las.

Tipo 1 - O Perfeccionista

Nesta casa, o Tipo 1 pode sofrer ao buscar a perfeição em um mundo imperfeito.

Sugestão: encontrar equilíbrio entre a busca pela excelência e a aceitação de que algumas coisas estão além de seu controle.

Tipo 2 - O Ajudante

Quando o Tipo 2 está na Casa 26 - Duhkha - Sofrimento - Pesar - Aflição, o sofrimento pode surgir ao colocar as necessidades dos outros antes das suas.

Sugestão: praticar o autocuidado e aprender a dizer "não" quando necessário.

Tipo 3 - O Vencedor

Para o Tipo 3 nesta casa, o sofrimento pode resultar de uma busca implacável por sucesso e validação externa.

Sugestão: encontrar valor em quem você é, independentemente das realizações externas.

Tipo 4 - O Intenso

Nesta casa, o Tipo 4 pode sofrer ao se concentrar nas emoções negativas e na sensação de ser diferente.

Sugestão: cultivar a gratidão pelas emoções positivas e buscar conexões genuínas com os outros.

Tipo 5 - O Analítico

Quando o Tipo 5 está na Casa 26 - Duhkha - Sofrimento - Pesar - Aflição, o sofrimento pode surgir ao se isolar e acumular conhecimento sem compartilhá-lo.

Sugestão: praticar a abertura emocional e buscar o apoio de pessoas de confiança.

Tipo 6 - O Precavido

Para o Tipo 6 nesta casa, o sofrimento pode resultar da constante preocupação e dúvida com relação ao futuro.

Sugestão: praticar a confiança em suas próprias decisões e enfrentar os medos internos com coragem.

Tipo 7 - O Otimista

Nesta casa, o Tipo 7 pode sofrer ao evitar o confronto com emoções difíceis, buscando constantemente distrações.

Sugestão: permitir-se sentir e processar as emoções, encontrando alegria na autenticidade emocional.

RESUMO

A Casa 26 - Duhkha - Sofrimento - Pesar - Aflição, no contexto do Eneagrama, convida cada tipo a reconhecer a natureza inevitável do sofrimento na vida e a desenvolver maneiras saudáveis de lidar com ele. As sugestões específicas para cada tipo podem ajudar a cultivar resiliência emocional e a encontrar significado nos desafios enfrentados.

CONSTELAÇÃO

Pertencimento na Casa 26 - Duhkha - Sofrimento - Pesar - Aflição

O Pertencimento nesta casa envolve o entendimento de que o sofrimento é uma parte intrínseca da experiência humana. Ao compartilhar nossos momentos de aflição com outros, criamos conexões profundas e nos lembramos de que não estamos sozinhos em nossas lutas.

Cultivar o pertencimento envolve alcançar aqueles que também enfrentam aflições semelhantes.

Hierarquia na Casa 26 - Duhkha - Sofrimento - Pesar - Aflição

A Hierarquia nesta casa sugere que o reconhecimento da humanidade compartilhada prevalece sobre quaisquer diferenças externas. Independentemente das situações ou origens, o sofrimento une as pessoas em uma igualdade fundamental.

Equilibrar a hierarquia implica em tratar todas as pessoas que enfrentam aflições com compaixão e empatia.

Equilíbrio na Casa 26 - Duhkha - Sofrimento - Pesar - Aflição

O Equilíbrio nesta casa envolve enfrentar o sofrimento com resiliência e buscar recursos para lidar com as adversidades. Buscar ajuda quando necessário e permitir-se espaço para processar emoções é essencial para encontrar equilíbrio.

Encontrar equilíbrio requer aceitar nossos sentimentos, enquanto buscamos maneiras saudáveis de lidar com eles.

> **RESUMO**
>
> A Casa 26 – Duhkha – Sofrimento – Pesar – Aflição ressalta a importância do Pertencimento por meio da conexão com outros que enfrentam sofrimento semelhante, da Hierarquia da compreensão da humanidade compartilhada e do Equilíbrio ao buscar maneiras saudáveis de lidar com as aflições. Reconhecer e compartilhar nossas lutas nos une em uma jornada de compaixão e crescimento mútuo.

OS 7 CHACRAS

Aqui está a análise da Casa 26 – Duhkha – Sofrimento – Pesar – Aflição, relacionada com os sete chacras, oferecendo *insights* sobre como essa casa influencia cada um dos centros de energia, juntamente com dicas para equilibrar essas influências em sua vida:

Chacra Raiz (Muladhara) – Segurança e Sobrevivência

O sofrimento pode afetar profundamente o chacra raiz, minando a sensação de segurança. Buscar apoio e recursos para lidar com o sofrimento é crucial para manter esse chacra equilibrado.

Chacra Sacral (Swadhisthana) – Criatividade e Emoções

O sofrimento muitas vezes desafia o equilíbrio emocional no chacra sacral. Trabalhar nas emoções, seja por meio da terapia ou expressão criativa, pode ajudar a curar essa área.

Chacra do Plexo Solar (Manipura) – Poder Pessoal

O sofrimento pode minar a autoconfiança e o poder pessoal no chacra do plexo solar. Trabalhar na reconstrução da autoestima e confiança é essencial aqui.

Chacra Cardíaco (Anahata) – Amor e Compaixão

O sofrimento pode criar feridas profundas no chacra cardíaco, dificultando a capacidade de amar e perdoar. Terapia e práticas de autocompaixão podem ajudar na cura.

Chacra Laríngeo (Vishuddha) – Comunicação e Expressão

O sofrimento muitas vezes dificulta a comunicação eficaz no chacra laríngeo. A busca de apoio e a expressão honesta de sentimentos podem ajudar na recuperação.

Chacra do Terceiro Olho (Ajna) - Intuição e Percepção

O sofrimento pode nublar a intuição no chacra do terceiro olho. Práticas como meditação e *mindfulness* podem ajudar a clarear a mente e recuperar a intuição.

Chacra Coronário (Sahasrara) - Conexão Espiritual

O sofrimento pode desafiar a conexão espiritual no chacra coronário, levando a perguntas sobre o significado da vida e do sofrimento. Explorar a espiritualidade e a busca de significado pode ser útil.

> **RESUMO**
>
> A Casa 26 - Duhkha - Sofrimento - Pesar - Aflição, vista por meio da perspectiva dos sete chacras, destaca como o sofrimento pode impactar profundamente o equilíbrio energético e emocional. Buscar apoio, cura e autodescoberta é fundamental para lidar com o sofrimento e restaurar o equilíbrio em todos os níveis do ser.

MENSAGEM FINAL

A mensagem final para quem tirou essa carta é que a vida pode ser difícil e repleta de desafios, mas é possível encontrar a paz e a felicidade mesmo diante das adversidades. É importante lembrar que o sofrimento é uma parte normal da experiência humana, e buscar ajuda e apoio emocional pode ser uma forma poderosa de lidar com ele. Encontrar maneiras saudáveis de processar e superar o sofrimento é fundamental para a saúde mental e emocional, e pode nos ajudar a construir resiliência e equilíbrio interior.

Casa 27

Parmarth – Serviço Desinteressado – Altruísmo

Seja bem-vindo(a) à Casa 27 – Parmarth – Serviço Desinteressado – Altruísmo, um espaço sagrado que nos convida a explorar os profundos sentimentos de serviço desinteressado e altruísmo que residem em nossos corações. Nesta casa, embarcaremos em uma jornada de compreensão e reflexão sobre o significado mais elevado de dedicar-se ao bem-estar dos outros sem esperar recompensa.

A palavra "Parmarth" evoca a noção de propósito superior e serviço que transcende os interesses pessoais. Esta casa é um convite para explorar as alegrias e as recompensas que vêm do ato de ajudar os outros, não por ganho próprio, mas como uma expressão genuína de compaixão e amor.

Ao adentrar a Casa 27, mergulharemos nas raízes profundas do altruísmo e como ele pode enriquecer nossas vidas e a daqueles que tocamos. Vamos explorar como o serviço desinteressado não apenas beneficia os destinatários, mas também enriquece nosso próprio ser e nos conecta com uma sensação de propósito mais profundo.

Nesta casa, examinaremos as diversas formas de altruísmo – desde pequenos atos de bondade até compromissos de serviço de vida inteira. Vamos refletir sobre como podemos cultivar uma mentalidade altruística em um mundo muitas vezes focado no eu, e como podemos encontrar significado duradouro ao contribuir para o bem-estar dos outros.

Ao explorar a Casa 27 – Parmarth – Serviço Desinteressado – Altruísmo, buscamos uma compreensão mais profunda do poder transformador do serviço desinteressado. Que esta casa o inspire a olhar além de si mesmo, a estender a mão em ajuda aos outros e a descobrir a beleza e a realização que vêm do altruísmo genuíno.

Algumas características e reflexões relacionadas com a Casa Parmarth

- **Serviço desinteressado:** refere-se a ajudar e apoiar os outros sem expectativa de recompensa ou benefício pessoal, mas sim com o desejo genuíno de contribuir para o bem-estar dos outros.
- **Altruísmo:** significa colocar as necessidades e interesses dos outros antes dos nossos próprios, buscando o bem-estar e a felicidade dos outros sem egoísmo.
- **Amor incondicional:** envolve amar e aceitar os outros incondicionalmente, independentemente de suas ações ou características, sem julgamento ou expectativas.
- **Propósito elevado:** refere-se ao reconhecimento de que servir aos outros e praticar o altruísmo pode dar um significado mais profundo e propósito à nossa vida.

Aplicação terapêutica da Casa Parmarth

- **Praticar o serviço:** encontrar oportunidades de servir à comunidade, seja por meio do voluntariado em organizações sem fins lucrativos, ajudando vizinhos e amigos, ou de outras maneiras significativas.
- **Cultivar compaixão:** desenvolver um coração compassivo, buscando compreender as lutas e necessidades dos outros e estendendo uma mão amiga.
- **Praticar amor incondicional:** tratar os outros com bondade, aceitação e respeito, independentemente de suas crenças, origens ou circunstâncias.
- **Encontrar propósito no serviço:** reconhecer o valor e a importância de servir aos outros e perceber como essa prática pode trazer um significado mais profundo e satisfatório para a vida.

ENEAGRAMA

Aqui está a análise da Casa 27 – Parmarth – Serviço Desinteressado – Altruísmo, à luz do Eneagrama, para cada um dos nove tipos, juntamente com sugestões de melhoria específicas:

Tipo 8 – O Poderoso

Quando o Tipo 8 está na Casa 27 – Parmarth – Serviço Desinteressado – Altruísmo, o chamado ao altruísmo pode ser desafiador, pois sua natureza dominante pode dificultar ceder o controle.

Sugestão: direcionar sua força para proteger e cuidar dos outros, buscando um equilíbrio entre liderança e generosidade.

Tipo 9 - O Mediador

Para o Tipo 9 nesta casa, o altruísmo pode ser uma maneira de evitar conflitos e manter a paz.

Sugestão: lembrar que o verdadeiro altruísmo envolve expressar suas próprias necessidades e valores, mesmo que isso cause desconforto.

Tipo 1 - O Perfeccionista

Nesta casa, o Tipo 1 pode encontrar significado ao servir os outros de maneira correta e justa.

Sugestão: equilibrar o desejo de fazer o bem com a aceitação de que nem tudo pode ser perfeito, permitindo a compaixão por si mesmo e pelos outros.

Tipo 2 - O Ajudante

Quando o Tipo 2 está na Casa 27 - Parmarth - Serviço Desinteressado - Altruísmo, o altruísmo é uma expressão natural de seu desejo de ajudar.

Sugestão: praticar o autoamor e evitar a armadilha de sacrificar suas próprias necessidades em prol dos outros.

Tipo 3 - O Vencedor

Para o Tipo 3 nesta casa, o altruísmo pode ser orientado para a busca de reconhecimento.

Sugestão: encontrar a verdadeira satisfação em ajudar os outros sem a necessidade de validação externa, cultivando autenticidade nas ações altruístas.

Tipo 4 - O Intenso

Nesta casa, o Tipo 4 pode encontrar um senso de identidade por meio do altruísmo, mas também pode ser desafiado pelo desejo de ser único nesse aspecto.

Sugestão: praticar a simplicidade no serviço e encontrar valor na conexão humana comum.

Tipo 5 - O Analítico

Quando o Tipo 5 está na Casa 27 - Parmarth - Serviço Desinteressado - Altruísmo, o altruísmo pode ser uma maneira de compartilhar conhecimento.

Sugestão: superar a tendência de se isolar, permitindo-se conectar emocionalmente com os outros enquanto contribui com sua expertise.

Tipo 6 – O Precavido

Para o Tipo 6 nesta casa, o altruísmo pode se manifestar como proteção e apoio aos outros.

Sugestão: confiar em suas próprias decisões enquanto continua a ser uma fonte de apoio para os outros, cultivando a coragem para liderar.

Tipo 7 – O Otimista

Nesta casa, o Tipo 7 pode encontrar alegria ao envolver-se em atividades altruístas que tragam novas experiências.

Sugestão: praticar a presença plena no ato de servir, permitindo-se sentir profundamente a gratificação do altruísmo.

RESUMO

A Casa 27 – Parmarth – Serviço Desinteressado – Altruísmo, no contexto do Eneagrama, convida cada tipo a explorar formas únicas de contribuir para o bem-estar dos outros. As sugestões específicas para cada tipo podem ajudar a direcionar o altruísmo de maneira autêntica e significativa, encontrando um senso profundo de propósito e realização.

CONSTELAÇÃO

Pertencimento na Casa 27 – Parmarth – Serviço Desinteressado – Altruísmo

O Pertencimento nesta casa envolve fazer parte de uma comunidade comprometida com o serviço desinteressado e o altruísmo. Ao se unir a outros que compartilham o desejo de contribuir para o bem-estar dos outros, cria-se um ambiente de apoio e

Cultivar o pertencimento é encontrar conexão emocional com pessoas que compartilham valores similares de ajudar os outros.

Hierarquia na Casa 27 – Parmarth – Serviço Desinteressado – Altruísmo

A Hierarquia nesta casa está relacionada ao respeito pelos princípios de liderança baseados na dedicação ao serviço e na preocupação pelo bem-estar de todos. Aqueles que demonstram liderança por meio do serviço desinteressado ganham respeito e influência na comunidade.

Equilibrar a hierarquia implica em respeitar os líderes pelo seu compromisso com o bem comum, enquanto também reconhecendo a igualdade inerente entre todos.

Equilíbrio na Casa 27 - Parmarth - Serviço Desinteressado - Altruísmo

O Equilíbrio nesta casa envolve a prática do serviço desinteressado de maneira saudável e sustentável. Isso significa encontrar um equilíbrio entre cuidar dos outros e cuidar de si mesmo, evitando esgotamento ou sacrifício excessivo.

Encontrar equilíbrio requer a habilidade de definir limites claros para o serviço sem perder a compaixão e a dedicação.

> **RESUMO**
>
> A Casa 27 - Parmarth - Serviço Desinteressado - Altruísmo destaca o Pertencimento por meio do serviço em comunidade, a Hierarquia por meio do respeito aos líderes que priorizam o bem-estar de todos e o Equilíbrio ao praticar o serviço desinteressado de forma saudável e sustentável. Encontrar um equilíbrio entre cuidar dos outros e cuidar de si mesmo é fundamental para continuar contribuindo de maneira eficaz para o bem-estar da sociedade.

OS 7 CHACRAS

Aqui está a análise da Casa 27 - Parmarth - Serviço Desinteressado - Altruísmo, relacionada com os sete chacras, oferecendo *insights* sobre como essa casa influencia cada um dos centros de energia, juntamente com dicas para equilibrar essas influências em sua vida:

Chacra Raiz (Muladhara) - Segurança e Sobrevivência

O altruísmo pode fortalecer a sensação de comunidade e segurança no chacra raiz. Ajudar os outros de maneira desinteressada pode criar uma sensação de pertencimento e segurança.

Chacra Sacral (Swadhisthana) - Criatividade e Emoções

O ato de servir os outros pode influenciar positivamente o chacra sacral. Ele pode desencadear sentimentos de realização emocional e criatividade em como ajudar os necessitados.

Chacra do Plexo Solar (Manipura) – Poder Pessoal

O serviço desinteressado pode fortalecer o senso de poder pessoal no chacra do plexo solar. Sentir-se capaz de fazer a diferença na vida dos outros é empoderador.

Chacra Cardíaco (Anahata) – Amor e Compaixão

O altruísmo está profundamente ligado ao chacra cardíaco, em que o amor e a compaixão residem. Servir com amor genuíno e compaixão pode abrir e curar esse centro energético.

Chacra Laríngeo (Vishuddha) – Comunicação e Expressão

O serviço desinteressado muitas vezes envolve a comunicação e expressão no chacra laríngeo. Comunicar as necessidades dos outros e ações altruístas pode melhorar a clareza e a autenticidade na comunicação.

Chacra do Terceiro Olho (Ajna) – Intuição e Percepção

O serviço desinteressado pode afiar a intuição no chacra do terceiro olho. Ao estar atento às necessidades dos outros, você pode desenvolver uma percepção mais aguçada sobre como melhor servir.

Chacra Coronário (Sahasrara) – Conexão Espiritual

O altruísmo também está ligado à espiritualidade no chacra coronário. Muitas pessoas encontram uma conexão espiritual mais profunda quando se dedicam ao serviço desinteressado.

> **RESUMO**
>
> A Casa 27 – Parmarth – Serviço Desinteressado – Altruísmo, vista por meio da perspectiva dos sete chacras, realça como o ato de servir os outros pode ter um impacto positivo em todos os níveis do ser. Isso inclui a sensação de segurança, criatividade, poder pessoal, amor, comunicação, intuição e conexão espiritual. O altruísmo é uma maneira poderosa de equilibrar e nutrir a energia interior e contribuir para o bem-estar pessoal e coletivo.

MENSAGEM FINAL

A mensagem final para quem tirou essa carta é que o amor e o serviço aos outros podem trazer significado e propósito para a vida. Ao cultivar o altruísmo e a prática do serviço desinteressado, podemos não apenas impactar positivamente a vida dos outros, mas também encontrar uma fonte de satisfação e realização interior. O serviço aos outros nos conecta com a humanidade de forma profunda e nos lembra que somos todos parte de uma teia interconectada de relações. Ao oferecer nosso tempo, talento e energia para ajudar os outros, também cultivamos nossa própria bondade e compaixão, enriquecendo nossa jornada espiritual e pessoal.

Casa 28

SUDHARMA – Prática Adequada – Concentração

Seja bem-vindo(a) à Casa 28 – SUDHARMA – Prática Adequada – Concentração, um espaço de exploração e aprimoramento da prática correta e da concentração em nossa jornada espiritual. Nesta casa, embarcaremos em uma jornada de autoconhecimento e disciplina, em que a busca por uma prática adequada e aprofundada se entrelaça com a arte da concentração.

A palavra SUDHARMA abrange a ideia de um caminho correto, uma abordagem justa e benéfica para nossas ações e intenções. A Casa 28 nos convida a examinar nossas práticas diárias, nossas rotinas espirituais e a forma como nos relacionamos com o mundo ao nosso redor. É uma oportunidade de refletir sobre como nossas ações podem estar alinhadas com valores elevados e como podemos aprimorar nossa prática para alcançar um maior grau de autenticidade e significado.

A concentração é uma parte essencial dessa jornada. À medida que exploramos a Casa 28, mergulhamos na arte de focalizar nossa mente e nossa energia em um ponto específico, seja ele uma prática espiritual, uma meditação profunda ou uma atividade cotidiana. A concentração nos ajuda a cultivar a presença plena, aprofundar nossa conexão interior e aprimorar nossa capacidade de absorver-nos totalmente na tarefa ou na prática em questão.

Nesta casa, examinaremos os diversos aspectos da prática adequada e da concentração, explorando como esses elementos podem enriquecer nossas vidas e nos guiar em direção a um caminho mais significativo e autêntico. Vamos refletir sobre como podemos integrar conscientemente os princípios de SUDHARMA em nosso dia a dia e como a concentração pode nos ajudar a aprofundar nossa conexão espiritual e nosso entendimento do mundo ao nosso redor.

Ao explorar a Casa 28 – SUDHARMA – Prática Adequada – Concentração, buscamos uma compreensão mais profunda do poder transformador de uma prática intencional e centrada, bem como da importância de cultivar a concentração como uma ferramenta para o crescimento espiritual e o bem-estar interior. Que esta casa o inspire a seguir um caminho de prática adequada e concentração, enriquecendo assim sua jornada rumo à autodescoberta e à realização interior.

Algumas características e reflexões relacionadas com a Casa Sudharma

- **Prática religiosa:** refere-se a seguir rituais, cerimônias e tradições religiosas de forma genuína, em busca de crescimento espiritual.
- **Conduta ética:** envolve viver de acordo com princípios morais e éticos, buscando agir com compaixão, respeito e integridade em todas as situações.
- **Conexão interior:** significa buscar uma conexão profunda com nossa essência, com o divino interior e com o propósito maior de nossa existência.
- **Concentração e meditação:** a prática de concentrar a mente e cultivar a meditação pode ajudar a acalmar a mente, promover a reflexão e conectar-se com aspectos mais profundos da espiritualidade.

Aplicação terapêutica da Casa Sudharma

- **Explorar práticas espirituais:** investigar diferentes tradições religiosas e práticas espirituais para encontrar aquela que mais ressoa com nossa alma e valores.
- **Cultivar conexão interior:** desenvolver uma prática pessoal de meditação, reflexão ou oração para fortalecer a conexão com nossa essência interior.
- **Viver com integridade:** buscar viver de acordo com princípios éticos e valores espirituais, trazendo a espiritualidade para o dia a dia e para as relações humanas.

ENEAGRAMA

Aqui está a análise da Casa 28 – SUDHARMA – Prática Adequada – Concentração, à luz do Eneagrama, para cada um dos nove tipos, juntamente com sugestões de melhoria específicas:

Tipo 8 – O Poderoso

Quando o Tipo 8 está na Casa 28 – SUDHARMA – Prática Adequada – Concentração, a prática da concentração pode ser uma maneira de direcionar sua energia e determinação.

Sugestão: aplicar essa concentração na escuta ativa e na consideração das opiniões dos outros, permitindo um ambiente mais colaborativo.

Tipo 9 – O Mediador

Para o Tipo 9 nesta casa, a prática da concentração pode ajudar a superar a tendência à procrastinação e à desconexão emocional.

Sugestão: aplicar essa concentração na expressão de sentimentos e necessidades, promovendo uma conexão mais profunda consigo mesmo e com os outros.

Tipo 1 – O Perfeccionista

Nesta casa, o Tipo 1 pode encontrar significado na prática da concentração ao se comprometer com metas realistas e aceitar imperfeições.

Sugestão: equilibrar o desejo de melhorar com a compreensão de que a prática constante é mais valiosa do que a perfeição imediata.

Tipo 2 – O Ajudante

Quando o Tipo 2 está na Casa 28 – SUDHARMA – Prática Adequada – Concentração, a prática da concentração pode ser voltada para definir limites saudáveis e cultivar a autenticidade.

Sugestão: direcionar essa concentração para cuidar de si mesmo e expressar necessidades genuínas.

Tipo 3 – O Vencedor

Para o Tipo 3 nesta casa, a prática da concentração pode ser orientada para encontrar satisfação interna em vez de depender de realizações externas.

Sugestão: aplicar essa concentração na autodescoberta e no cultivo da autenticidade.

Tipo 4 – O Intenso

Nesta casa, o Tipo 4 pode encontrar um meio de autoexpressão por meio da prática da concentração.

Sugestão: focar essa concentração em projetos criativos sustentáveis, permitindo que sua expressão única se manifeste de maneira consistente.

Tipo 5 – O Analítico

Quando o Tipo 5 está na Casa 28 – SUDHARMA – Prática Adequada – Concentração, a prática da concentração pode ser direcionada para equilibrar a busca pelo conhecimento com a aplicação prática.

Sugestão: aplicar essa concentração no compartilhamento de ideias e na colaboração com os outros.

Tipo 6 – O Precavido

Para o Tipo 6 nesta casa, a prática da concentração pode ajudar a acalmar a mente ansiosa e a cultivar a confiança.

Sugestão: aplicar essa concentração na autorreflexão positiva e na visualização de cenários de sucesso.

Tipo 7 – O Otimista

Nesta casa, o Tipo 7 pode encontrar alegria ao aplicar a prática da concentração para completar projetos em vez de iniciar constantemente novas atividades.

Sugestão: direcionar essa concentração para aprofundar experiências em vez de buscar sempre a próxima aventura.

> **RESUMO**
>
> A Casa 28 – SUDHARMA – Prática Adequada – Concentração, no contexto do Eneagrama, convida cada tipo a usar a concentração de maneiras únicas para promover o autodesenvolvimento e o crescimento. As sugestões específicas para cada tipo podem ajudar a aplicar essa prática de maneira significativa e transformadora, buscando um equilíbrio entre metas pessoais e interações saudáveis com os outros.

CONSTELAÇÃO

Pertencimento na Casa 28 – SUDHARMA – Prática Adequada – Concentração

O Pertencimento nesta casa envolve a conexão com uma comunidade ou grupo que compartilha interesses espirituais ou práticas de concentração. Ao se unir a outros que buscam crescimento pessoal e espiritual, cria-se um ambiente de apoio e compreensão mútua.

Cultivar o pertencimento é encontrar pessoas com objetivos semelhantes para trocar experiências e apoio.

Hierarquia na Casa 28 – SUDHARMA – Prática Adequada – Concentração

A Hierarquia nesta casa diz respeito à valorização da orientação de mestres espirituais ou instrutores experientes. Reconhecer sua sabedoria e experiência é uma parte crucial da jornada espiritual, permitindo um aprendizado mais profundo e orientado.

Equilibrar a hierarquia implica em respeitar os mestres espirituais, mas também confiar em sua própria intuição e experiência.

Equilíbrio na Casa 28 – SUDHARMA – Prática Adequada – Concentração

O Equilíbrio nesta casa envolve a busca de uma prática espiritual ou de concentração que se alinhe com suas necessidades e capacidades individuais. Isso significa encontrar uma abordagem equilibrada entre dedicação à prática e respeito pelos seus limites.

Encontrar equilíbrio requer evitar extremos, como a obsessão pela prática ou a negligência das responsabilidades mundanas.

RESUMO

A Casa 28 – SUDHARMA – Prática Adequada – Concentração destaca o Pertencimento por meio da conexão com uma comunidade espiritual, a Hierarquia por meio do respeito à orientação dos mestres e o Equilíbrio ao encontrar uma prática espiritual que se alinhe com suas necessidades e limites. Encontrar um equilíbrio saudável entre prática espiritual e vida cotidiana é fundamental para o crescimento espiritual sustentável.

Os 7 ChacrasAqui está a análise da Casa 28 – Sudharma – Prática Adequada – Concentração, relacionada com os sete chacras, oferecendo *insights* sobre como essa casa influencia cada um dos centros de energia, juntamente com dicas para equilibrar essas influências em sua vida:

Chacra Raiz (Muladhara) – Segurança e Sobrevivência

A prática adequada da concentração pode influenciar positivamente o chacra raiz. Aumentar a concentração pode ajudar a criar uma sensação de segurança interna e controle sobre os aspectos da vida.

Chacra Sacral (Swadhisthana) – Criatividade e Emoções

A concentração também pode impactar o chacra sacral. Ela pode ser direcionada para atividades criativas e emocionais, melhorando a qualidade das expressões e experiências criativas.

Chacra do Plexo Solar (Manipura) – Poder Pessoal

A prática adequada de concentração pode fortalecer o poder pessoal no chacra do plexo solar. Ela pode ajudar a manter o foco e a determinação, permitindo uma sensação maior de empoderamento.

Chacra Cardíaco (Anahata) – Amor e Compaixão

A concentração consciente pode melhorar o chacra cardíaco. Quando usada para cultivar relacionamentos baseados na escuta atenta e na empatia, ela pode aprofundar o amor e a compaixão.

Chacra Laríngeo (Vishuddha) – Comunicação e Expressão

A concentração é fundamental para a comunicação e a expressão no chacra laríngeo. Ela pode aprimorar a capacidade de se comunicar de forma clara, autêntica e articulada.

Chacra do Terceiro Olho (Ajna) – Intuição e Percepção

A prática adequada de concentração pode afiar a intuição e a percepção no chacra do terceiro olho. Isso pode levar a *insights* mais profundos e uma compreensão mais aguçada das situações.

Chacra Coronário (Sahasrara) – Conexão Espiritual

A concentração também pode aprofundar a conexão espiritual no chacra coronário. Por meio da concentração na meditação e na contemplação espiritual, você pode alcançar estados mais elevados de consciência.

RESUMO

A Casa 28 – Sudharma – Prática Adequada – Concentração, vista por meio da perspectiva dos sete chacras, destaca como a concentração consciente pode ser uma ferramenta poderosa para melhorar diferentes aspectos da vida. Isso inclui segurança, criatividade, poder pessoal, amor, comunicação, intuição e conexão espiritual. A prática da concentração é uma maneira valiosa de equilibrar e aprimorar a energia interior e promover o crescimento pessoal.

MENSAGEM FINAL

A mensagem final para quem tirou essa carta é que a espiritualidade pode nos guiar para a verdade e a sabedoria interior. Ao cultivar uma prática adequada e religiosidade autêntica, podemos encontrar um caminho que ressoa com nossa alma e nos conecta com algo maior que nós mesmos. Essa conexão pode trazer significado e propósito à vida, e nos ajudar a enfrentar os desafios e transformações com sabedoria e discernimento. A espiritualidade é uma jornada contínua de crescimento e autodescoberta, e ao nos comprometermos com uma prática adequada, podemos abrir portas para uma maior compreensão de nós mesmos e do universo que nos cerca.

Casa 29

Adharma – Prática Inadequada – Dispersão

Seja bem-vindo(a) à Casa 29 – Adharma – Prática Inadequada – Dispersão, um espaço de exploração profunda das práticas inadequadas que podem nos levar à dispersão e ao afastamento de um caminho de equilíbrio e significado. Nesta casa, adentraremos um território crucial para nossa evolução espiritual, examinando as armadilhas da prática inadequada e da falta de concentração em nossa jornada.

A expressão Adharma refere-se a ações ou práticas que estão em desacordo com princípios éticos e morais, levando-nos a caminhos de desarmonia e distanciamento de nossa verdadeira essência. A Casa 29 nos convida a uma análise profunda das escolhas que fazemos, das práticas que adotamos e do impacto que elas têm em nossa jornada espiritual e em nossas vidas como um todo.

A prática inadequada muitas vezes nos leva à dispersão, em que nossa energia e atenção se dissipam em várias direções, sem uma direção clara. Essa dispersão pode nos afastar de nossas metas, objetivos e conexão interior, levando-nos a um estado de confusão e desequilíbrio. Nesta casa, exploraremos como a falta de concentração pode contribuir para a prática inadequada e como podemos cultivar a habilidade de nos concentrarmos de maneira mais profunda e significativa.

Ao explorar a Casa 29, teremos a oportunidade de refletir sobre as práticas que adotamos em nossa jornada, avaliar se estão alinhadas com nossos valores e aspirações mais elevados, e considerar como podemos evitar a dispersão e a falta de concentração. Esta casa nos convida a examinar as armadilhas da prática inadequada e a buscar maneiras de cultivar uma prática mais focada e significativa, que nos guie em direção a um caminho de harmonia e realização.

Que esta jornada pela Casa 29 – Adharma – Prática Inadequada – Dispersão – Concentração seja uma oportunidade para aprofundar nossa compreensão sobre a importância de escolher práticas alinhadas com nossa verdadeira natureza e de cultivar a concentração como uma ferramenta fundamental para nossa evolução espiritual e crescimento pessoal.

Algumas características e reflexões relacionadas com a Casa Adharma

- **Ética e moralidade:** esta posição enfatiza a importância fundamental da ética e da moralidade em nossas vidas. A falta de ética pode levar a escolhas prejudiciais, tanto para nós mesmos quanto para aqueles ao nosso redor.

- **Consequências das ações:** Adharma nos recorda que todas as nossas ações têm consequências e que a prática inadequada pode resultar em danos tanto para nós quanto para os outros.

- **Cultivo da responsabilidade:** reconhecer nossas ações inadequadas é o primeiro passo para corrigir nossos erros e cultivar uma maior responsabilidade por nossas escolhas.

- **Impacto nas relações:** a prática inadequada e a falta de ética podem minar relacionamentos e corroer a confiança entre as pessoas.

- **Autodisciplina:** essa posição sugere a importância de desenvolver autodisciplina para agir de maneira ética e responsável, mesmo quando confrontados com desafios.

Aplicação terapêutica da Casa Adharma

- **Avaliação pessoal:** faça uma autoavaliação honesta de suas ações e comportamentos recentes. Identifique áreas em que você pode ter agido de maneira inadequada e considerar as consequências.

- **Correção de erros:** assuma a responsabilidade por quaisquer erros ou ações inadequadas e trabalhe ativamente para corrigi-los e fazer as pazes, se necessário.

- **Cultivo da ética:** concentre-se em cultivar uma base sólida de ética e moralidade em sua vida diária. Considere como suas escolhas refletem seus valores.

- **Relacionamentos saudáveis:** reflita sobre como suas ações podem estar afetando seus relacionamentos. Trabalhe para construir e fortalecer relacionamentos baseados em confiança e integridade.

- **Desenvolvimento pessoal:** use essa oportunidade para crescer e evoluir como indivíduo, aprendendo com seus erros passados e tomando medidas para agir de maneira mais ética e responsável.
- **Atenção plena:** pratique a atenção plena em suas ações diárias, considerando cuidadosamente as implicações de suas escolhas antes de agir.

ENEAGRAMA

Aqui está a análise da Casa 29 – Adharma – Prática Inadequada – Dispersão, à luz do Eneagrama, para cada um dos nove tipos, juntamente com sugestões de melhoria específicas:

Tipo 8 – O Poderoso

Quando o Tipo 8 está na Casa 29 – Adharma – Prática Inadequada – Dispersão, a tendência à dispersão pode surgir quando se dispersa em muitas tarefas sem se aprofundar em nenhuma delas.

Sugestão: aplicar foco e direção em seus esforços, concentrando-se em metas e projetos prioritários.

Tipo 9 – O Mediador

Para o Tipo 9 nesta casa, a prática inadequada da dispersão pode ocorrer devido à resistência em enfrentar conflitos e tomar decisões assertivas.

Sugestão: praticar a assertividade e reconhecer que tomar ações claras pode promover um senso mais profundo de propósito.

Tipo 1 – O Perfeccionista

Nesta casa, o Tipo 1 pode se sentir disperso ao se concentrar excessivamente em pequenas imperfeições, perdendo a visão geral.

Sugestão: direcionar essa energia para projetos significativos, aceitando que o progresso é mais valioso do que a perfeição imediata.

Tipo 2 – O Ajudante

Quando o Tipo 2 está na Casa 29 – Adharma – Prática Inadequada – Dispersão, a dispersão pode ocorrer ao priorizar as necessidades dos outros em detrimento das próprias.

Sugestão: praticar o autocuidado e estabelecer limites saudáveis para evitar se perder em múltiplas direções.

Tipo 3 – O Vencedor

Para o Tipo 3 nesta casa, a prática inadequada da dispersão pode ocorrer quando busca constantemente novas metas sem considerar a profundidade de cada realização.

Sugestão: aplicar foco em poucos projetos significativos em vez de perseguir constantemente o próximo sucesso.

Tipo 4 – O Intenso

Nesta casa, o Tipo 4 pode se dispersar ao buscar constantemente novas experiências emocionais e identidades.

Sugestão: aplicar concentração na apreciação do momento presente e no cultivo da estabilidade emocional.

Tipo 5 – O Analítico

Quando o Tipo 5 está na Casa 29 – Adharma – Prática Inadequada – Dispersão, a dispersão pode surgir da busca incessante por conhecimento sem aplicá-lo.

Sugestão: aplicar o conhecimento de maneira prática e compartilhá-lo com os outros para enriquecer experiências mútuas.

Tipo 6 – O Precavido

Para o Tipo 6 nesta casa, a dispersão pode ocorrer ao se preocupar com múltiplos cenários hipotéticos.

Sugestão: praticar a atenção plena e concentrar-se nas ações que podem ser tomadas no momento presente, em vez de dispersar energia em preocupações imaginárias.

Tipo 7 – O Otimista

Nesta casa, o Tipo 7 pode se dispersar ao buscar constantemente novas experiências para evitar o tédio.

Sugestão: aplicar concentração em projetos duradouros e cultivar a capacidade de encontrar alegria e satisfação nas experiências cotidianas.

RESUMO

A Casa 29 – Adharma – Prática Inadequada – Dispersão, no contexto do Eneagrama, convida cada tipo a examinar como a dispersão de energia pode afetar sua eficácia e crescimento pessoal. As sugestões específicas para cada tipo podem ajudar a direcionar a energia de maneira mais focada e significativa, buscando um equilíbrio entre explorar novas possibilidades e cultivar profundidade.

CONSTELAÇÃO

Pertencimento na Casa 29 - Adharma - Prática Inadequada - Dispersão

O Pertencimento nesta casa pode ser um desafio, já que a prática inadequada e a dispersão podem levar a sentimentos de isolamento espiritual. No entanto, é importante lembrar que muitos enfrentam lutas semelhantes. Encontrar um grupo de apoio ou um mentor pode ajudar a criar um senso de pertencimento e compreensão.

Cultivar o pertencimento envolve reconhecer a humanidade compartilhada das lutas espirituais e buscar comunidades de apoio.

Hierarquia na Casa 29 - Adharma - Prática Inadequada - Dispersão

A Hierarquia nesta casa está relacionada a reconhecer a sabedoria e orientação dos mestres espirituais e tradições autênticas. Quando se está envolvido em práticas inadequadas e dispersas, pode ser difícil discernir o que é benéfico. Aceitar a orientação de mentores experientes pode direcionar o caminho para uma prática mais adequada.

Equilibrar a hierarquia envolve encontrar um equilíbrio entre a busca pessoal e a orientação de mestres confiáveis.

Equilíbrio na Casa 29 - Adharma - Prática Inadequada - Dispersão

O Equilíbrio nesta casa requer a capacidade de reconhecer quando a prática está se tornando inadequada e dispersa. É importante encontrar maneiras de focar a mente e cultivar a disciplina para evitar dispersões desnecessárias.

Encontrar equilíbrio envolve a prática da autorreflexão e a definição de limites saudáveis para evitar o esgotamento.

RESUMO

Em síntese, a Casa 29 - Adharma - Prática Inadequada - Dispersão destaca o desafio do Pertencimento ao lidar com práticas inadequadas, a importância da Hierarquia ao buscar orientação de mestres confiáveis e a busca pelo Equilíbrio ao evitar a dispersão excessiva e manter o foco. Encontrar um equilíbrio entre orientação externa e discernimento interno é essencial para superar as práticas inadequadas e a dispersão.

OS 7 CHACRAS

Aqui está a análise da Casa 29 – Adharma – Prática Inadequada – Dispersão, relacionada com os sete chacras, oferecendo *insights* sobre como essa casa influencia cada um dos centros de energia, juntamente com dicas para equilibrar essas influências em sua vida:

Chacra Raiz (Muladhara) – Segurança e Sobrevivência

A prática inadequada que leva à dispersão pode afetar negativamente o chacra raiz. Isso pode resultar em sentimentos de instabilidade e insegurança, pois a energia vital se espalha descontroladamente.

Chacra Sacral (Swadhisthana) – Criatividade e Emoções

A dispersão também pode impactar o chacra sacral negativamente. Pode dificultar o foco e aprofundamento nas expressões criativas e emocionais, resultando em trabalhos superficiais ou emoções instáveis.

Chacra do Plexo Solar (Manipura) – Poder Pessoal

A prática inadequada que leva à dispersão pode minar o poder pessoal no chacra do plexo solar. Isso pode resultar em dificuldade para tomar decisões e falta de autoconfiança.

Chacra Cardíaco (Anahata) – Amor e Compaixão

A dispersão pode prejudicar o chacra cardíaco, tornando difícil se concentrar no amor e na compaixão. Pode levar a relacionamentos superficiais e falta de empatia.

Chacra Laríngeo (Vishuddha) – Comunicação e Expressão

A prática inadequada que leva à dispersão pode impactar a comunicação e a expressão no chacra laríngeo. Pode resultar em fala desordenada e dificuldade em se fazer entender.

Chacra do Terceiro Olho (Ajna) – Intuição e Percepção

A dispersão pode obscurecer a intuição e a percepção no chacra do terceiro olho. Isso pode levar a *insights* confusos e falta de clareza mental.

Chacra Coronário (Sahasrara) – Conexão Espiritual

A prática inadequada que leva à dispersão pode prejudicar a conexão espiritual no chacra coronário. Pode resultar em dificuldade em meditar e se conectar com níveis mais elevados de consciência.

> **RESUMO**
>
> A Casa 29 – Adharma – Prática Inadequada – Dispersão, vista por meio da perspectiva dos sete chacras, destaca como a dispersão da energia e a falta de foco podem ter um impacto negativo em várias áreas da vida. Isso inclui segurança, criatividade, poder pessoal, amor, comunicação, intuição e conexão espiritual. Para equilibrar essas influências, é importante cultivar práticas que promovam a concentração, a clareza e o foco. Isso pode ajudar a restaurar o equilíbrio e a harmonia interior.

MENSAGEM FINAL

A mensagem final para quem tirou a carta da casa Adharma é que a ética, a responsabilidade e a prática adequada são fundamentais para uma vida plena e feliz. Corrigir os erros do passado e agir com integridade no presente pode levar a relacionamentos mais saudáveis, crescimento pessoal e uma sensação mais profunda de realização. Lembre-se de que suas escolhas têm um impacto duradouro e você tem o poder de cultivar uma vida significativa por meio de ações éticas e responsáveis.

Casa 30

Uttam Gati – Boas Tendências – Esperança

Seja bem-vindo(a) à Casa 30 – Uttam Gati – Boas Tendências – Esperança, um espaço de exploração dedicado à análise das qualidades positivas que nos impulsionam em direção ao crescimento espiritual e à renovação da esperança. Nesta casa, mergulharemos nas profundezas das boas tendências que residem dentro de cada um de nós, fortalecendo nossa conexão com o otimismo e a promessa de um futuro mais brilhante.

Uttam Gati se refere às boas tendências e direcionamentos que conduzem nossas ações, pensamentos e aspirações em direção a um estado de bem-estar interior e evolução. Esta casa nos convida a examinar as características positivas que possuímos, aquelas que nos inspiram a buscar um caminho de crescimento pessoal e espiritual. Ao explorar essas qualidades, também estamos nos conectando com a esperança – a crença em um amanhã melhor e mais pleno.

Nesta jornada pela Casa 30, teremos a oportunidade de refletir sobre nossos próprios pontos fortes, virtudes e capacidades que nos impulsionam na direção certa. Ao reconhecer e nutrir essas boas tendências, somos capazes de criar uma base sólida para nosso crescimento espiritual, bem como para enfrentar os desafios com uma perspectiva otimista.

A esperança desempenha um papel vital nesta casa, pois é ela que nos permite vislumbrar um futuro mais promissor, independentemente das adversidades que possamos enfrentar. Ao explorar a Casa 30, seremos convidados a cultivar a esperança como um poderoso guia em nossa jornada espiritual, capacitando-nos a perseverar mesmo nos momentos mais difíceis.

Que esta exploração pela Casa 30 – Uttam Gati – Boas Tendências – Esperança seja uma oportunidade para reconhecer, nutrir e fortalecer as qualidades positivas que residem em nosso ser. Que possamos nos inspirar na esperança para continuar nossa jornada com otimismo e confiança, sabendo que nossas boas tendências nos guiam em direção a um estado de evolução espiritual e bem-estar duradouro.

Algumas características e reflexões relacionadas com a Casa Uttam Gati

- **Boas tendências:** esta posição lembra que todos nós temos a capacidade de cultivar e expressar boas tendências, como empatia, gentileza e altruísmo.
- **Ações positivas:** Uttam Gati nos convida a praticar ações positivas em nossas vidas diárias, não apenas para nosso próprio benefício, mas também para o benefício dos outros.
- **Cultivo de virtudes:** reflita sobre as virtudes que você valoriza e que deseja cultivar em sua vida. Considere como essas virtudes podem impactar suas ações e relações.
- **Fortalecimento de relações:** a prática de boas tendências pode fortalecer os relacionamentos ao nosso redor, criando um ambiente de compreensão e apoio mútuo.
- **Impacto positivo:** a casa Uttam Gati nos lembra que nossas ações positivas podem ter um efeito cascata, impactando não apenas nossas próprias vidas, mas também as vidas daqueles ao nosso redor.

Aplicação terapêutica da Casa Uttam Gati

- **Autoavaliação:** avalie suas próprias tendências e ações recentes. Identifique áreas em que você já está expressando boas tendências e considere em que pode melhorar.
- **Cultivo de virtudes:** escolha uma virtude que você deseja cultivar, como paciência, gratidão ou compaixão, e pratique-a ativamente em sua vida diária.
- **Prática de generosidade:** encontre maneiras de ser generoso e prestativo com relação aos outros, mesmo em pequenos gestos do dia a dia.
- **Compreensão empática:** pratique ouvir e compreender os outros de maneira empática, mesmo quando há discordância.
- **Foco no positivo:** concentre-se nas coisas positivas em sua vida e pratique a gratidão diariamente, reconhecendo as bênçãos que você tem.

- **Inspiração para outros:** ao expressar boas tendências e praticar ações positivas, você pode inspirar os outros a fazer o mesmo, criando um efeito positivo em sua comunidade.

ENEAGRAMA

Aqui está a análise da Casa 30 – Uttam Gati – Boas Tendências – Esperança, à luz do Eneagrama, para cada um dos nove tipos, juntamente com sugestões de melhoria específicas:

Tipo 8 – O Poderoso

Quando o Tipo 8 está na Casa 30 – Uttam Gati – Boas Tendências – Esperança, a esperança pode se manifestar como uma busca por um mundo melhor, em que o poder é usado para promover justiça e igualdade.

Sugestão: equilibrar a assertividade com empatia, canalizando a energia para construir relações harmoniosas.

Tipo 9 – O Mediador

Para o Tipo 9 nesta casa, a esperança pode surgir como um desejo de paz e harmonia em todas as áreas da vida.

Sugestão: aplicar essa esperança em si mesmo, tomando ações claras para expressar suas opiniões e necessidades de maneira saudável.

Tipo 1 – O Perfeccionista

Nesta casa, o Tipo 1 pode encontrar esperança na busca por aperfeiçoamento pessoal e em contribuir para a criação de um mundo mais ético.

Sugestão: equilibrar a autodisciplina com aceitação, lembrando que o progresso humano é marcado por imperfeições.

Tipo 2 – O Ajudante

Quando o Tipo 2 está na Casa 30 – Uttam Gati – Boas Tendências – Esperança, a esperança pode se manifestar como um desejo de auxiliar e trazer alívio para os outros.

Sugestão: aplicar essa compaixão a si mesmo, permitindo-se receber ajuda quando necessário, fortalecendo-se para auxiliar melhor os outros.

Tipo 3 – O Vencedor

Nesta casa, o Tipo 3 pode encontrar esperança na busca por autenticidade e em compartilhar conquistas verdadeiramente significativas.

Sugestão: direcionar a energia para projetos que reflitam seus valores, buscando satisfação interna em vez de validação externa.

Tipo 4 – O Intenso

Para o Tipo 4 nesta casa, a esperança pode surgir na busca por significado e autenticidade pessoal.

Sugestão: aplicar essa busca no presente, valorizando as experiências cotidianas e reconhecendo que a verdadeira satisfação começa de dentro.

Tipo 5 – O Analítico

Quando o Tipo 5 está na Casa 30 – Uttam Gati – Boas Tendências – Esperança, a esperança pode se manifestar como a busca por conhecimento e compreensão do mundo.

Sugestão: equilibrar o aprendizado intelectual com a prática e ações que beneficiem a comunidade.

Tipo 6 – O Precavido

Nesta casa, o Tipo 6 pode encontrar esperança na busca por segurança e confiança em si mesmo.

Sugestão: aplicar essa esperança para superar medos e dúvidas, fortalecendo a confiança interna para enfrentar desafios de maneira corajosa.

Tipo 7 – O Otimista

Para o Tipo 7 nesta casa, a esperança pode se manifestar como a busca por novas experiências e aventuras.

Sugestão: equilibrar essa busca com a capacidade de encontrar alegria no momento presente, cultivando gratidão pelo que já está disponível.

RESUMO

A Casa 30 – Uttam Gati – Boas Tendências – Esperança, no contexto do Eneagrama, convida cada tipo a direcionar suas energias para um futuro promissor, equilibrando as aspirações com as ações do presente. As sugestões específicas para cada tipo podem ajudar a cultivar uma esperança saudável e construtiva, promovendo um desenvolvimento pessoal significativo.

CONSTELAÇÃO

Pertencimento na Casa 30 – Uttam Gati – Boas Tendências – Esperança

O Pertencimento nesta casa é sobre compartilhar esperanças e aspirações com outros que também buscam um caminho positivo. A sensação de pertencimento surge ao conectar-se com comunidades que compartilham valores semelhantes e visões de um futuro melhor.

Cultivar o pertencimento envolve a participação em grupos que apoiam a construção de um mundo mais positivo e esperançoso.

Hierarquia na Casa 30 – Uttam Gati – Boas Tendências – Esperança

A Hierarquia nesta casa é sobre reconhecer a importância de líderes inspiradores e modelos a seguir que encarnam as boas tendências. Esses líderes oferecem orientação e inspiração para aqueles que buscam um caminho de esperança.

Equilibrar a hierarquia envolve valorizar a orientação desses líderes, mas também confiar em sua própria capacidade de contribuir para um futuro melhor.

Equilíbrio na Casa 30 – Uttam Gati – Boas Tendências – Esperança

O Equilíbrio nesta casa está ligado a manter a esperança e a positividade sem se tornar excessivamente idealista ou ingênuo. É importante reconhecer os desafios da jornada, mas também manter a crença de que as boas tendências podem criar mudanças significativas.

Encontrar equilíbrio envolve praticar a gratidão pelo progresso alcançado e também manter a motivação para continuar trabalhando em direção a um futuro mais esperançoso.

RESUMO

A Casa 30 – Uttam Gati – Boas Tendências – Esperança destaca a importância do Pertencimento ao se unir a comunidades com aspirações positivas, a Hierarquia ao valorizar líderes inspiradores e a busca pelo Equilíbrio ao manter a esperança sem perder a conexão com a realidade. Encontrar um equilíbrio entre a inspiração e a ação é essencial para manifestar boas tendências e construir um futuro mais esperançoso.

OS 7 CHACRAS

Aqui está a análise da Casa 30 – Uttam Gati – Boas Tendências – Esperança, relacionada com os sete chacras, oferecendo *insights* sobre como essa casa influencia cada um dos centros de energia, juntamente com dicas para equilibrar essas influências em sua vida:

Chacra Raiz (Muladhara) – Segurança e Sobrevivência

A presença de boas tendências e esperança pode fortalecer o chacra raiz. Isso cria uma sensação de segurança e estabilidade, permitindo que você se sinta mais enraizado no presente.

Chacra Sacral (Swadhisthana) – Criatividade e Emoções

A esperança também influencia positivamente o chacra sacral, estimulando a criatividade e emoções saudáveis. Ela alimenta a paixão e o entusiasmo pelas atividades criativas.

Chacra do Plexo Solar (Manipura) – Poder Pessoal

Boas tendências e esperança fortalecem o chacra do plexo solar, promovendo o empoderamento pessoal e a confiança para assumir desafios.

Chacra Cardíaco (Anahata) – Amor e Compaixão

A presença de esperança e boas tendências nutre o chacra cardíaco, permitindo relacionamentos baseados no amor e na compaixão genuínos.

Chacra Laríngeo (Vishuddha) – Comunicação e Expressão

O otimismo e a esperança influenciam positivamente o chacra laríngeo, facilitando a comunicação honesta e a expressão autêntica.

Chacra do Terceiro Olho (Ajna) – Intuição e Percepção

A esperança promove uma visão clara e uma percepção aguçada no chacra do terceiro olho, permitindo *insights* intuitivos.

Chacra Coronário (Sahasrara) – Conexão Espiritual

Boas tendências e esperança também elevam a conexão espiritual no chacra coronário, facilitando práticas meditativas e uma sensação de unidade com o divino.

> **RESUMO**
>
> A Casa 30 – Uttam Gati – Boas Tendências – Esperança, vista por meio da perspectiva dos sete chacras, destaca como a esperança e boas tendências podem ter um impacto positivo em todos os aspectos da vida. Elas promovem segurança, criatividade, poder pessoal, amor, comunicação, intuição e conexão espiritual. Cultivar essas qualidades pode levar a uma vida mais harmoniosa e gratificante, permitindo que você floresça em todos os níveis de seu ser.

MENSAGEM FINAL

A mensagem final para quem tirou a carta da casa Uttam Gati é que as boas ações e tendências têm o poder de criar uma realidade mais positiva e construtiva. Ao cultivar virtudes como a bondade, a compaixão e a generosidade, você não apenas melhora sua própria vida, mas também contribui para um mundo melhor para todos. Lembre-se de que suas ações positivas têm um impacto duradouro e podem ser uma fonte de esperança e inspiração para aqueles ao seu redor.

Casa 31

Yaksha-Loka – Santidade – Saúde

Seja bem-vindo(a) à Casa 31 – Yaksha-Loka – Santidade – Saúde, um espaço de exploração dedicado ao encontro da santidade interior e ao cultivo da saúde holística. Nesta casa, convidamos você a mergulhar na compreensão profunda da relação entre a santidade espiritual e a saúde física e mental, buscando a harmonia e o equilíbrio essenciais para uma vida plena.

Yaksha-Loka representa a esfera da santidade, em que a busca pelo divino se entrelaça com os cuidados do corpo e da mente. Esta casa nos convida a refletir sobre a importância de nutrir nossa conexão espiritual e promover uma saúde integral como pilares fundamentais de uma vida significativa.

Ao explorar a Casa 31, teremos a oportunidade de examinar como nossa espiritualidade e saúde estão interligadas. A busca pela santidade não se limita apenas ao aspecto religioso, mas também se estende ao cultivo de uma mente sã e um corpo saudável. O bem-estar espiritual e físico caminham lado a lado, criando um ciclo de fortalecimento mútuo.

A saúde, neste contexto, abrange não apenas o aspecto físico, mas também o emocional e o mental. Ao explorar a Casa 31, somos convidados a adotar práticas que promovam a santidade interior, como a meditação, a reflexão e o cultivo de pensamentos positivos. Ao mesmo tempo, também é um chamado para adotar hábitos saudáveis, como a alimentação equilibrada, a prática regular de exercícios e a busca por um ambiente mental tranquilo.

Que esta exploração pela Casa 31 – Yaksha-Loka – Santidade – Saúde nos inspire a reconhecer a importância da conexão espiritual em nosso bem-estar geral. Que possamos encontrar a harmonia entre nossa busca pela santidade interior e o cuidado com nossa saúde, criando assim um caminho sólido em direção a uma vida plena, equilibrada e cheia de vitalidade.

Algumas características e reflexões relacionadas com a Casa Yaksha-Loka

- **Santidade interior:** esta posição nos lembra da importância de cultivar a santidade interior, que vai além das aparências externas e se concentra na pureza do coração e da mente.

- **Conexão divina:** Yaksha-Loka nos convida a buscar uma conexão mais profunda com a divindade, seja qual for a forma em que a percebemos. Essa conexão pode trazer uma sensação de paz, significado e orientação espiritual.

- **Limpeza espiritual:** assim como nos preocupamos em manter nosso corpo físico limpo e saudável, também é importante cuidar da limpeza espiritual, afastando pensamentos e emoções negativas.

- **Ritualidade e práticas espirituais:** considere a incorporação de práticas espirituais em sua rotina diária, como meditação, oração, yoga ou outros rituais que ressoem com você.

- **Busca pela verdade interior:** reflita sobre o que é verdadeiramente importante para você em sua jornada espiritual. Procure a verdade interior e a autenticidade em suas práticas e crenças.

- **Alinhamento com valores elevados:** este é um momento para alinhar suas ações com valores elevados, buscando a harmonia interior e exterior.

- **Cultivar compaixão:** a pureza interior também envolve cultivar a compaixão e a empatia com relação a si mesmo e aos outros.

Aplicação terapêutica da Casa Yaksha-Loka

- **Tempo de silêncio:** reserve momentos de silêncio e introspecção para conectar-se consigo mesmo e com a dimensão espiritual de sua vida.

- **Práticas espirituais:** experimente diferentes práticas espirituais e veja quais ressoam com você. Pode ser meditação, contemplação, práticas de gratidão, entre outras.

- **Purificação emocional:** identifique pensamentos e emoções negativas que possam estar afetando sua paz interior. Trabalhe para purificar sua mente e coração.

- **Estudo e reflexão:** dedique tempo ao estudo de escrituras espirituais ou textos que inspirem seu crescimento espiritual e reflexões profundas.

- **Vivência da compaixão:** pratique a compaixão e a gentileza em suas interações diárias, espalhando positividade e amor ao seu redor.
- **Natureza e espiritualidade:** conecte-se com a natureza, pois ela também pode ser um portal para a espiritualidade e a sensação de pureza.

ENEAGRAMA

Aqui está a análise da Casa 31 – Yaksha-Loka – Santidade – Saúde, à luz do Eneagrama, para cada um dos nove tipos, juntamente com sugestões de melhoria específicas:

Tipo 8 – O Poderoso

Quando o Tipo 8 está na Casa 31 – Yaksha-Loka – Santidade – Saúde, a busca pela santidade pode se manifestar como uma necessidade de encontrar um propósito maior para o poder e a influência que possuem.

Sugestão: equilibrar a assertividade com a compaixão, usando sua força para promover a saúde e o bem-estar dos outros.

Tipo 9 – O Mediador

Para o Tipo 9 nesta casa, a busca pela santidade pode surgir como um desejo de harmonia interior e exterior.

Sugestão: aplicar essa busca para cultivar um relacionamento saudável consigo mesmo, priorizando a própria saúde mental e emocional.

Tipo 1 – O Perfeccionista

Nesta casa, o Tipo 1 pode encontrar a santidade na busca pela perfeição interior e no alinhamento com seus valores éticos.

Sugestão: equilibrar a autodisciplina com a aceitação, lembrando que a verdadeira santidade é encontrada na humanidade compartilhada.

Tipo 2 – O Ajudante

Quando o Tipo 2 está na Casa 31 – Yaksha-Loka – Santidade – Saúde, a busca pela santidade pode se manifestar como a busca por cuidar dos outros e oferecer ajuda desinteressada.

Sugestão: aplicar essa compaixão a si mesmo, cuidando da própria saúde e bem-estar com a mesma dedicação.

Tipo 3 – O Vencedor

Nesta casa, o Tipo 3 pode encontrar a santidade na busca por autenticidade e alinhamento com seus verdadeiros valores.

Sugestão: direcionar a busca por realizações para aquelas que promovam a saúde e o bem-estar genuíno.

Tipo 4 – O Intenso

Para o Tipo 4 nesta casa, a busca pela santidade pode surgir na busca por uma conexão profunda e significativa consigo mesmo e com os outros.

Sugestão: aplicar essa busca para valorizar a própria saúde mental e emocional, encontrando beleza na simplicidade da vida cotidiana.

Tipo 5 – O Analítico

Quando o Tipo 5 está na Casa 31 – Yaksha-Loka – Santidade – Saúde, a busca pela santidade pode se manifestar como a busca por conhecimento e compreensão que promovam a saúde mental.

Sugestão: equilibrar o aprendizado intelectual com a prática de hábitos saudáveis e conexões emocionais.

Tipo 6 – O Precavido

Nesta casa, o Tipo 6 pode encontrar a santidade na busca por segurança interior e confiança em si mesmo.

Sugestão: aplicar essa busca para cultivar uma sensação de calma e tranquilidade interior, priorizando a saúde mental e emocional.

Tipo 7 – O Otimista

Para o Tipo 7 nesta casa, a busca pela santidade pode surgir na busca por experiências que tragam alegria genuína e bem-estar duradouro.

Sugestão: equilibrar a busca por novidades com a prática de hábitos que promovam a saúde física e emocional.

> **RESUMO**
>
> A Casa 31 – Yaksha-Loka – Santidade – Saúde, no contexto do Eneagrama, convida cada tipo a direcionar sua busca por significado e propósito para a promoção da saúde e bem-estar em todas as áreas da vida. As sugestões específicas para cada tipo podem ajudar a cultivar uma abordagem mais equilibrada com relação à saúde mental, emocional e física.

CONSTELAÇÃO

Pertencimento na Casa 31 – Yaksha-Loka – Santidade – Saúde

O Pertencimento nesta casa está relacionado com a conexão com comunidades espirituais, grupos de saúde ou círculos de bem-estar. A sensação de pertencer surge quando compartilhamos valores de saúde e espiritualidade com outros que estão em busca de um estilo de vida saudável e sagrado.

Cultivar o pertencimento envolve participar de práticas coletivas que promovam a saúde e a santidade.

Hierarquia na Casa 31 – Yaksha-Loka – Santidade – Saúde

A Hierarquia nesta casa envolve reconhecer a sabedoria e a orientação de guias espirituais, mestres de saúde e praticantes experientes. Esses líderes oferecem diretrizes e *insights* para uma vida saudável e espiritual.

Equilibrar a hierarquia inclui respeitar os ensinamentos dos líderes, mas também confiar na sua própria intuição e conhecimento sobre o que é saudável e sagrado para você.

Equilíbrio na Casa 31 – Yaksha-Loka – Santidade – Saúde

O Equilíbrio nesta casa está relacionado com manter uma abordagem saudável e espiritual à vida sem cair em extremos. Isso envolve cuidar do corpo, da mente e do espírito, ao mesmo tempo que evita excessos ou fanatismo.

Encontrar equilíbrio requer a prática de exercícios físicos, alimentação saudável, meditação e conexão espiritual, mantendo uma atitude de moderação.

RESUMO

Em síntese, a Casa 31 – Yaksha-Loka – Santidade – Saúde destaca a importância do Pertencimento ao se unir a comunidades espirituais e de saúde, a Hierarquia ao valorizar a orientação de guias espirituais e de saúde, e o Equilíbrio ao manter uma abordagem saudável e espiritual à vida. Encontrar o equilíbrio entre a saúde física e a busca espiritual é essencial para uma vida plena e significativa.

OS 7 CHACRAS

Aqui está a análise da Casa 31 – Yaksha-Loka – Santidade – Saúde, relacionada com os sete chacras, oferecendo *insights* sobre como essa casa influencia cada um dos centros de energia, juntamente com dicas para equilibrar essas influências em sua vida:

Chacra Raiz (Muladhara) – Segurança e Sobrevivência

A Casa 31, associada à santidade e à saúde, pode fortalecer o chacra raiz, proporcionando uma sensação de segurança e bem-estar físico. Isso contribui para uma base sólida para sua saúde geral.

Chacra Sacral (Swadhisthana) – Criatividade e Emoções

A santidade e a saúde também podem influenciar o chacra sacral, estimulando uma abordagem equilibrada às emoções e promovendo a criatividade relacionada ao bem-estar.

Chacra do Plexo Solar (Manipura) – Poder Pessoal

Ter uma boa saúde e buscar a santidade pode fortalecer o chacra do plexo solar, permitindo que você se sinta mais empoderado para cuidar de si mesmo e dos outros.

Chacra Cardíaco (Anahata) – Amor e Compaixão

A saúde e a santidade nutrem o chacra cardíaco, promovendo um amor compassivo, tanto por si mesmo quanto pelos outros.

Chacra Laríngeo (Vishuddha) – Comunicação e Expressão

A Casa 31 também influencia positivamente o chacra laríngeo, facilitando a comunicação sobre questões de saúde e expressando suas necessidades de maneira clara e respeitosa.

Chacra do Terceiro Olho (Ajna) – Intuição e Percepção

Buscar a santidade e cuidar da saúde pode aprimorar a intuição e a percepção no chacra do terceiro olho, ajudando você a tomar decisões informadas sobre seu bem-estar.

Chacra Coronário (Sahasrara) – Conexão Espiritual

A saúde e a santidade também podem elevar a conexão espiritual no chacra coronário, permitindo que você se sinta mais alinhado com seu eu espiritual e a divindade.

> **RESUMO**
>
> A Casa 31 – Yaksha-Loka – Santidade – Saúde, vista por meio da perspectiva dos sete chacras, destaca como a busca pela santidade e a manutenção da saúde podem ter um impacto profundo em todos os aspectos da vida. Isso inclui segurança, criatividade, poder pessoal, amor, comunicação, intuição e conexão espiritual, contribuindo para uma vida equilibrada e saudável em todos os níveis de seu ser.

MENSAGEM FINAL

A mensagem final para quem tirou a carta da casa Yaksha-Loka é que a busca pela santidade e pureza interior é uma jornada que pode trazer significado profundo e enriquecer sua conexão com a espiritualidade. Ao cultivar a pureza do coração e da mente, você se abre para a orientação divina e para a iluminação interior, o que pode impactar positivamente todas as áreas de sua vida. Lembre-se de que a verdadeira santidade reside na autenticidade e na busca sincera pela conexão com o divino.

Casa 32

Maha-Loka – Equilíbrio

Seja bem-vindo(a) à Casa 32 – Maha-Loka – Equilíbrio, um espaço dedicado à busca pela harmonia interior e à conquista do equilíbrio em todas as dimensões da vida. Nesta jornada de exploração, convidamos você a compreender a importância do equilíbrio e como ele desempenha um papel fundamental na nossa jornada pessoal e espiritual.

Maha-Loka representa o plano do equilíbrio, em que os opostos encontram uma interação harmoniosa e sinérgica. Esta casa nos convida a refletir sobre como podemos navegar pelas dualidades da vida, integrando-as de maneira saudável e sábia.

Ao adentrar a Casa 32, mergulhamos em uma compreensão mais profunda do que é o equilíbrio. Trata-se não apenas de um estado estático, mas de um constante ajuste e alinhamento dinâmico entre as diversas áreas da nossa vida – seja física, emocional, espiritual ou social. O equilíbrio nos ajuda a manter uma base sólida enquanto enfrentamos os desafios e as mudanças que a vida nos apresenta.

A Casa 32 nos convida a examinar como estamos vivendo e como podemos incorporar o equilíbrio em nossas rotinas diárias. É uma jornada de autodescoberta, em que podemos explorar práticas que nos ajudem a manter nossa energia e foco em áreas essenciais, evitando extremos que possam nos desviar do nosso propósito.

Que esta exploração pela Casa 32 – Maha-Loka – Equilíbrio nos inspire a buscar um estado de equilíbrio em todas as áreas da vida. Que possamos aprender a navegar pelas marés da dualidade com serenidade, mantendo-nos centrados e alinhados com nosso verdadeiro eu. Ao encontrar o equilíbrio, podemos criar uma base sólida para uma vida plena e significativa.

Algumas características e reflexões relacionadas com a Casa Maha-Loka

- **Equilíbrio interno:** Maha-Loka nos lembra da importância de equilibrar nossos aspectos internos, como emoções, pensamentos e espiritualidade. Encontrar esse equilíbrio interno pode trazer paz e bem-estar.

- **Harmonia nas relações:** essa posição destaca a necessidade de cultivar a harmonia em nossas relações com os outros. Isso envolve empatia, comunicação eficaz e compreensão mútua.

- **Equilíbrio de tempo:** reflita sobre como você está distribuindo seu tempo entre trabalho, lazer, descanso e atividades significativas. O equilíbrio nessas áreas é essencial para o bem-estar.

- **Cuidado com o corpo:** o equilíbrio também inclui cuidar do corpo físico, por meio de uma dieta equilibrada, exercícios, descanso adequado e atenção à saúde.

- **Autoconhecimento:** conheça a si mesmo e seus limites. Isso ajudará você a tomar decisões mais equilibradas e alinhadas com suas necessidades e valores.

- **Equilíbrio mental:** encontre maneiras de manter a mente em equilíbrio, como a prática de meditação, técnicas de relaxamento e a busca por pensamentos positivos.

- **Viver no presente:** cultive a atenção plena (*mindfulness*) para viver plenamente o momento presente, evitando a sobrecarga mental com preocupações passadas ou futuras.

Aplicação terapêutica da Casa Maha-Loka

- **Avaliação da vida:** faça uma avaliação holística de sua vida, identificando áreas em que o equilíbrio está faltando. Planeje ajustes para criar uma distribuição mais equilibrada.

- **Práticas de relaxamento:** explore técnicas de relaxamento, como ioga, meditação, exercícios de respiração e atividades que promovam tranquilidade.

- **Comunicação empática:** pratique a comunicação empática e ouça atentamente nas interações com os outros. Isso pode promover uma compreensão mais profunda e harmoniosa.

- **Tempo para si mesmo:** reserve tempo regularmente para atividades que tragam alegria e relaxamento pessoal, contribuindo para a manutenção do equilíbrio emocional.
- **Limites saudáveis:** aprenda a definir limites saudáveis em suas obrigações e compromissos, evitando sobrecarregar-se.
- **Exploração espiritual:** busque práticas espirituais que ajudem a encontrar equilíbrio interior e a conexão com algo maior.

ENEAGRAMA

Aqui está a análise da Casa 32 – Maha-Loka – Equilíbrio, à luz do Eneagrama, para cada um dos nove tipos, juntamente com sugestões de melhoria específicas:

Tipo 8 – O Poderoso

Quando o Tipo 8 está na Casa 32 – Maha-Loka – Equilíbrio, a busca pelo equilíbrio pode se manifestar como a busca por harmonizar seu poder e assertividade com a capacidade de ouvir e considerar os outros.

Sugestão: praticar a empatia, permitindo que a vulnerabilidade seja parte integrante de sua força.

Tipo 9 – O Mediador

Para o Tipo 9 nesta casa, a busca pelo equilíbrio pode surgir como a busca por uma harmonia interior constante e pela manutenção de relações saudáveis.

Sugestão: aplicar esse desejo de equilíbrio para enfrentar conflitos internos e tomar decisões assertivas.

Tipo 1 – O Perfeccionista

Nesta casa, o Tipo 1 pode encontrar o equilíbrio na aceitação de que a perfeição nem sempre é alcançável.

Sugestão: aplicar a busca pelo equilíbrio para encontrar uma harmonia entre a autodisciplina e a aceitação da imperfeição humana.

Tipo 2 – O Ajudante

Quando o Tipo 2 está na Casa 32 – Maha-Loka – Equilíbrio, a busca pelo equilíbrio pode se manifestar como a busca por dar sem se esquecer das próprias necessidades.

Sugestão: aplicar esse desejo de equilíbrio para cultivar relacionamentos mais autênticos, em que a ajuda mútua é valorizada.

Tipo 3 – O Vencedor

Nesta casa, o Tipo 3 pode encontrar o equilíbrio na busca por autenticidade, em que o sucesso é medido pelo alinhamento com seus valores internos.

Sugestão: aplicar a busca pelo equilíbrio para cultivar uma imagem externa que reflita sua verdadeira identidade interna.

Tipo 4 – O Intenso

Para o Tipo 4 nesta casa, o equilíbrio pode ser encontrado na aceitação de si mesmo, incluindo suas emoções intensas.

Sugestão: aplicar esse desejo de equilíbrio para valorizar o presente e encontrar beleza nas experiências cotidianas.

Tipo 5 – O Analítico

Quando o Tipo 5 está na Casa 32 – Maha-Loka – Equilíbrio, a busca pelo equilíbrio pode se manifestar como a busca por compartilhar conhecimento sem se isolar emocionalmente.

Sugestão: aplicar esse desejo de equilíbrio para estabelecer conexões emocionais significativas com os outros.

Tipo 6 – O Precavido

Nesta casa, o Tipo 6 pode encontrar o equilíbrio na confiança em suas próprias decisões e em lidar com a incerteza.

Sugestão: aplicar a busca pelo equilíbrio para cultivar uma mente mais tranquila e confiante, permitindo-se enfrentar desafios com coragem.

Tipo 7 – O Otimista

Para o Tipo 7 nesta casa, a busca pelo equilíbrio pode surgir como a busca por desfrutar o presente sem fugir de desconfortos emocionais.

Sugestão: aplicar esse desejo de equilíbrio para encontrar alegria tanto nas experiências positivas quanto nas mais desafiadoras.

> **RESUMO**
>
> A Casa 32 – Maha-Loka – Equilíbrio, no contexto do Eneagrama, convida cada tipo a buscar uma harmonia interna e externa, aplicando seu desejo de equilíbrio em todas as áreas da vida. As sugestões específicas para cada tipo podem ajudar a cultivar uma abordagem mais equilibrada com relação a suas características e desafios distintos.

CONSTELAÇÃO

Pertencimento na Casa 32 – Maha-Loka – Equilíbrio

O Pertencimento nesta casa está relacionado com a sensação de fazer parte de uma comunidade que valoriza e busca o equilíbrio em todas as áreas da vida. É sobre encontrar conexões com aqueles que compartilham o desejo de viver de maneira equilibrada e harmoniosa.

Cultivar o pertencimento envolve participar de grupos de apoio, círculos de práticas saudáveis e ambientes em que as pessoas se apoiam mutuamente em sua jornada pelo equilíbrio.

Hierarquia na Casa 32 – Maha-Loka – Equilíbrio

A Hierarquia nesta casa envolve reconhecer a importância de princípios e valores que promovem o equilíbrio em todos os níveis – físico, emocional, mental e espiritual. Guias espirituais, mentores de equilíbrio e líderes que exemplificam um estilo de vida equilibrado são referências importantes.

Equilibrar a hierarquia implica em incorporar os ensinamentos de líderes equilibrados, mas também confiar na sua própria capacidade de discernir o que é verdadeiramente equilibrado para você.

Equilíbrio na Casa 32 – Maha-Loka – Equilíbrio

O Equilíbrio é o cerne desta casa. Aqui, busca-se um equilíbrio harmonioso entre trabalho e descanso, atividade e repouso, conexão social e tempo sozinho, bem como cuidados físicos e espirituais. É a busca constante de uma vida que flui em harmonia, evitando excessos e deficiências.

Encontrar equilíbrio exige práticas diárias de meditação, atividade física, cuidados com a alimentação e conexão com a natureza, enquanto também se dedica tempo para o autocuidado e a autorreflexão.

RESUMO

A Casa 32 – Maha-Loka – Equilíbrio destaca a importância do Pertencimento ao se unir a uma comunidade equilibrada, a Hierarquia ao valorizar princípios e mentores de equilíbrio, e o Equilíbrio como a busca constante por uma vida harmoniosa em todas as áreas. Encontrar o equilíbrio é essencial para uma vida saudável, próspera e significativa.

OS 7 CHACRAS

Aqui está a análise da Casa 32 – Maha-Loka – Equilíbrio, relacionada com os sete chacras, oferecendo *insights* sobre como essa casa influencia cada um dos centros de energia, juntamente com dicas para equilibrar essas influências em sua vida:

Chacra Raiz (Muladhara) – Segurança e Sobrevivência

A Casa 32, associada ao equilíbrio, pode fortalecer o chacra raiz, proporcionando uma sensação de segurança e estabilidade. Isso contribui para um senso sólido de fundação e estabilidade em sua vida.

Chacra Sacral (Swadhisthana) – Criatividade e Emoções

O equilíbrio também pode influenciar o chacra sacral, permitindo que você equilibre suas emoções de maneira saudável e use sua criatividade de forma construtiva.

Chacra do Plexo Solar (Manipura) – Poder Pessoal

Buscar o equilíbrio pode fortalecer o chacra do plexo solar, ajudando-o a se sentir mais empoderado e capaz de tomar decisões equilibradas em sua vida.

Chacra Cardíaco (Anahata) – Amor e Compaixão

A busca pelo equilíbrio também nutre o chacra cardíaco, promovendo um amor compassivo, tanto por si mesmo quanto pelos outros. Isso permite relacionamentos mais saudáveis e amorosos.

Chacra Laríngeo (Vishuddha) – Comunicação e Expressão

A Casa 32 influencia positivamente o chacra laríngeo, facilitando a comunicação equilibrada e a expressão clara de suas ideias e sentimentos.

Chacra do Terceiro Olho (Ajna) – Intuição e Percepção

Buscar o equilíbrio pode aprimorar a intuição e a percepção no chacra do terceiro olho, ajudando-o a tomar decisões mais conscientes e alinhadas com seus valores.

Chacra Coronário (Sahasrara) – Conexão Espiritual

A busca pelo equilíbrio também pode elevar sua conexão espiritual no chacra coronário, permitindo que você se sinta mais conectado com o aspecto espiritual de sua vida.

RESUMO

A Casa 32 – Maha-Loka – Equilíbrio, vista por meio da perspectiva dos sete chacras, destaca a importância do equilíbrio em todos os aspectos da vida. Isso inclui segurança, criatividade, poder pessoal, amor, comunicação, intuição e conexão espiritual, contribuindo para uma vida harmoniosa e bem equilibrada em todos os níveis de seu ser. O equilíbrio é essencial para uma vida saudável e feliz.

Mensagem final A mensagem final para quem tirou a carta da casa Maha-Loka é que o equilíbrio e a harmonia são elementos fundamentais para uma vida plena e feliz. Ao buscar o equilíbrio em todas as áreas da vida e cultivar a harmonia nas relações, você cria um ambiente propício para o crescimento pessoal, o bem-estar e o florescimento de suas aspirações. Essa posição lembra que o equilíbrio não é um estado estático, mas sim um processo contínuo de ajustes e autodescoberta, que contribui para uma vida mais significativa e satisfatória.

Casa 33

Gandha-Loka – Fragrâncias – Aromas da Vida

Seja bem-vindo(a) à Casa 33 – Gandha-Loka – Fragrâncias – Aromas da Vida, um espaço que nos convida a explorar as sutilezas e os encantos que os aromas trazem para a nossa jornada. Nesta casa, embarcaremos em uma jornada olfativa única, explorando como os aromas podem influenciar nossas experiências e emoções.

Gandha-Loka representa o plano das fragrâncias, em que os aromas da vida desempenham um papel significativo em nossas percepções e conexões. Esta casa nos convida a mergulhar na rica tapeçaria de cheiros que nos cercam, desde os aromas naturais da natureza até as fragrâncias criadas pelo homem.

Ao adentrar a Casa 33, somos convidados a refletir sobre a profunda relação entre os aromas e nossas memórias, emoções e bem-estar. Os cheiros têm o poder de evocar lembranças vívidas, de nos transportar para diferentes momentos e lugares, e até mesmo de influenciar nosso humor e estado de espírito.

Exploraremos como podemos usar conscientemente os aromas para melhorar nossa qualidade de vida, seja por meio de óleos essenciais, perfumes, incensos ou simplesmente por meio das fragrâncias naturais que nos cercam. A Casa 33 nos convida a sintonizar nossos sentidos e a apreciar os pequenos prazeres que os aromas da vida podem nos oferecer.

Que esta exploração pela Casa 33 – Gandha-Loka – Fragrâncias – Aromas da Vida nos inspire a cultivar uma apreciação mais profunda pelos cheiros que nos rodeiam. Que possamos encontrar conexão, conforto e até mesmo transcendência por meio dos aromas, elevando nossa jornada com uma dose extra de beleza sensorial.

Algumas características e reflexões relacionadas com a Casa Gandha-Loka

- **Sensações e sentidos:** essa posição destaca a importância dos sentidos em nossa vida, especialmente o olfato. Os aromas têm o poder de evocar memórias, emoções e até influenciar nosso estado de espírito.
- **Conexão com a natureza:** reflita sobre como a natureza nos presenteia com uma variedade de aromas, desde o aroma fresco da chuva até o perfume das flores. Esses aromas podem nos conectar à natureza e trazer alegria.
- **Impacto emocional:** explore como certos aromas podem evocar sentimentos específicos. Alguns aromas podem acalmar, enquanto outros podem energizar ou despertar a nostalgia.
- **Criação de ambiente:** os aromas podem ser usados para criar um ambiente agradável em casa, no trabalho ou em espaços de relaxamento, promovendo um maior bem-estar.
- **Aromaterapia:** considere a prática da aromaterapia, que utiliza óleos essenciais para influenciar o estado emocional e físico de uma pessoa.
- **Sensibilidade sensorial:** este é um momento para sintonizar-se com suas sensações e sentimentos, e perceber como os aromas afetam sua experiência diária.

Aplicação terapêutica da Casa Gandha-Loka

- **Exploração sensorial:** experimente diferentes aromas e observe como eles afetam seu humor e bem-estar. Isso pode incluir óleos essenciais, incensos naturais ou simplesmente o aroma de flores frescas.
- **Criação de ritual:** estabeleça um ritual matinal ou noturno que envolva a criação de um ambiente agradável com o uso de aromas relaxantes.
- **Apreciação da natureza:** passe mais tempo ao ar livre, especialmente em ambientes naturais, para desfrutar dos diversos aromas que a natureza oferece.
- *Mindfulness* **olfativo:** pratique a atenção plena (*mindfulness*) ao focar sua atenção nos aromas ao seu redor, permitindo-se uma experiência sensorial mais profunda.
- **Associação de aromas:** associe certos aromas a momentos específicos, criando âncoras positivas que podem ser acionadas sempre que você sentir aquele aroma.

- **Equilíbrio dos sentidos:** lembre-se de que todos os sentidos contribuem para nossa experiência de vida. Busque um equilíbrio entre os estímulos sensoriais para promover uma sensação geral de bem-estar.

ENEAGRAMA

Aqui está a análise da Casa 33 – Gandha-Loka – Fragrâncias – Aromas da Vida, à luz do Eneagrama, para cada um dos nove tipos, juntamente com sugestões de melhoria específicas:

Tipo 8 – O Poderoso

Quando o Tipo 8 está na Casa 33 – Gandha-Loka – Fragrâncias – Aromas da Vida, isso pode simbolizar a busca por experiências intensas e memoráveis.

Sugestão: aproveitar a vida com todos os sentidos, permitindo-se desfrutar dos pequenos prazeres que trazem alegria.

Tipo 9 – O Mediador

Nesta casa, o Tipo 9 pode encontrar significado na busca por momentos de tranquilidade e harmonia.

Sugestão: criar espaços de relaxamento em sua vida cotidiana, cultivando a apreciação pelos momentos de paz e quietude.

Tipo 1 – O Perfeccionista

Para o Tipo 1 nesta casa, o significado reside na busca por encontrar beleza e ordem na vida.

Sugestão: equilibrar a necessidade de controle com a capacidade de fluir e encontrar alegria nas imperfeições.

Tipo 2 – O Ajudante

Quando o Tipo 2 está na Casa 33 – Gandha-Loka – Fragrâncias – Aromas da Vida, isso pode indicar a busca por conexões emocionais profundas e gratificantes.

Sugestão: valorizar os momentos genuínos de troca e empatia, buscando relacionamentos que sejam verdadeiramente nutritivos.

Tipo 3 – O Vencedor

Nesta casa, o Tipo 3 pode encontrar significado na busca por experiências que reforcem sua imagem de sucesso.

Sugestão: explorar atividades que o façam sentir-se autêntico e verdadeiro, mesmo que não estejam ligadas ao reconhecimento externo.

Tipo 4 – O Intenso

Quando o Tipo 4 está na Casa 33 – Gandha-Loka – Fragrâncias – Aromas da Vida, isso pode representar a busca por experiências emocionais profundas e únicas.

Sugestão: encontrar beleza nas experiências simples da vida e valorizar os momentos de contentamento.

Tipo 5 – O Analítico

Nesta casa, o Tipo 5 pode encontrar significado na busca por conhecimento e compreensão profunda das experiências humanas.

Sugestão: equilibrar a análise intelectual com a imersão nas experiências sensoriais, permitindo-se sentir plenamente os aromas da vida.

Tipo 6 – O Precavido

Quando o Tipo 6 está na Casa 33 – Gandha-Loka – Fragrâncias – Aromas da Vida, isso pode indicar a busca por segurança e estabilidade emocional.

Sugestão: cultivar a confiança em si mesmo e nos outros, permitindo-se saborear os momentos de tranquilidade.

Tipo 7 – O Otimista

Nesta casa, o Tipo 7 pode encontrar significado na busca por variedade e novas experiências sensoriais.

Sugestão: praticar a presença plena, saboreando os momentos sem a necessidade de buscar constantemente o próximo estímulo.

RESUMO

A Casa 33 – Gandha-Loka – Fragrâncias – Aromas da Vida, no contexto do Eneagrama, convida cada tipo a encontrar significado nas experiências sensoriais e emocionais da vida. As sugestões específicas para cada tipo podem ajudar a cultivar uma abordagem mais consciente e apreciativa com relação aos prazeres simples que a vida oferece.

CONSTELAÇÃO

Pertencimento na Casa 33 – Gandha-Loka – Fragrâncias

O Pertencimento nesta casa está ligado à conexão profunda que temos com os aromas que nos rodeiam e que nos evocam memórias, sentimentos e emoções. Pertencer aqui significa se sentir conectado à rica tapeçaria de experiências sensoriais que os aromas trazem, unindo-nos a uma experiência compartilhada da vida.

Cultivar o pertencimento envolve criar rituais que envolvam aromas, como cozinhar refeições especiais, usar óleos essenciais e incensos, e compartilhar essas experiências com aqueles que são afetados pelos mesmos aromas.

Hierarquia na Casa 33 – Gandha-Loka – Fragrâncias

A Hierarquia nesta casa está relacionada com a compreensão de como diferentes aromas podem evocar diferentes estados emocionais e memórias. Alguns aromas têm associações mais elevadas, como incenso utilizado em rituais religiosos, enquanto outros podem evocar memórias pessoais de infância.

Equilibrar a hierarquia envolve escolher conscientemente os aromas que usamos em diferentes situações para promover um ambiente emocionalmente harmonioso.

Equilíbrio na Casa 33 – Gandha-Loka – Fragrâncias

O Equilíbrio é alcançado nesta casa quando utilizamos os aromas de forma equilibrada, reconhecendo quando um aroma pode ser curativo e quando pode ser avassalador. A busca pelo equilíbrio envolve experimentar uma variedade de aromas e encontrar aqueles que promovem calma, relaxamento e bem-estar.

Encontrar equilíbrio também significa honrar a sabedoria de como os aromas afetam nosso corpo e mente, usando-os com consciência e intenção.

RESUMO

A Casa 33 – Gandha-Loka – Fragrâncias – Aromas da Vida destaca a importância do Pertencimento ao nos conectar com os aromas e experiências sensoriais, a Hierarquia ao escolher conscientemente os aromas que evocam diferentes emoções e memórias, e o Equilíbrio ao utilizar os aromas de forma a promover bem-estar e harmonia.

OS 7 CHACRAS

Aqui está a análise da Casa 33 – Gandha-Loka – Fragrâncias – Aromas da Vida, relacionada com os sete chacras, oferecendo *insights* sobre como essa casa influencia cada um dos centros de energia, juntamente com dicas para equilibrar essas influências em sua vida:

Chacra Raiz (Muladhara) – Segurança e Sobrevivência

A Casa 33 pode influenciar o chacra raiz ao trazer uma consciência mais profunda das fragrâncias e aromas da vida. Isso pode ajudar a criar um senso de segurança, conectando você com a riqueza da experiência terrena.

Chacra Sacral (Swadhisthana) – Criatividade e Emoções

A percepção das fragrâncias da vida também impacta o chacra sacral, estimulando a criatividade e as emoções. Isso pode inspirar a expressão artística e a conexão emocional com o mundo ao seu redor.

Chacra do Plexo Solar (Manipura) – Poder Pessoal

A Casa 33 pode fortalecer o chacra do plexo solar ao criar uma conexão com os aromas que o energizam. Isso pode aumentar seu senso de poder pessoal e vitalidade.

Chacra Cardíaco (Anahata) – Amor e Compaixão

Perceber as fragrâncias da vida também nutre o chacra cardíaco, abrindo seu coração para o amor e a compaixão. Isso pode aprofundar seus relacionamentos e promover a conexão com outros seres.

Chacra Laríngeo (Vishuddha) – Comunicação e Expressão

A consciência dos aromas pode afetar o chacra laríngeo, aprimorando sua capacidade de se comunicar sobre as sutilezas da vida. Isso pode melhorar sua expressão e comunicação.

Chacra do Terceiro Olho (Ajna) – Intuição e Percepção

Explorar as fragrâncias da vida pode também aprofundar a intuição e a percepção no chacra do terceiro olho. Isso pode levar a *insights* mais profundos e uma compreensão mais clara da realidade.

Chacra Coronário (Sahasrara) – Conexão Espiritual

A Casa 33 pode abrir seu chacra coronário para uma conexão espiritual mais profunda, permitindo que você se sinta mais conectado com o aspecto transcendental da existência por meio dos aromas e fragrâncias.

RESUMO

A Casa 33 – Gandha-Loka – Fragrâncias – Aromas da Vida, vista por meio da perspectiva dos sete chacras, enfatiza a riqueza e a profundidade das experiências sensoriais. Por meio dos aromas da vida, você pode encontrar segurança, inspiração criativa, amor, expressão, intuição, espiritualidade e poder pessoal. Cada aroma oferece uma oportunidade de explorar e enriquecer diferentes aspectos de sua vida e ser.

MENSAGEM FINAL

A mensagem final para quem tirou a carta da casa Gandha-Loka é que as sensações e os sentidos têm o poder de enriquecer nossa vida de maneira profunda. Ao cultivar uma apreciação pelos aromas que nos cercam e ao incorporar conscientemente aromas positivos em nossa rotina, podemos encontrar beleza e alegria nas experiências mais simples. Essa posição convida você a explorar o mundo sensorial que o cerca e a usar os aromas como uma ferramenta para elevar sua sensibilidade e qualidade de vida.

Casa 34

Rasa-Loka – Sabores – Gosto – Alimentação

Seja bem-vindo(a) à Casa 34 – Rasa-Loka – Sabores – Gosto – Alimentação, um espaço que nos convida a explorar a riqueza dos sabores e a profunda relação entre a alimentação e nossa experiência de vida. Nesta casa, embarcaremos em uma jornada culinária que nos levará a compreender como os sabores podem nutrir não apenas nosso corpo, mas também nossa mente e alma.

Rasa-Loka representa o plano dos sabores, em que os gostos e aromas dos alimentos desempenham um papel vital em nossa saúde e bem-estar. Aqui, somos convidados a mergulhar nas complexidades dos sabores que nos rodeiam, desde os doces aos salgados, dos picantes aos amargos.

Ao adentrar a Casa 34, é uma oportunidade de refletir sobre como a alimentação vai além da mera nutrição física. Os sabores que experimentamos podem evocar memórias, despertar emoções e até mesmo influenciar nosso estado de espírito. A forma como escolhemos alimentar nosso corpo reflete-se em nossa vitalidade e energia.

Exploraremos como podemos usar conscientemente os sabores para promover nossa saúde e bem-estar, experimentando uma variedade de alimentos que proporcionam equilíbrio e vitalidade. A Casa 34 nos convida a apreciar cada refeição como uma oportunidade de conexão com nós mesmos e com os dons da natureza.

Que esta exploração pela Casa 34 – Rasa-Loka – Sabores – Gosto – Alimentação nos inspire a cultivar uma relação mais consciente e respeitosa com os alimentos que escolhemos. Que possamos descobrir a alegria de apreciar cada sabor, nutrindo nosso corpo, mente e alma, enquanto exploramos a intersecção entre a culinária e a espiritualidade.

Algumas características e reflexões relacionadas com a Casa Rasa-Loka

- **Alimentação consciente:** esta posição destaca a importância de prestar atenção ao que comemos e como isso afeta nosso corpo, mente e espírito.
- **Exploração gastronômica:** reflita sobre como diferentes sabores podem evocar emoções e lembranças específicas. Experimentar uma variedade de sabores pode enriquecer nossa experiência de vida.
- **Nutrição e prazer:** busque o equilíbrio entre alimentos saudáveis e prazerosos. A comida não é apenas combustível, mas também uma fonte de alegria e satisfação.
- **Cultura e tradição:** muitas culturas têm pratos e sabores tradicionais que carregam significados profundos. Explore como a alimentação está ligada à sua cultura e identidade.
- **Impacto emocional:** alimentos podem ter um impacto direto em nossas emoções e humor. Algumas comidas nos fazem sentir conforto e alegria, enquanto outras podem ter efeitos negativos.
- *Mindful eating*: pratique o hábito de comer com atenção plena, prestando atenção aos sabores, texturas e sensações à medida que come.

Aplicação terapêutica da Casa Rasa-Loka

- **Variedade nutritiva:** experimente uma ampla variedade de alimentos saudáveis para satisfazer tanto o corpo quanto os sentidos.
- **Refeições conscientes:** reserve tempo para apreciar suas refeições, evitando distrações como dispositivos eletrônicos. Sinta a textura, aroma e sabor de cada alimento.
- **Conexão com a natureza:** consuma alimentos sazonais e frescos, conectando-se com a natureza e sua oferta sazonal.
- **Exploração culinária:** aventure-se na cozinha e experimente receitas e ingredientes novos. Isso pode ser uma experiência criativa e satisfatória.
- **Respeito pelos alimentos:** cultive um profundo respeito pela origem dos alimentos que consome, reconhecendo o esforço e a energia envolvidos na produção.
- **Consciência dos efeitos:** esteja ciente de como certos alimentos afetam seu corpo e mente. Isso pode ajudar a tomar decisões alimentares mais informadas.

- **Compartilhamento de refeições:** compartilhe refeições com amigos e familiares, celebrando a união e a alegria que a comida pode proporcionar.

ENEAGRAMA

Aqui está a análise da Casa 34 – Rasa-Loka – Sabores – Gosto – Alimentação, à luz do Eneagrama, para cada um dos nove tipos, juntamente com sugestões de melhoria específicas:

Tipo 8 – Poderoso

Quando o Tipo 8 está na Casa 34 – Rasa-Loka – Sabores – Gosto – Alimentação, isso pode simbolizar uma busca por prazeres sensoriais e indulgências.

Sugestão: equilibrar o desejo por satisfação imediata cóm a consciência das escolhas alimentares e cuidar do corpo de maneira saudável.

Tipo 9 – Mediador

Nesta casa, o Tipo 9 pode encontrar significado na busca por conforto e nutrição por meio da comida.

Sugestão: prestar atenção às suas preferências alimentares e aprender a ouvir as necessidades do corpo, ao mesmo tempo em que mantém o equilíbrio.

Tipo 1 – Perfeccionista

Para o Tipo 1 nesta casa, o significado reside na busca pela alimentação saudável e pela perfeição nas escolhas alimentares.

Sugestão: cultivar uma abordagem flexível com relação à comida, permitindo-se desfrutar de prazeres culinários sem se tornar excessivamente crítico.

Tipo 2 – Ajudante

Quando o Tipo 2 está na Casa 34 – Rasa-Loka – Sabores – Gosto – Alimentação, isso pode indicar uma tendência de cuidar dos outros por meio da comida.

Sugestão: também direcionar essa atenção amorosa para si mesmo, escolhendo alimentos que promovam sua própria saúde e bem-estar.

Tipo 3 – Vencedor

Nesta casa, o Tipo 3 pode encontrar significado na busca por uma imagem corporal ideal e na manutenção de uma dieta que corresponda a essa imagem.

Sugestão: focar na saúde e no bem-estar em vez de apenas na aparência, permitindo-se desfrutar de alimentos com moderação.

Tipo 4 – Intenso

Quando o Tipo 4 está na Casa 34 – Rasa-Loka – Sabores – Gosto – Alimentação, isso pode representar uma busca por experiências alimentares únicas e emocionalmente significativas.

Sugestão: encontrar equilíbrio entre a alimentação como forma de expressão e as necessidades práticas do corpo.

Tipo 5 – Analítico

Nesta casa, o Tipo 5 pode encontrar significado na busca por compreender os aspectos nutricionais e científicos da alimentação.

Sugestão: também prestar atenção às necessidades do próprio corpo e permitir-se experimentar prazeres culinários.

Tipo 6 – Precavido

Quando o Tipo 6 está na Casa 34 – Rasa-Loka – Sabores – Gosto – Alimentação, isso pode indicar uma busca por segurança por meio da escolha de alimentos familiares e reconfortantes.

Sugestão: explorar novos sabores e abordar a alimentação com uma mentalidade aberta.

Tipo 7 – Otimista

Nesta casa, o Tipo 7 pode encontrar significado na busca por prazeres culinários variados e excitantes.

Sugestão: também cultivar a consciência alimentar, escolhendo alimentos que proporcionem energia sustentável e nutrição adequada.

RESUMO

A Casa 34 – Rasa-Loka – Sabores – Gosto – Alimentação, no contexto do Eneagrama, convida cada tipo a explorar a relação entre alimentação e prazer, equilibrando as necessidades do corpo com a apreciação dos sabores da vida. As sugestões específicas para cada tipo podem ajudar a desenvolver uma relação saudável e consciente com a comida.

CONSTELAÇÃO

Pertencimento na Casa 34 – Rasa-Loka – Sabores

O Pertencimento nesta casa é sobre nos sentirmos conectados à diversidade de sabores e gostos que a alimentação oferece. Isso envolve uma relação íntima com a comida que escolhemos e os pratos que preparamos. Ao reconhecer nossa conexão com os alimentos, também reconhecemos nossa conexão com a Terra e as culturas que produzem essas iguarias.

Cultivar o pertencimento envolve explorar diferentes cozinhas e pratos tradicionais, compartilhar refeições com entes queridos e honrar as origens dos alimentos que consumimos.

Hierarquia na Casa 34 – Rasa-Loka – Sabores

A Hierarquia nesta casa está relacionada com a compreensão de como diferentes sabores podem afetar nossas emoções e saúde. Alguns sabores são mais intensos e podem ser usados em pequenas quantidades para realçar um prato, enquanto outros são mais suaves e podem formar a base de uma refeição.

Equilibrar a hierarquia dos sabores envolve escolher alimentos que criem uma experiência de sabor harmoniosa e evitam excessos ou falta de certos sabores em uma refeição.

Equilíbrio na Casa 34 – Rasa-Loka – Sabores

O Equilíbrio é alcançado nesta casa quando abraçamos uma variedade de sabores em nossa dieta, sem excessos ou restrições. Uma dieta equilibrada de sabores doces, salgados, ácidos, amargos e picantes é essencial para nossa saúde física e emocional. Além disso, equilíbrio também significa apreciar alimentos nutritivos enquanto ocasionalmente desfrutamos de indulgências.

Encontrar equilíbrio também envolve estar consciente de como nossas escolhas alimentares afetam nosso bem-estar e ajustar nossa dieta conforme necessário.

RESUMO

A Casa 34 – Rasa-Loka – Sabores – Gosto – Alimentação destaca a importância do Pertencimento ao nos conectar com a diversidade de sabores que a alimentação oferece, a Hierarquia ao escolher conscientemente uma variedade de sabores em uma refeição e o Equilíbrio ao apreciar uma dieta saudável e variada.

OS 7 CHACRAS

Aqui está a análise da Casa 34 – Rasa-Loka – Sabores – Gosto – Alimentação, relacionada com os sete chacras, oferecendo *insights* sobre como essa casa influencia cada um dos centros de energia, juntamente com dicas para equilibrar essas influências em sua vida:

Chacra Raiz (Muladhara) – Segurança e Sobrevivência

A Casa 34 pode afetar o chacra raiz ao fornecer uma conexão mais profunda com os sabores e a alimentação. Isso pode ajudar a criar uma sensação de segurança, assegurando que suas necessidades básicas estejam satisfeitas.

Chacra Sacral (Swadhisthana) – Criatividade e Emoções

Perceber os sabores da vida também impacta o chacra sacral, estimulando a criatividade culinária e evocando uma gama de emoções relacionadas com a alimentação, desde o prazer até a nostalgia.

Chacra do Plexo Solar (Manipura) – Poder Pessoal

A Casa 34 pode fortalecer o chacra do plexo solar ao trazer consciência para a importância da alimentação saudável. Isso pode aumentar seu poder pessoal e energia.

Chacra Cardíaco (Anahata) – Amor e Compaixão

Explorar os sabores da vida também nutre o chacra cardíaco, permitindo uma relação mais amorosa com a comida e promovendo a compaixão pelos outros, especialmente quando se trata de escolhas alimentares.

Chacra Laríngeo (Vishuddha) – Comunicação e Expressão

A consciência dos sabores pode afetar o chacra laríngeo, aprimorando a capacidade de descrever e comunicar as experiências sensoriais relacionadas com a comida. Isso pode melhorar sua expressão e comunicação sobre o assunto.

Chacra do Terceiro Olho (Ajna) – Intuição e Percepção

Explorar os sabores da vida também pode aprofundar a intuição e a percepção no chacra do terceiro olho. Isso pode levá-lo a fazer escolhas alimentares mais conscientes e intuitivas.

Chacra Coronário (Sahasrara) – Conexão Espiritual

A Casa 34 pode abrir seu chacra coronário para uma conexão espiritual mais profunda por meio da comida. Ela permite que você veja a alimentação como uma experiência sagrada e uma oportunidade de gratidão.

RESUMO

A Casa 34 – Rasa-Loka – Sabores – Gosto – Alimentação, vista por meio da perspectiva dos sete chacras, destaca a importância da alimentação consciente e da apreciação dos diversos sabores que a vida oferece. Cada sabor representa uma oportunidade de nutrição física, emocional e espiritual, e a consciência desses sabores pode enriquecer sua experiência de vida em muitos níveis.

MENSAGEM FINAL

A mensagem final para quem tirou a carta da casa Rasa-Loka é que a alimentação vai além da nutrição física. Os sabores e gostos dos alimentos podem trazer uma rica experiência sensorial, proporcionando prazer, conforto e alegria. Ao cultivar uma relação saudável com a comida e buscar um equilíbrio entre nutrição e prazer, você pode criar uma jornada alimentar que nutre tanto o corpo quanto a alma. Lembre-se de que a comida é uma fonte de celebração e satisfação, e escolha alimentos que elevem sua qualidade de vida de maneira holística.

Casa 35

Narka-Loka – Purgatório – Reflexão

Seja bem-vindo(a) à Casa 35 – Naraka loka – Purgatório – Reflexão, um espaço de profunda introspecção e autoavaliação. Nesta casa, somos convidados a adentrar os recônditos da reflexão e a enfrentar os aspectos mais desafiadores de nossa jornada interior.

Naraka loka representa o plano do purgatório, em que a reflexão se entrelaça com a necessidade de transformação. É um local de confronto com nossas próprias ações e escolhas, um espaço em que somos chamados a encarar de frente as consequências de nossos atos, com a oportunidade de reparação.

Ao ingressar na Casa 35, nos deparamos com a importância da reflexão profunda sobre nossas ações passadas, com a intenção de aprender e crescer. É um lugar de avaliação sincera, em que somos confrontados com as implicações de nossas decisões e ações, e em que temos a chance de purificar nossas motivações.

A reflexão nesta casa nos convida a encarar nossos erros de frente, a reconhecer áreas em que podemos melhorar e a buscar a redenção. É um espaço de autoconfrontação que nos impulsiona a abraçar a mudança e a evolução pessoal, aspirando a um estado de consciência mais elevado.

Ao explorar a Casa 35, abraçamos a oportunidade de crescimento espiritual por meio da autoavaliação e da tomada de responsabilidade por nossas ações. Que esta jornada de reflexão nos conduza à compreensão mais profunda de nós mesmos, abrindo caminho para uma transformação positiva e para um equilíbrio interno mais sólido.

Algumas características e reflexões relacionadas com a Casa Naraka loka

- **Autoavaliação profunda:** esta posição convida a olhar para dentro e refletir sobre nossas ações, intenções e o impacto que causamos em nós mesmos e nos outros.

- **Aprendizado por meio da reflexão:** o purgatório muitas vezes é considerado um estado de purificação e aprendizado. Reflexões honestas podem levar a um crescimento pessoal significativo.

- **Aceitação das sombras:** refletir sobre nossos aspectos menos desejáveis e enfrentar nossas sombras internas pode levar a uma maior integridade e transformação.

- **Perdão e cura:** por meio da reflexão profunda, podemos identificar padrões prejudiciais e traumas não resolvidos, abrindo espaço para o perdão e a cura.

- **Autoconhecimento espiritual:** aprofundar-se em sua jornada espiritual e compreender sua relação com o divino é uma parte importante da reflexão nesta casa.

- **Reavaliação de valores:** refletir sobre suas crenças, valores e prioridades pode levar a uma reavaliação saudável e a ajustes para uma vida mais alinhada.

Aplicação terapêutica da Casa Naraka loka

- **Diário de reflexão:** mantenha um diário de reflexão em que você escreve sobre suas experiências, emoções, desafios e aprendizados diários.

- **Meditação e contemplação:** pratique meditação ou momentos de contemplação para se conectar consigo mesmo e explorar suas profundezas interiores.

- **Acompanhamento terapêutico:** considere a terapia ou orientação espiritual para auxiliar nas reflexões e no processo de autoconhecimento.

- **Tempo de silêncio:** reserve momentos regulares para o silêncio e a solidão, permitindo que suas reflexões se desdobrem sem distrações.

- **Exploração de causas:** ao refletir sobre situações desafiadoras, tente entender as causas subjacentes de seus pensamentos, sentimentos e ações.

- **Gratidão e aceitação:** além de refletir sobre as áreas de melhoria, também reconheça e celebre suas realizações e qualidades positivas.

- **Questionamento profundo:** faça perguntas profundas sobre o propósito da vida, seus valores centrais e o significado de suas experiências.

ENEAGRAMA

Aqui está a análise da Casa 35 – Naraka loka – Purgatório – Reflexão, à luz do Eneagrama, para cada um dos nove tipos, juntamente com sugestões de melhoria específicas:

Tipo 8 – Poderoso

Quando o Tipo 8 está na Casa 35 – Naraka loka – Purgatório – Reflexão, isso pode indicar uma fase de autoconfrontação.

Sugestão: permitir-se refletir sobre as próprias ações e decisões, buscando um equilíbrio entre assertividade e sensibilidade para melhorar os relacionamentos.

Tipo 9 – Mediador

Nesta casa, o Tipo 9 pode encontrar significado na necessidade de enfrentar conflitos internos que foram evitados.

Sugestão: dedicar tempo para autoavaliação e expressar suas opiniões, mesmo que cause desconforto temporário, em prol de um crescimento pessoal e relacional.

Tipo 1 – Perfeccionista

Para o Tipo 1 nesta casa, o significado reside na oportunidade de refletir sobre a natureza da perfeição e a autocrítica excessiva.

Sugestão: praticar a autorreflexão com compaixão, aceitando as imperfeições e permitindo-se relaxar em direção a um equilíbrio mais saudável.

Tipo 2 – Ajudante

Quando o Tipo 2 está na Casa 35 – Naraka loka – Purgatório – Reflexão, isso pode indicar um momento de questionar as motivações por trás de ajudar os outros.

Sugestão: refletir sobre suas próprias necessidades e encontrar um equilíbrio entre cuidar de si mesmo e dos outros.

Tipo 3 – Vencedor

Nesta casa, o Tipo 3 pode encontrar significado na reflexão sobre o que verdadeiramente define o sucesso.

Sugestão: explorar autenticidade e valores pessoais, focando em realizações que estejam alinhadas com a identidade real, não apenas com expectativas externas.

Tipo 4 – Intenso

Quando o Tipo 4 está na Casa 35 – Naraka loka – Purgatório – Reflexão, isso pode indicar uma fase de autoexploração mais profunda.

Sugestão: canalizar a intensidade emocional para autodescoberta construtiva e expressão criativa, encontrando um equilíbrio entre as emoções e a objetividade.

Tipo 5 – Analítico

Nesta casa, o Tipo 5 pode encontrar significado na reflexão sobre como equilibrar o conhecimento intelectual com a experiência prática.

Sugestão: aplicar o aprendizado em situações da vida real e também se abrir para compartilhar conhecimento com os outros.

Tipo 6 – Precavido

Quando o Tipo 6 está na Casa 35 – Naraka loka – Purgatório – Reflexão, isso pode indicar um período de questionamento das próprias inseguranças e medos.

Sugestão: enfrentar os pensamentos negativos com coragem e desenvolver confiança nas próprias habilidades e intuições.

Tipo 7 – Otimista

Nesta casa, o Tipo 7 pode encontrar significado na reflexão sobre a busca constante por novas experiências como forma de evitar sentimentos desconfortáveis.

Sugestão: permitir-se sentir e processar emoções mais profundas, encontrando prazer na introspecção e reflexão.

RESUMO

A Casa 35 – Naraka loka – Purgatório – Reflexão, no contexto do Eneagrama, convida cada tipo a enfrentar seus próprios desafios internos por meio da reflexão e autodescoberta. As sugestões específicas para cada tipo podem ajudar a transformar esse período em uma oportunidade valiosa de crescimento e equilíbrio pessoal.

CONSTELAÇÃO

Pertencimento na Casa 35 – Naraka loka – Purgatório

O Pertencimento nesta casa envolve reconhecer a humanidade compartilhada em nossas experiências de reflexão. Todos nós passamos por momentos de questionamento, autoavaliação e análise crítica. Ao abraçar essa jornada de reflexão, nos conectamos com a jornada de crescimento pessoal de todas as pessoas ao redor do mundo.

Cultivar o pertencimento aqui envolve criar um ambiente de empatia e compreensão, em que podemos compartilhar nossas reflexões sem julgamento.

Hierarquia na Casa 35 – Naraka loka – Purgatório

A Hierarquia nesta casa está relacionada com a priorização das áreas de nossas vidas que requerem reflexão mais profunda. Nem todas as decisões e ações têm o mesmo peso, e algumas podem necessitar de uma análise mais intensa do que outras. Hierarquizar nossas reflexões nos ajuda a direcionar nossa energia para em que é mais necessário.

Equilibrar a hierarquia da reflexão envolve identificar quais áreas de nossas vidas precisam de atenção imediata e quais podem esperar por um momento mais adequado.

Equilíbrio na Casa 35 – Naraka loka – Purgatório

O Equilíbrio é alcançado nesta casa quando encontramos o meio-termo entre autoavaliação saudável e obsessão por análise excessiva. A reflexão é uma ferramenta poderosa para o crescimento pessoal, mas quando levada ao extremo, pode levar à ansiedade e indecisão.

Encontrar um equilíbrio entre a análise profunda e a aceitação pode proporcionar uma sensação de alívio e clareza.

RESUMO

A Casa 35 – Naraka loka – Purgatório – Reflexão destaca o Pertencimento ao nos conectar com a jornada compartilhada de autoavaliação, a Hierarquia ao priorizar áreas de reflexão e o Equilíbrio ao encontrar um meio-termo saudável entre análise e aceitação.

OS 7 CHACRAS

Aqui está a análise da Casa 35 – Naraka loka – Purgatório – Reflexão, relacionada com os sete chacras, oferecendo *insights* sobre como essa casa influencia cada um dos centros de energia, juntamente com dicas para equilibrar essas influências em sua vida:

Chacra Raiz (Muladhara) – Segurança e Sobrevivência

A Casa 35, relacionada com a reflexão sobre a vida e ações passadas, pode afetar o chacra raiz, pois a reflexão muitas vezes envolve preocupações com a segurança e a sobrevivência. Pode levar a uma busca por estabilidade e segurança mais sólidas.

Chacra Sacral (Swadhisthana) – Criatividade e Emoções

A reflexão profunda pode estimular o chacra sacral, despertando a criatividade necessária para encontrar soluções para questões passadas e emoções que precisam ser processadas.

Chacra do Plexo Solar (Manipura) – Poder Pessoal

Refletir sobre ações passadas pode fortalecer o chacra do plexo solar, pois pode ajudar a reivindicar o poder pessoal por meio do entendimento e aceitação das consequências das escolhas passadas.

Chacra Cardíaco (Anahata) – Amor e Compaixão

A reflexão também pode abrir o chacra cardíaco, pois pode levar a uma maior compreensão e compaixão por si mesmo e pelos outros, permitindo a cura de relacionamentos e emoções passadas.

Chacra Laríngeo (Vishuddha) – Comunicação e Expressão

Ao refletir sobre a vida e as ações passadas, você pode aprimorar sua capacidade de comunicar suas descobertas e experiências por meio do chacra laríngeo.

Chacra do Terceiro Olho (Ajna) – Intuição e Percepção

A reflexão profunda pode fortalecer o chacra do terceiro olho, aumentando a intuição e a percepção, o que ajuda na compreensão de lições passadas e na tomada de decisões mais conscientes no futuro.

Chacra Coronário (Sahasrara) – Conexão Espiritual

Ao refletir sobre a vida e suas experiências passadas, você pode abrir o chacra coronário para uma conexão espiritual mais profunda. Isso pode levá-lo a buscar respostas espirituais e encontrar significado nas experiências passadas.

RESUMO

A Casa 35 – Naraka loka – Purgatório – Reflexão, vista por meio da perspectiva dos sete chacras, destaca a importância da autorreflexão e do entendimento das ações passadas para o crescimento espiritual e emocional. Cada chacra desempenha um papel na forma como você lida com as lições do passado e como pode se mover em direção a um futuro mais consciente e harmonioso.

MENSAGEM FINAL

A mensagem final para quem tirou a carta da casa Naraka loka é que a reflexão é um caminho valioso para a evolução espiritual e pessoal. Ao examinar suas ações e intenções com honestidade, você pode identificar áreas de crescimento, cura e transformação. Embora a introspecção possa ser um processo desafiador, ela pode levar a uma maior compreensão de si mesmo, uma sensação de alinhamento com seu verdadeiro eu e um progresso em sua jornada espiritual. Lembre-se de que a reflexão não é apenas sobre reconhecer erros, mas também sobre reconhecer suas qualidades e aspirações mais elevadas.

Casa 36

Svachh – Consciência Clara

Seja bem-vindo(a) à Casa 36 – Svachh – Consciência Clara, um espaço que nos convida a explorar as profundezas da clareza mental e da compreensão interna. Nesta casa, somos guiados a mergulhar na essência da lucidez e a cultivar uma consciência aguçada com relação a nós mesmos e ao mundo ao nosso redor.

Svachh representa a pureza da consciência e a clareza do discernimento. É um estado mental em que as névoas da confusão são dissipadas, revelando *insights* e compreensões fundamentais. Ao entrar na Casa 36, somos convidados a explorar a importância de uma mente límpida e desobstruída, capaz de enxergar a realidade de forma nítida.

Esta casa nos lembra da necessidade de nos afastarmos das distrações e das ilusões, buscando a simplicidade e a autenticidade em nossos pensamentos e ações. A clareza de consciência é um instrumento poderoso para discernir entre o certo e o errado, para tomar decisões sábias e para perceber a verdade subjacente em situações complexas.

Ao explorar a Casa 36, estamos abrindo a porta para a autodescoberta e a sabedoria interior. Cultivar uma consciência clara nos ajuda a ver além das aparências superficiais e a acessar um nível mais profundo de compreensão. Que esta jornada nos conduza a uma mente cristalina, capaz de refletir a verdade e de iluminar nosso caminho em direção a uma vida mais significativa e plena.

Algumas características e reflexões relacionadas com a Casa Svachh

- **Mente clara e desperta:** ter uma mente clara é essencial para ver as coisas como elas são, sem ilusões ou distorções. Isso permite tomar decisões mais conscientes e informadas.

- **Percepção consciente:** a clareza da consciência envolve estar ciente de seus pensamentos, emoções e ações de forma precisa e imparcial.
- **Despertar espiritual:** a clareza da mente é frequentemente associada ao despertar espiritual, em que você vê além das camadas superficiais da realidade.
- **Escolhas alinhadas:** com uma mente clara, você é mais capaz de fazer escolhas alinhadas com seus valores e propósito de vida.
- **Ação com intenção:** a consciência clara permite que você tome ações com intenção, em vez de reações impulsivas.
- **Libertação de ilusões:** enxergar por meio das ilusões e das crenças limitantes é um aspecto importante da clareza da consciência.
- **Compreensão empática:** quando você tem uma mente clara, também é mais capaz de compreender as perspectivas dos outros de maneira empática.

Aplicação terapêutica da Casa Svachh

- **Meditação e *mindfulness*:** a prática regular de meditação e *mindfulness* ajuda a desenvolver a clareza da mente.
- **Autoquestionamento:** faça perguntas profundas sobre suas crenças, motivações e emoções para ganhar clareza.
- **Desconexão digital:** reserve momentos do dia para desconectar-se de dispositivos eletrônicos e permitir que sua mente descanse.
- **Autoexpressão criativa:** práticas criativas como escrever, pintar ou dançar podem ajudar a liberar bloqueios mentais.
- **Tempo na natureza:** passe tempo ao ar livre para ajudar a acalmar a mente e ganhar perspectiva.
- **Diálogo interno:** pratique conversas internas construtivas para desafiar pensamentos negativos e ganhar clareza mental.
- **Silêncio e reflexão:** reserve momentos diários para o silêncio e a reflexão, permitindo que sua mente se acalme e clareie.

ENEAGRAMA

Aqui está a análise da Casa 36 – Svachh – Consciência Clara, à luz do Eneagrama, para cada um dos nove tipos, juntamente com sugestões de melhoria específicas:

Tipo 8 – Poderoso

Quando o Tipo 8 está na Casa 36 – Svachh – Consciência Clara, isso indica um despertar para a importância de equilibrar a força e o poder com a empatia.

Sugestão: cultivar uma consciência clara das próprias intenções e impacto nas relações, buscando construir conexões mais autênticas.

Tipo 9 – Mediador

Nesta casa, o Tipo 9 é convidado a cultivar uma consciência clara sobre seus próprios desejos e necessidades, evitando a tendência de se fundir com os outros.

Sugestão: praticar a expressão autêntica e assertiva, encontrando uma voz interior que pode direcionar as ações.

Tipo 1 – Perfeccionista

Para o Tipo 1 nesta casa, a busca pela perfeição é direcionada para uma consciência clara sobre o que é verdadeiramente importante.

Sugestão: direcionar a autocrítica para um autoexame construtivo, aceitando as imperfeições enquanto se mantém comprometido com os valores pessoais.

Tipo 2 – Ajudante

Quando o Tipo 2 está na Casa 36 – Svachh – Consciência Clara, isso pode indicar um aprofundamento na compreensão das motivações por trás do desejo de ajudar.

Sugestão: cultivar uma consciência clara sobre as próprias necessidades e limites, permitindo um cuidado mais genuíno por si mesmo e pelos outros.

Tipo 3 – Vencedor

Nesta casa, o Tipo 3 é desafiado a desenvolver uma consciência clara sobre o que é autêntico em contraposição às projeções de sucesso.

Sugestão: buscar realizações alinhadas com os próprios valores, em vez de buscar a validação externa.

Tipo 4 – Intenso

Quando o Tipo 4 está na Casa 36 – Svachh – Consciência Clara, isso pode indicar uma jornada em direção à compreensão clara de sua própria identidade.

Sugestão: direcionar a intensidade emocional para a autodescoberta construtiva, abraçando todos os aspectos de si mesmo.

Tipo 5 – Analítico

Nesta casa, o Tipo 5 é convidado a aplicar sua busca constante por conhecimento na direção de uma consciência clara sobre suas próprias emoções e relacionamentos.

Sugestão: equilibrar a análise intelectual com a abertura para as dimensões emocionais da vida.

Tipo 6 – Precavido

Quando o Tipo 6 está na Casa 36 – Svachh – Consciência Clara, isso indica uma jornada em direção a uma compreensão mais clara de seus medos e inseguranças.

Sugestão: cultivar a confiança interna e direcionar a cautela para uma avaliação equilibrada das situações.

Tipo 7 – Otimista

Nesta casa, o Tipo 7 é desafiado a desenvolver uma consciência clara sobre sua busca por novas experiências como uma forma de evitar desconfortos emocionais.

Sugestão: permitir-se sentir e explorar emoções mais profundas, encontrando alegria tanto nas experiências positivas quanto nas introspectivas.

RESUMO

A Casa 36 – Svachh – Consciência Clara, no contexto do Eneagrama, convida cada tipo a desenvolver uma compreensão mais profunda de si mesmo e do mundo ao seu redor. As sugestões específicas para cada tipo podem ajudar a transformar essa consciência em um caminho para o crescimento pessoal e uma vida mais autêntica.

CONSTELAÇÃO

Pertencimento na Casa 36 – Svachh – Consciência Clara

O Pertencimento nesta casa envolve reconhecer que estamos todos interligados em nossa busca por uma consciência mais clara. A busca pela compreensão da verdade e da realidade é uma jornada compartilhada por muitos, independentemente de suas crenças individuais. Ao entendermos que fazemos parte de uma comunidade de buscadores da verdade, encontramos apoio e inspiração uns nos outros.

Cultivar o pertencimento aqui envolve compartilhar experiências, insights e aprendizados com outros que também buscam a clareza de consciência.

Hierarquia na Casa 36 – Svachh – Consciência Clara

A Hierarquia nesta casa está relacionada com a profundidade e a complexidade da compreensão que buscamos. Nem todas as questões têm o mesmo nível de importância e nem todas as respostas são igualmente satisfatórias. A hierarquização das questões nos ajuda a direcionar nossa energia para as áreas que podem trazer uma clareza maior e mais impactante.

Equilibrar a hierarquia da busca pela consciência clara envolve reconhecer que nem todas as respostas estão ao nosso alcance imediato e que a jornada é contínua.

Equilíbrio na Casa 36 – Svachh – Consciência Clara

O Equilíbrio é alcançado nesta casa quando buscamos a clareza de consciência sem nos perdermos em especulações excessivas ou dogmas rígidos. A busca pela verdade exige abertura para novas perspectivas, mas também requer discernimento para filtrar informações e *insights*.

Encontrar um equilíbrio entre exploração e discernimento nos ajuda a encontrar a clareza genuína que buscamos.

RESUMO

A Casa 36 – Svachh – Consciência Clara destaca o Pertencimento ao nos conectar com uma comunidade de buscadores da verdade, a Hierarquia ao direcionar nossa busca para áreas mais impactantes e o Equilíbrio ao explorar com discernimento e mente aberta.

OS 7 CHACRAS

Aqui está a análise da Casa 36 – Svachh – Consciência Clara, relacionada com os sete chacras, oferecendo *insights* sobre como essa casa influencia cada um dos centros de energia, juntamente com dicas para equilibrar essas influências em sua vida:

Chacra Raiz (Muladhara) – Segurança e Sobrevivência

A Consciência Clara na Casa 36 pode ter um impacto no chacra raiz, pois uma compreensão mais profunda da vida e do mundo pode afetar a sensação de segurança e sobrevivência. Isso pode resultar em uma sensação de segurança mais sólida à medida que se desenvolve uma compreensão mais clara da realidade.

Chacra Sacral (Swadhisthana) – Criatividade e Emoções

Essa consciência também pode influenciar o chacra sacral, pois uma compreensão mais clara das emoções e da criatividade pode surgir. Isso pode levar a uma expressão mais autêntica das emoções e ao uso criativo da energia.

Chacra do Plexo Solar (Manipura) – Poder Pessoal

A consciência clara está intimamente ligada ao chacra do plexo solar, pois pode fortalecer o senso de poder pessoal. Quando você tem uma compreensão mais clara de si mesmo e de sua missão na vida, pode tomar decisões mais alinhadas com seu poder pessoal.

Chacra Cardíaco (Anahata) – Amor e Compaixão

Uma maior consciência pode abrir o chacra cardíaco para um amor e compaixão mais profundos. À medida que você compreende melhor a si mesmo e aos outros, pode cultivar relacionamentos mais amorosos e compassivos.

Chacra Laríngeo (Vishuddha) – Comunicação e Expressão

A Consciência Clara também afeta o chacra laríngeo, pois uma compreensão mais profunda das palavras e da comunicação pode surgir. Isso pode levar a uma comunicação mais clara, autêntica e eficaz.

Chacra do Terceiro Olho (Ajna) – Intuição e Percepção

Este chacra está diretamente relacionado com a consciência clara, pois está associado à intuição e percepção. O desenvolvimento deste chacra pode levar a uma compreensão mais profunda da verdade e da realidade.

Chacra Coronário (Sahasrara) – Conexão Espiritual

A consciência clara também pode abrir o chacra coronário, permitindo uma conexão espiritual mais profunda. Isso pode levar a uma compreensão mais elevada da existência e do propósito da vida.

RESUMO

A Casa 36 – Svachh – Consciência Clara, vista por meio da perspectiva dos sete chacras, destaca a importância do desenvolvimento da consciência e do entendimento claro da realidade. Cada chacra desempenha um papel na forma como você percebe e interage com o mundo, e uma consciência mais clara pode levar a uma vida mais significativa e alinhada com seu verdadeiro eu.

MENSAGEM FINAL

A mensagem final para quem tirou a carta da casa Svachh é que a clareza da consciência é uma ferramenta essencial para a sua jornada de vida. Por meio dela, você pode tomar decisões mais alinhadas com seu verdadeiro eu, perceber a beleza da realidade com mais profundidade e cultivar uma sensação de paz interior. A clareza da mente não é apenas sobre ver as coisas como são, mas também sobre perceber a conexão mais profunda entre todas as coisas. Ela pode ser um guia poderoso para uma vida mais consciente, realizada e espiritualmente evoluída.

Casa 37

Jnana – Conhecimento – Consciência da Verdade – Discernimento

Seja bem-vindo(a) à Casa 37 – Jnana – Conhecimento – Consciência da Verdade – Discernimento, um espaço de exploração da sabedoria profunda e da compreensão esclarecida. Nesta casa, somos convidados a mergulhar nas águas do conhecimento genuíno e a desenvolver um discernimento aguçado que nos permita desvendar a verdade por trás das aparências.

Jnana representa o conhecimento que vai além do intelecto superficial, buscando compreender as verdades fundamentais que regem a existência. Ao adentrar a Casa 37, embarcamos em uma jornada em busca da consciência da verdade, aquela que transcende as limitações das crenças condicionadas e se baseia na percepção direta da realidade.

Nesta casa, exploramos o poder do discernimento, a capacidade de distinguir entre ilusão e realidade, entre conhecimento superficial e profundo. O discernimento nos guia na busca de um entendimento mais elevado, permitindo-nos questionar, analisar e compreender com clareza. Ele é como uma luz que ilumina o caminho por meio das trevas da confusão.

Ao explorar a Casa 37, nos desafiamos a ir além das aparências e a mergulhar na essência das coisas. Cultivar o conhecimento verdadeiro e o discernimento nos capacita a tomar decisões informadas, a compreender as interconexões sutis do universo e a perceber a unidade subjacente em tudo o que existe.

Que esta jornada na Casa 37 nos conduza a uma profunda conscientização da verdade e a um discernimento que nos permita enxergar a realidade com olhos claros e mente desperta, desvendando as camadas da ilusão e revelando as profundezas do conhecimento autêntico.

Algumas características e reflexões relacionadas com a Casa Jnana

- **Busca pela verdade:** o Jnana representa a busca pela verdade interior e exterior, questionando e explorando profundamente para compreender a realidade mais profunda.

- **Consciência elevada:** ter consciência da verdade é transcender as ilusões e limitações da mente, acessando uma visão mais clara da realidade.

- **Discernimento:** o discernimento é a capacidade de distinguir entre o que é verdadeiro e o que é falso, de modo a tomar decisões sábias e alinhadas.

- **Autoconhecimento:** a busca pelo conhecimento muitas vezes começa com o autoconhecimento, entendendo quem você é além das identificações superficiais.

- **Exploração interior:** o Jnana convida à exploração interna, questionando crenças, valores e padrões que podem limitar o crescimento espiritual.

- **Aprendizado contínuo:** o conhecimento não tem limites; a busca por sabedoria é uma jornada de aprendizado ao longo da vida.

- **Iluminação interior:** por meio do conhecimento e da busca pela verdade, você pode alcançar um estado de iluminação interior e compreensão mais profunda.

Aplicação terapêutica da Casa Jnana

- **Estudo e leitura:** dedique tempo para ler livros e materiais que expandam sua mente e conhecimento.

- **Meditação e reflexão:** práticas de meditação e reflexão ajudam a acessar a verdade interior e clareza mental.

- **Questionamento sistemático:** faça perguntas profundas e sistemáticas sobre os aspectos da vida e da existência.

- **Diálogo filosófico:** participe de discussões e diálogos filosóficos para explorar diferentes perspectivas.

- **Mentoria e aprendizado:** busque mentores ou professores que possam guiar você em sua busca por conhecimento.

- **Práticas espirituais:** práticas espirituais como contemplação, estudo de textos sagrados e introspecção podem aprofundar seu entendimento.

- **Observação das próprias reações:** observe como você reage a diferentes situações e emoções, buscando compreender padrões subjacentes.

ENEAGRAMA

Aqui está a análise da Casa 37 – Jnana – Conhecimento – Consciência da Verdade – Discernimento, à luz do Eneagrama, para cada um dos nove tipos, juntamente com sugestões de melhoria específicas:

Tipo 8 – Poderoso

Quando o Tipo 8 está na Casa 37 – Jnana – Conhecimento – Consciência da Verdade – Discernimento, isso indica uma busca por um conhecimento profundo sobre si mesmo e sobre as verdades subjacentes das situações. *Sugestão:* direcionar a sede de poder para uma compreensão empática e uma liderança que promova a justiça.

Tipo 9 – Mediador

Nesta casa, o Tipo 9 é convidado a buscar o conhecimento como uma forma de despertar da complacência e da fusão com os outros.

Sugestão: aplicar o discernimento na tomada de decisões e na expressão autêntica, evitando evitar conflitos.

Tipo 1 – Perfeccionista

Para o Tipo 1 nesta casa, o conhecimento é direcionado para a busca de uma compreensão profunda do que é verdadeiramente certo e justo.

Sugestão: equilibrar o desejo de perfeição com uma aceitação flexível das realidades humanas.

Tipo 2 – Ajudante

Quando o Tipo 2 está na Casa 37 – Jnana – Conhecimento – Consciência da Verdade – Discernimento, isso indica uma jornada em direção ao conhecimento das próprias necessidades autênticas, separadas das expectativas dos outros.

Sugestão: aplicar o discernimento nas relações, priorizando o cuidado consigo mesmo.

Tipo 3 – Vencedor

Nesta casa, o Tipo 3 é desafiado a buscar um conhecimento genuíno sobre suas próprias motivações e identidade, em vez de buscar a validação externa.

Sugestão: direcionar a busca por realizações para a autenticidade pessoal.

Tipo 4 – Intenso

Quando o Tipo 4 está na Casa 37 – Jnana – Conhecimento – Consciência da Verdade – Discernimento, isso indica uma busca pelo conhecimento profundo de sua própria identidade única.

Sugestão: aplicar o discernimento na exploração das próprias emoções, evitando a idealização excessiva.

Tipo 5 – Analítico

Nesta casa, o Tipo 5 é convidado a direcionar sua busca constante por conhecimento para uma compreensão mais profunda do mundo interno e das emoções.

Sugestão: aplicar o discernimento na busca de um equilíbrio entre o aprendizado intelectual e a conexão emocional.

Tipo 6 – Precavido

Quando o Tipo 6 está na Casa 37 – Jnana – Conhecimento – Consciência da Verdade – Discernimento, isso indica uma jornada em direção ao conhecimento sobre os próprios medos e inseguranças.

Sugestão: aplicar o discernimento para avaliar quais medos são fundamentados e quais podem ser superados.

Tipo 7 – Otimista

Nesta casa, o Tipo 7 é desafiado a buscar um conhecimento mais profundo sobre suas próprias motivações por trás da busca constante por novas experiências.

Sugestão: aplicar o discernimento para encontrar satisfação interna e cultivar a presença agora.

> **RESUMO**
>
> A Casa 37 – Jnana – Conhecimento – Consciência da Verdade – Discernimento, no contexto do Eneagrama, convida cada tipo a buscar um conhecimento mais profundo sobre si mesmo e sobre a verdade subjacente das situações. As sugestões específicas para cada tipo podem ajudar a transformar essa busca por conhecimento em um caminho para o crescimento pessoal e uma vida mais autêntica.

CONSTELAÇÃO

Pertencimento na Casa 37 – Jnana – Conhecimento

O Pertencimento nesta casa reside na percepção de que a busca pelo conhecimento e pela verdade é uma jornada compartilhada pela humanidade.

Reconhecemos que somos parte de uma comunidade global de buscadores do conhecimento, cada um contribuindo para a expansão da compreensão humana.

Cultivar o pertencimento nessa casa envolve compartilhar insights e aprendizados com outros, enriquecendo assim o processo coletivo de busca pelo conhecimento.

Hierarquia na Casa 37 – Jnana – Conhecimento

A Hierarquia nesta casa é sobre priorizar a busca pelo conhecimento que é essencial para nosso crescimento pessoal e coletivo. Nem todas as informações têm o mesmo valor; algumas podem nos levar mais profundamente à verdade do que outras. Estabelecer uma hierarquia no conhecimento nos ajuda a direcionar nossos esforços para áreas que têm o potencial de impactar positivamente nossas vidas e sociedade.

Equilibrar a hierarquia na busca pelo conhecimento envolve discernir entre informações superficiais e aquelas que podem realmente ampliar nossa compreensão.

Equilíbrio na Casa 37 – Jnana – Conhecimento

O Equilíbrio nesta casa é alcançado quando buscamos o conhecimento com um discernimento cuidadoso. Nem toda informação ou crença que encontramos é necessariamente verdadeira ou relevante.

O equilíbrio é alcançado ao explorar diferentes fontes de informação, questionar suposições e abordar o conhecimento com uma mente aberta e crítica.

RESUMO

A Casa 37 – Jnana – Conhecimento – Consciência da Verdade – Discernimento ressalta o Pertencimento ao reconhecer nossa participação em uma busca coletiva, a Hierarquia ao priorizar informações significativas e o Equilíbrio ao discernir com sabedoria entre diferentes fontes e perspectivas de conhecimento.

OS 7 CHACRAS

Aqui está a análise da Casa 37 – Jnana – Conhecimento, relacionada com os sete chacras, oferecendo *insights* sobre como essa casa influencia cada um dos centros de energia, juntamente com dicas para equilibrar essas influências em sua vida:

Chacra Raiz (Muladhara) – Segurança e Sobrevivência

A busca pelo conhecimento na Casa 37 pode influenciar o chacra raiz, à medida que se busca uma compreensão mais profunda da própria existência e do mundo. Isso pode fortalecer o senso de segurança, pois o conhecimento muitas vezes traz clareza e capacidade de lidar com os desafios da vida.

Chacra Sacral (Swadhisthana) – Criatividade e Emoções

O conhecimento também pode afetar o chacra sacral, pois a criatividade muitas vezes surge da compreensão profunda. À medida que você adquire mais conhecimento, pode canalizar isso para expressões criativas e emocionais mais ricas e autênticas.

Esta casa está intimamente ligada ao chacra do plexo solar, pois o conhecimento é uma fonte de poder pessoal. À medida que você adquire conhecimento e compreensão, pode tomar decisões mais informadas e alinhadas com seu próprio poder interior.

Chacra Cardíaco (Anahata) – Amor e Compaixão

O conhecimento pode abrir o chacra cardíaco para um amor e compaixão mais profundos, à medida que você entende melhor a si mesmo e aos outros. Isso pode levar a relacionamentos mais amorosos e compassivos.

Chacra Laríngeo (Vishuddha) – Comunicação e Expressão

A busca pelo conhecimento também afeta o chacra laríngeo, pois está relacionada à comunicação e expressão. À medida que você adquire conhecimento, pode comunicar suas ideias de maneira mais clara e eficaz.

Chacra do Terceiro Olho (Ajna) – Intuição e Percepção

Este chacra está diretamente relacionado com o conhecimento, pois está ligado à intuição e percepção. O desenvolvimento deste chacra pode levar a uma compreensão mais profunda da verdade e da realidade.

Chacra Coronário (Sahasrara) – Conexão Espiritual

A busca pelo conhecimento também pode abrir o chacra coronário, permitindo uma conexão espiritual mais profunda à medida que você busca compreender o significado e o propósito mais elevado da vida.

RESUMO

A Casa 37 – Jnana – Conhecimento, vista por meio da perspectiva dos sete chacras, enfatiza a importância do desenvolvimento da sabedoria e do discernimento. O conhecimento é uma ferramenta poderosa para a autodescoberta e a compreensão do mundo ao seu redor. Cada chacra desempenha um papel na integração e expressão desse conhecimento, permitindo uma vida mais significativa e alinhada com a verdade.

MENSAGEM FINAL

A mensagem final para quem tirou a carta da casa Jnana é que o conhecimento, a busca pela verdade e o discernimento são fundamentais para a sua jornada espiritual e evolução pessoal. Por meio do desenvolvimento dessas qualidades, você pode ganhar uma compreensão mais profunda de si mesmo, dos outros e da natureza da realidade. A consciência da verdade é uma ferramenta poderosa para alcançar a iluminação interior e viver uma vida mais autêntica e significativa.

Casa 38

Prana-Loka – Energia Vital – Respiração Consciente

Seja bem-vindo(a) à Casa 38 – Prana-Loka – Energia Vital – Respiração Consciente, um espaço dedicado à exploração da essência vital que permeia todas as formas de vida. Nesta casa, convidamos você a mergulhar nas profundezas da energia que nos anima e a descobrir a poderosa prática da respiração consciente.

Prana é a energia vital que flui por meio de cada ser vivo, sustentando suas funções e proporcionando vitalidade. Ao adentrar a Casa 38, embarcamos em uma jornada para compreender e nutrir essa energia vital de maneira consciente.

Aqui, exploramos a importância da respiração consciente como uma ferramenta poderosa para equilibrar e revitalizar nosso ser. Por meio da prática da respiração consciente, podemos acessar o prana de forma intencional, nutrindo nosso corpo, mente e espírito. Essa prática nos convida a estar presentes no momento presente, conectando-nos com nossa própria essência e com o ritmo natural do universo.

Nesta casa, aprendemos a cultivar uma relação consciente com a energia vital, reconhecendo sua influência em nossa saúde física, emocional e espiritual. A respiração consciente não apenas nutre nosso corpo, mas também acalma nossa mente, promove o equilíbrio emocional e nos conecta com um estado de serenidade e plenitude.

Que esta jornada na Casa 38 nos conduza a uma maior compreensão da energia vital que nos sustenta e à prática enriquecedora da respiração consciente. Que possamos aproveitar essa poderosa ferramenta para revitalizar nosso ser, nutrir nossa conexão com o mundo ao nosso redor e encontrar um profundo equilíbrio entre corpo, mente e espírito.

Algumas características e reflexões relacionadas com a Casa Prana-Loka

- **Energia vital universal:** prana é a energia vital universal que flui por meio de todas as coisas vivas. É a força que nos mantém vivos e animados.
- **Equilíbrio energético:** ter um fluxo equilibrado de prana é essencial para manter nossa saúde e bem-estar. Bloqueios ou desequilíbrios de energia podem levar a doenças físicas e emocionais.
- **Saúde física:** a energia vital está intimamente ligada à nossa saúde física. Práticas como ioga, Tai Chi Chuan e Qi Gong são projetadas para cultivar e equilibrar essa energia.
- **Saúde emocional:** nossa energia vital também desempenha um papel na saúde emocional. Práticas de meditação e respiração podem ajudar a acalmar e equilibrar nossas emoções.
- **Consciência da respiração:** a respiração é uma maneira importante de acessar e direcionar a energia vital. Técnicas de respiração consciente podem aumentar nossa vitalidade.
- **Conexão com a natureza:** estar em contato com a natureza, respirar ar fresco e receber a luz do sol são formas de recarregar nossa energia vital.
- **Alimentação saudável:** a qualidade dos alimentos que ingerimos também afeta nossa energia vital. Uma dieta equilibrada e nutritiva é essencial para manter essa energia.
- **Práticas de energização:** práticas específicas de energização e visualização podem ser incorporadas à rotina diária para fortalecer e equilibrar a energia vital.

Aplicação terapêutica da Casa Prana-Loka

- **Exercícios de respiração:** práticas de respiração profunda, como pranayama, podem ajudar a aumentar e equilibrar a energia vital.
- **Práticas de movimento:** atividades como ioga, dança ou caminhada consciente podem estimular o fluxo de energia vital.
- **Alimentação consciente:** escolha alimentos nutritivos e frescos que contribuam para a vitalidade e evite alimentos processados e pouco saudáveis.

- **Descanso adequado:** um sono de qualidade é fundamental para recarregar a energia vital. Mantenha um bom padrão de sono.
- **Conexão com a natureza:** passe tempo ao ar livre, absorvendo a energia da natureza.
- **Práticas de meditação:** a meditação ajuda a acalmar a mente e a aumentar a energia vital.
- **Hidratação:** beber água suficiente é vital para manter o fluxo de energia.

ENEAGRAMA

Aqui está a análise da Casa 38 – Prana-Loka – Energia Vital – Respiração Consciente, à luz do Eneagrama, para cada um dos nove tipos, juntamente com sugestões de melhoria específicas:

Tipo 8 – Poderoso

Quando o Tipo 8 está na Casa 38 – Prana-Loka – Energia Vital – Respiração Consciente, isso indica a importância de canalizar a intensa energia e vitalidade em direção a ações construtivas.

Sugestão: praticar a respiração consciente para encontrar equilíbrio emocional e evitar a impulsividade.

Tipo 9 – Mediador

Nesta casa, o Tipo 9 é convidado a usar a respiração consciente como uma ferramenta para despertar e direcionar sua energia interna.

Sugestão: aplicar a respiração consciente para aumentar a presença no momento atual e evitar a tendência de se desconectar.

Tipo 1 – Perfeccionista

Para o Tipo 1 nesta casa, a respiração consciente pode ser uma ferramenta para aliviar a tensão interna e permitir uma abordagem mais flexível e compassiva.

Sugestão: praticar a respiração consciente como uma forma de liberar a rigidez autocrítica.

Tipo 2 – Ajudante

Quando o Tipo 2 está na Casa 38 – Prana-Loka – Energia Vital – Respiração Consciente, isso indica a necessidade de se recarregar por meio da respiração consciente, em vez de depender exclusivamente das interações com os outros.

Sugestão: praticar a respiração consciente como uma forma de autocuidado.

Tipo 3 – Vencedor

Nesta casa, o Tipo 3 é desafiado a usar a respiração consciente como uma ferramenta para se conectar com suas próprias necessidades internas, em vez de buscar constantemente a validação externa.

Sugestão: aplicar a respiração consciente para cultivar a autenticidade.

Tipo 4 – Intenso

Quando o Tipo 4 está na Casa 38 – Prana-Loka – Energia Vital – Respiração Consciente, isso indica a importância de usar a respiração consciente para encontrar equilíbrio emocional e evitar a intensidade excessiva.

Sugestão: praticar a respiração consciente como uma forma de se acalmar e se centrar.

Tipo 5 – Analítico

Nesta casa, o Tipo 5 é convidado a usar a respiração consciente para se conectar com o corpo e com o momento presente, em vez de se refugiar apenas na mente.

Sugestão: aplicar a respiração consciente como uma forma de equilibrar a análise com a experiência direta.

Tipo 6 – Precavido

Quando o Tipo 6 está na Casa 38 – Prana-Loka – Energia Vital – Respiração Consciente, isso indica a importância de usar a respiração consciente para acalmar a ansiedade e a preocupação excessiva.

Sugestão: praticar a respiração consciente como uma ferramenta para se sentir mais seguro e presente.

Tipo 7 – Otimista

Nesta casa, o Tipo 7 é desafiado a usar a respiração consciente como uma forma de se aprofundar e enfrentar emoções desconfortáveis, em vez de buscar constantemente novas experiências.

Sugestão: aplicar a respiração consciente para cultivar a presença no momento atual.

RESUMO

A Casa 38 – Prana-Loka – Energia Vital – Respiração Consciente, no contexto do Eneagrama, convida cada tipo a usar a respiração consciente como uma ferramenta para equilibrar sua energia interna e cultivar a presença no momento atual. As sugestões específicas para cada tipo podem ajudar a transformar essa prática em um caminho para o crescimento pessoal e uma vida mais equilibrada.

CONSTELAÇÃO

Pertencimento na Casa 38 – Prana-Loka – Energia Vital

O Pertencimento nesta casa reside na conexão profunda com a energia vital que permeia todos os seres vivos. Compreendemos que nossa respiração não é apenas uma função biológica, mas uma troca vital com o mundo ao nosso redor. Ao praticar a respiração consciente, nos conectamos com a essência vital compartilhada por todos os seres.

Cultivar o pertencimento nessa casa envolve sentir-se parte da teia da vida, reconhecendo que nossa energia vital está interligada com a de todos os seres.

Hierarquia na Casa 38 – Prana-Loka – Energia Vital

A Hierarquia nesta casa envolve entender a importância da energia vital para nossa saúde física, mental e espiritual. Reconhecemos que, ao priorizar a gestão consciente da nossa respiração e energia vital, estamos contribuindo para nosso bem-estar e crescimento pessoal.

Equilibrar a hierarquia nessa casa significa dedicar tempo para a prática da respiração consciente enquanto reconhecemos suas implicações em todos os aspectos de nossa vida.

Equilíbrio na Casa 38 – Prana-Loka – Energia Vital

O Equilíbrio nesta casa é alcançado ao praticar a respiração consciente de maneira adequada e equilibrada. Nem sempre estamos conscientes de nossa respiração, embora seja uma parte fundamental da vida.

O equilíbrio é alcançado quando direcionamos nossa atenção para a respiração de forma intencional, permitindo que ela flua naturalmente, sem esforço excessivo.

RESUMO

A Casa 38 – Prana-Loka – Energia Vital – Respiração Consciente destaca o Pertencimento à energia vital compartilhada por todos os seres, a Hierarquia ao priorizar a gestão consciente da respiração e o Equilíbrio ao praticar a respiração de maneira natural e intencional.

OS 7 CHACRAS

Aqui está a análise da Casa 38 – Prana-Loka – Energia Vital, relacionada com os sete chacras, oferecendo *insights* sobre como essa casa influencia cada

um dos centros de energia, juntamente com dicas para equilibrar essas influências em sua vida:

Chacra Raiz (Muladhara) – Segurança e Sobrevivência

A Casa 38 está intimamente ligada ao chacra raiz, pois trata da energia vital que sustenta a vida. O equilíbrio nessa casa pode fortalecer o sentimento de segurança, uma vez que uma respiração consciente e saudável é essencial para a sobrevivência.

Chacra Sacral (Swadhisthana) – Criatividade e Emoções

A energia vital da Casa 38 também afeta o chacra sacral, uma vez que a respiração consciente pode melhorar a criatividade e o equilíbrio emocional. A respiração profunda frequentemente ajuda a liberar emoções reprimidas e a nutrir a criatividade.

Chacra do Plexo Solar (Manipura) – Poder Pessoal

A respiração consciente é uma ferramenta poderosa para fortalecer o chacra do plexo solar, pois está ligada ao controle da energia e do poder pessoal. Por meio da respiração consciente, você pode aumentar seu poder pessoal e autoconfiança.

Chacra Cardíaco (Anahata) – Amor e Compaixão

A energia vital da respiração consciente também influencia o chacra cardíaco, uma vez que uma respiração saudável e consciente pode abrir o coração para o amor e a compaixão, tanto por si mesmo quanto pelos outros.

Chacra Laríngeo (Vishuddha) – Comunicação e Expressão

A qualidade da respiração afeta diretamente o chacra laríngeo, uma vez que está relacionada à comunicação e expressão. Uma respiração consciente pode melhorar a clareza da fala e a expressão autêntica.

Chacra do Terceiro Olho (Ajna) – Intuição e Percepção

A prática da respiração consciente pode aprimorar a percepção e intuição associadas ao chacra do terceiro olho. Ela ajuda a clarear a mente, permitindo uma maior compreensão da realidade e uma intuição mais aguçada.

Chacra Coronário (Sahasrara) – Conexão Espiritual

A respiração consciente também tem um impacto significativo no chacra coronário, uma vez que uma respiração profunda e consciente pode facilitar uma conexão espiritual mais profunda e uma sensação de unidade com o universo.

> **RESUMO**
>
> A Casa 38 – Prana-Loka – Energia Vital, vista por meio da perspectiva dos sete chacras, destaca a importância da respiração consciente para a saúde física, emocional, mental e espiritual. A prática regular da respiração consciente pode equilibrar a energia vital em todos os níveis, promovendo um estado de bem-estar e harmonia. Cada chacra desempenha um papel na integração e expressão dessa energia vital, permitindo que você aproveite ao máximo a vida.

MENSAGEM FINAL

A mensagem final para quem tirou a carta da casa Prana-Loka é que a energia vital é a base para uma vida saudável e feliz. Ao cultivar e equilibrar essa energia, você pode melhorar sua saúde física, emocional e espiritual. Este é um convite para se conscientizar da energia que flui dentro de você e tomar medidas para nutrir essa energia vital de maneiras que promovam seu bem-estar geral.

Casa 39

Apana-Loka – Eliminação – Excreção Consciente

Seja bem-vindo(a) à Casa 39 – Apana-Loka – Eliminação – Excreção Consciente, um espaço que nos convida a explorar um aspecto fundamental da nossa natureza física e energética. Nesta casa, adentramos um reino de compreensão e consciência com relação aos processos de eliminação e excreção do nosso corpo.

Apana é uma energia vital que governa os processos de eliminação do corpo, como a excreção e a purificação. Ao entrarmos na Casa 39, somos convidados a refletir sobre a importância desses processos muitas vezes negligenciados, mas essenciais para a nossa saúde e bem-estar.

Nesta jornada de exploração, reconhecemos a necessidade de cuidar não apenas daquilo que ingerimos, mas também da maneira como eliminamos os resíduos e toxinas. A excreção consciente envolve uma compreensão profunda dos ritmos naturais do nosso corpo e a adoção de práticas que promovam a saúde e a purificação.

Ao adotar a excreção consciente, podemos contribuir para o equilíbrio do nosso sistema digestivo, a saúde dos órgãos de eliminação e o bem-estar geral do nosso organismo. Por meio dessa consciência, honramos o ciclo contínuo de ingestão e eliminação que sustenta a nossa vitalidade.

Que esta jornada na Casa 39 nos conduza a uma maior conscientização sobre os processos de eliminação e excreção do nosso corpo. Que possamos aprender a nutrir esses processos vitais com respeito e consciência, reconhecendo a importância fundamental que desempenham na nossa saúde e no equilíbrio do nosso ser.

Algumas características e reflexões relacionadas com a Casa Apana-Loka

- **Liberar o antigo:** assim como a eliminação física está associada à excreção consciente, essa casa nos lembra da necessidade de liberar padrões, relacionamentos e coisas que já cumpriram seu propósito em nossas vidas.

- **Transformação e renovação:** a eliminação consciente nos permite liberar o que não é mais necessário e dar espaço para coisas novas e mais positivas entrarem em nossas vidas.

- **Desapego:** essa casa nos ensina sobre a importância do desapego, de soltar os apegos emocionais e materiais que podem nos prender ao passado.

- **Ciclos naturais:** a eliminação é um processo natural no corpo humano, e essa casa nos lembra da importância de seguir os ciclos naturais em nossas vidas também.

- **Clareza mental:** liberar o que não é mais necessário pode trazer clareza mental e emocional, permitindo-nos tomar decisões mais conscientes.

- **Espaço para o novo:** ao criar espaço em nossas vidas, abrimos as portas para novas oportunidades, relacionamentos e experiências.

- **Autocuidado:** eliminação consciente não se limita apenas ao aspecto físico, mas também inclui liberar emoções negativas, pensamentos limitantes e hábitos prejudiciais.

- **Transformação pessoal:** a eliminação e a liberação são partes essenciais do processo de crescimento pessoal e espiritual.

Aplicação terapêutica da Casa Apana-Loka

- **Desapego emocional:** praticar o desapego de relacionamentos tóxicos ou padrões de comportamento prejudiciais.

- **Limpeza e organização:** fazer uma limpeza física e energética em seu espaço, eliminando o que não é mais necessário.

- **Práticas de *mindfulness*:** desenvolver a consciência plena com relação a pensamentos, emoções e padrões que precisam ser liberados.

- **Rituais de liberação:** realizar rituais simbólicos de liberação, como escrever em um papel o que você deseja liberar e queimá-lo.

- **Meditação de liberação:** usar a meditação para visualizar a liberação consciente de coisas que não servem mais.
- **Práticas corporais:** praticar técnicas de yoga ou outras atividades físicas que incentivam a liberação de tensões no corpo.
- **Terapia:** considerar sessões de terapia para abordar questões emocionais e traumas que precisam ser liberados.

ENEAGRAMA

Aqui está a análise da Casa 39 – Apana-Loka – Eliminação – Excreção Consciente, à luz do Eneagrama, para cada um dos nove tipos, juntamente com sugestões de melhoria específicas:

Tipo 8 – O Poderoso

Quando o Tipo 8 está na Casa 39 – Apana-Loka – Eliminação – Excreção Consciente, isso sugere a importância de soltar o controle excessivo e liberar padrões de comportamento rígidos.

Sugestão: praticar a eliminação consciente ao liberar a necessidade de sempre estar no comando e permitir que os outros também tenham espaço

Tipo 9 – O Mediador

Nesta casa, o Tipo 9 é convidado a usar a eliminação consciente como uma maneira de liberar emoções acumuladas e evitar a tendência à procrastinação.

Sugestão: aplicar a eliminação consciente para soltar sentimentos não expressos e encontrar um equilíbrio saudável entre descanso e ação.

Tipo 1 – O Perfeccionista

Para o Tipo 1 nesta casa, a eliminação consciente é um convite para soltar o perfeccionismo excessivo e liberar a autocrítica.

Sugestão: praticar a eliminação consciente ao liberar a necessidade de tudo estar impecavelmente certo e abraçar a imperfeição como parte da jornada.

Tipo 2 – O Ajudante

Quando o Tipo 2 está na Casa 39 – Apana-Loka – Eliminação – Excreção Consciente, isso indica a importância de soltar a tendência de cuidar excessivamente dos outros em detrimento de si mesmo.

Sugestão: aplicar a eliminação consciente ao liberar a necessidade de sempre estar disponível para os outros e praticar o autocuidado.

Tipo 3 – O Vencedor

Nesta casa, o Tipo 3 é desafiado a usar a eliminação consciente para liberar a busca constante por validação externa e realizar uma introspecção mais profunda.

Sugestão: aplicar a eliminação consciente para soltar a necessidade de sempre estar no centro das atenções e encontrar validação interna.

Tipo 4 – O Intenso

Quando o Tipo 4 está na Casa 39 – Apana-Loka – Eliminação – Excreção Consciente, isso sugere a importância de liberar a intensidade emocional excessiva e a tendência ao drama.

Sugestão: praticar a eliminação consciente ao soltar a necessidade de expressar emoções de maneira dramática e encontrar um equilíbrio emocional mais saudável.

Tipo 5 – O Analítico

Nesta casa, o Tipo 5 é convidado a usar a eliminação consciente para liberar o acúmulo excessivo de informações e conhecimento.

Sugestão: aplicar a eliminação consciente ao soltar a necessidade de reter informações por medo de não ter o suficiente e encontrar um equilíbrio entre conhecimento e experiência direta.

Tipo 6 – O Precavido

Quando o Tipo 6 está na Casa 39 – Apana-Loka – Eliminação – Excreção Consciente, isso indica a importância de liberar a ansiedade excessiva e a tendência a se preocupar.

Sugestão: praticar a eliminação consciente ao soltar a necessidade de sempre estar alerta para possíveis perigos e cultivar uma sensação de segurança interior.

Tipo 7 – O Otimista

Nesta casa, o Tipo 7 é desafiado a usar a eliminação consciente como uma maneira de liberar a busca constante por novas experiências e estímulos.

Sugestão: aplicar a eliminação consciente para soltar a necessidade de evitar o tédio a todo custo e encontrar satisfação no momento presente.

RESUMO

A Casa 39 – Apana-Loka – Eliminação – Excreção Consciente, no contexto do Eneagrama, convida cada tipo a liberar padrões e comportamentos que já não são úteis para seu crescimento pessoal. As sugestões específicas para cada tipo podem auxiliar nesse processo de liberação, permitindo espaço para um maior equilíbrio e bem-estar.

CONSTELAÇÃO

Pertencimento na Casa 39 – Apana-Loka – Eliminação – Excreção Consciente

O Pertencimento nesta casa reside na compreensão de que somos parte da natureza cíclica da vida, em que o processo de eliminação é uma parte vital. Reconhecemos que a excreção é uma função natural do corpo, fundamental para manter o equilíbrio interno.

Cultivar o pertencimento nessa casa envolve aceitar essa parte da nossa existência e tratá-la com respeito, reconhecendo que todos os seres vivos estão conectados por meio desses processos.

Hierarquia na Casa 39 – Apana-Loka – Eliminação – Excreção Consciente

A Hierarquia nesta casa envolve reconhecer a importância de eliminar os resíduos de maneira saudável para o funcionamento ideal do corpo. Compreendemos que negligenciar os processos de eliminação pode resultar em desequilíbrios internos e problemas de saúde.

Equilibrar a hierarquia nessa casa significa dar a devida importância à eliminação consciente, mantendo-a em harmonia com outras funções do corpo.

Equilíbrio na Casa 39 – Apana-Loka – Eliminação – Excreção Consciente

O Equilíbrio nesta casa é alcançado quando mantemos a eliminação e excreção em equilíbrio com o resto das funções do corpo.

Praticar a consciência sobre esses processos nos ajuda a identificar sinais de desequilíbrio e tomar medidas adequadas para corrigi-los.

RESUMO

A Casa 39 – Apana-Loka – Eliminação – Excreção Consciente destaca o Pertencimento à natureza cíclica da vida, a Hierarquia ao reconhecer a importância da eliminação saudável e o Equilíbrio ao manter esses processos em harmonia com o corpo.

OS 7 CHACRAS

Aqui está a análise da Casa 39 – Apana-Loka – Eliminação, relacionada com os sete chacras, oferecendo *insights* sobre como essa casa influencia cada

um dos centros de energia, juntamente com dicas para equilibrar essas influências em sua vida:

Chacra Raiz (Muladhara) – Segurança e Sobrevivência

A Casa 39, que se relaciona com a eliminação consciente, tem uma conexão direta com o chacra raiz, pois trata da necessidade básica de eliminar resíduos do corpo para manter a saúde e a sobrevivência. O equilíbrio aqui é essencial para se sentir seguro e saudável.

Chacra Sacral (Swadhisthana) – Criatividade e Emoções

A eliminação consciente pode influenciar o chacra sacral, pois está ligada à purificação do corpo e à liberação de toxinas emocionais. Quando você cuida bem de seu corpo por meio da eliminação adequada, pode experimentar uma maior clareza emocional e criatividade.

Chacra do Plexo Solar (Manipura) – Poder Pessoal

O chacra do plexo solar também está envolvido na eliminação consciente, pois está relacionado com o controle do corpo e à sensação de poder pessoal. Manter a saúde digestiva e a eliminação adequada pode fortalecer esse centro de energia.

Chacra Cardíaco (Anahata) – Amor e Compaixão

A eliminação consciente também pode impactar o chacra cardíaco, uma vez que está relacionada ao autocuidado e à compaixão por si mesmo. Cuidar bem de seu corpo demonstra amor próprio e autocompaixão.

Chacra Laríngeo (Vishuddha) – Comunicação e Expressão

A eliminação consciente pode afetar indiretamente o chacra laríngeo, uma vez que a saúde do corpo está relacionada à clareza da comunicação. Quando você se sente bem e saudável devido a uma eliminação adequada, pode se expressar com mais facilidade.

Chacra do Terceiro Olho (Ajna) – Intuição e Percepção

O chacra do terceiro olho também pode ser influenciado pela eliminação consciente, pois uma digestão saudável e a eliminação de toxinas do corpo podem melhorar a clareza mental e a intuição.

Chacra Coronário (Sahasrara) – Conexão Espiritual

Embora a eliminação consciente não esteja diretamente ligada ao chacra coronário, uma eliminação saudável pode contribuir para o bem-estar geral do corpo e da mente, criando um ambiente propício para a conexão espiritual.

> **RESUMO**
>
> A Casa 39 – Apana-Loka – Eliminação, vista por meio da perspectiva dos sete chacras, destaca a importância de cuidar do corpo físico e emocional por meio de uma eliminação consciente e saudável. Manter esse processo em equilíbrio é essencial para a saúde, bem-estar e equilíbrio emocional, permitindo que a energia flua livremente por meio dos chacras e promovendo uma sensação de segurança e vitalidade. Cada chacra desempenha um papel na integração e expressão dessa eliminação consciente, contribuindo para a sua saúde e harmonia geral.

MENSAGEM FINAL

A mensagem final para quem tirou a carta da casa Apana-Loka é que a eliminação consciente é uma ferramenta poderosa para a transformação e o crescimento pessoal. Ao liberar o que não é mais necessário, você está abrindo espaço para a positividade, o crescimento e a renovação em sua vida. Esta é uma oportunidade para refletir sobre o que você precisa liberar e adotar práticas que apoiem esse processo de eliminação e renovação.

Casa 40

Vyana-Loka — Circulação Vital

Seja bem-vindo(a) à Casa 40 – Vyana-Loka – Circulação Vital, um espaço que nos convida a mergulhar nas complexas vias de circulação que percorrem nosso corpo, levando a energia vital a todos os cantos do nosso ser. Nesta casa, exploramos o intrincado sistema de circulação que é a base da nossa vitalidade e funcionamento saudável.

A energia Vyana é uma força vital que se manifesta por meio da circulação, permitindo que nutrientes, oxigênio e vitalidade alcancem cada célula do nosso corpo. Ao entrar na Casa 40, somos convidados a compreender a importância vital desse sistema e sua influência em nossa saúde física e mental.

Nesta jornada, contemplamos não apenas a circulação sanguínea, mas também a circulação de energia sutil por meio dos meridianos e canais de energia do corpo. A circulação vital é um elo entre cada parte do nosso ser, uma rede intricada que mantém a harmonia e o equilíbrio.

Explorar a Casa 40 é uma oportunidade para refletir sobre como nutrimos e sustentamos essa circulação vital. Cuidar do sistema circulatório significa promover a saúde do coração, vasos sanguíneos e a distribuição eficiente da energia vital. É um convite para adotar hábitos de vida saudáveis, como a prática de exercícios físicos, a alimentação balanceada e a gestão do estresse.

Que esta jornada pela Casa 40 nos inspire a reconhecer a importância da circulação vital em nossa saúde e bem-estar. Que possamos nutrir e fortalecer essa rede vital, permitindo que a energia flua livremente por todo o nosso ser, sustentando a nossa vitalidade e harmonia interior.

Algumas características e reflexões relacionadas com a Casa Vyana-Loka

- **Fluxo energético:** Vyana é uma forma de energia vital que está envolvida na circulação e no movimento por todo o corpo. É responsável por manter um fluxo constante de energia e vitalidade.

- **Circulação física:** a circulação sanguínea é uma manifestação física do fluxo de energia vital. Um sistema circulatório saudável é essencial para transportar nutrientes e oxigênio para as células do corpo.
- **Equilíbrio energético:** ter uma circulação suave e equilibrada da energia vital é crucial para nossa saúde física, mental e emocional.
- **Sistema nervoso:** o fluxo de energia vital também está ligado ao sistema nervoso, que transmite sinais entre diferentes partes do corpo.
- **Resiliência emocional:** uma circulação energética saudável pode contribuir para uma maior resiliência emocional e capacidade de lidar com o estresse.
- **Bloqueios energéticos:** bloqueios no fluxo de energia podem levar a problemas físicos, emocionais e espirituais. Práticas como ioga e acupuntura visam desbloquear esses canais de energia.
- **Autocuidado:** práticas regulares de autocuidado, como massagem, alongamento e relaxamento, podem ajudar a manter um fluxo de energia suave.
- **Conexão espiritual:** em muitas tradições espirituais, a circulação de energia é vista como fundamental para a conexão com níveis mais elevados de consciência.

Aplicação terapêutica da Casa Vyana-Loka

- **Práticas de ioga:** asanas (posturas de ioga) e práticas de alongamento podem estimular a circulação da energia vital.
- **Massagem e terapias manuais:** massagem terapêutica, acupuntura e outras terapias manuais podem ajudar a liberar bloqueios energéticos.
- **Exercício regular:** atividade física regular ajuda a manter um fluxo de energia saudável em todo o corpo.
- **Respiração consciente:** práticas de respiração profunda e consciente também podem estimular o fluxo de energia.
- **Meditação e relaxamento:** técnicas de meditação e relaxamento podem promover uma circulação energética suave.
- **Alimentação equilibrada:** uma dieta equilibrada e nutritiva contribui para a saúde do sistema circulatório.
- **Autocuidado emocional:** práticas como o autocuidado emocional e a expressão criativa podem manter um fluxo de energia emocional saudável.

ENEAGRAMA

Aqui está a análise da Casa 40 – Vyana-Loka – Circulação Vital, à luz do Eneagrama, para cada um dos nove tipos, juntamente com sugestões de melhoria específicas:

Tipo 8 – O Poderoso

Quando o Tipo 8 está na Casa 40 – Vyana-Loka – Circulação Vital, isso indica a importância de direcionar a energia vital para construir conexões saudáveis e construtivas com os outros.

Sugestão: praticar a circulação consciente de sua energia em interações pessoais e evitar a tendência de se tornar dominador.

Tipo 9 – O Mediador

Nesta casa, o Tipo 9 é convidado a usar a circulação consciente de sua energia vital como uma maneira de envolver-se mais plenamente com a vida e evitar a complacência.

Sugestão: aplicar a circulação consciente para se conectar com suas paixões e interesses, evitando a tendência de se desligar.

Tipo 1 – O Perfeccionista

Para o Tipo 1 nesta casa, a circulação consciente de energia vital pode ser uma ferramenta para relaxar padrões de perfeccionismo e permitir um fluxo mais natural da vida.

Sugestão: praticar a circulação consciente para liberar a necessidade de controle excessivo e encontrar um equilíbrio entre a disciplina e a flexibilidade.

Tipo 2 – O Ajudante

Quando o Tipo 2 está na Casa 40 – Vyana-Loka – Circulação Vital, isso sugere a importância de direcionar a energia vital para cuidar de si mesmo, além de cuidar dos outros.

Sugestão: aplicar a circulação consciente para equilibrar o dar e receber, evitando a tendência de negligenciar suas próprias necessidades.

Tipo 3 – O Vencedor

Nesta casa, o Tipo 3 é desafiado a usar a circulação consciente de sua energia vital para buscar realizações que estejam alinhadas com sua verdadeira essência, em vez de buscar apenas reconhecimento externo.

Sugestão: aplicar a circulação consciente para alinhar suas metas com seus valores autênticos.

Tipo 4 – O Intenso

Quando o Tipo 4 está na Casa 40 – Vyana-Loka – Circulação Vital, isso indica a importância de permitir que a energia vital flua de maneira mais equilibrada e estável, em vez de oscilar entre altos e baixos emocionais.

Sugestão: praticar a circulação consciente para encontrar um estado de equanimidade emocional.

Tipo 5 – O Analítico

Nesta casa, o Tipo 5 é convidado a usar a circulação consciente de energia vital para equilibrar a busca pelo conhecimento com a experiência direta da vida.

Sugestão: aplicar a circulação consciente para envolver-se mais plenamente no mundo ao seu redor, evitando a tendência de se isolar.

Tipo 6 – O Precavido

Quando o Tipo 6 está na Casa 40 – Vyana-Loka – Circulação Vital, isso indica a importância de direcionar a energia vital para cultivar a confiança interior e superar a tendência à ansiedade.

Sugestão: praticar a circulação consciente para liberar medos excessivos e encontrar uma sensação de segurança interior.

Tipo 7 – O Otimista

Nesta casa, o Tipo 7 é desafiado a usar a circulação consciente de energia vital como uma forma de encontrar satisfação e contentamento no presente, em vez de buscar constantemente novas experiências.

Sugestão: aplicar a circulação consciente para cultivar a gratidão pelo que está presente no momento atual.

> **RESUMO**
>
> A Casa 40 – Vyana-Loka – Circulação Vital, no contexto do Eneagrama, convida cada tipo a direcionar sua energia vital de maneira equilibrada e consciente para construir uma vida mais plena e satisfatória. As sugestões específicas para cada tipo podem ajudar a transformar essa prática em um caminho para o crescimento pessoal e a harmonia interna.

CONSTELAÇÃO

Pertencimento na Casa 40 – Vyana-Loka – Circulação Vital

O Pertencimento nesta casa reside na compreensão de que estamos intrinsecamente ligados à energia vital que circula por meio de nosso corpo.

Reconhecemos que a circulação é essencial para a vida e nos conecta com a vitalidade universal presente em todos os seres vivos.

Cultivar o pertencimento nessa casa envolve honrar e cuidar dessa circulação vital como uma parte integrante de quem somos, em sintonia com a pulsação da vida.

Hierarquia na Casa 40 – Vyana-Loka – Circulação Vital

A Hierarquia nesta casa envolve compreender a importância da circulação vital para o funcionamento saudável de todos os sistemas do corpo. Reconhecemos que a circulação nutre, regenera e mantém cada célula viva, tornando-se um pilar essencial para a vida.

Equilibrar a hierarquia nessa casa significa honrar a circulação vital como uma função primordial e manter um estilo de vida que a apoie.

Equilíbrio na Casa 40 – Vyana-Loka – Circulação Vital

O Equilíbrio nesta casa é alcançado ao garantir que a circulação vital flua livremente e sem obstruções.

Praticar a consciência com relação à circulação sanguínea e energética nos permite detectar desequilíbrios e tomar medidas para restaurar a harmonia.

RESUMO

A Casa 40 – Vyana-Loka – Circulação Vital enfatiza o Pertencimento à energia vital que flui por meio de nós, a Hierarquia reconhecendo sua importância para a saúde e o Equilíbrio ao manter essa circulação livre e harmoniosa.

OS 7 CHACRAS

Aqui está a análise da Casa 40 – Vyana-Loka – Circulação Vital, relacionada com os sete chacras, oferecendo *insights* sobre como essa casa influencia cada um dos centros de energia, juntamente com dicas para equilibrar essas influências em sua vida:

Chacra Raiz (Muladhara) – Segurança e Sobrevivência

A circulação vital, que abrange a circulação sanguínea e de energia no corpo, está intimamente ligada ao chacra raiz. Uma circulação saudável é essencial para a sobrevivência, garantindo que todos os órgãos e tecidos recebam o oxigênio e os nutrientes necessários.

Chacra Sacral (Swadhisthana) – Criatividade e Emoções

A circulação vital também afeta o chacra sacral, uma vez que influencia a liberação de hormônios e neurotransmissores que regulam as emoções e a criatividade. Uma circulação saudável pode promover um equilíbrio emocional.

Chacra do Plexo Solar (Manipura) – Poder Pessoal

O chacra do plexo solar está relacionado com a energia e a vitalidade pessoal. Uma circulação vital eficiente fornece a energia necessária para manter um senso de poder pessoal e autoconfiança.

Chacra Cardíaco (Anahata) – Amor e Compaixão

A circulação vital também pode influenciar o chacra cardíaco, pois uma circulação saudável está ligada à saúde do coração. Cuidar do coração é um ato de amor próprio e compaixão.

Chacra Laríngeo (Vishuddha) – Comunicação e Expressão

Uma circulação vital adequada garante que o cérebro e as cordas vocais recebam o oxigênio necessário para a comunicação e a expressão eficazes, o que afeta o chacra laríngeo.

Chacra do Terceiro Olho (Ajna) – Intuição e Percepção

A circulação vital também é importante para o funcionamento do cérebro, que desempenha um papel fundamental na intuição e na percepção associadas ao chacra do terceiro olho.

Chacra Coronário (Sahasrara) – Conexão Espiritual

Embora a circulação vital não esteja diretamente ligada ao chacra coronário, uma circulação saudável contribui para o bem-estar geral do corpo e da mente, criando um ambiente propício para a busca de uma conexão espiritual.

RESUMO

A Casa 40 – Vyana-Loka – Circulação Vital, vista por meio da perspectiva dos sete chacras, destaca a importância de manter uma circulação saudável tanto em termos físicos quanto energéticos. Isso é essencial para garantir a sobrevivência, a saúde emocional, a vitalidade pessoal, a comunicação eficaz, a clareza mental e o bem-estar geral. Cada chacra desempenha um papel na integração e expressão dessa circulação vital, contribuindo para a sua saúde e harmonia geral. Portanto, cuidar da circulação é fundamental para o equilíbrio e o fluxo livre de energia por meio dos chacras.

MENSAGEM FINAL

A mensagem final para quem tirou a carta da casa Vyana-Loka é que a circulação e o fluxo de energia são fundamentais para uma vida saudável e equilibrada. Ao manter esse fluxo de energia, você pode promover sua saúde física, mental e emocional, bem como sua conexão espiritual. Esta é uma oportunidade para se conscientizar da importância da circulação energética em seu corpo e em sua vida cotidiana e tomar medidas para mantê-la suave e equilibrada.

Casa 41

Jana-Loka – Plano Humano – Missão de Vida

Seja bem-vindo(a) à Casa 41 – Jana-Loka – Plano Humano – Missão de Vida, um espaço que nos convida a explorar a profundidade da experiência humana e descobrir o propósito singular que cada um de nós carrega ao longo dessa jornada terrena. Nesta casa, mergulhamos na essência da existência humana e buscamos compreender a missão de vida que nos impulsiona.

A Casa 41 é um reino de autoconhecimento e autodescoberta, em que refletimos sobre a nossa presença no plano humano. Cada indivíduo traz consigo uma jornada única, com desafios, aprendizados e um papel a desempenhar na teia da vida. É aqui que sondamos as profundezas da nossa alma em busca da clareza sobre nossa missão.

Nossa passagem pelo Plano Humano é uma oportunidade para crescer, evoluir e contribuir para o bem-estar do mundo ao nosso redor. Ao adentrar esta casa, somos convidados a refletir sobre as escolhas que fazemos, as relações que cultivamos e as maneiras pelas quais impactamos a realidade ao nosso redor.

Explorar a Casa 41 é uma jornada de autodescoberta, em que buscamos alinhar nossos talentos, paixões e valores com a nossa missão de vida. É um chamado para viver com autenticidade, abraçando nossa singularidade e trabalhando em prol de um propósito maior.

Que esta jornada na Casa 41 nos inspire a reconhecer a beleza da experiência humana e a importância de descobrir e perseguir nossa missão de vida. Que possamos abraçar nossos dons, desafios e oportunidades, contribuindo assim para o crescimento e a evolução de nós mesmos e do mundo ao nosso redor.

Algumas características e reflexões relacionadas com a Casa Jana-Loka

- **Relações interpessoais:** a casa Jana-Loka nos lembra da importância das relações humanas em nossas vidas. Nossas interações com outras pessoas podem nos ensinar valiosas lições e nos ajudar a crescer espiritualmente.

- **Aprendizado mútuo:** as relações humanas muitas vezes nos desafiam e nos ensinam sobre nós mesmos. Elas nos proporcionam oportunidades de autoconhecimento e desenvolvimento pessoal.
- **Crescimento por meio do conflito:** às vezes, conflitos e desafios em relacionamentos podem ser oportunidades para desenvolver a paciência, a compreensão e a empatia.
- **Cultivando relações saudáveis:** a aplicação terapêutica desta casa pode envolver a busca por formas de cultivar relacionamentos saudáveis, comunicar-se eficazmente e resolver conflitos de maneira construtiva.
- **Empatia e compaixão:** relações significativas nos permitem praticar a empatia e a compaixão, contribuindo para nosso crescimento espiritual.
- **Reflexão sobre conexões:** esta casa convida a refletir sobre as conexões que temos com outras pessoas e como essas conexões podem estar alinhadas com nossa missão de vida.
- **Troca de energia:** as relações humanas envolvem uma troca constante de energia emocional e espiritual, afetando nossa própria vibração e estado de ser.
- **O papel das relações:** refletir sobre como as relações humanas podem influenciar nossos objetivos, aspirações e missão de vida.
- **Conexão espiritual:** as relações humanas também podem ter um componente espiritual, ajudando-nos a crescer em direção a nossa evolução espiritual.
- **Autenticidade:** a Casa Jana-Loka nos lembra da importância de ser autêntico em nossas relações, buscando conexões que estejam alinhadas com nossa verdadeira essência.

Aplicação terapêutica da Casa Jana-Loka

- **Comunicação consciente:** praticar uma comunicação consciente e aberta em relacionamentos para promover a compreensão mútua.
- Desenvolver **empatia:** cultivar a empatia e a capacidade de se colocar no lugar do outro, fortalecendo as relações.
- Resolução de **conflitos:** aprender a lidar com conflitos de maneira construtiva, focando na resolução e não na vitória.

- Círculos de **apoio:** buscar grupos e comunidades que compartilham interesses e valores semelhantes para promover o crescimento pessoal.
- Prática da **gratidão:** expressar gratidão e apreço pelas relações significativas em sua vida.
- Refletir sobre **relações passadas:** analisar relacionamentos anteriores para identificar lições aprendidas e como eles moldaram sua jornada.

ENEAGRAMA

Aqui está a análise da Casa 41 – Jana-Loka – Plano Humano – Missão de Vida, à luz do Eneagrama, para cada um dos nove tipos, juntamente com sugestões de melhoria específicas:

Tipo 8 – O Poderoso

Quando o Tipo 8 está na Casa 41 – Jana-Loka – Plano Humano – Missão de Vida, isso sugere que a jornada do poderoso está profundamente conectada com o entendimento e a realização de sua missão de vida.

Sugestão: explorar conscientemente essa missão e usar sua força para impactar positivamente a vida dos outros.

Tipo 9 – O Mediador

Nesta casa, o Tipo 9 é convidado a se conscientizar de sua missão de vida e a evitar a tendência de se perder em suas próprias necessidades.

Sugestão: usar a habilidade de mediar para unir diferentes perspectivas em prol de um propósito maior e atingir a paz interna por meio da ação.

Tipo 1 – O Perfeccionista

Para o Tipo 1 nesta casa, a busca pela perfeição está intrinsecamente ligada à sua missão de vida.

Sugestão: equilibrar o desejo de aprimoramento com a aceitação da imperfeição inerente à experiência humana, transformando essa busca em um catalisador de crescimento pessoal e mudança positiva.

Tipo 2 – O Ajudante

Quando o Tipo 2 está na Casa 41 – Jana-Loka – Plano Humano – Missão de Vida, isso indica a importância de direcionar sua natureza prestativa para a sua missão de vida autêntica.

Sugestão: ajudar os outros de maneira que esteja alinhada com seus valores pessoais, evitando a armadilha da busca excessiva por aprovação.

Tipo 3 – O Vencedor

Nesta casa, o Tipo 3 é desafiado a alinhar suas ambições e conquistas com sua verdadeira missão de vida, em vez de buscar apenas reconhecimento externo.

Sugestão: focar em metas que estejam alinhadas com seus valores intrínsecos, permitindo um senso genuíno de realização.

Tipo 4 – O Intenso

Quando o Tipo 4 está na Casa 41 – Jana-Loka – Plano Humano – Missão de Vida, isso sugere que a busca por autenticidade e significado é central para sua jornada.

Sugestão: usar sua intensidade emocional para explorar e expressar sua singularidade, compartilhando sua perspectiva única com o mundo.

Tipo 5 – O Analítico

Nesta casa, o Tipo 5 é convidado a integrar sua busca pelo conhecimento profundo com sua missão de vida.

Sugestão: usar sua capacidade analítica para compreender como suas habilidades podem contribuir para o bem-estar coletivo, evitando a tendência de se isolar.

Tipo 6 – O Precavido

Quando o Tipo 6 está na Casa 41 – Jana-Loka – Plano Humano – Missão de Vida, isso sugere que a jornada do precavido está intrinsecamente ligada à busca por segurança e confiança.

Sugestão: usar sua natureza questionadora para identificar e abraçar uma missão que ressoe com seus valores fundamentais.

Tipo 7 – O Otimista

Nesta casa, o Tipo 7 é desafiado a encontrar foco e comprometimento em sua busca por novas experiências e oportunidades.

Sugestão: direcionar sua energia otimista para descobrir e perseguir uma missão de vida que traga alegria e satisfação duradouras.

> **RESUMO**
>
> A Casa 41 – Jana-Loka – Plano Humano – Missão de Vida, no contexto do Eneagrama, convida cada tipo a explorar sua missão de vida autêntica e a alinhar suas ações com um propósito significativo. As sugestões específicas para cada tipo podem ajudar a transformar essa prática em um caminho para o crescimento pessoal e a realização de uma vida com propósito.

CONSTELAÇÃO

Pertencimento na Casa 41 – Jana-Loka – Plano Humano – Missão de Vida

O Pertencimento nesta casa é a compreensão de que cada indivíduo faz parte de um todo maior, contribuindo com sua missão única para o plano humano. Reconhecemos que nossas vidas estão interligadas e que cada pessoa desempenha um papel significativo na evolução da sociedade e do mundo.

Cultivar o pertencimento nessa casa envolve abraçar nossa conexão com a humanidade e encontrar significado por meio da contribuição para o bem comum.

Hierarquia na Casa 41 – Jana-Loka – Plano Humano – Missão de Vida

A Hierarquia nesta casa é a compreensão de que cada indivíduo tem uma missão de vida única e valiosa. Reconhecemos que nossas experiências, habilidades e paixões nos guiam para cumprir nosso propósito no plano humano.

Equilibrar a hierarquia nessa casa significa respeitar a singularidade de cada pessoa e valorizar suas contribuições individuais para o todo.

Equilíbrio na Casa 41 – Jana-Loka – Plano Humano – Missão de Vida

O Equilíbrio nesta casa é alcançado ao alinhar nossa missão de vida com nossos valores, paixões e habilidades.

Buscamos viver uma vida que seja autêntica e significativa, enquanto também reconhecemos a importância de equilibrar nossos objetivos pessoais com as necessidades da comunidade.

RESUMO

A Casa 41 – Jana-Loka – Plano Humano – Missão de Vida enfatiza o Pertencimento à humanidade, a Hierarquia ao reconhecer o valor único de cada missão de vida e o Equilíbrio ao alinhar nossa busca por propósito com nossas paixões e valores.

OS 7 CHACRAS

Aqui está a análise da Casa 41 – Jana-Loka – Plano Humano – Missão de Vida, relacionada com os sete chacras, oferecendo *insights* sobre como essa casa influencia cada um dos centros de energia, juntamente com dicas para equilibrar essas influências em sua vida:

Chacra Raiz (Muladhara) – Segurança e Sobrevivência

A Casa 41 está relacionada com a missão de vida, que pode influenciar o chacra raiz. Descobrir e seguir sua missão de vida pode proporcionar uma sensação de segurança e propósito, fortalecendo o chacra raiz.

Chacra Sacral (Swadhisthana) – Criatividade e Emoções

Seguir sua missão de vida muitas vezes envolve expressar sua criatividade e paixões. Isso está alinhado com o chacra sacral, que é o centro da criatividade e das emoções.

Chacra do Plexo Solar (Manipura) – Poder Pessoal

Cumprir sua missão de vida muitas vezes requer um senso de poder pessoal e determinação. O chacra do plexo solar desempenha um papel importante nesse processo.

Chacra Cardíaco (Anahata) – Amor e Compaixão

A missão de vida muitas vezes envolve servir aos outros e contribuir para o bem-estar da humanidade. Isso está alinhado com o chacra cardíaco, que é o centro do amor e da compaixão.

Chacra Laríngeo (Vishuddha) – Comunicação e Expressão

Comunicar sua missão de vida e expressar seus propósitos muitas vezes envolve o chacra laríngeo. A clareza na comunicação é fundamental.

Chacra do Terceiro Olho (Ajna) – Intuição e Percepção

A intuição desempenha um papel significativo na descoberta e no cumprimento da missão de vida. O chacra do terceiro olho está associado à intuição e à percepção.

Chacra Coronário (Sahasrara) – Conexão Espiritual

A busca de significado e propósito da vida muitas vezes está relacionada à espiritualidade. O chacra coronário é o centro da conexão espiritual e pode ajudar a iluminar a jornada da missão de vida.

> **RESUMO**
>
> A Casa 41 – Jana-Loka – Plano Humano – Missão de Vida, vista por meio da perspectiva dos sete chacras, destaca a importância de descobrir e seguir sua missão de vida única. Cada chacra desempenha um papel vital nesse processo, desde fornecer segurança e criatividade até empoderamento pessoal, amor, comunicação, intuição e conexão espiritual. Ao alinhar esses centros de energia, você pode encontrar um caminho significativo e cumprir sua missão de vida com mais facilidade e satisfação. Isso contribui para um maior equilíbrio e harmonia em sua jornada pessoal.

MENSAGEM FINAL

A mensagem final para quem tirou a carta da casa Jana-Loka é que as relações humanas são fundamentais para nossa evolução pessoal e espiritual. Ao cultivar relações saudáveis, autênticas e positivas, você está criando um ambiente propício para o crescimento, a aprendizagem e o desenvolvimento de sua missão de vida. Este é um lembrete para valorizar e nutrir as conexões humanas que contribuem para seu bem-estar e evolução espiritual.

Casa 42

Agni-Loka – Fogo Interior

Seja bem-vindo(a) à Casa 42 – Agni-Loka – Fogo Interior, um espaço de exploração profunda do nosso eu interior e da paixão ardente que reside em nossos corações. Nesta casa, convidamo-lo(a) a acender a chama do fogo interior que impulsiona a nossa vida e a compreender a sua influência nas nossas ações e jornada.

A Casa 42 representa a energia vital que arde dentro de nós, simbolizada pelo fogo. É aqui que exploramos a intensidade das nossas emoções, o fervor das nossas aspirações e a força motriz que nos guia em direção aos nossos objetivos. Essa casa é um convite a despertar e nutrir essa paixão intrínseca que nos impulsiona a avançar na vida.

O Fogo Interior, presente em cada um de nós, é uma fonte de coragem, motivação e determinação. Ele nos empurra além dos limites, inspirando-nos a enfrentar desafios e a buscar o crescimento pessoal. Ao explorar esta casa, convidamo-lo(a) a refletir sobre como você canaliza essa energia e como ela molda suas escolhas e ações.

Nesta jornada pela Casa 42, mergulhe profundamente no seu fogo interior. Descubra o que acende a sua paixão, o que alimenta o seu entusiasmo e como você pode direcionar essa energia de maneira positiva e construtiva. Que este espaço de exploração intensa nos inspire a nutrir a chama interior, encontrando força, direção e autenticidade em nossa jornada pela vida.

Algumas características e reflexões relacionadas com a Casa Agni-Loka

- **Fogo interior e transformação:** a casa Agni-Loka nos lembra da presença de um "fogo interior" simbólico dentro de nós, que representa a capacidade de transformar e renovar. Assim como o fogo pode purificar e renovar, a transformação interna pode nos levar a um estado mais elevado de ser.

- **Processo de renascimento:** o fogo é frequentemente associado ao processo de renascimento e renovação. Ele queima o que não é mais necessário, criando espaço para o novo e o transformado. Da mesma forma, em nossas vidas, a transformação pode ser um processo de abandonar velhos padrões e abraçar novas formas de ser e viver.

- **Liberação e purificação:** assim como o fogo consome a madeira e a transforma em cinzas, a transformação em nossas vidas muitas vezes envolve a liberação e a purificação de elementos que já não nos servem.

- **Aceitação da mudança:** o fogo é um símbolo de mudança constante. A casa Agni-Loka nos lembra da importância de abraçar a mudança como uma parte natural da vida e do nosso crescimento espiritual.

- **Coragem para a transformação:** a transformação muitas vezes exige coragem para enfrentar o desconhecido e deixar ir o que é familiar. A casa Agni-Loka nos lembra da importância de abraçar esse processo com coragem e determinação.

- **Morte e renascimento simbólicos:** a transformação frequentemente envolve um aspecto de "morte" para o antigo e um "renascimento" para o novo. Isso pode se aplicar a padrões de pensamento, comportamento ou situações em nossa vida.

- **Aprendizado com a adversidade:** o fogo é frequentemente associado a desafios e adversidades. Da mesma forma, os momentos difíceis em nossas vidas podem nos levar a uma transformação profunda, nos ensinando lições valiosas e levando a um maior crescimento.

Aplicação terapêutica da Casa Agni-Loka

- **Autoexame e reflexão:** refletir sobre as áreas de sua vida que estão prontas para a transformação e como você pode iniciar esse processo.

- **Deixar ir o antigo:** identificar padrões, crenças ou relacionamentos que não mais lhe servem e explorar maneiras de liberá-los.

- **Explorar novos caminhos:** buscar oportunidades de explorar novas perspectivas, interesses ou atividades que possam impulsionar sua transformação.

- **Meditação e introspecção:** praticar a meditação e a introspecção para se conectar com seu "fogo interior" e buscar orientação sobre os aspectos que precisam de transformação.
- **Aceitação da mudança:** trabalhar na aceitação da mudança como uma constante na vida e abraçar os desafios que podem levar à transformação.
- **Busca pelo autoconhecimento:** explorar quem você é em um nível mais profundo e como você pode se transformar para se alinhar com sua verdadeira essência.

ENEAGRAMA

Aqui está a análise da Casa 42 – Agni-Loka – Fogo Interior, à luz do Eneagrama, para cada um dos nove tipos, juntamente com sugestões de melhoria específicas:

Tipo 8 – O Poderoso

Quando o Tipo 8 está na Casa 42 – Agni-Loka – Fogo Interior, isso indica a importância de direcionar sua intensa energia e paixão para ações que tragam transformação positiva.

Sugestão: cultivar um "fogo interior" que inspire e motive tanto a si mesmo quanto aos outros, evitando a tendência de ser excessivamente dominador.

Tipo 9 – O Mediador

Nesta casa, o Tipo 9 é convidado a acender seu "fogo interior" para despertar sua energia interna e buscar suas próprias paixões.

Sugestão: usar essa chama interior para se posicionar com autenticidade e evitar a tendência de se desconectar das próprias ambições.

Tipo 1 – O Perfeccionista

Para o Tipo 1 nesta casa, acender o "fogo interior" significa direcionar a busca pela perfeição para causas e projetos significativos.

Sugestão: usar essa energia para impulsionar mudanças positivas sem cair na armadilha do perfeccionismo paralisante.

Tipo 2 – O Ajudante

Quando o Tipo 2 está na Casa 42 – Agni-Loka – Fogo Interior, isso sugere acender seu "fogo interior" para cuidar de si mesmo e dos outros de maneira saudável.

Sugestão: usar essa energia para estabelecer limites claros e evitar a tendência de se esgotar ao priorizar os outros.

Tipo 3 – O Vencedor

Nesta casa, o Tipo 3 é desafiado a acender seu "fogo interior" autêntico, direcionando-o para realizações que reflitam sua verdadeira identidade, em vez de buscar apenas o reconhecimento externo.

Sugestão: usar essa energia para definir metas alinhadas com seus valores mais profundos.

Tipo 4 – O Intenso

Quando o Tipo 4 está na Casa 42 – Agni-Loka – Fogo Interior, isso indica a importância de canalizar a intensidade emocional para a criatividade e autoexpressão positiva.

Sugestão: usar o "fogo interior" para iluminar sua singularidade e superar os sentimentos de inadequação.

Tipo 5 – O Analítico

Nesta casa, o Tipo 5 é convidado a acender seu "fogo interior" intelectual de maneira mais aberta e compartilhá-lo com os outros.

Sugestão: usar essa energia para contribuir ativamente em situações sociais, evitando a tendência de se isolar na busca por conhecimento.

Tipo 6 – O Precavido

Quando o Tipo 6 está na Casa 42 – Agni-Loka – Fogo Interior, isso sugere acender o "fogo interior" da coragem e da confiança para superar medos e dúvidas.

Sugestão: usar essa energia para enfrentar desafios com determinação, evitando a tendência de se fixar em preocupações excessivas.

Tipo 7 – O Otimista

Nesta casa, o Tipo 7 é desafiado a acender seu "fogo interior" para mergulhar nas experiências do presente, em vez de buscar constantemente distrações.

Sugestão: usar essa energia para cultivar profundidade emocional e apreciar plenamente o momento atual.

RESUMO

A Casa 42 – Agni-Loka – Fogo Interior, no contexto do Eneagrama, convida cada tipo a acender seu próprio "fogo interior" para motivar a ação, criar mudanças positivas e encontrar significado. As sugestões específicas para cada tipo podem ajudar a transformar essa prática em um caminho para o crescimento pessoal e a realização de uma vida mais autêntica.

CONSTELAÇÃO

Pertencimento na Casa 42 – Agni-Loka – Fogo Interior

O Pertencimento nesta casa é a compreensão de que cada indivíduo possui um fogo interior único e valioso. Reconhecemos que nossas paixões e motivações nos conectam a um propósito mais profundo e nos permitem contribuir para o mundo de maneira significativa.

Cultivar o pertencimento nessa casa envolve aceitar e abraçar nossos desejos interiores e reconhecer que fazemos parte de uma comunidade de pessoas apaixonadas e motivadas.

Hierarquia na Casa 42 – Agni-Loka – Fogo Interior

A Hierarquia nesta casa é a compreensão de que nossas paixões e objetivos podem ser direcionados de maneira construtiva. Reconhecemos que, ao estabelecer prioridades e metas claras, podemos canalizar nosso fogo interior de maneira eficaz.

Equilibrar a hierarquia nessa casa significa reconhecer nossas paixões e motivações, enquanto também avaliamos como elas se alinham com nossos valores e objetivos maiores.

Equilíbrio na Casa 42 – Agni-Loka – Fogo Interior

O Equilíbrio nesta casa é alcançado ao nutrir nosso fogo interior de maneira saudável.

Devemos equilibrar nossa paixão e motivação com cuidado próprio, bem-estar emocional e conexões significativas com os outros.

RESUMO

A Casa 42 – Agni-Loka – Fogo Interior ressalta o Pertencimento à comunidade de pessoas apaixonadas, a Hierarquia ao direcionar nossas paixões de maneira construtiva e o Equilíbrio ao nutrir nosso fogo interior de maneira saudável e harmoniosa.

OS 7 CHACRAS

Aqui está a análise da Casa 42 – Agni-Loka – Fogo Interior, relacionada com os sete chacras, oferecendo *insights* sobre como essa casa influencia cada

um dos centros de energia, juntamente com dicas para equilibrar essas influências em sua vida:

Chacra Raiz (Muladhara) – Segurança e Sobrevivência

A Casa 42, que simboliza o fogo interior, tem uma conexão com o chacra raiz. Esse fogo interior pode representar a força vital que nos mantém seguros e motivados para enfrentar os desafios da vida.

Chacra Sacral (Swadhisthana) – Criatividade e Emoções

O fogo interior muitas vezes está relacionado com a paixão e a criatividade. O chacra sacral desempenha um papel vital ao fornecer energia para expressar essa paixão e criatividade de forma equilibrada.

Chacra do Plexo Solar (Manipura) – Poder Pessoal

O fogo interior também pode estar ligado ao nosso senso de poder pessoal e motivação. O chacra do plexo solar é fundamental para canalizar essa energia de forma eficaz.

Chacra Cardíaco (Anahata) – Amor e Compaixão

O fogo interior pode ser um impulsionador do amor e da compaixão. O chacra cardíaco é o centro de nossas emoções amorosas e pode ser influenciado por esse fogo interior.

Chacra Laríngeo (Vishuddha) – Comunicação e Expressão

A comunicação inspirada e a expressão autêntica muitas vezes são alimentadas pelo fogo interior. O chacra laríngeo desempenha um papel essencial nessa comunicação.

Chacra do Terceiro Olho (Ajna) – Intuição e Percepção

O fogo interior também pode aprimorar nossa intuição e percepção. O chacra do terceiro olho está relacionado a essas faculdades mentais.

Chacra Coronário (Sahasrara) – Conexão Espiritual

Finalmente, o fogo interior pode ser uma força que nos conecta com o divino e o espiritual. O chacra coronário é o centro de nossa conexão espiritual e pode ser intensificado por esse fogo interior.

RESUMO

A Casa 42 – Agni-Loka – Fogo Interior, vista por meio da perspectiva dos sete chacras, representa a energia e a paixão interna que nos impulsionam na vida. Cada chacra desempenha um papel vital na canalização dessa energia, desde a segurança e criatividade no chacra raiz até o despertar espiritual no chacra coronário. Manter esse fogo interior equilibrado e direcionado de maneira construtiva é essencial para uma vida plena e significativa. Essa harmonia energética contribui para o bem-estar geral e a realização pessoal.

MENSAGEM FINAL

A mensagem final para quem tirou a carta da casa Agni-Loka é que a transformação é uma parte natural da vida e um poderoso meio de evolução espiritual. Ao abraçar a mudança, liberar o antigo e permitir-se renascer, você está abrindo caminho para um maior crescimento, autenticidade e plenitude em sua jornada.

Casa 43

Manushya-Janma – Nascimento do Ser Humano – Renascimento

Seja bem-vindo(a) à Casa 43 – Manushya-Janma – Nascimento do Ser Humano – Renascimento, um espaço que nos convida a explorar as fases essenciais do ciclo de vida humano e as oportunidades de renovação e crescimento contínuo. Nesta casa, vamos mergulhar na jornada do nascimento, vida e renascimento, compreendendo as profundas transformações que ocorrem ao longo dessa trajetória.

A Casa 43 é um convite a explorar o significado do nascimento humano não apenas como um evento físico, mas como um processo espiritual de renovação. Aqui, consideramos não apenas o início da vida, mas também os renascimentos que ocorrem em cada fase da nossa existência. Refletiremos sobre como as experiências moldam nossa jornada, como aprendemos e crescemos por meio delas e como podemos abraçar as oportunidades de renovação em nosso caminho.

Ao adentrar a Casa 43, convidamo-lo(a) a considerar o ciclo de nascimento, vida e renascimento que todos nós enfrentamos. Reflita sobre como as diferentes fases da vida podem representar oportunidades de reinvenção, aprendizado e evolução pessoal. Explore como as experiências moldam a sua identidade e como você pode abraçar cada renascimento com resiliência e sabedoria.

Nesta jornada pela Casa 43, abra-se para a profundidade da experiência humana e para a cíclica natureza da vida e do renascimento. Ao compreender as diferentes fases da jornada humana, você poderá encontrar maior clareza sobre o seu propósito, crescimento pessoal e a transformação constante que é inerente à nossa existência. Que este espaço de exploração nos inspire a abraçar cada renascimento como uma oportunidade de renovação e evolução.

Algumas características e reflexões relacionadas com a Casa Manushya-Janma

- **Celebração da vida:** a casa Manushya-Janma nos lembra da importância de celebrar e valorizar a vida em todas as suas formas. Cada nascimento é um evento único e especial, e a vida é um presente precioso que merece ser honrado e apreciado.

- **Oportunidades e possibilidades:** o nascimento de um ser humano representa o início de um caminho cheio de oportunidades e possibilidades. A vida é uma jornada de crescimento, aprendizado e evolução, e cada um de nós tem o potencial de explorar e realizar nosso propósito único.

- **Aproveitando o momento presente:** a casa Manushya-Janma nos lembra da importância de viver no momento presente e aproveitar cada momento. Ao nos concentrarmos no aqui e agora, podemos experimentar a plenitude da vida e criar memórias significativas.

- **Cultivando relações significativas:** a vida é enriquecida por relacionamentos significativos com os outros. Essa casa nos incentiva a nutrir e fortalecer nossos laços com amigos, familiares e comunidade, pois são essas conexões que trazem alegria e apoio à nossa jornada.

- **Explorando paixões e propósito:** o nascimento humano é uma oportunidade de explorar paixões, interesses e descobrir nosso propósito na vida. Aplicação terapêutica pode envolver a busca por maneiras de descobrir e seguir nossos objetivos e sonhos pessoais.

- **Cuidando do corpo e da mente:** apreciação pela vida também envolve cuidar bem de nosso corpo e mente. Isso inclui uma boa saúde física, mental e emocional, bem como a busca de atividades e hábitos que nos mantenham vibrantes e saudáveis.

- **Gratidão e *mindfulness*:** cultivar um estado de gratidão e praticar o *mindfulness* (atenção plena) nos ajuda a reconhecer as bênçãos e a beleza da vida cotidiana.

Aplicação terapêutica da Casa Manushya-Janma

- **Prática de gratidão:** comece cada dia lembrando-se das coisas pelas quais é grato. Isso pode ajudar a criar uma perspectiva positiva com relação à vida.

- **Definição de objetivos significativos:** reflita sobre seus objetivos e sonhos pessoais. Como você pode buscar paixões e interesses que tragam mais significado à sua vida?

- **Conexão com os outros:** busque oportunidades para se conectar com amigos, familiares e comunidade. Relacionamentos saudáveis e significativos contribuem para uma vida rica e satisfatória.

- **Prática de *mindfulness*:** dedique um tempo para praticar o *mindfulness* e estar presente no momento atual. Isso pode ajudá-lo a apreciar mais plenamente a vida cotidiana.

- **Cuidado com a saúde:** priorize sua saúde física, mental e emocional. Isso inclui exercícios regulares, uma dieta equilibrada, descanso adequado e cuidados com o bem-estar emocional.

- **Exploração de novas experiências:** esteja aberto a experimentar coisas novas e aventureiras. Isso pode enriquecer sua vida e trazer uma sensação renovada de empolgação.

- **Contribuição para o bem maior:** considere como você pode contribuir para o bem-estar dos outros e para o mundo ao seu redor. Ajudar os outros pode trazer um profundo senso de propósito e realização.

ENEAGRAMA

Aqui está a análise da Casa 43 – Manushya-Janma – Nascimento do Ser Humano – Renascimento, à luz do Eneagrama, para cada um dos nove tipos, juntamente com sugestões de melhoria específicas:

Tipo 8 – Poderoso

Quando o Tipo 8 está na Casa 43 – Manushya-Janma – Nascimento do Ser Humano – Renascimento, isso indica a importância de abraçar a jornada de renascimento e transformação interior.

Sugestão: permitir-se soltar antigas identidades e padrões de controle, abrindo espaço para um novo começo.

Tipo 9 – Mediador

Nesta casa, o Tipo 9 é convidado a vivenciar o renascimento interno, despertando paixões e objetivos que podem ter sido suprimidos.

Sugestão: envolver-se ativamente na busca por interesses pessoais, evitando a tendência de se acomodar em uma zona de conforto.

Tipo 1 - Perfeccionista

Para o Tipo 1 nesta casa, o renascimento significa liberar o perfeccionismo rígido e permitir a espontaneidade e a autenticidade.

Sugestão: abraçar a imperfeição como parte do processo de crescimento, evitando a armadilha da autocrítica excessiva.

Tipo 2 - Ajudante

Quando o Tipo 2 está na Casa 43 - Manushya-Janma - Nascimento do Ser Humano - Renascimento, isso indica a importância de renascer para uma abordagem de cuidado consigo mesmo.

Sugestão: desenvolver um relacionamento compassivo consigo mesmo e evitar a tendência de negligenciar suas próprias necessidades.

Tipo 3 - Vencedor

Nesta casa, o Tipo 3 é desafiado a vivenciar um renascimento interior ao alinhar suas metas com sua autenticidade, em vez de buscar apenas reconhecimento externo.

Sugestão: se reconectar com seus verdadeiros valores e talentos, evitando a busca por validação externa.

Tipo 4 - Intenso

Quando o Tipo 4 está na Casa 43 - Manushya-Janma - Nascimento do Ser Humano - Renascimento, isso indica a importância de renascer para uma maior aceitação de si mesmo e dos outros.

Sugestão: praticar a autocompaixão e cultivar um senso de pertencimento, evitando a armadilha da autossuficiência emocional.

Tipo 5 - Analítico

Nesta casa, o Tipo 5 é convidado a vivenciar um renascimento emocional, envolvendo-se mais profundamente com as experiências humanas.

Sugestão: buscar conexões emocionais e compartilhar conhecimento de maneira mais direta, evitando a tendência de se isolar.

Tipo 6 - Precavido

Quando o Tipo 6 está na Casa 43 - Manushya-Janma - Nascimento do Ser Humano - Renascimento, isso indica a importância de renascer para a confiança interior e superar medos e dúvidas.

Sugestão: cultivar a coragem para enfrentar desafios com resiliência, evitando a constante busca por segurança externa.

Tipo 7 – Otimista

Nesta casa, o Tipo 7 é desafiado a vivenciar um renascimento interno, permitindo-se enfrentar emoções desconfortáveis em vez de buscar constantemente novas experiências.

Sugestão: praticar a autodisciplina emocional e cultivar a profundidade no presente, evitando a tendência de fugir de sentimentos desafiadores.

> **RESUMO**
>
> A Casa 43 – Manushya-Janma – Nascimento do Ser Humano – Renascimento, no contexto do Eneagrama, convida cada tipo a abraçar a jornada de renascimento interior, soltando velhos padrões e abrindo espaço para um novo começo. As sugestões específicas para cada tipo podem ajudar a transformar essa prática em um caminho para o crescimento pessoal e a renovação da vida.

CONSTELAÇÃO

Pertencimento na Casa 43 – Manushya-Janma – Nascimento do Ser Humano – Renascimento

O Pertencimento nesta casa é a compreensão profunda de que fazemos parte de uma jornada maior de evolução e renascimento. Reconhecemos que nosso nascimento humano é um elo em uma corrente ancestral e que compartilhamos conexões com todas as formas de vida.

Cultivar o pertencimento nessa casa envolve honrar nossas origens, compreendendo nossa interconexão com a natureza e respeitando as várias culturas e experiências que moldam nossa jornada.

Hierarquia na Casa 43 – Manushya-Janma – Nascimento do Ser Humano – Renascimento

A Hierarquia nesta casa é a compreensão de que nosso processo de renascimento e evolução está em constante progresso. Reconhecemos que, à medida que crescemos e evoluímos, estamos alcançando um nível mais elevado de consciência.

Equilibrar a hierarquia nessa casa significa respeitar nossa jornada de crescimento e evolução, enquanto também nos mantemos humildes com relação ao vasto panorama da existência.

Equilíbrio na Casa 43 – Manushya-Janma – Nascimento do Ser Humano – Renascimento

O Equilíbrio nesta casa é alcançado ao abraçarmos a mudança e a renovação.

Devemos encontrar equilíbrio entre nossa busca pela evolução e a aceitação do presente. Também devemos respeitar os ciclos naturais de renascimento em nossa vida.

RESUMO

A Casa 43 – Manushya-Janma – Nascimento do Ser Humano – Renascimento destaca o Pertencimento à jornada evolutiva da humanidade, a Hierarquia do crescimento pessoal e coletivo, e o Equilíbrio entre a busca pelo futuro e a aceitação do presente.

OS 7 CHACRAS

Aqui está a análise da Casa 43 – Manushya-Janma – Nascimento do Ser Humano – Renascimento, relacionada com os sete chacras, oferecendo *insights* sobre como essa casa influencia cada um dos centros de energia, juntamente com dicas para equilibrar essas influências em sua vida:

Chacra Raiz (Muladhara) – Segurança e Sobrevivência

A Casa 43, representando o renascimento, pode ter um profundo impacto no chacra raiz. Pode trazer à tona questões de segurança e sobrevivência, especialmente se relacionadas com experiências passadas ou preocupações com o futuro.

Chacra Sacral (Swadhisthana) – Criatividade e Emoções

O renascimento muitas vezes está ligado à transformação emocional e criativa. O chacra sacral é o centro da criatividade, e o renascimento pode inspirar a expressão de emoções de forma renovada e transformadora.

Chacra do Plexo Solar (Manipura) – Poder Pessoal

Enquanto passamos por momentos de renascimento, nosso senso de poder pessoal pode ser desafiado e, ao mesmo tempo, fortalecido. O chacra do plexo solar é essencial para nos ajudar a recuperar o controle e a confiança em nossa jornada.

Chacra Cardíaco (Anahata) – Amor e Compaixão

O renascimento pode trazer à tona uma profunda compreensão do amor e da compaixão, tanto por nós mesmos quanto pelos outros. O chacra cardíaco desempenha um papel vital na expressão desses sentimentos.

Chacra Laríngeo (Vishuddha) – Comunicação e Expressão

A comunicação durante um período de renascimento é crucial. O chacra laríngeo é responsável por garantir que possamos expressar nossas necessidades e experiências de maneira clara e autêntica.

Chacra do Terceiro Olho (Ajna) – Intuição e Percepção

O renascimento pode aprimorar nossa intuição e percepção. À medida que exploramos novas direções em nossas vidas, o chacra do terceiro olho nos ajuda a tomar decisões sábias e perceber os sinais do universo.

Chacra Coronário (Sahasrara) – Conexão Espiritual

O renascimento muitas vezes está ligado a uma busca espiritual mais profunda e à conexão com a sabedoria divina. O chacra coronário é o centro de nossa conexão espiritual e pode ser intensificado durante esse processo de renascimento.

RESUMO

A Casa 43 – Manushya-Janma – Nascimento do Ser Humano – Renascimento, vista por meio da perspectiva dos sete chacras, representa a oportunidade de transformação e crescimento pessoal. Cada chacra desempenha um papel crucial nesse processo, desde lidar com questões de segurança no chacra raiz até a busca espiritual no chacra coronário. O renascimento é um momento de profunda introspecção e autodescoberta, em que podemos explorar nossas emoções, poder pessoal, criatividade e espiritualidade de maneira renovada. É uma oportunidade para nos reinventarmos e crescermos como seres humanos.

MENSAGEM FINAL

A mensagem final para quem tirou a carta da casa Manushya-Janma é que a vida é uma oportunidade única e preciosa. Ao valorizar cada momento e cultivar relacionamentos significativos, paixões e um profundo senso de propósito, você pode criar uma jornada enriquecedora e significativa.

Casa 44

Avidya – Ignorância – Manipulação – Sedução

Seja bem-vindo(a) à Casa 44 – Avidya – Ignorância – Manipulação – Sedução, um espaço que nos convida a explorar as sombras da ignorância e a complexidade das interações humanas permeadas por manipulação e sedução. Nesta casa, adentraremos um território em que a falta de conhecimento e a exploração sutil podem desempenhar papéis significativos em nossas vidas.

A Casa 44 nos convida a examinar a influência da ignorância em nossas escolhas e ações. Aqui, refletiremos sobre como a falta de compreensão pode nos conduzir a caminhos desafiadores, nos levando a agir com base em percepções distorcidas ou informações incompletas. Além disso, exploraremos a dinâmica da manipulação, em que forças externas podem buscar controlar ou influenciar nossas decisões, muitas vezes de forma sutil e enganadora. A sedução também será abordada, destacando como somos atraídos por aparências superficiais e encantos temporários.

Ao adentrar a Casa 44, convidamos você a se questionar sobre as áreas da sua vida em que a ignorância, a manipulação ou a sedução podem estar presentes. Explore como esses elementos podem afetar suas escolhas, relacionamentos e percepção da realidade. Este é um espaço para examinar a complexidade das interações humanas e para desenvolver um maior discernimento diante das influências que podem moldar nossas decisões.

Nesta jornada pela Casa 44, abra-se para a exploração da ignorância, manipulação e sedução em suas diversas formas. Ao compreender esses aspectos, você pode fortalecer sua capacidade de discernimento, tomar decisões mais informadas e cultivar maior autenticidade em suas interações. Que este espaço de reflexão nos inspire a buscar o conhecimento, a clareza e a verdade, afastando-nos das sombras da ignorância e das artimanhas da manipulação e sedução.

Algumas características e reflexões relacionadas com a Casa Avidya

- **Ignorância e manipulação:** a casa Avidya nos lembra que a ignorância pode nos tornar vulneráveis à manipulação e à sedução. Quando não estamos cientes das agendas ocultas ou das intenções manipuladoras de outros, podemos facilmente cair em armadilhas.
- **Autoengano:** a ignorância não se limita apenas ao conhecimento externo, mas também pode envolver o autoengano e a falta de autoconhecimento. Podemos ser seduzidos por padrões de pensamento e comportamento destrutivos sem sequer perceber.
- **A verdade como iluminação:** cultivar a consciência e buscar a verdade é essencial para iluminar as áreas de nossa vida que podem estar obscurecidas pela ignorância. Ao se esforçar para entender a verdade sobre nós mesmos e os outros, estamos mais preparados para reconhecer a manipulação.
- **Conscientização das motivações:** a casa Avidya nos incentiva a refletir sobre as motivações por trás de nossas ações e das ações dos outros. Isso nos ajuda a discernir entre influências autênticas e tentativas de manipulação.
- **Desenvolvimento do discernimento:** buscar a verdade e a consciência também fortalece nosso discernimento. Isso nos permite identificar situações que podem ser sedutoras ou manipuladoras e tomar decisões informadas.
- **Empoderamento pessoal:** ao combater a ignorância com conhecimento e consciência, nos tornamos mais capazes de proteger nossas emoções, decisões e relações de influências negativas.

Aplicação terapêutica da Casa Avidya

- **Autoconhecimento:** dedique tempo para a autoexploração e o autoconhecimento. Quanto mais você entender suas próprias motivações e padrões de pensamento, menos vulnerável será à manipulação.
- **Questionamento crítico:** desenvolva uma abordagem de questionamento crítico com relação às informações que você encontra e às intenções das pessoas ao seu redor. Não aceite algo como verdadeiro apenas porque parece ser.

- **Educação contínua:** busque constantemente aprender e expandir seu conhecimento em várias áreas. Quanto mais você souber, mais difícil será ser enganado por informações incorretas ou manipulativas.
- **Consciência emocional:** desenvolva sua inteligência emocional para reconhecer quando suas emoções estão sendo exploradas ou manipuladas por outras pessoas.
- **Relacionamentos autênticos:** priorize relacionamentos genuínos e saudáveis em sua vida. Mantenha-se afastado de pessoas que parecem estar manipulando ou seduzindo você de maneiras negativas.
- *Mindfulness***:** pratique a atenção plena para aumentar sua consciência do momento presente. Isso pode ajudar a evitar que você caia em armadilhas de manipulação ou sedução.

ENEAGRAMA

Aqui está a análise da Casa 44 – Avidya – Ignorância – Manipulação – Sedução, à luz do Eneagrama, para cada um dos nove tipos, juntamente com sugestões de melhoria específicas:

Tipo 8 – O Poderoso

Quando o Tipo 8 está na Casa 44 – Avidya – Ignorância – Manipulação – Sedução, isso pode indicar a tendência de utilizar sua energia intensa para manipular e controlar situações.

Sugestão: desenvolver a consciência sobre esses padrões e praticar a transparência e a comunicação direta em vez de recorrer à manipulação.

Tipo 9 – O Mediador

Nesta casa, o Tipo 9 pode se sentir tentado a evitar conflitos e a ceder à sedução dos outros para manter a paz.

Sugestão: reconhecer a tendência de se perder em situações de ignorância ou manipulação, e praticar a assertividade e a defesa de suas próprias opiniões.

Tipo 1 – O Perfeccionista

Para o Tipo 1 nesta casa, pode surgir a tendência de ser excessivamente crítico e manipulador com relação a si mesmo e aos outros.

Sugestão: cultivar a aceitação de imperfeições e trabalhar na liberação dos padrões rígidos, evitando a armadilha da busca obsessiva pela perfeição.

Tipo 2 – O Ajudante

Quando o Tipo 2 está na Casa 44 – Avidya – Ignorância – Manipulação – Sedução, pode haver uma inclinação para a sedução emocional e a manipulação sutil para obter atenção e afirmação.

Sugestão: desenvolver a autenticidade nas interações e praticar o autocuidado genuíno, evitando a dependência da aprovação dos outros.

Tipo 3 – O Vencedor

Nesta casa, o Tipo 3 pode ser tentado a manipular situações para alcançar reconhecimento e sucesso, às vezes ignorando necessidades internas verdadeiras.

Sugestão: cultivar a autenticidade e a consciência de seus próprios valores, evitando a armadilha de se definir apenas pelos sucessos externos.

Tipo 4 – O Intenso

Quando o Tipo 4 está na Casa 44 – Avidya – Ignorância – Manipulação – Sedução, pode haver uma inclinação a se deixar seduzir por sentimentos intensos de inadequação e a manipular situações para buscar atenção.

Sugestão: praticar a autorreflexão objetiva e encontrar a estabilidade emocional, evitando a tendência de se perder na emoção.

Tipo 5 – O Analítico

Nesta casa, o Tipo 5 pode ser tentado a se afastar emocionalmente e a manipular situações por meio do conhecimento, às vezes ignorando a importância da conexão emocional.

Sugestão: praticar a abertura emocional e o compartilhamento, evitando a armadilha da reclusão intelectual.

Tipo 6 – O Precavido

Quando o Tipo 6 está na Casa 44 – Avidya – Ignorância – Manipulação – Sedução, pode haver uma tendência a ser manipulador em busca de segurança e a se seduzir por preocupações excessivas.

Sugestão: cultivar a confiança interior e a coragem para enfrentar o desconhecido, evitando a armadilha da ansiedade constante.

Tipo 7 – O Otimista

Nesta casa, o Tipo 7 pode ser tentado a se distrair da realidade e a manipular situações para evitar o desconforto emocional.

Sugestão: praticar a atenção plena e a enfrentar as emoções difíceis, evitando a armadilha da busca constante por estímulos positivos.

RESUMO

> A Casa 44 – Avidya – Ignorância – Manipulação – Sedução, no contexto do Eneagrama, convida cada tipo a reconhecer e trabalhar contra os padrões de manipulação, sedução e ignorância. As sugestões específicas para cada tipo podem ajudar a transformar essa prática em um caminho para o crescimento pessoal e a autenticidade.

CONSTELAÇÃO

Pertencimento na Casa 44 – Avidya – Ignorância – Manipulação – Sedução

O Pertencimento nesta casa é a conscientização de que todos os seres humanos enfrentam lutas com a ignorância, manipulação e sedução em algum momento de suas vidas. Reconhecemos que esses desafios são parte da condição humana e que não estamos sozinhos em nossas lutas.

Cultivar o pertencimento nessa casa envolve criar um ambiente de empatia e compreensão, em que as pessoas possam compartilhar suas experiências e buscar apoio umas nas outras.

Hierarquia na Casa 44 – Avidya – Ignorância – Manipulação – Sedução

A Hierarquia nesta casa é a percepção de que a ignorância, manipulação e sedução podem se manifestar em diferentes graus em nossa vida. Reconhecemos que, para superar esses desafios, precisamos adotar uma abordagem de crescimento consciente.

Equilibrar a hierarquia nessa casa envolve buscar conhecimento e consciência para enfrentar os desafios da ignorância, manipulação e sedução com mais clareza e discernimento.

Equilíbrio na Casa 44 – Avidya – Ignorância – Manipulação – Sedução

O Equilíbrio nesta casa é alcançado ao desenvolver uma mente crítica e discernimento para identificar os momentos em que somos afetados pela ignorância, manipulação ou sedução.

Também envolve tomar medidas para proteger nossa integridade mental e emocional.

> **RESUMO**
>
> A Casa 44 – Avidya – Ignorância – Manipulação – Sedução destaca o Pertencimento à luta com desafios universais, a Hierarquia do crescimento consciente e o Equilíbrio entre a busca pelo discernimento e a proteção contra influências negativas.

OS 7 CHACRAS

Aqui está a análise da Casa 44 – Avidya – Ignorância – Manipulação – Sedução, relacionada com os sete chacras, oferecendo *insights* sobre como essa casa influencia cada um dos centros de energia, juntamente com dicas para equilibrar essas influências em sua vida:

Chacra Raiz (Muladhara) – Segurança e Sobrevivência

A Casa 44, representando a ignorância e a manipulação, pode afetar o chacra raiz ao criar um sentimento de insegurança. A manipulação e a sedução podem desafiar nossa sensação de segurança, fazendo com que este chacra seja vital para restaurar o equilíbrio e nos ancorar na realidade.

Chacra Sacral (Swadhisthana) – Criatividade e Emoções

Essa casa pode influenciar o chacra sacral ao envolver nossas emoções em situações manipuladoras ou sedutoras. Isso pode levar a um desequilíbrio emocional, e é importante trabalhar neste chacra para entender e expressar de maneira saudável essas emoções complexas.

Chacra do Plexo Solar (Manipura) – Poder Pessoal

A manipulação muitas vezes envolve questões de poder. O chacra do plexo solar é fundamental para estabelecer e manter nosso poder pessoal. Quando confrontados com situações de manipulação, fortalecer este chacra é essencial para a autenticidade e a autoconfiança.

Chacra Cardíaco (Anahata) – Amor e Compaixão

A sedução e a manipulação podem afetar as relações e o coração. O chacra cardíaco desempenha um papel crucial na compreensão e no cultivo do amor genuíno e da compaixão, ajudando-nos a discernir entre relacionamentos autênticos e manipulativos.

Chacra Laríngeo (Vishuddha) – Comunicação e Expressão

Uma comunicação clara é fundamental quando confrontamos situações de manipulação e sedução. O chacra laríngeo nos ajuda a expressar nossas necessidades e ações de maneira autêntica, facilitando a superação desses desafios.

Chacra do Terceiro Olho (Ajna) – Intuição e Percepção

O chacra do terceiro olho é crucial ao lidar com a manipulação, pois nos ajuda a perceber as sutilezas e a verdade por trás das aparências. A intuição e a percepção afiadas nos ajudam a navegar por situações enganosas.

Chacra Coronário (Sahasrara) – Conexão Espiritual

A ignorância e a manipulação podem obscurecer nossa visão espiritual. O chacra coronário é essencial para manter nossa conexão com a sabedoria superior, nos lembrando de buscar a verdade espiritual acima das artimanhas terrenas.

RESUMO

A Casa 44 – Avidya – Ignorância – Manipulação – Sedução, vista por meio da perspectiva dos sete chacras, nos desafia a permanecer equilibrados e autênticos em face de situações enganosas. Cada chacra desempenha um papel vital ao enfrentar a manipulação e a sedução, desde ancorar-nos na realidade no chacra raiz até acessar a sabedoria espiritual no chacra coronário. É uma lição para desenvolver discernimento, compreensão emocional e comunicação autêntica, enquanto permanecemos conectados à nossa verdade interior.

MENSAGEM FINAL

A mensagem final para quem tirou a carta da casa Avidya é que a consciência e a busca pela verdade são ferramentas poderosas para evitar a manipulação e a ignorância. Ao desenvolver sua consciência e discernimento, você pode se proteger melhor contra influências negativas e tomar decisões informadas que promovam uma vida mais autêntica e significativa.

Casa 45

Suvidya – Conhecimento Correto – Sabedoria

Seja bem-vindo(a) à Casa 45 – Suvidya – Conhecimento Correto – Sabedoria, um espaço que nos convida a explorar a luz do conhecimento genuíno e a busca pela verdadeira sabedoria. Nesta casa, mergulharemos nas profundezas do entendimento correto, guiados pelo anseio de compreender e discernir entre as diversas facetas da realidade.

A Casa 45 nos convida a refletir sobre a importância do conhecimento que é preciso e autêntico. Aqui, exploraremos a busca pela verdadeira sabedoria, que vai além da mera acumulação de informações. Será uma oportunidade para examinar como o conhecimento correto pode nos iluminar, permitindo-nos tomar decisões informadas e viver de maneira alinhada com valores profundos.

Ao adentrar a Casa 45, convidamos você a explorar como o conhecimento correto pode ser aplicado em sua vida. Reflita sobre como discernir entre informações precisas e enganosas, e como cultivar a sabedoria que transcende o intelecto. Este é um espaço para buscar a clareza de pensamento e a profunda compreensão das questões que moldam sua jornada.

Nesta jornada pela Casa 45, abra-se para a exploração do conhecimento correto e da verdadeira sabedoria. Ao buscar a luz do entendimento genuíno, você poderá navegar pela vida com mais confiança e discernimento, tomando decisões que refletem uma compreensão profunda da realidade. Que este espaço de reflexão nos inspire a buscar o conhecimento autêntico e a cultivar a verdadeira sabedoria em nossa jornada de vida.

Algumas características e reflexões relacionadas com a Casa Suvidya

- **Busca pela verdade:** a casa Suvidya nos lembra de que a busca pelo conhecimento correto e pela sabedoria é essencial para alcançar uma compreensão mais profunda da verdade. Ela nos incentiva a questionar, aprender e expandir nossos horizontes para além das aparências superficiais.

- **Discernimento e clareza:** a sabedoria nos proporciona um discernimento aguçado para distinguir entre o que é verdadeiro e o que é ilusório. Por meio dela, podemos ver além das camadas externas e compreender as realidades subjacentes.

- **Autotransformação:** o conhecimento correto e a sabedoria não apenas nos permitem entender o mundo exterior, mas também nos ajudam a compreender a nós mesmos. Ao aplicar esse conhecimento em nossa própria jornada interior, podemos promover mudanças positivas e crescimento pessoal.

- **Harmonia e equilíbrio:** a sabedoria muitas vezes está associada a viver em harmonia e equilíbrio com o mundo ao nosso redor. Ela nos ajuda a tomar decisões informadas que beneficiam não apenas a nós mesmos, mas também a sociedade e o meio ambiente.

- **Desapego e ego:** a busca pela sabedoria frequentemente envolve transcender o ego e o desejo por reconhecimento pessoal. Ao cultivar um estado de desapego saudável, podemos tomar decisões baseadas no bem maior, em vez de ganho pessoal.

- **Compaixão e empatia:** a sabedoria muitas vezes está ligada à compaixão e empatia. À medida que adquirimos um entendimento mais profundo das experiências humanas, somos mais capazes de nos conectar com os outros em um nível mais profundo.

Aplicação terapêutica da Casa Suvidya

- **Leitura e estudo:** dedique tempo para ler e estudar tópicos que o intrigam e desafiam sua compreensão. Busque fontes confiáveis e bem fundamentadas.

- **Mentoria e aprendizado:** busque orientação e mentoria de pessoas que têm conhecimento e experiência nas áreas que você deseja explorar. Aprenda com suas perspectivas e conselhos.

- **Reflexão e meditação:** reserve tempo para reflexão e meditação, permitindo que você explore profundamente suas próprias experiências e compreensões.

- **Diálogo significativo:** engaje-se em conversas significativas com outras pessoas, compartilhando conhecimento e explorando diferentes pontos de vista.
- **Aplicação prática:** aplique o conhecimento adquirido em situações da vida real. Observe como a sabedoria influencia suas decisões e ações.
- **Empatia e compaixão:** desenvolva sua empatia e compaixão, colocando-se no lugar dos outros e procurando compreender suas perspectivas e experiências.

ENEAGRAMA

Aqui está a análise da Casa 45 – Suvidya – Conhecimento Correto – Sabedoria, à luz do Eneagrama, para cada um dos nove tipos, juntamente com sugestões de melhoria específicas:

Tipo 8 – O Poderoso

Quando o Tipo 8 está na Casa 45 – Suvidya – Conhecimento Correto – Sabedoria, isso pode indicar uma busca por um conhecimento mais profundo e verdadeiro, além de usar sua energia para promover mudanças significativas.

Sugestão: equilibrar a busca por controle com a compreensão e a consideração das perspectivas dos outros.

Tipo 9 – O Mediador

Nesta casa, o Tipo 9 pode ser incentivado a buscar um conhecimento mais profundo de si mesmo e de seus próprios desejos, evitando a tendência de se perder em padrões de indiferença.

Sugestão: aplicar o conhecimento adquirido para tomar decisões alinhadas com sua verdadeira vontade.

Tipo 1 – O Perfeccionista

Para o Tipo 1 nesta casa, pode surgir uma busca por conhecimento sobre como abraçar a imperfeição e liberar a rigidez.

Sugestão: aplicar o conhecimento correto para equilibrar a autocrítica, cultivar a autocompaixão e abraçar a jornada em direção ao crescimento pessoal.

Tipo 2 – O Ajudante

Quando o Tipo 2 está na Casa 45 – Suvidya – Conhecimento Correto – Sabedoria, isso pode indicar a busca por um conhecimento mais profundo sobre como ajudar de maneira autêntica e saudável.

Sugestão: aplicar esse conhecimento para estabelecer limites saudáveis e praticar o autocuidado, evitando a tendência de se sacrificar excessivamente.

Tipo 3 - O Vencedor

Nesta casa, o Tipo 3 pode ser encorajado a buscar um conhecimento mais profundo de sua verdadeira identidade e a reconhecer que o sucesso externo não define sua valia.

Sugestão: aplicar o conhecimento correto para alinhar metas com autenticidade e cultivar conexões genuínas.

Tipo 4 - O Intenso

Quando o Tipo 4 está na Casa 45 - Suvidya - Conhecimento Correto - Sabedoria, isso pode indicar uma busca por conhecimento sobre como equilibrar as intensas emoções e encontrar um senso de completude dentro de si mesmo.

Sugestão: aplicar o conhecimento para cultivar a estabilidade emocional e valorizar sua singularidade.

Tipo 5 - O Analítico

Nesta casa, o Tipo 5 é encorajado a buscar um conhecimento mais amplo e compartilhar suas percepções com os outros, evitando a tendência de se isolar.

Sugestão: aplicar o conhecimento correto para nutrir conexões sociais e se engajar mais plenamente na vida cotidiana.

Tipo 6 - O Precavido

Quando o Tipo 6 está na Casa 45 - Suvidya - Conhecimento Correto - Sabedoria, isso pode indicar uma busca por conhecimento sobre como cultivar a confiança interior e enfrentar medos de maneira saudável.

Sugestão: aplicar o conhecimento para desafiar padrões de desconfiança e encontrar um senso de segurança interno.

Tipo 7 - O Otimista

Nesta casa, o Tipo 7 é incentivado a buscar um conhecimento mais profundo sobre a importância de enfrentar tanto emoções positivas quanto negativas.

Sugestão: aplicar o conhecimento correto para cultivar a plenitude emocional e viver cada momento com autenticidade.

> **RESUMO**
>
> A Casa 45 – Suvidya – Conhecimento Correto – Sabedoria, no contexto do Eneagrama, convida cada tipo a buscar um conhecimento mais profundo e autêntico, aplicando-o para promover o crescimento pessoal e a sabedoria. As sugestões específicas para cada tipo podem ajudar a transformar essa busca por conhecimento em um caminho para a autodescoberta e a evolução consciente.

CONSTELAÇÃO

Pertencimento na Casa 45 – Suvidya – Conhecimento Correto – Sabedoria

O Pertencimento nesta casa é a consciência de que todos nós compartilhamos o desejo de obter conhecimento e sabedoria para viver uma vida significativa e plena. Reconhecemos que a busca pelo conhecimento é uma jornada humana comum e que estamos conectados nessa busca.

Cultivar o pertencimento nessa casa envolve criar um ambiente de aprendizado e compartilhamento de ideias, em que as pessoas possam trocar conhecimento e inspirar-se mutuamente.

Hierarquia na Casa 45 – Suvidya – Conhecimento Correto – Sabedoria

A Hierarquia nesta casa é a compreensão de que a busca pelo conhecimento verdadeiro e pela sabedoria requer um processo contínuo de aprendizado e crescimento. Reconhecemos que existem níveis diferentes de conhecimento e que a sabedoria é uma jornada evolutiva.

Equilibrar a hierarquia nessa casa envolve humildade para reconhecer que sempre há mais a aprender e que a sabedoria é construída ao longo do tempo.

Equilíbrio na Casa 45 – Suvidya – Conhecimento Correto – Sabedoria

O Equilíbrio nesta casa é alcançado ao buscar conhecimento com uma mente aberta e curiosa, ao mesmo tempo em que aplicamos sabedoria para discernir a relevância e a aplicabilidade do conhecimento em nossas vidas.

Aqui também envolve encontrar a harmonia entre diferentes tipos de conhecimento e a aplicação de sabedoria em diversas áreas da vida.

> **RESUMO**
>
> A Casa 45 – Suvidya – Conhecimento Correto – Sabedoria destaca o Pertencimento à busca universal por conhecimento e sabedoria, a Hierarquia do aprendizado contínuo e o Equilíbrio entre a curiosidade do conhecimento e a aplicação da sabedoria nas decisões.

OS 7 CHACRAS

Aqui está a análise da Casa 45 – Suvidya – Conhecimento Correto – Sabedoria, relacionada com os sete chacras, oferecendo *insights* sobre como essa casa influencia cada um dos centros de energia, juntamente com dicas para equilibrar essas influências em sua vida:

Chacra Raiz (Muladhara) – Segurança e Sobrevivência

A Casa 45, representando o conhecimento correto e a sabedoria, pode influenciar o chacra raiz ao proporcionar uma sensação de segurança por meio do entendimento e do discernimento. A sabedoria nos permite tomar decisões mais informadas para garantir nossa sobrevivência e bem-estar.

Chacra Sacral (Swadhisthana) – Criatividade e Emoções

Essa casa pode afetar o chacra sacral ao estimular a criatividade e as emoções saudáveis. O conhecimento correto e a sabedoria podem inspirar a expressão criativa e emocional, enriquecendo nossa vida interior.

Chacra do Plexo Solar (Manipura) – Poder Pessoal

O chacra do plexo solar é influenciado pelo conhecimento correto, pois nos ajuda a cultivar um senso de autoconfiança e poder pessoal. A sabedoria nos permite tomar decisões alinhadas com nossa verdadeira essência.

Chacra Cardíaco (Anahata) – Amor e Compaixão

A sabedoria nos ajuda a entender o verdadeiro significado do amor e da compaixão. Este chacra é fundamental para a expressão de um amor genuíno e da compaixão em nossos relacionamentos.

Chacra Laríngeo (Vishuddha) – Comunicação e Expressão

Uma comunicação clara e autêntica é promovida pela sabedoria e pelo conhecimento correto. Este chacra nos ajuda a expressar nossos pensamentos e ideias de maneira clara e construtiva.

Chacra do Terceiro Olho (Ajna) – Intuição e Percepção

O chacra do terceiro olho é particularmente influenciado pela sabedoria, pois nos permite acessar *insights* profundos e perceber a verdade por trás das aparências. A intuição e a percepção são aprimoradas por meio desse conhecimento.

Chacra Coronário (Sahasrara) – Conexão Espiritual

A sabedoria e o conhecimento correto podem abrir nosso chacra coronário para uma conexão mais profunda com a espiritualidade e a consciência superior. Este chacra nos lembra de que a verdadeira sabedoria transcende o conhecimento terreno.

RESUMO

A Casa 45 – Suvidya – Conhecimento Correto – Sabedoria, vista por meio da perspectiva dos sete chacras, destaca a importância da sabedoria em todos os aspectos da nossa vida. Cada chacra desempenha um papel vital ao permitir que a sabedoria enriqueça nossa sensação de segurança, criatividade, poder pessoal, amor, comunicação, intuição e espiritualidade. É uma lição para buscar o conhecimento correto e aplicá-lo de maneira equilibrada e consciente em nossa jornada de crescimento pessoal e espiritual.

MENSAGEM FINAL

A mensagem final para quem tirou a carta da casa Suvidya é que o conhecimento correto e a sabedoria são como faróis que iluminam o caminho em direção à evolução espiritual. Cultivar um desejo genuíno de aprender, entender e aplicar a sabedoria pode abrir portas para uma vida mais significativa, autêntica e espiritualmente enriquecedora.

Casa 46

Vivek — Discernimento — Humildade

Seja bem-vindo(a) à Casa 46 – Vivek – Discernimento – Humildade, um espaço dedicado à exploração do discernimento aguçado e à virtude da humildade. Neste reino de reflexão, convidamos você a mergulhar na jornada do entendimento profundo e da modéstia, explorando como essas qualidades podem enriquecer nossa visão de mundo e nossos relacionamentos.

A Casa 46 nos convida a refletir sobre o poder do discernimento, a habilidade de distinguir entre as complexidades da vida e tomar decisões informadas. Aqui, exploraremos como a prática do discernimento pode nos guiar em meio às encruzilhadas da existência, ajudando-nos a escolher caminhos que estejam em harmonia com nossos valores e aspirações.

Além disso, nesta casa, mergulharemos na profundidade da humildade. A humildade nos convida a reconhecer a nossa humanidade compartilhada e a cultivar uma atitude aberta diante do mundo. É um chamado para reconhecer que sempre há mais a aprender e compreender, e que a verdadeira sabedoria muitas vezes floresce da disposição para admitir a própria limitação.

Ao entrar na Casa 46, você será convidado(a) a explorar como o discernimento e a humildade podem ser aplicados em sua vida. Reflita sobre como essas qualidades podem influenciar suas escolhas, relacionamentos e interações com o mundo ao seu redor. Este é um espaço para aprimorar seu discernimento e nutrir a humildade em seu coração.

À medida que você se aprofunda na Casa 46, abra-se para a jornada de aprimorar seu discernimento e de cultivar a humildade em todas as esferas de sua vida. Que este espaço de reflexão o(a) inspire a abraçar a clareza de pensamento e a virtude da humildade, guiando-o(a) em direção a uma jornada de autodescoberta e crescimento pessoal.

Algumas características e reflexões relacionadas com a Casa Vivek

- **Claridade na percepção:** Vivek nos ajuda a enxergar as situações e os acontecimentos com clareza e objetividade. Isso nos permite discernir entre o que é verdadeiro e o que é ilusório, evitando julgamentos precipitados ou reações impulsivas.

- **Escolhas conscientes:** o discernimento nos capacita a fazer escolhas conscientes e alinhadas com nossos valores e objetivos de vida. Em vez de agir de forma automática, somos guiados por uma compreensão profunda das consequências de nossas ações.

- **Aceitação da realidade:** Vivek nos ajuda a aceitar a realidade como ela é, em vez de projetar nossas expectativas ou desejos. Isso nos permite lidar com as situações de maneira mais equilibrada e adaptável.

- **Humildade e autoconhecimento:** o desenvolvimento do discernimento frequentemente está ligado à humildade e à disposição de reconhecer nossas próprias limitações e pontos cegos. Isso nos incentiva a buscar o autoconhecimento e a crescer como indivíduos.

- **Evitar ilusões:** a consciência profunda nos ajuda a evitar cair em ilusões ou manipulações. Ela nos torna mais sensíveis às intenções por trás das ações e nos permite tomar decisões informadas.

- **Relações interpessoais:** o discernimento é valioso nas relações interpessoais, permitindo-nos entender as motivações e emoções dos outros. Isso promove a empatia, a comunicação eficaz e relacionamentos saudáveis.

- **Viver no momento presente:** a consciência nos ajuda a estar plenamente presentes no momento atual, permitindo-nos apreciar as experiências e as pessoas ao nosso redor de maneira mais profunda.

Aplicação terapêutica da Casa Vivek

- **Autoquestionamento:** questionar nossos pensamentos, crenças e ações para entender melhor nossas motivações e intenções.

- *Mindfulness* **e meditação:** praticar *mindfulness* e meditação para desenvolver a capacidade de observar os pensamentos e emoções com imparcialidade.

- **Busca por *feedback*:** procurar feedback honesto de amigos, familiares ou mentores para obter uma visão externa de nossos comportamentos e decisões.
- **Resolução de conflitos:** usar o discernimento para compreender as razões subjacentes a conflitos e buscar soluções construtivas.
- **Desenvolvimento da empatia:** cultivar a empatia ao se colocar no lugar dos outros, a fim de entender suas perspectivas e sentimentos.
- **Aprendizado contínuo:** buscar constantemente aprender e expandir seu conhecimento para aprimorar sua capacidade de discernimento.

ENEAGRAMA

Aqui está a análise da Casa 46 – Vivek – Discernimento – Humildade, à luz do Eneagrama, para cada um dos nove tipos, juntamente com sugestões de melhoria específicas:

Tipo 8 – O Poderoso

Quando o Tipo 8 está na Casa 46 – Vivek – Discernimento – Humildade, isso pode indicar a importância de cultivar um discernimento saudável em suas ações e relações, evitando a tendência de dominar ou controlar.

Sugestão: praticar a humildade ao reconhecer que nem sempre é necessário ter todas as respostas ou o controle completo.

Tipo 9 – O Mediador

Nesta casa, o Tipo 9 pode ser incentivado a desenvolver o discernimento necessário para reconhecer e expressar suas próprias necessidades e opiniões.

Sugestão: praticar a humildade ao permitir que suas vozes internas sejam ouvidas e aprofundar sua autenticidade.

Tipo 1 – O Perfeccionista

Para o Tipo 1 nesta casa, pode surgir a importância de aplicar o discernimento para avaliar o que é verdadeiramente importante e relevante, liberando a necessidade de perfeição constante.

Sugestão: praticar a humildade ao abraçar as imperfeições e encontrar valor na jornada, não apenas no resultado final.

Tipo 2 – O Ajudante

Quando o Tipo 2 está na Casa 46 – Vivek – Discernimento – Humildade, isso pode indicar a importância de discernir entre o apoio genuíno e o desejo de ser necessário.

Sugestão: praticar a humildade ao oferecer ajuda de maneira autêntica, sem esperar reconhecimento ou gratidão em troca.

Tipo 3 – O Vencedor

Nesta casa, o Tipo 3 pode ser desafiado a aplicar o discernimento para reconhecer suas próprias motivações e autenticidade, além de evitar a busca por validação externa a todo custo.

Sugestão: praticar a humildade ao se valorizar pelo que é, independentemente de realizações externas.

Tipo 4 – O Intenso

Quando o Tipo 4 está na Casa 46 – Vivek – Discernimento – Humildade, isso pode indicar a importância de discernir entre as oscilações emocionais e a verdadeira essência.

Sugestão: praticar a humildade ao aceitar as emoções como parte da experiência humana e não se identificar excessivamente com elas.

Tipo 5 – O Analítico

Nesta casa, o Tipo 5 é incentivado a aplicar o discernimento para equilibrar o desejo de conhecimento com a necessidade de experiência direta.

Sugestão: praticar a humildade ao reconhecer que o conhecimento pode ser enriquecido pela vivência e pela conexão com os outros.

Tipo 6 – O Precavido

Quando o Tipo 6 está na Casa 46 – Vivek – Discernimento – Humildade, isso pode indicar a importância de desenvolver um discernimento claro para avaliar os medos e preocupações.

Sugestão: praticar a humildade ao reconhecer que todos têm incertezas, e isso não diminui a própria coragem.

Tipo 7 – O Otimista

Nesta casa, o Tipo 7 é desafiado a aplicar o discernimento para enfrentar as inquietações internas e reconhecer quando a busca constante por estímulos pode estar evitando emoções desconfortáveis.

Sugestão: praticar a humildade ao abraçar todos os aspectos da experiência, não apenas os positivos.

> **RESUMO**
>
> A Casa 46 – Vivek – Discernimento – Humildade, no contexto do Eneagrama, convida cada tipo a cultivar um discernimento saudável e a praticar a humildade ao reconhecer suas próprias limitações e aprender com os outros. As sugestões específicas para cada tipo podem ajudar a transformar esse discernimento em um caminho para um crescimento mais autêntico e uma conexão mais profunda com o mundo ao redor.

CONSTELAÇÃO

Pertencimento na Casa 46 – Vivek – Discernimento – Humildade

O pertencimento nesta casa é alcançado ao reconhecer que o discernimento e a humildade são qualidades inerentes à natureza humana. Todos compartilhamos a capacidade de discernir entre o certo e o errado, e a humildade nos conecta por meio da compreensão de nossa humanidade comum.

O senso de pertencimento surge quando reconhecemos que o desenvolvimento do discernimento e da humildade é uma busca compartilhada que une todas as pessoas.

Hierarquia na Casa 46 – Vivek – Discernimento – Humildade

A hierarquia nessa casa é representada pelo valor atribuído ao discernimento e à humildade na tomada de decisões e na interação com os outros. O discernimento, sendo a capacidade de fazer escolhas sábias, é frequentemente colocado acima da humildade. No entanto, é importante reconhecer a interconexão dessas duas qualidades.

A humildade é uma forma de discernimento, pois nos ajuda a reconhecer nossas limitações e a buscar orientação e aprendizado dos outros.

Equilíbrio na Casa 46 – Vivek – Discernimento – Humildade

O equilíbrio nesta casa é alcançado ao cultivar um discernimento claro e uma humildade sincera. O discernimento nos ajuda a tomar decisões conscientes e éticas, enquanto a humildade nos impede de nos deixarmos levar pelo ego e nos lembra da importância de reconhecer que não sabemos tudo.

O equilíbrio entre essas qualidades envolve aplicar o discernimento com humildade e aprimorar a humildade com discernimento.

RESUMO

A Casa 46 – Vivek – Discernimento – Humildade nos convida a desenvolver um discernimento claro enquanto mantemos a humildade. O equilíbrio entre essas qualidades nos permite tomar decisões sábias, reconhecendo nossa humanidade compartilhada e aprendendo com os outros.

OS 7 CHACRAS

Aqui está a análise da Casa 46 – Vivek – Discernimento – Humildade, relacionada com os sete chacras, oferecendo *insights* sobre como essa casa influencia cada um dos centros de energia, juntamente com dicas para equilibrar essas influências em sua vida:

Chacra Raiz (Muladhara) – Segurança e Sobrevivência

A Casa 46, representando o discernimento e a humildade, pode influenciar o chacra raiz ao fornecer uma base sólida para nossa segurança e sobrevivência. O discernimento nos ajuda a tomar decisões prudentes, enquanto a humildade nos mantém conectados às nossas raízes.

Chacra Sacral (Swadhisthana) – Criatividade e Emoções

Essa casa pode afetar o chacra sacral ao estimular a criatividade e emoções equilibradas. O discernimento nos ajuda a canalizar nossa criatividade de maneira eficaz, enquanto a humildade nos mantém abertos às nossas próprias emoções e às dos outros.

Chacra do Plexo Solar (Manipura) – Poder Pessoal

O chacra do plexo solar é influenciado pelo discernimento, pois nos permite avaliar com clareza as situações e tomar decisões alinhadas com nosso poder pessoal. A humildade nos impede de abusar desse poder.

Chacra Cardíaco (Anahata) – Amor e Compaixão

A humildade desempenha um papel fundamental no chacra cardíaco, permitindo-nos amar e mostrar compaixão genuína. O discernimento nos ajuda a entender quando devemos aplicar esses sentimentos de maneira equilibrada.

Chacra Laríngeo (Vishuddha) – Comunicação e Expressão

O discernimento e a humildade contribuem para a comunicação e expressão saudáveis no chacra laríngeo. O discernimento nos permite escolher palavras cuidadosamente, enquanto a humildade nos torna ouvintes atentos.

Chacra do Terceiro Olho (Ajna) – Intuição e Percepção

O discernimento é crucial no chacra do terceiro olho, pois nos ajuda a discernir entre nossa intuição genuína e os pensamentos aleatórios. A humildade nos mantém abertos a perspectivas e *insights* diferentes.

Chacra Coronário (Sahasrara) – Conexão Espiritual

A humildade é essencial para a conexão espiritual no chacra coronário, pois nos ajuda a reconhecer nossa pequenez diante do vasto universo. O discernimento nos ajuda a discernir os caminhos espirituais adequados.

> **RESUMO**
>
> A Casa 46 – Vivek – Discernimento – Humildade, vista por meio da perspectiva dos sete chacras, destaca a importância do discernimento equilibrado e da humildade em nossa jornada espiritual e emocional. Cada chacra desempenha um papel vital ao permitir que essas qualidades enriqueçam nossa segurança, criatividade, poder pessoal, amor, comunicação, intuição e espiritualidade. É um lembrete para desenvolvermos essas virtudes em nossa busca por um maior entendimento e conexão com o mundo ao nosso redor.

MENSAGEM FINAL

A mensagem final para quem tirou a carta da casa Vivek é que o discernimento e a consciência são guias valiosos em sua jornada de vida. Ao cultivar essas qualidades, você se capacita a tomar decisões mais informadas e a viver de maneira mais consciente, o que pode levar a uma vida mais plena, significativa e feliz.

Casa 47

Saraswati – Caminho do Meio – Silêncio Interior

Seja bem-vindo(a) à Casa 47 – Saraswati – Caminho do Meio – Silêncio Interior, um espaço sagrado dedicado à exploração do equilíbrio encontrado no caminho do meio e à profunda quietude interior. Nesta casa, convidamos você a embarcar em uma jornada de autoexploração, buscando a harmonia entre os extremos e a serenidade do silêncio interior.

A Casa 47 nos convida a explorar o conceito do "Caminho do Meio", uma abordagem que busca o equilíbrio entre polaridades e extremos. Neste reino de reflexão, examinaremos como a busca pelo caminho do meio pode nos ajudar a evitar excessos e a encontrar uma maneira mais sábia e moderada de viver.

Além disso, nesta casa, mergulharemos no poder do silêncio interior. O silêncio é um portal para a tranquilidade e para uma compreensão mais profunda de nós mesmos e do mundo ao nosso redor. Exploraremos como o cultivo do silêncio interior pode nos permitir conectar-nos com nossa essência mais profunda, encontrar clareza mental e experienciar uma sensação de paz interior.

Ao adentrar na Casa 47, você será convidado(a) a refletir sobre como encontrar o equilíbrio no caminho do meio pode influenciar todas as áreas de sua vida, desde as escolhas diárias até as questões mais profundas. Além disso, exploraremos como a prática do silêncio interior pode ser uma ferramenta poderosa para nos conectar com nossa sabedoria interior e para nutrir nosso bem-estar emocional e espiritual.

Que este espaço de reflexão inspire você a trilhar o caminho do meio, buscando equilíbrio e harmonia em sua jornada, e a mergulhar no silêncio interior como uma forma de encontrar paz, clareza e autodescoberta. Seja bem-vindo(a) à Casa 47, em que o equilíbrio e a serenidade aguardam para serem explorados e vivenciados.

Algumas características e reflexões relacionadas com a Casa Saraswati

- **Equilíbrio interno:** Saraswati nos lembra da importância de equilibrar nossas emoções, pensamentos e ações. Ao evitar extremos e encontrar um estado de equilíbrio, somos capazes de tomar decisões mais conscientes e harmoniosas.

- **Neutralidade perante situações:** esta casa nos convida a cultivar a capacidade de manter uma perspectiva neutra diante das situações da vida. Isso nos permite avaliar as circunstâncias com clareza, sem sermos dominados por reações emocionais intensas.

- **Meio-termo nas decisões:** ao seguir o caminho do meio, estamos menos propensos a tomar decisões impulsivas ou extremas. Buscamos encontrar soluções que sejam equilibradas e atendam às necessidades de todas as partes envolvidas.

- **Aceitação das dualidades:** Saraswati nos ajuda a abraçar as dualidades da vida, reconhecendo que luz e sombra coexistem. Isso nos permite abordar desafios com uma mente aberta e sem julgamentos rígidos.

- **Harmonia nas relações:** a busca pelo caminho do meio contribui para relacionamentos mais saudáveis. A neutralidade nos ajuda a ouvir os outros com empatia e a encontrar soluções que sejam justas para todos.

- **Silêncio interior:** ao cultivar a neutralidade, também estamos convidados a desenvolver um silêncio interior. Isso envolve aquietar a mente agitada e permitir que a sabedoria interior se manifeste.

- **Tomar distância das reações automáticas:** a neutralidade nos permite pausar antes de reagir automaticamente a estímulos externos. Isso nos dá espaço para escolher como responder de maneira mais consciente.

Aplicação terapêutica da Casa Saraswati

- **Prática da meditação:** meditar regularmente pode ajudar a cultivar o silêncio interior e a neutralidade diante dos pensamentos e emoções.

- *Mindfulness*: praticar o *mindfulness* nos ajuda a permanecer presentes no momento atual e a observar nossos pensamentos e sentimentos sem julgamento.

- **Autoquestionamento:** questionar nossas próprias crenças e padrões de pensamento para encontrar um equilíbrio mais saudável.

- **Aceitação das emoções:** reconhecer e aceitar todas as emoções que surgem, sem se prender excessivamente a nenhuma delas.
- **Comunicação empática:** praticar a comunicação empática nos relacionamentos, ouvindo com compreensão e buscando um terreno comum.
- **Prática do desapego:** cultivar o desapego com relação aos resultados e expectativas, permitindo-nos aceitar o que quer que aconteça com equanimidade.

ENEAGRAMA

Aqui está a análise da Casa 47 – Saraswati – Caminho do Meio – Silêncio Interior, à luz do Eneagrama, para cada um dos nove tipos, juntamente com sugestões de melhoria específicas:

Tipo 8 – Poderoso

Quando o Tipo 8 está na Casa 47 – Saraswati – Caminho do Meio – Silêncio Interior, isso pode indicar a importância de encontrar um equilíbrio entre a assertividade e a receptividade.

Sugestão: praticar o silêncio interior para se conectar com intuições e permitir espaço para compreender os outros antes de agir.

Tipo 9 – Mediador

Nesta casa, o Tipo 9 é convidado a aplicar o silêncio interior como uma forma de se reconectar consigo mesmo e suas próprias necessidades.

Sugestão: praticar o silêncio para encontrar a voz interna e expressar opiniões e desejos de maneira mais autêntica.

Tipo 1 – Perfeccionista

Para o Tipo 1 nesta casa, o silêncio interior pode ser uma ferramenta para liberar o diálogo interno crítico e permitir uma abordagem mais compassiva com relação a si mesmo e aos outros.

Sugestão: praticar o silêncio para cultivar a aceitação das imperfeições.

Tipo 2 – Ajudante

Quando o Tipo 2 está na Casa 47 – Saraswati – Caminho do Meio – Silêncio Interior, isso pode indicar a importância de encontrar um equilíbrio entre cuidar dos outros e cuidar de si mesmo.

Sugestão: praticar o silêncio interior para se conectar com as próprias necessidades e não se perder na busca por aprovação externa.

Tipo 3 – Vencedor

Nesta casa, o Tipo 3 é desafiado a aplicar o silêncio interior como uma forma de se reconectar com seus próprios sentimentos e autenticidade, além de não depender apenas da validação externa.

Sugestão: praticar o silêncio para cultivar uma conexão mais profunda consigo mesmo.

Tipo 4 – Intenso

Quando o Tipo 4 está na Casa 47 – Saraswati – Caminho do Meio – Silêncio Interior, isso pode indicar a importância de cultivar um silêncio interior que permita a aceitação das próprias emoções, sem se afundar nelas.

Sugestão: praticar o silêncio para encontrar equilíbrio emocional e uma perspectiva mais objetiva.

Tipo 5 – Analítico

Nesta casa, o Tipo 5 é convidado a aplicar o silêncio interior para equilibrar a busca incessante por conhecimento com a necessidade de reflexão interna.

Sugestão: praticar o silêncio para se conectar com a intuição e a sabedoria interna, além do conhecimento externo.

Tipo 6 – Precavido

Quando o Tipo 6 está na Casa 47 – Saraswati – Caminho do Meio – Silêncio Interior, isso pode indicar a importância de cultivar o silêncio interior para acalmar a mente inquieta e encontrar confiança interna.

Sugestão: praticar o silêncio para liberar a preocupação excessiva e permitir um estado de tranquilidade.

Tipo 7 – Otimista

Nesta casa, o Tipo 7 é desafiado a aplicar o silêncio interior como uma forma de se aprofundar nas próprias experiências internas, em vez de sempre buscar novas distrações.

Sugestão: praticar o silêncio para cultivar a presença no momento atual e encontrar satisfação interna.

> **RESUMO**
>
> A Casa 47 – Saraswati – Caminho do Meio – Silêncio Interior, no contexto do Eneagrama, convida cada tipo a cultivar o silêncio interior como uma ferramenta para equilibrar suas energias internas, se reconectar com suas necessidades e encontrar sabedoria e autenticidade. As sugestões específicas para cada tipo podem ajudar a transformar o silêncio interior em um caminho para a autodescoberta e o crescimento pessoal.

CONSTELAÇÃO

Pertencimento na Casa 47 – Saraswati – Caminho do Meio – Silêncio Interior

O pertencimento nesta casa é alcançado ao reconhecer que o caminho do meio e o silêncio interior são jornadas universais de autodescoberta. Independentemente de nossas diferenças externas, todos compartilhamos a busca por um equilíbrio saudável e a conexão com a tranquilidade interior.

> *O senso de pertencimento surge quando percebemos que estamos todos na mesma jornada de encontrar o equilíbrio entre os extremos e cultivar a paz interior.*

Hierarquia na Casa 47 – Saraswati – Caminho do Meio – Silêncio Interior

A hierarquia nessa casa está fundamentada na valorização do caminho do meio e do silêncio interior como ferramentas essenciais para o crescimento espiritual e o autoconhecimento. O caminho do meio, que busca evitar extremos e equilibrar aspectos opostos, muitas vezes é colocado acima do silêncio interior.

> *No entanto, a prática do silêncio interior é uma forma de encontrar o caminho do meio, uma vez que nos ajuda a nos afastarmos das distrações externas e nos conectarmos com nossa essência mais profunda.*

Equilíbrio na Casa 47 – Saraswati – Caminho do Meio – Silêncio Interior

O equilíbrio nesta casa é alcançado ao adotar o caminho do meio como uma abordagem para a vida diária e cultivar o silêncio interior como uma prática regular. O caminho do meio nos ajuda a evitar extremismos e a encontrar moderação em nossas ações e pensamentos.

> *O silêncio interior nos permite sintonizar com nossa intuição, refletir sobre nossas experiências e cultivar a paz interior em um mundo agitado.*

RESUMO

A Casa 47 – Saraswati – Caminho do Meio – Silêncio Interior nos convida a abraçar o caminho do meio e a praticar o silêncio interior como meios para encontrar equilíbrio, paz e autodescoberta. Ao cultivar essas qualidades, podemos navegar pelas complexidades da vida com sabedoria e serenidade.

OS 7 CHACRAS

Aqui está a análise da Casa 47 – Saraswati – Caminho do Meio – Silêncio Interior, relacionada com os sete chacras, oferecendo *insights* sobre como essa casa influencia cada um dos centros de energia, juntamente com dicas para equilibrar essas influências em sua vida:

Chacra Raiz (Muladhara) – Segurança e Sobrevivência

A Casa 47, representando o caminho do meio e o silêncio interior, pode influenciar o chacra raiz ao fornecer uma sensação de segurança profunda e conexão com a Terra. O silêncio interior permite que você encontre tranquilidade mesmo em meio à turbulência.

Chacra Sacral (Swadhisthana) – Criatividade e Emoções

Essa casa pode afetar o chacra sacral ao estimular a criatividade a partir do silêncio interior. Ao se conectar com esse estado tranquilo, suas expressões criativas e emoções são mais autênticas e equilibradas.

Chacra do Plexo Solar (Manipura) – Poder Pessoal

O chacra do plexo solar é influenciado pelo caminho do meio, pois busca equilibrar seu poder pessoal sem excessos ou deficiências. O silêncio interior ajuda a tomar decisões ponderadas e ações assertivas.

Chacra Cardíaco (Anahata) – Amor e Compaixão

O silêncio interior é fundamental para o chacra cardíaco, pois permite que você ouça e compreenda profundamente o amor e a compaixão em seu coração. Você se torna mais capaz de amar incondicionalmente.

Chacra Laríngeo (Vishuddha) – Comunicação e Expressão

A Casa 47 pode influenciar o chacra laríngeo ao enfatizar a comunicação a partir do silêncio interior. Sua expressão se torna mais autêntica e impactante quando você fala a partir de um lugar de tranquilidade interna.

Chacra do Terceiro Olho (Ajna) – Intuição e Percepção

O caminho do meio e o silêncio interior desempenham um papel vital no chacra do terceiro olho, permitindo que você acesse a intuição e percepção mais clara. Sua mente se acalma, permitindo *insights* profundos.

Chacra Coronário (Sahasrara) – Conexão Espiritual

O silêncio interior é essencial para a conexão espiritual no chacra coronário, pois possibilita experiências de unidade e transcendência. Por meio desse estado, você se conecta com algo maior do que si mesmo.

> **RESUMO**
>
> A Casa 47 – Saraswati – Caminho do Meio – Silêncio Interior, vista por meio da perspectiva dos sete chacras, destaca a importância do equilíbrio, tranquilidade e introspecção em nossa jornada espiritual e emocional. Cada chacra desempenha um papel vital ao permitir que essas qualidades enriqueçam nossa segurança, criatividade, poder pessoal, amor, comunicação, intuição e espiritualidade. É um convite para encontrar o silêncio interior como meio de alcançar a harmonia e a paz em todos os aspectos de nossas vidas.

MENSAGEM FINAL

A mensagem final para quem tirou a carta da casa Saraswati é que o caminho do meio e a neutralidade são bússolas valiosas em sua jornada. Ao buscar o equilíbrio e cultivar a habilidade de permanecer neutro diante das circunstâncias, você pode encontrar um estado de paz interior e tomar decisões mais conscientes e alinhadas com sua verdadeira essência.

Casa 48

Yamuna – Energia Solar

Seja bem-vindo(a) à Casa 48 – Yamuna – Energia Solar, um espaço dedicado à exploração da energia vital e revigorante do sol. Nesta casa, convidamos você a mergulhar na influência poderosa e transformadora da energia solar em nossas vidas e a compreender como ela pode afetar nosso bem-estar físico, mental e espiritual.

A Casa 48 nos convida a contemplar a importância da energia solar como uma fonte de vida e vitalidade. Assim como o sol é essencial para o funcionamento dos ecossistemas terrestres, também desempenha um papel fundamental em nossa própria saúde e equilíbrio. Neste reino de reflexão, exploraremos como a exposição à luz solar pode impactar positivamente nossa saúde, fortalecendo nosso sistema imunológico, regulando o sono e elevando nosso ânimo.

Além disso, nesta casa, exploraremos a simbologia mais profunda da energia solar. Assim como o sol irradia luz e calor, também podemos aprender a irradiar positividade, compaixão e calor humano em nossas interações com os outros e com o mundo ao nosso redor. Vamos refletir sobre como podemos nos tornar uma fonte de energia positiva, iluminando nossos próprios corações e os corações daqueles que encontramos em nossa jornada.

Ao adentrar na Casa 48, você será convidado(a) a explorar as maneiras pelas quais pode incorporar conscientemente a energia solar em sua vida diária. Isso pode envolver práticas ao ar livre, conexão com a natureza, exposição à luz solar e ações que irradiam positividade e calor humano para os outros.

Que este espaço de reflexão o inspire a se conectar com a energia solar em todas as suas formas – física, emocional e espiritual – e a reconhecer o poder transformador que ela pode trazer para sua vida. Seja bem-vindo(a) à Casa 48 – Yamuna – Energia Solar, em que a vitalidade e a luminosidade aguardam para serem exploradas e vivenciadas.

Algumas características e reflexões relacionadas com a Casa Yamuna

- **Energia vital e vitalidade:** a energia solar é uma fonte vital de vitalidade para todas as formas de vida. Ela nos fornece a energia necessária para sustentar nossas atividades diárias e manter nosso corpo e mente saudáveis.
- **Renovação e revitalização:** o sol é um símbolo de renovação e renascimento. Assim como o sol nasce a cada novo dia, a energia solar nos lembra da oportunidade de nos renovarmos e recarregarmos nossas energias.
- **Força interior e confiança:** assim como o sol irradia uma energia poderosa, a energia solar pode nos ajudar a cultivar uma força interior igualmente poderosa. Ela nos lembra da importância de cultivar a confiança e a determinação em nossa jornada.
- **Iluminação e clareza:** a energia solar ilumina o mundo ao nosso redor, dissipando as sombras da escuridão. Da mesma forma, a energia solar espiritual pode nos ajudar a trazer clareza e iluminação aos aspectos mais profundos de nós mesmos.
- **Conexão com a natureza:** a energia solar nos conecta à natureza e ao ciclo natural do mundo. Ela nos lembra da importância de estar em harmonia com o ambiente ao nosso redor.
- **Nutrição para a alma:** assim como as plantas absorvem a energia do sol para crescer e prosperar, podemos absorver a energia solar para nutrir nossa alma e promover nosso crescimento espiritual.

Aplicação terapêutica da Casa Yamuna

- **Banho de sol:** passar algum tempo ao sol de manhã cedo ou no final da tarde pode ajudar a recarregar suas energias e promover uma sensação de bem-estar.
- **Prática de ioga ao ar livre:** fazer ioga ao ar livre, sob a luz do sol, pode ajudar a fortalecer tanto o corpo quanto a mente.
- **Visualização solar:** durante a meditação, visualize a energia solar entrando em seu corpo, preenchendo-o com vitalidade e força.
- **Alimentação consciente:** consuma alimentos frescos e vibrantes, que também absorvem a energia solar, contribuindo para a sua vitalidade.

- **Tempo ao ar livre:** passe mais tempo em contato com a natureza, seja caminhando, praticando jardinagem ou simplesmente desfrutando da beleza do mundo ao seu redor.
- **Afirmações positivas:** use afirmações relacionadas com a energia solar, como "Eu sou cheio de energia e vitalidade", para reforçar uma mentalidade positiva.

ENEAGRAMA

Aqui está a análise da Casa 48 – Yamuna – Energia Solar, à luz do Eneagrama, para cada um dos nove tipos, juntamente com sugestões de melhoria específicas:

Tipo 8 – O Poderoso

Quando o Tipo 8 está na Casa 48 – Yamuna – Energia Solar, isso pode indicar a importância de direcionar sua energia de maneira construtiva e generosa.

Sugestão: praticar a expansão dessa energia para impactar positivamente os outros, equilibrando a assertividade com a compaixão.

Tipo 9 – O Mediador

Nesta casa, o Tipo 9 é convidado a aplicar sua energia de maneira mais proativa e focada, em vez de se dispersar.

Sugestão: usar a energia solar para manifestar suas paixões e objetivos, evitando a tendência de evitar conflitos a todo custo.

Tipo 1 – O Perfeccionista

Para o Tipo 1 nesta casa, a energia solar pode ser usada para realizar mudanças positivas sem ficar preso na busca pela perfeição.

Sugestão: canalizar essa energia para ações práticas que tragam melhorias, sem ser excessivamente crítico consigo mesmo ou com os outros.

Tipo 2 – O Ajudante

Quando o Tipo 2 está na Casa 48 – Yamuna – Energia Solar, isso pode indicar a importância de usar sua energia para cuidar de si mesmo, além dos outros.

Sugestão: equilibrar a doação com o autocuidado, garantindo que suas próprias necessidades também sejam atendidas.

Tipo 3 – O Vencedor

Nesta casa, o Tipo 3 é desafiado a usar a energia solar para se expressar autenticamente, em vez de apenas buscar validação externa.

Sugestão: aplicar essa energia para projetos que reflitam seus valores internos, em vez de apenas perseguir conquistas para impressionar os outros.

Tipo 4 - O Intenso

Quando o Tipo 4 está na Casa 48 - Yamuna - Energia Solar, isso pode indicar a importância de usar a energia solar para encontrar um equilíbrio emocional mais estável, em vez de se perder nas oscilações intensas.

Sugestão: usar essa energia para cultivar um estado de aceitação e contentamento internos.

Tipo 5 - O Analítico

Nesta casa, o Tipo 5 é convidado a aplicar a energia solar para se conectar mais com o mundo exterior, em vez de se refugiar no mundo mental.

Sugestão: usar essa energia para buscar experiências diretas e compartilhar conhecimento com os outros.

Tipo 6 - O Precavido

Quando o Tipo 6 está na Casa 48 - Yamuna - Energia Solar, isso pode indicar a importância de usar a energia solar para cultivar a confiança e a coragem interior.

Sugestão: aplicar essa energia para enfrentar desafios de maneira assertiva e superar a tendência à indecisão.

Tipo 7 - O Otimista

Nesta casa, o Tipo 7 é desafiado a usar a energia solar para se aprofundar nas experiências presentes, em vez de sempre buscar novas.

Sugestão: aplicar essa energia para encontrar satisfação nas atividades atuais, evitando a constante busca por estímulos emocionais.

> **RESUMO**
>
> A Casa 48 - Yamuna - Energia Solar, no contexto do Eneagrama, convida cada tipo a usar sua energia de maneira construtiva e positiva, impactando a si mesmo e aos outros de maneira significativa. As sugestões específicas para cada tipo podem ajudar a transformar essa energia em um caminho para o crescimento pessoal e a realização autêntica.

CONSTELAÇÃO

Pertencimento na Casa 48 - Yamuna - Energia Solar

O pertencimento nesta casa está enraizado na compreensão da energia solar como uma força vital universal que afeta todos os seres vivos. Independentemente de diferenças culturais, geográficas ou individuais, todos compartilhamos a influência da energia solar em nossas vidas.

O sol é uma fonte de energia vital que nos conecta e nos lembra da interconexão de todos os seres na Terra.

Hierarquia na Casa 48 – Yamuna – Energia Solar

A hierarquia nessa casa destaca a energia solar como uma força poderosa e central para todos os aspectos da vida. Ela é considerada como uma influência fundamental que sustenta o funcionamento do mundo natural e da sociedade humana.

Nesse contexto, a energia solar é frequentemente vista como um símbolo elevado de vitalidade e poder cósmico, influenciando a hierarquia das prioridades na vida.

Equilíbrio na Casa 48 – Yamuna – Energia Solar

O equilíbrio nesta casa é alcançado ao reconhecer a importância da energia solar em nossa existência e ao utilizá-la de maneira consciente e sustentável. Devemos buscar um equilíbrio entre colher os benefícios da energia solar para nosso bem-estar e o bem-estar do planeta, sem esgotar seus recursos de forma prejudicial.

O equilíbrio também se refere a honrar a energia solar sem exaltar sua importância acima de outras forças naturais.

RESUMO

A Casa 48 – Yamuna – Energia Solar nos lembra da interconexão entre todos os seres vivos por meio da influência da energia solar. Ao reconhecer e honrar essa energia vital, podemos buscar um equilíbrio sustentável e consciente em nossa relação com a natureza e com o cosmos.

OS 7 CHACRAS

Aqui está a análise da Casa 48 – Yamuna – Energia Solar, relacionada com os sete chacras, oferecendo *insights* sobre como essa casa influencia cada um dos centros de energia, juntamente com dicas para equilibrar essas influências em sua vida:

Chacra Raiz (Muladhara) – Segurança e Sobrevivência

A Casa 48, representando a energia solar, pode afetar o chacra raiz ao fornecer uma sensação de segurança e vitalidade. Ela se conecta com a Terra, trazendo uma sensação de fundação sólida e apoio à sua vida.

Chacra Sacral (Swadhisthana) – Criatividade e Emoções

Essa casa também influencia o chacra sacral, energizando sua criatividade e emoções. A energia solar pode servir como uma fonte de inspiração para expressões artísticas e um aumento na vitalidade emocional.

Chacra do Plexo Solar (Manipura) – Poder Pessoal

O chacra do plexo solar é particularmente sensível à energia solar, pois está relacionado com o seu poder pessoal. A energia solar fortalece sua autoconfiança e força interior, capacitando-o a tomar decisões e liderar com determinação.

Chacra Cardíaco (Anahata) – Amor e Compaixão

A Casa 48 também influencia o chacra cardíaco, trazendo calor e generosidade ao seu coração. Ela inspira a compaixão e o amor pelos outros, conectando-o com a humanidade e a generosidade.

Chacra Laríngeo (Vishuddha) – Comunicação e Expressão

A energia solar pode impactar o chacra laríngeo ao melhorar sua comunicação e expressão. Você se torna mais articulado, confiante e claro em sua comunicação com os outros.

Chacra do Terceiro Olho (Ajna) – Intuição e Percepção

No chacra do terceiro olho, a energia solar pode aumentar sua intuição e percepção. Ela ajuda a ver as coisas com mais clareza, a compreender os significados subjacentes e a tomar decisões mais informadas.

Chacra Coronário (Sahasrara) – Conexão Espiritual

A Casa 48 também pode influenciar o chacra coronário, conectando-o com a espiritualidade e a sabedoria superior. Ela ilumina sua consciência e conecta-o com aspectos transcendentais da existência.

RESUMO

A Casa 48 – Yamuna – Energia Solar, vista por meio da perspectiva dos sete chacras, destaca a importância da vitalidade, autoconfiança e conexão com o divino. Cada chacra desempenha um papel fundamental ao permitir que essa energia solar enriqueça nossa segurança, criatividade, poder pessoal, amor, comunicação, intuição e espiritualidade. É um convite para abraçar a energia positiva e radiante do sol em todas as áreas de nossas vidas.

MENSAGEM FINAL

A mensagem final para quem tirou a carta da casa Yamuna é que a energia solar é uma dádiva da natureza que pode nutrir e fortalecer todos os aspectos da sua vida. Ao se conectar conscientemente com essa energia, você pode aumentar sua vitalidade, promover a cura e iluminar o seu caminho em direção à realização pessoal e espiritual.

Casa 49

Ganges – Energia Lunar

Seja bem-vindo(a) à Casa 49 – Ganges – Energia Lunar, um espaço que convida você a mergulhar nas profundezas da energia sutil e transformadora da lua. Nesta casa, exploraremos a influência da energia lunar em nossas vidas e como ela pode afetar nossas emoções, intuição e conexão espiritual.

A Casa 49 nos convida a contemplar a energia calmante e misteriosa da lua. Assim como a lua exerce um poderoso efeito sobre as marés dos oceanos, também exerce uma influência significativa em nosso mundo interior. Neste reino de reflexão, exploraremos como as diferentes fases da lua podem influenciar nossas emoções e estados de espírito, desde a serenidade da lua cheia até a introspecção da lua nova.

Além disso, nesta casa, mergulharemos na simbologia mais profunda da energia lunar. A lua é muitas vezes associada à intuição, ao subconsciente e à conexão espiritual. Vamos refletir sobre como podemos sintonizar nossa própria intuição, explorar os reinos internos da mente e do espírito, e encontrar um equilíbrio entre as energias solares e lunares dentro de nós.

Ao adentrar na Casa 49, você será convidado(a) a explorar as maneiras pelas quais pode incorporar conscientemente a energia lunar em sua vida diária. Isso pode envolver práticas de meditação à luz da lua, momentos de contemplação tranquila durante as fases lunares e a busca por uma conexão mais profunda com sua intuição e sabedoria interior.

Que este espaço de reflexão o inspire a se conectar com a energia lunar em todas as suas nuances e a aproveitar a tranquilidade e a intuição que ela pode trazer para sua vida. Seja bem-vindo(a) à Casa 49 – Ganges – Energia Lunar, em que a serenidade e a introspecção aguardam para serem exploradas e vivenciadas.

Algumas características e reflexões relacionadas com a Casa Ganges

- **Intuição e sensibilidade:** a energia lunar está associada à intuição profunda e à sensibilidade emocional. Ela nos lembra da importância de sintonizar com nossos sentimentos e perceber as nuances do mundo ao nosso redor.

- **Reflexão e interiorização:** assim como a lua reflete a luz do sol, a energia lunar nos incentiva a refletir sobre nossas emoções e experiências internas. Ela nos convida a olhar para dentro e explorar nossos sentimentos mais profundos.

- **Ciclos e transformação:** a lua passa por diferentes fases em seu ciclo, assim como nós passamos por fases de crescimento e transformação. A energia lunar nos lembra da natureza cíclica da vida e da importância de aceitar as mudanças.

- **Conexão espiritual:** a energia lunar está associada a práticas espirituais e meditativas, permitindo-nos entrar em sintonia com nossa espiritualidade interior e explorar os reinos mais profundos da consciência.

- **Energia feminina:** a lua é muitas vezes associada à energia feminina, representando a nutrição, a intuição e a criatividade receptiva. Ela nos lembra da importância de equilibrar as qualidades masculinas e femininas dentro de nós.

- **Ciclos de natureza:** assim como a lua influencia as marés e os ritmos da natureza, a energia lunar nos conecta aos ritmos naturais do nosso próprio corpo e do mundo ao nosso redor.

Aplicação terapêutica da Casa Ganges

- **Meditação à luz da lua:** praticar meditação ao ar livre à luz da lua cheia pode ajudar a aprofundar sua conexão espiritual e promover a clareza mental.

- **Escrita reflexiva:** mantenha um diário lunar, registrando seus sentimentos e observações à medida que a lua passa por suas diferentes fases.

- **Práticas de cura energética:** explore práticas de cura que estejam sintonizadas com a energia lunar, como a cura com cristais ou com reiki.

- **Conexão com a natureza noturna:** passe algum tempo na natureza durante a noite, absorvendo a tranquilidade e a energia mágica da energia lunar.

- **Trabalho com sonhos:** a energia lunar está ligada aos sonhos e à vida noturna. Mantenha um caderno ao lado da cama para registrar seus sonhos e *insights* matinais.
- **Tradições espirituais lunares:** explore tradições espirituais que honram a lua, como meditações de lua cheia ou rituais de lua nova.

ENEAGRAMA

Aqui está a análise da Casa 49 – Ganges – Energia Lunar, à luz do Eneagrama, para cada um dos nove tipos, juntamente com sugestões de melhoria específicas:

Tipo 8 – Poderoso

Quando o Tipo 8 está na Casa 49 – Ganges – Energia Lunar, isso pode indicar a importância de cultivar uma conexão mais profunda com suas emoções e intuições.

Sugestão: permitir-se sentir vulnerabilidade e usar essa energia lunar para desenvolver empatia e compreensão pelos outros.

Tipo 9 – O Mediador

Nesta casa, o Tipo 9 é convidado a sintonizar-se com suas emoções internas e sentimentos subjacentes, em vez de se desconectar deles.

Sugestão: usar a energia lunar para trazer à tona as necessidades internas e encontrar a coragem de expressá-las, evitando a tendência de negligenciar suas próprias emoções.

Tipo 1 – O Perfeccionista

Para o Tipo 1 nesta casa, a energia lunar pode ser usada para cultivar um senso de fluxo e aceitação, em vez de buscar constantemente a perfeição.

Sugestão: permitir-se relaxar em vez de ficar preso em padrões rígidos, usando essa energia para se conectar com a autenticidade interior.

Tipo 2 – O Ajudante

Quando o Tipo 2 está na Casa 49 – Ganges – Energia Lunar, isso pode indicar a importância de equilibrar a doação aos outros com o autocuidado e autoamor.

Sugestão: usar a energia lunar para nutrir a si mesmo, em vez de apenas focar nas necessidades dos outros.

Tipo 3 – O Vencedor

Nesta casa, o Tipo 3 é desafiado a se conectar com suas emoções verdadeiras, em vez de apenas projetar uma imagem externa.

Sugestão: usar a energia lunar para cultivar autenticidade emocional, permitindo que os outros vejam suas vulnerabilidades e verdade interior.

Tipo 4 - O Intenso

Quando o Tipo 4 está na Casa 49 - Ganges - Energia Lunar, isso pode indicar a importância de equilibrar as emoções intensas com uma perspectiva mais objetiva.

Sugestão: usar a energia lunar para acalmar a intensidade emocional e cultivar um estado de equilíbrio interno.

Tipo 5 - O Analítico

Nesta casa, o Tipo 5 é convidado a usar a energia lunar para se conectar emocionalmente com os outros, em vez de se distanciar.

Sugestão: usar essa energia para desenvolver empatia e compreensão emocional, evitando a tendência de se isolar.

Tipo 6 - O Precavido

Quando o Tipo 6 está na Casa 49 - Ganges - Energia Lunar, isso pode indicar a importância de confiar mais em sua intuição e em suas emoções, em vez de apenas se basear em preocupações racionais.

Sugestão: usar a energia lunar para encontrar um equilíbrio entre a mente e o coração, cultivando a confiança interior.

Tipo 7 - O Otimista

Nesta casa, o Tipo 7 é desafiado a se aprofundar nas suas próprias emoções, em vez de buscar constantemente novas experiências.

Sugestão: usar a energia lunar para praticar a introspecção e o autoconhecimento, encontrando satisfação na exploração interna.

RESUMO

A Casa 49 - Ganges - Energia Lunar, no contexto do Eneagrama, convida cada tipo a se conectar mais com suas emoções e intuições, cultivando um entendimento mais profundo de si mesmo e dos outros. As sugestões específicas para cada tipo podem ajudar a transformar essa energia em um caminho para o crescimento emocional e espiritual.

CONSTELAÇÃO

Pertencimento na Casa 49 - Ganges - Energia Lunar

O pertencimento nessa casa está intrinsecamente ligado à conexão universal com a energia lunar. A influência da lua é sentida por todos os seres vivos, independentemente de sua origem ou status. A energia lunar afeta as marés, os ciclos menstruais, os padrões de sono e até mesmo as emoções humanas.

Essa energia lunar compartilhada nos conecta a todos como parte de um ecossistema maior.

Hierarquia na Casa 49 – Ganges – Energia Lunar

Na hierarquia desta casa, a energia lunar é frequentemente vista como uma influência sutil, mas profundamente significativa, que molda as experiências internas e externas. A lua é frequentemente associada à intuição, ao inconsciente e às emoções.

Ela assume um papel de liderança na regulamentação dos ritmos naturais da vida e, por extensão, exerce uma influência silenciosa, mas poderosa, sobre os seres vivos.

Equilíbrio na Casa 49 – Ganges – Energia Lunar

O equilíbrio nesta casa envolve reconhecer e honrar a energia lunar, permitindo-se estar sintonizado com seus ciclos e efeitos. Enquanto buscamos o equilíbrio, é importante lembrar que assim como a lua passa por fases, nossas emoções e estados mentais também passam por transformações.

Encontrar equilíbrio requer uma abordagem que respeite as variações naturais e nos permita navegar por elas com compreensão.

RESUMO

A Casa 49 – Ganges – Energia Lunar nos convida a reconhecer a influência da lua em nossas vidas e a encontrar equilíbrio e conexão por meio dessa energia sutil. Ao praticar a autoconsciência e a compreensão dos ritmos lunares, podemos nos alinhar melhor com nossa própria natureza e com a energia do universo.

OS 7 CHACRAS

Aqui está a análise da Casa 49 – Ganges – Energia Lunar, relacionada com os sete chacras, oferecendo *insights* sobre como essa casa influencia cada um dos centros de energia, juntamente com dicas para equilibrar essas influências em sua vida:

Chacra Raiz (Muladhara) – Segurança e Sobrevivência

A Casa 49, representando a energia lunar, pode influenciar o chacra raiz ao trazer uma sensação de calma e segurança. Ela ajuda a ancorar suas energias e a criar um ambiente estável para sua sobrevivência.

Chacra Sacral (Swadhisthana) - Criatividade e Emoções

Essa casa também afeta o chacra sacral, estimulando a criatividade e as emoções. A energia lunar inspira a expressão artística e amplia suas conexões emocionais com os outros.

Chacra do Plexo Solar (Manipura) - Poder Pessoal

Embora a energia lunar seja suave, ela também pode influenciar o chacra do plexo solar, oferecendo autoconfiança e força interior de uma maneira mais tranquila. Isso pode levar a uma liderança mais sutil e intuitiva.

Chacra Cardíaco (Anahata) - Amor e Compaixão

A Casa 49 pode acalmar o chacra cardíaco, trazendo um amor suave e compassivo. Ela o conecta com a empatia e a compaixão, permitindo que você ame os outros de maneira gentil e generosa.

Chacra Laríngeo (Vishuddha) - Comunicação e Expressão

A energia lunar também pode influenciar o chacra laríngeo, tornando sua comunicação mais suave e reflexiva. Isso encoraja a fala cuidadosa e a expressão artística sutil.

Chacra do Terceiro Olho (Ajna) - Intuição e Percepção

No chacra do terceiro olho, a energia lunar pode aprimorar sua intuição e percepção. Ela permite uma visão mais profunda das questões e promove a compreensão intuitiva.

Chacra Coronário (Sahasrara) - Conexão Espiritual

A Casa 49 também pode influenciar o chacra coronário, conectando-o com a espiritualidade de uma maneira tranquila e contemplativa. Isso promove uma conexão mais profunda com o divino e o transcendental.

RESUMO

A Casa 49 - Ganges - Energia Lunar, vista por meio da perspectiva dos sete chacras, traz uma energia suave, calmante e introspectiva. Ela desempenha um papel fundamental ao proporcionar segurança, estimular a criatividade, inspirar a compaixão, aprimorar a intuição e promover uma conexão tranquila com o divino. É uma energia que nos convida a abraçar a serenidade e a reflexão em nossas vidas.

MENSAGEM FINAL

A mensagem final para quem tirou a carta da casa Ganges é que a energia lunar é uma fonte de sabedoria intuitiva e sensibilidade emocional. Ao se conectar com essa energia de maneira consciente, você pode aprofundar sua compreensão de si mesmo, aumentar sua intuição e encontrar um senso mais profundo de equilíbrio emocional e espiritual.

Casa 50

Tapa-Loka – Austeridade – Disciplina

Seja bem-vindo(a) à Casa 50 – Tapa-Loka – Austeridade – Disciplina, um espaço dedicado à exploração da força transformadora da austeridade e da disciplina em nossa jornada espiritual e pessoal. Nesta casa, convidamos você a mergulhar nas práticas de autocontrole, autodisciplina e renúncia que podem nos levar a uma compreensão mais profunda de nós mesmos e do mundo ao nosso redor.

A Casa 50 nos convida a refletir sobre a importância da austeridade e da disciplina em nossas vidas. Assim como um jardineiro poda as plantas para que cresçam mais saudáveis e fortes, a austeridade e a disciplina nos ajudam a eliminar os excessos e as distrações que podem nos impedir de alcançar nosso pleno potencial. Neste reino de reflexão, exploraremos como a prática da austeridade pode nos ajudar a cultivar a clareza mental, a autodisciplina e a resiliência.

Além disso, nesta casa, investigaremos as diferentes formas de austeridade que podem ser incorporadas em nossas vidas. Isso pode incluir práticas como o jejum, a meditação regular, a limitação do uso de dispositivos eletrônicos ou o desapego de posses materiais excessivas. Por meio dessas práticas, podemos aprender a cultivar uma mente focada, um coração compassivo e uma conexão mais profunda com nosso eu interior.

Ao entrar na Casa 50, você será convidado(a) a explorar como a austeridade e a disciplina podem ser aplicadas em sua própria jornada pessoal. Por meio do autocontrole e da renúncia voluntária, podemos descobrir uma maior liberdade interior e um senso renovado de propósito. A austeridade nos desafia a questionar nossos desejos e hábitos, nos permitindo direcionar nossa energia para o que realmente importa.

Que este espaço de reflexão o inspire a abraçar a austeridade e a disciplina como ferramentas poderosas para o crescimento espiritual e pessoal. Seja bem-vindo(a) à Casa 50 – Tapa-Loka – Austeridade – Disciplina, em que a busca pelo autoaperfeiçoamento e a transformação interior aguardam para serem exploradas e vivenciadas.

Algumas Características e Reflexões Relacionadas da casa Tapa-Loka

- **Autocontrole sábio:** a austeridade nos lembra que o autocontrole não é sobre repressão, mas sim sobre direcionar nossas energias para o que é essencial. Refletir sobre como podemos canalizar nossa força interior para superar impulsos momentâneos.
- **Persistência e resiliência:** a disciplina é a base da persistência e resiliência necessárias para enfrentar obstáculos. Ela nos ensina que o sucesso muitas vezes é alcançado por meio da perseverança contínua.
- **Desapego saudável:** a austeridade nos convida a questionar a busca incessante por prazeres passageiros e a abraçar o desapego. Refletir sobre como podemos encontrar satisfação duradoura ao reduzir nosso apego a bens materiais.
- **Crescimento pessoal:** a disciplina é um veículo para o crescimento pessoal e o autodesenvolvimento. Considerar como o compromisso com a autodisciplina nos impulsiona em direção à nossa melhor versão.
- **Equilíbrio entre rigor e flexibilidade:** a aplicação consciente da disciplina envolve encontrar o equilíbrio entre ser rigoroso e ser gentil consigo mesmo. Refletir sobre como a autodisciplina pode ser aplicada de maneira flexível, ajustando-se às diferentes circunstâncias da vida.

Aplicação Terapêutica da Casa Tapa-Loka

- **Definindo metas claras:** identificar metas específicas e aplicar a disciplina para alcançá-las. Criar um plano passo a passo e acompanhar o progresso.
- **Criando rotinas positivas:** estabelecer rotinas diárias que promovam hábitos saudáveis, como exercícios, meditação ou leitura. A disciplina ajuda a manter essas práticas ao longo do tempo.
- **Desenvolvendo autodisciplina emocional:** refletir sobre como a austeridade pode ajudar a controlar reações impulsivas em momentos de estresse ou conflito. Praticar o autocontrole emocional.

- **Explorando limites pessoais:** identificar áreas de conforto e desafiar limites pessoais com disciplina. Isso pode envolver enfrentar medos ou abraçar oportunidades de crescimento.
- **Cultivando a paciência:** a austeridade nos ensina a esperar e a trabalhar em direção a objetivos ao longo do tempo. Praticar a paciência em situações que exigem espera e perseverança.

ENEAGRAMA

Aqui está a análise da Casa 50 – Tapa-Loka – Austeridade – Disciplina, à luz do Eneagrama, para cada um dos nove tipos, juntamente com sugestões de melhoria específicas:

Tipo 8 – O Poderoso

Quando o Tipo 8 está na Casa 50 – Tapa-Loka – Austeridade – Disciplina, isso pode indicar a importância de canalizar a sua energia e intensidade para metas específicas por meio da disciplina.

Sugestão: praticar a austeridade, desenvolvendo um foco claro e evitando a impulsividade.

Tipo 9 – O Mediador

Nesta casa, o Tipo 9 é convidado a usar a austeridade e a disciplina para cultivar uma presença mais ativa e engajada na vida, em vez de se dispersar.

Sugestão: aplicar a disciplina para estabelecer metas e tomar iniciativa, evitando a tendência de se acomodar.

Tipo 1 – O Perfeccionista

Para o Tipo 1 nesta casa, a austeridade e a disciplina podem ser usadas para criar uma estrutura mais flexível em vez de se prender a padrões rígidos.

Sugestão: praticar a disciplina com uma atitude de autorregulação saudável, permitindo erros sem julgamentos excessivos.

Tipo 2 – O Ajudante

Quando o Tipo 2 está na Casa 50 – Tapa-Loka – Austeridade – Disciplina, isso pode indicar a importância de estabelecer limites saudáveis e praticar a autocontenção.

Sugestão: aplicar a disciplina para cultivar um senso de autonomia e se doar de maneira equilibrada, evitando a tendência de se sobrecarregar.

Tipo 3 – O Vencedor

Nesta casa, o Tipo 3 é desafiado a usar a austeridade e a disciplina para direcionar suas ambições de maneira autêntica e significativa, em vez de buscar apenas reconhecimento externo.

Sugestão: aplicar a disciplina para alinhar suas ações com seus valores intrínsecos.

Tipo 4 – O Intenso

Quando o Tipo 4 está na Casa 50 – Tapa-Loka – Austeridade – Disciplina, isso pode indicar a importância de praticar a disciplina emocional e encontrar um equilíbrio interno.

Sugestão: aplicar a austeridade de maneira saudável, evitando oscilações emocionais excessivas.

Tipo 5 – O Analítico

Nesta casa, o Tipo 5 é convidado a usar a austeridade e a disciplina para equilibrar a busca pelo conhecimento com a experiência prática.

Sugestão: aplicar a disciplina para compartilhar e aplicar o conhecimento adquirido, evitando a tendência de acumular informações sem ação.

Tipo 6 – O Precavido

Quando o Tipo 6 está na Casa 50 – Tapa-Loka – Austeridade – Disciplina, isso pode indicar a importância de usar a disciplina para cultivar a coragem e superar medos.

Sugestão: praticar a austeridade na autorregulação do pensamento ansioso, encontrando um equilíbrio entre precaução e confiança.

Tipo 7 – O Otimista

Nesta casa, o Tipo 7 é desafiado a usar a austeridade e a disciplina para cultivar um foco mais profundo e enfrentar desafios emocionais.

Sugestão: aplicar a disciplina para explorar a profundidade das experiências, evitando a tendência de buscar constantemente novos estímulos.

RESUMO

A Casa 50 – Tapa-Loka – Austeridade – Disciplina, no contexto do Eneagrama, convida cada tipo a usar a disciplina de maneira equilibrada para aprimorar suas características e superar desafios pessoais. As sugestões específicas para cada tipo podem ajudar a transformar essa prática em um caminho para o crescimento e desenvolvimento individual.

CONSTELAÇÃO

Pertencimento na Casa 50 – Tapa-Loka – Austeridade – Disciplina

Nesta casa, o pertencimento está profundamente relacionado com a busca compartilhada por austeridade e disciplina. Aqueles que se dedicam à prática da austeridade formam uma comunidade unida por um compromisso com a autodisciplina e o crescimento pessoal.

Essa casa nos lembra que o esforço consciente para cultivar a disciplina não apenas nos conecta uns aos outros, mas também à nossa própria jornada de desenvolvimento espiritual.

Hierarquia na Casa 50 – Tapa-Loka – Austeridade – Disciplina

Na hierarquia desta casa, a austeridade e a disciplina ocupam um lugar de destaque, pois representam um profundo compromisso com o autoaperfeiçoamento e a elevação espiritual.

Aqueles que se dedicam a práticas austeras geralmente são vistos como líderes devido à sua capacidade de superar desafios e inspirar os outros a adotar a disciplina em suas vidas.

Equilíbrio na Casa 50 – Tapa-Loka – Austeridade – Disciplina

O equilíbrio nesta casa é alcançado ao reconhecer a importância da disciplina e da austeridade sem cair na rigidez excessiva. É vital encontrar um equilíbrio entre a busca pela autodisciplina e a aceitação de que a jornada espiritual também requer flexibilidade e compaixão consigo mesmo.

Encontrar o equilíbrio significa adotar práticas disciplinadas sem se tornar excessivamente rígido ou crítico.

RESUMO

A Casa 50 – Tapa-Loka – Austeridade – Disciplina nos lembra da importância da autodisciplina e da austeridade na busca espiritual. Ao encontrar um equilíbrio saudável entre a disciplina e a compaixão consigo mesmo, podemos nos conectar com os outros que compartilham essa jornada e crescer juntos em direção ao autodesenvolvimento.

OS 7 CHACRAS

Aqui está a análise da Casa 50 – Tapa-Loka – Austeridade e Disciplina, relacionada com os sete chacras, oferecendo *insights* sobre como essa casa influencia cada um dos centros de energia, juntamente com dicas para equilibrar essas influências em sua vida:

Chacra Raiz (Muladhara) – Segurança e Sobrevivência

A Casa 50, representando a austeridade e a disciplina, pode impactar o chacra raiz ao fornecer uma base sólida para a segurança e a sobrevivência.

Ela incentiva a prática da disciplina financeira e o estabelecimento de uma base sólida para a vida material.

Chacra Sacral (Swadhisthana) – Criatividade e Emoções

Essa casa também afeta o chacra sacral, canalizando a energia da disciplina para a criatividade e as emoções. Ela ajuda a equilibrar o desejo criativo com a autocontenção, permitindo uma expressão artística mais focada.

Chacra do Plexo Solar (Manipura) – Poder Pessoal

A energia da Casa 50 pode influenciar o chacra do plexo solar ao fortalecer o poder pessoal por meio da autodisciplina. Isso promove a assertividade e a capacidade de realizar metas com foco e determinação.

Chacra Cardíaco (Anahata) – Amor e Compaixão

A austeridade e a disciplina também podem afetar o chacra cardíaco, ensinando a importância de amar e perdoar a si mesmo com paciência. Isso promove relacionamentos saudáveis baseados na compaixão.

Chacra Laríngeo (Vishuddha) – Comunicação e Expressão

No chacra laríngeo, a energia da Casa 50 pode melhorar a comunicação, incentivando a fala ponderada e a expressão clara. A disciplina na comunicação é valorizada para evitar conflitos desnecessários.

Chacra do Terceiro Olho (Ajna) – Intuição e Percepção

A austeridade e a disciplina também podem aprimorar o chacra do terceiro olho, tornando a intuição mais aguçada. Praticar a disciplina mental e a meditação pode abrir a porta para a percepção intuitiva.

Chacra Coronário (Sahasrara) – Conexão Espiritual

A Casa 50 pode influenciar o chacra coronário ao enfocar a disciplina espiritual. Ela promove a prática de rituais religiosos e meditação, fortalecendo a conexão com o divino.

RESUMO

A Casa 50 – Tapa-Loka – Austeridade e Disciplina, vista por meio da perspectiva dos sete chacras, traz uma energia de autocontrole, foco e determinação. Ela apoia a segurança material, a criatividade equilibrada, o poder pessoal, a comunicação ponderada, a compaixão, a intuição e a conexão espiritual por meio da prática da disciplina em várias áreas da vida. É uma energia que nos convida a buscar metas com persistência e a encontrar equilíbrio em nossa jornada espiritual.

MENSAGEM FINAL

A mensagem final da casa Tapa-Loka é uma lembrança poderosa de que a austeridade e a disciplina são como as chaves para desbloquear o potencial humano. Ao abraçar a autodisciplina, podemos alcançar nossos objetivos com clareza e determinação. A austeridade nos lembra da importância de questionar o que realmente precisamos para uma vida significativa. Por meio dessas virtudes, somos capacitados a desenvolver força interior, resistência e, acima de tudo, a capacidade de trilhar o caminho em direção à realização pessoal e ao sucesso duradouro.

Casa 51

Prithvi – Mãe Terra – Ecologia

Seja bem-vindo(a) à Casa 51 – Prithvi – Mãe Terra – Ecologia, um espaço dedicado à exploração profunda da nossa relação com a natureza e ao entendimento do impacto da ecologia em nossas vidas e no mundo ao nosso redor. Nesta casa, convidamos você a se conectar com a essência da Mãe Terra e a refletir sobre a importância da ecologia para a nossa existência e para as gerações futuras.

Na Casa 51, mergulhamos na consciência da interconexão entre todos os seres vivos e o ambiente que nos cerca. Prithvi, que significa "Mãe Terra" em sânscrito, simboliza a fonte de vida que nos sustenta e nutre. Aqui, exploramos como nossas ações e escolhas diárias impactam o equilíbrio ecológico e a saúde do nosso planeta.

Nossa jornada nesta casa nos leva a contemplar a beleza da natureza e a reconhecer nossa responsabilidade de preservá-la. À medida que exploramos diferentes aspectos da ecologia, consideramos práticas sustentáveis, a conservação da biodiversidade, a redução do consumo excessivo e o respeito pelas criaturas e recursos naturais.

Ao entrar na Casa 51, você será convidado(a) a examinar seu próprio relacionamento com o meio ambiente e a adotar um compromisso consciente com a ecologia. À medida que nos sintonizamos com a sabedoria da Mãe Terra, somos incentivados a tomar medidas que promovam a harmonia entre os seres humanos e a natureza, garantindo um futuro saudável e equilibrado para as gerações vindouras.

Que este espaço de reflexão inspire em você um profundo respeito pela Mãe Terra e uma consciência crescente sobre a importância de preservar e proteger nosso lar comum. Seja bem-vindo(a) à Casa 51 – Prithvi – Mãe Terra – Ecologia, em que a conexão com a natureza e a busca pela harmonia ambiental nos aguardam para serem exploradas e vivenciadas.

Algumas características e reflexões relacionadas com a Casa Prithvi

- **Ciclos da natureza:** a casa Prithvi nos convida a contemplar os ritmos naturais da Mãe Terra, reforçando a compreensão de que somos parte de um sistema interconectado.

- **Respeito e gratidão:** refletir sobre a importância de reconhecer e respeitar a Terra como nossa provedora de recursos essenciais. Cultivar um sentimento de gratidão por tudo o que ela nos oferece.

- **Sustentabilidade:** a casa Prithvi nos lembra da importância de viver de maneira sustentável, usando os recursos da Terra de forma responsável para preservar o equilíbrio ecológico.

- **Conexão com a natureza:** refletir sobre como a natureza nos oferece uma fonte de paz, inspiração e cura. Buscar maneiras de se reconectar com a natureza em nosso cotidiano.

- **Ação responsável:** a aplicação da casa Prithvi envolve assumir a responsabilidade pelas nossas ações com relação ao meio ambiente. Refletir sobre como nossas escolhas impactam a Terra e agir de forma consciente.

Aplicação Terapêutica da Casa Prithvi

- **Práticas de conexão:** cultivar práticas diárias para se conectar com a natureza, como caminhar ao ar livre, meditar em espaços naturais ou fazer jardinagem.

- **Estilo de vida sustentável:** avaliar hábitos de consumo e buscar formas de reduzir o desperdício, reciclar e reutilizar. Incorporar práticas de sustentabilidade em casa e no trabalho.

- **Educação ambiental:** aprofundar o conhecimento sobre questões ambientais e compartilhar informações com outros. Participar de iniciativas de conscientização e educação ambiental.

- **Apoiar iniciativas locais:** envolvimento em projetos comunitários voltados para a preservação da natureza, como mutirões de limpeza, plantio de árvores ou preservação de áreas verdes.

- **Advocacia e ativismo:** usar a voz para defender a proteção do meio ambiente, seja participando de movimentos, petições ou engajando-se em causas ecológicas.

ENEAGRAMA

Aqui está a análise da Casa 51 – Prithvi – Mãe Terra – Ecologia, à luz do Eneagrama, para cada um dos nove tipos, juntamente com sugestões de melhoria específicas:

Tipo 8 – O Poderoso

Quando o Tipo 8 está na Casa 51 – Prithvi – Mãe Terra – Ecologia, isso pode indicar a importância de usar sua força e poder para proteger e preservar o meio ambiente.

Sugestão: praticar a conscientização ecológica, canalizando sua energia para ações que promovam a sustentabilidade.

Tipo 9 – O Mediador

Nesta casa, o Tipo 9 é convidado a cultivar uma conexão mais profunda com a natureza e a reconhecer seu papel na preservação do planeta.

Sugestão: aplicar a conscientização ecológica, encontrando maneiras de envolver-se em causas ambientais e evitar a tendência de se desconectar das questões ecológicas.

Tipo 1 – O Perfeccionista

Para o Tipo 1 nesta casa, a conscientização ecológica pode ser uma ferramenta para direcionar a busca pela perfeição em prol da justiça ambiental.

Sugestão: praticar a conscientização ecológica com um compromisso de equilibrar padrões elevados com ações que beneficiem o meio ambiente.

Tipo 2 – O Ajudante

Quando o Tipo 2 está na Casa 51 – Prithvi – Mãe Terra – Ecologia, isso pode indicar a importância de se dedicar ao serviço à natureza, assim como aos outros.

Sugestão: aplicar a conscientização ecológica, cuidando do planeta de maneira ativa e equilibrada, evitando a tendência de negligenciar as próprias necessidades.

Tipo 3 – O Vencedor

Nesta casa, o Tipo 3 é desafiado a usar sua influência para promover a conscientização ecológica e agir como um modelo para a sustentabilidade.

Sugestão: aplicar a conscientização ecológica, alinhando suas metas com a preservação do meio ambiente além de conquistas pessoais.

Tipo 4 – O Intenso

Quando o Tipo 4 está na Casa 51 – Prithvi – Mãe Terra – Ecologia, isso pode indicar a importância de canalizar suas emoções e sensibilidade para apoiar causas ecológicas.

Sugestão: praticar a conscientização ecológica, encontrando formas de se conectar com a natureza que ressoem com sua individualidade.

Tipo 5 – O Analítico

Nesta casa, o Tipo 5 é convidado a usar seu intelecto para compreender e abordar os desafios ecológicos.

Sugestão: aplicar a conscientização ecológica, equilibrando a busca por conhecimento com ações concretas que beneficiem o meio ambiente.

Tipo 6 – O Precavido

Quando o Tipo 6 está na Casa 51 – Prithvi – Mãe Terra – Ecologia, isso pode indicar a importância de superar a incerteza e trabalhar para a segurança e saúde do planeta.

Sugestão: praticar a conscientização ecológica, enfrentando preocupações e medos por meio de ações que promovam a sustentabilidade.

Tipo 7 – O Otimista

Nesta casa, o Tipo 7 é desafiado a aplicar sua energia criativa para encontrar maneiras inovadoras de apoiar a ecologia.

Sugestão: aplicar a conscientização ecológica, direcionando o entusiasmo para projetos que promovam a sustentabilidade, evitando a tendência de buscar constantemente novas experiências.

RESUMO

A Casa 51 – Prithvi – Mãe Terra – Ecologia, no contexto do Eneagrama, convida cada tipo a envolver-se ativamente na conscientização ecológica e a contribuir para a preservação do meio ambiente. As sugestões específicas para cada tipo podem ajudar a transformar essa prática em um caminho para um relacionamento mais harmonioso com a natureza e um impacto positivo no mundo.

CONSTELAÇÃO

Pertencimento na Casa 51 – Prithvi – Mãe Terra – Ecologia

Na Casa 51, o pertencimento está intrinsecamente ligado à Mãe Terra e à ecologia. Nossa conexão com a natureza e a Terra é a base de nosso pertencimento a este mundo.

Reconhecendo a interdependência com todos os seres vivos e o ambiente, entendemos que fazemos parte de um sistema maior e compartilhamos uma responsabilidade coletiva pela preservação e harmonia do planeta.

Hierarquia na Casa 51 – Prithvi – Mãe Terra – Ecologia

A Mãe Terra ocupa o lugar mais elevado na hierarquia desta casa. Ela é a fonte de toda a vida e sustento para todas as formas de vida.

A ecologia e a preservação ambiental são prioridades que emergem naturalmente, pois reconhecemos a importância de cuidar da Terra para o bem-estar de todas as criaturas que nela habitam.

Equilíbrio na Casa 51 – Prithvi – Mãe Terra – Ecologia

O equilíbrio nesta casa é alcançado quando honramos e cuidamos da Mãe Terra com respeito e gratidão, evitando excessos e exploração desenfreada dos recursos naturais.

É crucial encontrar um equilíbrio entre nossas necessidades humanas e o cuidado com a Terra para garantir sua sustentabilidade e a das gerações futuras.

RESUMO

A Casa 51 – Prithvi – Mãe Terra – Ecologia nos recorda a importância de nosso pertencimento à natureza e à Terra. Ao honrar a Mãe Terra e adotar práticas sustentáveis, podemos contribuir para a harmonia e equilíbrio do nosso ecossistema global.

OS 7 CHACRAS

Aqui está a análise da Casa 51 – Prithvi – Mãe Terra – Ecologia, relacionada com os sete chacras, oferecendo *insights* sobre como essa casa influencia cada um dos centros de energia, juntamente com dicas para equilibrar essas influências em sua vida:

Chacra Raiz (Muladhara) – Segurança e Sobrevivência

A Casa 51, representando a Mãe Terra e a ecologia, tem uma conexão profunda com o chacra raiz. Ela nos lembra da importância de cuidar do nosso ambiente para garantir nossa segurança e sobrevivência. Quando estamos em harmonia com a Terra, nos sentimos mais seguros.

Chacra Sacral (Swadhisthana) – Criatividade e Emoções

Essa casa também pode influenciar o chacra sacral, inspirando nossa criatividade e emoções por meio da conexão com a natureza. Passar tempo ao ar livre e apreciar a beleza da Terra pode estimular nossa criatividade e nutrir nossas emoções.

Chacra do Plexo Solar (Manipura) – Poder Pessoal

No chacra do plexo solar, a Casa 51 pode nos lembrar de nosso poder pessoal para fazer a diferença no mundo da ecologia. Ela nos incentiva a assumir a responsabilidade por nossas ações com relação ao meio ambiente.

Chacra Cardíaco (Anahata) – Amor e Compaixão

A ecologia e o amor pela Mãe Terra estão intrinsecamente ligados ao chacra cardíaco. Essa casa nos ensina a amar a Terra com compaixão, a cuidar das criaturas e a proteger nosso planeta como faríamos com um ente querido.

Chacra Laríngeo (Vishuddha) – Comunicação e Expressão

No chacra laríngeo, a Casa 51 nos incentiva a falar em nome do meio ambiente e a comunicar a importância da ecologia. Por meio da educação e da conscientização, podemos promover ações positivas.

Chacra do Terceiro Olho (Ajna) – Intuição e Percepção

A ecologia está ligada à percepção e à intuição. O chacra do terceiro olho pode ser aprimorado pela conexão com a natureza, permitindo que percebamos melhor os sinais sutis da Terra e tomemos decisões mais sábias com relação a ela.

Chacra Coronário (Sahasrara) – Conexão Espiritual

Finalmente, a Casa 51 também pode aprofundar nossa conexão espiritual com a Terra. Quando reconhecemos a divindade na natureza, nos sentimos mais conectados com o universo como um todo.

> **RESUMO**
>
> A Casa 51 – Prithvi – Mãe Terra – Ecologia, vista por meio da perspectiva dos sete chacras, nos lembra da importância de honrar e proteger nosso planeta. Ela nos inspira a agir com responsabilidade e amor pela Terra, promovendo a harmonia entre a humanidade e o meio ambiente que nos sustenta. É uma energia que nos convida a sermos guardiões atentos da Mãe Terra e a vivermos em equilíbrio com a natureza.

MENSAGEM FINAL

A mensagem final da casa Prithvi é um chamado para reconhecermos a Mãe Terra como um ser vivo e sagrado, merecedor de nossa honra e proteção. Nossa relação com a natureza vai além da exploração; é um compromisso de cuidar e preservar. Ao nos reconectarmos com a Terra e adotarmos práticas sustentáveis, não apenas contribuímos para um ambiente saudável, mas também nutrimos nossa própria espiritualidade. A Mãe Terra nos oferece vida e abundância, e é nosso dever retribuir essa dádiva por meio da ação consciente e da advocacia pela saúde do nosso planeta.

Casa 52

Himsa-Loka – Violência

Seja bem-vindo(a) à Casa 52 – Himsa-Loka – Violência, um espaço dedicado a explorar profundamente o conceito complexo da violência em todas as suas manifestações. Nesta casa, convidamos você a mergulhar em uma reflexão crítica sobre os diferentes aspectos da violência e seu impacto nas vidas humanas e na sociedade como um todo.

Na Casa 52, o termo Himsa se refere à violência em suas várias formas, seja física, emocional, psicológica ou espiritual. Aqui, abordamos questões de agressão, conflitos, opressão e todas as maneiras pelas quais a violência pode se manifestar em nossas interações pessoais, instituições sociais e até mesmo em nossa relação com o meio ambiente.

Exploramos as causas subjacentes da violência e buscamos compreender as raízes profundas que a alimentam. Além disso, examinamos as ramificações da violência em nossas vidas individuais e coletivas, bem como as estratégias para a prevenção e transformação desse padrão destrutivo.

Ao adentrar a Casa 52, convidamos você a examinar as escolhas e os comportamentos que podem contribuir para a violência, bem como a buscar maneiras de promover a paz, a empatia e a compreensão mútua. Por meio do entendimento das consequências prejudiciais da violência, somos incentivados a buscar caminhos alternativos para resolver conflitos e promover uma coexistência saudável e harmoniosa.

Que este espaço de reflexão na Casa 52 inspire uma profunda consciência sobre a natureza da violência e a importância de buscar maneiras de transformar esse padrão em direção à paz e ao respeito mútuo. Seja bem-vindo(a) à Casa 52 – Himsa-Loka – Violência, em que a exploração e a compreensão desse tema crucial aguardam por você.

Algumas características e reflexões relacionadas com a Casa Himsa-Loka

- **Reconhecendo a destrutividade:** a casa Himsa-Loka nos lembra das várias formas de violência que podem se manifestar, tanto física quanto emocionalmente, e como essas ações podem prejudicar a nós mesmos e aos outros.

- **Cadeia de consequências:** refletir sobre como a violência gera um ciclo de negatividade, afetando não apenas os envolvidos, mas também suas famílias e comunidades. Cultivar a conscientização sobre a interconexão de todas as vidas.

- **Cultivando a paz interior:** considerar a importância de cultivar a paz dentro de nós mesmos como uma maneira de contribuir para a paz no mundo. Reconhecer que a paz começa a partir da nossa própria transformação interior.

- **Empatia e compaixão:** refletir sobre como a empatia nos permite entender o sofrimento dos outros, enquanto a compaixão nos motiva a agir para aliviar esse sofrimento, promovendo a harmonia e a cura.

- **Responsabilidade global:** reconhecer nossa responsabilidade coletiva em criar um mundo mais pacífico e compassivo. Refletir sobre como nossas escolhas diárias podem impactar positivamente a sociedade.

Aplicação Terapêutica da Casa Himsa-Loka

- **Práticas de *mindfulness*:** cultivar a atenção plena para observar nossas próprias tendências violentas e desenvolver a autodisciplina para responder de maneira mais pacífica.

- **Comunicação não violenta:** aprender a comunicar de maneira empática e respeitosa, promovendo a compreensão mútua e evitando conflitos desnecessários.

- **Cultivar a empatia:** praticar colocar-se no lugar dos outros, buscando entender suas perspectivas e sentimentos antes de reagir.

- **Promover a educação pela paz:** participar de programas de educação e conscientização sobre a importância da paz e da não violência em vescolas, comunidades e grupos sociais.

- **Atos de bondade:** realizar pequenos gestos de bondade e compaixão diariamente, como ajudar alguém em necessidade ou participar de ações voluntárias.

ENEAGRAMA

Aqui está a análise da Casa 52 – Himsa-Loka – Violência, à luz do Eneagrama, para cada um dos nove tipos, juntamente com sugestões de melhoria específicas:

Tipo 8 – O Poderoso

Quando o Tipo 8 está na Casa 52 – Himsa-Loka – Violência, pode indicar a importância de direcionar sua intensidade e poder para ações construtivas, em vez de recorrer à violência física ou emocional.

Sugestão: praticar o autocontrole e a busca por soluções pacíficas em situações desafiadoras.

Tipo 9 – O Mediador

Nesta casa, o Tipo 9 é convidado a reconhecer a tendência de evitar conflitos até o ponto em que a omissão pode resultar em violência interna ou externa.

Sugestão: aplicar o discernimento e expressar suas opiniões de maneira assertiva para evitar o acúmulo de ressentimentos que podem levar à explosão.

Tipo 1 – O Perfeccionista

Para o Tipo 1 nesta casa, a análise da violência pode ser uma oportunidade para refletir sobre padrões rígidos e autocríticos que podem levar à violência interna.

Sugestão: praticar a autocompaixão e a aceitação para evitar a agressão voltada para si mesmo.

Tipo 2 – O Ajudante

Quando o Tipo 2 está na Casa 52 – Himsa-Loka – Violência, pode indicar a necessidade de reconhecer quando a ajuda excessiva pode se tornar prejudicial e controladora.

Sugestão: aplicar os limites saudáveis e o autocuidado, evitando a manipulação emocional que pode resultar em violência relacional.

Tipo 3 – O Vencedor

Nesta casa, o Tipo 3 é desafiado a examinar as motivações por trás de sua busca por sucesso e reconhecimento, que podem resultar em uma forma sutil de violência interna.

Sugestão: aplicar a autenticidade e cultivar uma autoimagem baseada em valores pessoais, evitando a busca incessante por validação externa.

Tipo 4 – O Intenso

Quando o Tipo 4 está na Casa 52 – Himsa-Loka – Violência, pode indicar a importância de lidar com as oscilações emocionais que podem resultar em expressões intensas e prejudiciais.

Sugestão: praticar o equilíbrio emocional e encontrar maneiras saudáveis de expressar sentimentos sem recorrer à agressão.

Tipo 5 - O Analítico

Nesta casa, o Tipo 5 é convidado a observar se a busca excessiva por conhecimento e distanciamento emocional pode levar a uma forma de violência por meio da desconexão.

Sugestão: aplicar a empatia e o engajamento emocional, evitando a tendência de se isolar e se afastar dos outros.

Tipo 6 - O Precavido

Quando o Tipo 6 está na Casa 52 - Himsa-Loka - Violência, pode indicar a necessidade de lidar com a ansiedade e o medo que podem se manifestar como agressão defensiva.

Sugestão: praticar a confiança e o autocuidado, buscando segurança interior para evitar reações violentas por impulso.

Tipo 7 - O Otimista

Nesta casa, o Tipo 7 é desafiado a reconhecer a tendência de evitar o desconforto emocional por meio de distrações, o que pode resultar em uma forma de violência interna.

Sugestão: aplicar a autoconsciência e a autodisciplina, enfrentando emoções difíceis em vez de fugir delas.

> **RESUMO**
>
> A Casa 52 - Himsa-Loka - Violência, no contexto do Eneagrama, convida cada tipo a examinar as formas de violência interna e externa e a buscar maneiras de cultivar a paz interior e relacional. As sugestões específicas para cada tipo podem ajudar a transformar essa análise em um caminho para uma expressão mais saudável e harmoniosa no mundo.

CONSTELAÇÃO

Pertencimento na Casa 52 - Himsa-Loka - Violência

Nesta Casa, o pertencimento é profundamente desafiador, pois lida com a energia negativa da violência. No entanto, o entendimento fundamental é que todos nós pertencemos a uma sociedade global e devemos aspirar a contribuir para um mundo mais pacífico.

Reconhecer que nossa conexão humana transcende as barreiras culturais e étnicas é um passo essencial para cultivar um senso de pertencimento harmonioso.

Hierarquia na Casa 52 – Himsa-Loka – Violência

A violência ocupa o lugar mais perturbador na hierarquia desta casa. A presença da violência é uma indicação clara da necessidade de transformação e cura.

A busca por soluções pacíficas e a promoção de valores como empatia e respeito são formas de elevar a humanidade acima da influência destrutiva da violência.

Equilíbrio na Casa 52 – Himsa-Loka – Violência

O equilíbrio nesta casa é alcançado ao reconhecer a importância de abordar os conflitos com empatia, compreensão e comunicação saudável. Encontrar maneiras de resolver diferenças sem recorrer à violência é essencial.

Isso requer um esforço consciente para transformar padrões negativos e substituí-los por comportamentos construtivos.

RESUMO

A Casa 52 – Himsa-Loka – Violência nos lembra da urgência de superar a violência por meio da transformação pessoal e da construção de um mundo mais harmonioso. Ao escolher a empatia e a paz em vez da violência, contribuímos para um ambiente mais seguro e positivo para todos.

OS 7 CHACRAS

Aqui está a análise da Casa 52 – Himsa-Loka – Violência, relacionada com os sete chacras, oferecendo *insights* sobre como essa casa influencia cada um dos centros de energia, juntamente com dicas para equilibrar essas influências em sua vida:

Chacra Raiz (Muladhara) – Segurança e Sobrevivência

A Casa 52, representando a violência, pode afetar o chacra raiz ao despertar sentimento de insegurança e medo. A violência pode abalar nossa sensação de segurança no mundo. Para equilibrar isso, é importante buscar ambientes e relacionamentos seguros.

Chacra Sacral (Swadhisthana) – Criatividade e Emoções

A violência pode ter um impacto profundo nas emoções e na criatividade, afetando o chacra sacral. É crucial encontrar maneiras saudáveis de expressar emoções e canalizar a energia criativa para evitar a supressão emocional.

Chacra do Plexo Solar (Manipura) – Poder Pessoal

No chacra do plexo solar, a Casa 52 pode desafiar nosso senso de poder pessoal. Pode nos fazer sentir impotentes diante da violência no mundo. Para equilibrar isso, é importante cultivar a autoconfiança e a assertividade.

Chacra Cardíaco (Anahata) – Amor e Compaixão

A violência frequentemente nos distância do amor e da compaixão, afetando o chacra cardíaco. Para restaurar esse equilíbrio, é essencial praticar o perdão e a compaixão, tanto para nós mesmos quanto para os outros.

Chacra Laríngeo (Vishuddha) – Comunicação e Expressão

A Casa 52 pode impactar a comunicação e a expressão no chacra laríngeo. Pode nos levar a expressar raiva ou agressão. Para equilibrar isso, é importante praticar a comunicação pacífica e construtiva.

Chacra do Terceiro Olho (Ajna) – Intuição e Percepção

A violência pode obscurecer nossa intuição e percepção, tornando difícil discernir a verdade. O chacra do terceiro olho pode ser equilibrado por meio da meditação e da busca de clareza mental.

Chacra Coronário (Sahasrara) – Conexão Espiritual

A violência pode nos desconectar de nossa espiritualidade e da sensação de conexão universal. Para restaurar essa conexão, é importante praticar a espiritualidade e a busca de significado na vida.

RESUMO

A Casa 52 – Himsa-Loka – Violência, vista por meio da perspectiva dos sete chacras, destaca os desafios que a violência apresenta em nosso mundo e como ela pode afetar nosso equilíbrio interno. Para equilibrar essas influências, é fundamental buscar a segurança, a expressão saudável de emoções, o poder pessoal, o amor, a comunicação construtiva, a intuição, a espiritualidade e a compaixão. O objetivo é encontrar maneiras de lidar com a violência de maneira pacífica e promover um mundo mais harmonioso e compassivo.

MENSAGEM FINAL

A mensagem final da casa Himsa-Loka nos lembra da importância vital de erradicar a violência de nossas vidas e sociedades. A paz e a não violência são fundamentais para alcançar um mundo mais harmonioso e justo. Ao cultivarmos a empatia, a compaixão e a paz interior, podemos contribuir para a criação de um ambiente mais positivo e amoroso. Cada pequeno ato de gentileza e respeito se acumula para formar um impacto transformador em nossa própria vida e na vida dos outros. Lembre-se de que a escolha por um mundo sem violência começa dentro de nós e se espalha para além, tornando-se uma poderosa força de mudança e cura.

Casa 53

Jala-Loka — Água — Intuição

Seja bem-vindo(a) à Casa 53 – Jala-Loka – Água – Intuição, um espaço dedicado a explorar o profundo simbolismo da água e o papel fundamental da intuição em nossas vidas. Nesta casa, convidamos você a mergulhar nas profundezas da água como elemento físico e metafórico, e a compreender como a intuição desempenha um papel vital em nossa jornada de autoconhecimento e compreensão do mundo ao nosso redor.

Na Casa 53, a Jala-Loka refere-se ao reino da água, que é tanto um elemento essencial à vida quanto uma metáfora rica em significados. A água representa fluidez, adaptação e poder transformador. Ela nos lembra da necessidade de nos conectarmos com nossas emoções e sentimentos mais profundos, e também nos convida a explorar a intuição como uma ferramenta valiosa para compreender aspectos sutis e não-lineares da realidade.

Nesta casa, exploramos como a intuição, muitas vezes associada à água, pode nos guiar para além da lógica e da razão, permitindo-nos acessar *insights* e compreensões que não podem ser facilmente explicados. A intuição nos convida a confiar em nossa sabedoria interior, em nossa capacidade de perceber padrões invisíveis e em nossa conexão com algo maior do que nós mesmos.

Ao adentrar a Casa 53 – Jala-Loka – Água – Intuição, você será convidado(a) a refletir sobre a maneira como você se relaciona com suas próprias emoções, bem como a explorar práticas que podem ajudá-lo(a) a desenvolver e aprimorar sua intuição. Esta casa oferece um espaço para se aprofundar na conexão entre a fluidez da água e a capacidade de ouvir a voz interior, proporcionando um caminho para uma compreensão mais profunda de si mesmo(a) e do mundo ao seu redor.

Que a exploração na Casa 53 inspire um mergulho profundo na água da intuição, permitindo que você descubra as profundezas de sua sabedoria interior e a capacidade de fluir com confiança nas águas da vida. Seja bem-vindo(a) à Casa 53 – Jala-Loka – Água – Intuição, em que a conexão com a fluidez e a intuição o(a) aguardam.

Algumas características e reflexões relacionadas com a casa Jala-Loka

- **Essência da vida:** a casa Jala-Loka nos lembra de que a água é a essência da vida, fundamental para a sobrevivência de todos os seres vivos e para o funcionamento saudável do nosso corpo.

- **Hidratação e saúde:** refletir sobre como a hidratação adequada é essencial para a manutenção da saúde, incluindo a regulação da temperatura corporal, a digestão e o funcionamento dos órgãos.

- **Intuição e emoções:** assim como a água flui, nossa intuição também flui dentro de nós. A água é símbolo das emoções e da intuição profunda que pode nos guiar em nossas escolhas e decisões.

- **Equilíbrio dos elementos:** considerar como a água é um dos elementos essenciais que compõem o equilíbrio natural da Terra, conectando-nos com a harmonia e a interconexão de toda a vida.

- **Cuidando de nosso corpo:** refletir sobre como cuidar da saúde do nosso corpo é uma forma de respeitar e honrar a maravilha da vida que habitamos.

Aplicação Terapêutica da Casa Jala-Loka

- **Hidratação consciente:** desenvolver o hábito de beber água regularmente ao longo do dia, prestando atenção às necessidades do corpo.

- **Cuidado com a saúde:** além da hidratação, adotar uma dieta equilibrada, praticar exercícios físicos regulares e priorizar o sono adequado para promover a saúde geral.

- **Práticas de intuição:** cultivar momentos de quietude e introspecção para sintonizar-se com sua intuição interior, buscando orientação e clareza em decisões importantes.

- **Conexão com a natureza:** aproveitar oportunidades para estar perto da água, como lagos, rios ou oceanos, para se reconectar com a energia revitalizante da natureza.

- **Rituais de gratidão:** criar rituais diários de agradecimento pela água e por tudo o que ela proporciona em nossa vida, conscientizando-se da importância desse recurso vital.

ENEAGRAMA

Aqui está a análise da Casa 53 – Jala-Loka – Água – Intuição, à luz do Eneagrama, para cada um dos nove tipos, juntamente com sugestões de melhoria específicas:

Tipo 8 – O Poderoso

Quando o Tipo 8 está na Casa 53 – Jala-Loka – Água – Intuição, isso sugere a importância de acessar sua intuição para tomar decisões mais equilibradas e conectadas com os outros.

Sugestão: cultivar momentos de reflexão tranquila para permitir que sua intuição guie suas ações, em vez de agir impulsivamente.

Tipo 9 – O Mediador

Nesta casa, o Tipo 9 é convidado a confiar em sua intuição para se reconectar com suas próprias necessidades e desejos, evitando a tendência de se desconectar para evitar conflitos.

Sugestão: praticar a autodescoberta e a expressão pessoal, usando a intuição como guia.

Tipo 1 – O Perfeccionista

Para o Tipo 1 nesta casa, a análise da intuição pode ser uma oportunidade para soltar a necessidade de controle e abraçar soluções criativas que podem não ser totalmente racionais.

Sugestão: praticar a flexibilidade mental e confiar nas correntes intuitivas para complementar a busca pelo correto.

Tipo 2 – O Ajudante

Quando o Tipo 2 está na Casa 53 – Jala-Loka – Água – Intuição, isso indica a importância de sintonizar-se com sua intuição para compreender as verdadeiras necessidades dos outros, em vez de assumir automaticamente.

Sugestão: aplicar a escuta atenta e a empatia genuína, permitindo que a intuição guie seu auxílio.

Tipo 3 – O Vencedor

Nesta casa, o Tipo 3 é desafiado a acessar sua intuição para avaliar o que realmente importa em sua busca por sucesso e reconhecimento.

Sugestão: cultivar momentos de introspecção e autenticidade, permitindo que a intuição revele metas alinhadas com seus valores essenciais.

Tipo 4 – O Intenso

Quando o Tipo 4 está na Casa 53 – Jala-Loka – Água – Intuição, isso sugere a importância de equilibrar a introspecção profunda com uma abertura para experiências mais leves e intuitivas.

Sugestão: praticar a aceitação do momento presente e permitir que a intuição ilumine as belezas simples da vida.

Tipo 5 – Analítico

Nesta casa, o Tipo 5 é convidado a usar sua intuição como uma forma de obter *insights* valiosos além do conhecimento analítico.

Sugestão: aplicar a intuição para se conectar com o mundo emocional e prático, equilibrando o pensamento lógico com a percepção intuitiva.

Tipo 6 – Precavido

Quando o Tipo 6 está na Casa 53 – Jala-Loka – Água – Intuição, isso indica a importância de confiar mais em sua intuição e menos na preocupação constante.

Sugestão: praticar a confiança em si mesmo e nas situações, permitindo que a intuição acalme os medos irracionais.

Tipo 7 – O Otimista

Nesta casa, o Tipo 7 é desafiado a usar a intuição como uma ferramenta para aprofundar sua compreensão emocional e evitar fugir de desconfortos.

Sugestão: aplicar a intuição para explorar as emoções mais profundas e encontrar alegria no autoconhecimento.

> **RESUMO**
>
> A Casa 53 – Jala-Loka – Água – Intuição, no contexto do Eneagrama, convida cada tipo a sintonizar-se com sua intuição para uma compreensão mais profunda de si mesmo e do mundo ao seu redor. As sugestões específicas para cada tipo podem ajudar a transformar essa análise em um caminho para um maior autoconhecimento e uma conexão mais autêntica com a intuição.

CONSTELAÇÃO

Pertencimento na Casa 53 – Jala-Loka – Água – Intuição

Nesta Casa, o pertencimento está enraizado na conexão profunda com o elemento água e sua presença em todas as formas de vida. Reconhecer que compartilhamos a mesma fonte de água com todos os seres vivos nos lembra de nossa interdependência e responsabilidade compartilhada pela preservação desse recurso vital.

Nosso senso de pertencimento se amplia quando percebemos que fazemos parte de um ecossistema global que é influenciado pela água em todos os aspectos.

Hierarquia na Casa 53 – Jala-Loka – Água – Intuição

A água, como um elemento essencial para a vida, ocupa um lugar fundamental na hierarquia desta casa. Ela transcende as diferenças culturais e geográficas, impactando todos os seres vivos de maneira igual.

A compreensão da importância vital da água nos coloca em um papel de cuidadores, reconhecendo que sua escassez ou poluição afeta negativamente a todos.

Equilíbrio na Casa 53 – Jala-Loka – Água – Intuição

O equilíbrio nesta casa é alcançado quando honramos a intuição que a água nos traz. Assim como a água flui intuitivamente em direção a espaços vazios, devemos também cultivar uma mente aberta e receptiva à intuição.

Equilibrar nossa conexão com a água significa permitir que nossa intuição nos guie, enquanto também cuidamos ativamente da preservação e do uso sustentável deste precioso recurso.

RESUMO

A Casa 53 – Jala-Loka – Água – Intuição nos lembra da necessidade de nutrir nossa conexão com a água e confiar em nossa intuição como guia. Ao fazê-lo, honramos nossa interconexão com todos os seres vivos e contribuímos para um mundo mais equilibrado e consciente.

OS 7 CHACRAS

Aqui está a análise da Casa 53 – Jala-Loka – Água, relacionada com os sete chacras, oferecendo *insights* sobre como essa casa influencia cada um dos centros de energia, juntamente com dicas para equilibrar essas influências em sua vida:

Chacra Raiz (Muladhara) – Segurança e Sobrevivência

A água, representada pela Casa 53, está intimamente ligada à nossa sobrevivência. Ela pode afetar o chacra raiz, pois o acesso à água potável é essencial para nossa segurança básica. A falta de água pode desequilibrar esse chacra, criando insegurança.

Chacra Sacral (Swadhisthana) - Criatividade e Emoções

A água também está associada às emoções, e a Casa 53 pode influenciar o chacra sacral. Ela nos lembra da importância de expressar nossas emoções de maneira saudável e criativa, como a água que flui suavemente.

Chacra do Plexo Solar (Manipura) - Poder Pessoal

O chacra do plexo solar é afetado pela Casa 53, pois a água pode simbolizar nosso poder de adaptação e controle sobre nossa vida. Uma relação saudável com a água reflete nosso poder pessoal.

Chacra Cardíaco (Anahata) - Amor e Compaixão

A água é símbolo de compaixão e amor, e a Casa 53 pode afetar o chacra cardíaco. Nos lembra da importância de cultivar relacionamentos amorosos e compreensivos, como a fluidez da água.

Chacra Laríngeo (Vishuddha) - Comunicação e Expressão

A comunicação pode ser afetada pela Casa 53, já que a água é um símbolo de fluidez na comunicação. Equilibrar esse chacra envolve manter a comunicação clara e fluida, como a água que flui suavemente.

Chacra do Terceiro Olho (Ajna) - Intuição e Percepção

A água também está ligada à intuição, e a Casa 53 pode influenciar o chacra do terceiro olho. Ela nos lembra da importância de confiar em nossa intuição e percepção, assim como a água flui naturalmente.

Chacra Coronário (Sahasrara) - Conexão Espiritual

A água pode ser vista como um símbolo de conexão espiritual com a vida em toda a Terra. A Casa 53 nos recorda a importância de nos sentirmos conectados não apenas uns aos outros, mas também ao mundo natural.

RESUMO

A Casa 53 - Jala-Loka - Água, vista por meio da perspectiva dos sete chacras, destaca a profunda conexão entre a água e nossa existência física, emocional e espiritual. Ela nos lembra da importância da segurança, da expressão emocional saudável, do empoderamento pessoal, do amor, da comunicação, da intuição e da espiritualidade em nossas vidas, como a água que é essencial para todas as formas de vida na Terra. O equilíbrio nesses chacras nos ajuda a honrar e preservar a preciosa dádiva da água em nosso planeta.

MENSAGEM FINAL

A casa Jala-Loka nos lembra da profunda ligação entre a água e a vida. Assim como a água nutre e sustenta todos os seres vivos, devemos nutrir e cuidar de nossos corpos e saúde para uma vida plena e equilibrada. A água também nos convida a honrar nossa intuição e emoções, reconhecendo a importância de fluir com o ritmo natural da vida. À medida que cuidamos de nossa saúde e nos sintonizamos com nossa intuição, estamos em harmonia com o fluxo da existência, encontrando equilíbrio e bem-estar em nossa jornada. Lembre-se de que cada gota de água que consumimos é um lembrete do presente precioso que é a vida, e cuidar de nós mesmos é uma expressão de gratidão por essa dádiva.

Casa 54

Bhakti-Loka – Devoção – Entrega Espiritual

Seja bem-vindo(a) à Casa 54 – Bhakti-Loka – Devoção – Entrega Espiritual, um espaço sagrado em que exploramos o profundo significado da devoção e entrega espiritual em nossa jornada interior. Nesta casa, convidamos você a mergulhar na essência da devoção e a compreender como a entrega ao divino pode enriquecer nossa conexão espiritual e transformar nossas vidas.

Na Casa 54, o Bhakti-Loka representa o reino da devoção e entrega espiritual. Trata-se de um chamado para transcender o ego e cultivar um relacionamento íntimo com o divino, seja ele representado por uma divindade, um conceito abstrato ou uma força cósmica. A devoção envolve a abertura do coração, a expressão sincera de amor e reverência, bem como a prática constante de entrega, confiança e rendição.

Aqui, exploramos como a devoção pode ser uma força poderosa para a transformação interior. Ela nos lembra da importância de soltar o controle, confiar no processo da vida e encontrar significado e propósito na conexão com algo maior. A devoção nos convida a transcender os limites da mente racional e a mergulhar na vastidão do coração, em que a entrega espiritual floresce.

Ao entrar na Casa 54 – Bhakti-Loka – Devoção – Entrega Espiritual, você será convidado(a) a refletir sobre o papel da devoção em sua própria jornada espiritual, bem como a explorar práticas que cultivem a entrega e a conexão com o divino. Esta casa oferece um espaço para nutrir a chama da devoção interior e explorar o potencial transformador da entrega espiritual.

Que a exploração na Casa 54 inspire uma conexão mais profunda com a devoção e a entrega espiritual, permitindo que você mergulhe nas águas da reverência e da confiança, e encontre um caminho de conexão mais profunda com o sagrado. Seja bem-vindo(a) à Casa 54 – Bhakti-Loka – Devoção – Entrega Espiritual, em que a conexão com o divino o(a) aguarda.

Algumas características e reflexões relacionadas com a Casa Bhakti-Loka

- **Conexão profunda:** a casa Bhakti-Loka nos convida a refletir sobre a busca pela conexão profunda com o plano espiritual, permitindo-nos transcender o materialismo e encontrar um sentido mais elevado na vida.

- **Devoção e entrega:** a devoção é a expressão de amor e entrega ao divino, guiando-nos para além do ego e promovendo a humildade e a rendição.

- **Busca de propósito:** refletir sobre como a espiritualidade pode nos ajudar a encontrar um propósito e significado mais profundo em nossa existência, oferecendo direção e clareza.

- **Caminho para a paz:** por meio da devoção, podemos encontrar uma fonte duradoura de paz interior, independentemente das circunstâncias externas.

- **Comunhão espiritual:** considerar como a busca espiritual nos conecta com uma comunidade de buscadores, proporcionando apoio e compartilhamento de experiências transformadoras.

Aplicação Terapêutica a Casa Bhakti-Loka

- **Práticas de devoção:** incorporar práticas espirituais, como meditação, oração ou rituais, para fortalecer a conexão com o divino e cultivar um coração devocional.

- **Autoindagação:** explorar questões profundas sobre o propósito da vida e a natureza da existência, buscando respostas por meio da contemplação e da busca interior.

- **Estudo espiritual:** ler e estudar textos espirituais e filosóficos que ressoam com você, expandindo seu entendimento e enriquecendo sua jornada espiritual.

- **Serviço altruísta:** praticar a devoção por meio do serviço aos outros, oferecendo amor e ajuda de maneira desinteressada.

- **Compartilhamento e comunidade:** participar de grupos espirituais ou comunidades que compartilham interesses e objetivos semelhantes, proporcionando apoio e oportunidades para discussão e crescimento espiritual.

ENEAGRAMA

Aqui está a análise da Casa 54 – Bhakti-Loka – Devoção – Entrega Espiritual, à luz do Eneagrama, para cada um dos nove tipos, juntamente com sugestões de melhoria específicas:

Tipo 8 – O Poderoso

Quando o Tipo 8 está na Casa 54 – Bhakti-Loka – Devoção – Entrega Espiritual, isso sugere a importância de direcionar sua energia intensa para um compromisso espiritual e altruísta.

Sugestão: praticar a devoção como uma forma de equilibrar o foco em conquistar com a generosidade espiritual.

Tipo 9 – O Mediador

Nesta casa, o Tipo 9 é convidado a canalizar sua busca por harmonia em uma devoção interior, evitando a tendência de se desconectar de suas próprias paixões.

Sugestão: aplicar a entrega espiritual para se conectar consigo mesmo e com o mundo de maneira mais autêntica.

Tipo 1 – O Perfeccionista

Para o Tipo 1 nesta casa, a devoção espiritual pode ser uma ferramenta para soltar a autocrítica excessiva e permitir uma abertura para a imperfeição humana.

Sugestão: praticar a entrega espiritual para cultivar a compaixão por si mesmo e pelos outros.

Tipo 2 – O Ajudante

Quando o Tipo 2 está na Casa 54 – Bhakti-Loka – Devoção – Entrega Espiritual, isso indica a importância de direcionar seu desejo de ajudar para um compromisso espiritual mais profundo.

Sugestão: aplicar a devoção como uma forma de cuidar de si mesmo enquanto cuida dos outros.

Tipo 3 – O Vencedor

Nesta casa, o Tipo 3 é desafiado a aplicar sua energia e busca por realização em uma jornada espiritual autêntica, em vez de buscar apenas a validação externa.

Sugestão: cultivar a entrega espiritual como um caminho para uma autoexpressão genuína.

Tipo 4 – O Intenso

Quando o Tipo 4 está na Casa 54 – Bhakti-Loka – Devoção – Entrega Espiritual, isso sugere a importância de direcionar sua busca por significado em uma jornada espiritual profunda.

Sugestão: praticar a devoção como uma forma de se conectar com algo maior do que suas emoções flutuantes.

Tipo 5 – O Analítico

Nesta casa, o Tipo 5 é convidado a aplicar sua sede de conhecimento em uma busca espiritual, equilibrando a análise com a experiência direta do divino.

Sugestão: aplicar a entrega espiritual para se conectar com a espiritualidade de maneira prática e experiencial.

Tipo 6 – O Precavido

Quando o Tipo 6 está na Casa 54 – Bhakti-Loka – Devoção – Entrega Espiritual, isso indica a importância de canalizar sua necessidade de segurança em uma confiança espiritual.

Sugestão: cultivar a devoção como uma forma de encontrar apoio e paz interior.

Tipo 7 – O Otimista

Nesta casa, o Tipo 7 é desafiado a direcionar sua busca por novas experiências em uma exploração espiritual, evitando a tendência de evitar o desconforto emocional.

Sugestão: aplicar a entrega espiritual para cultivar uma conexão mais profunda com o momento presente.

RESUMO

A Casa 54 – Bhakti-Loka – Devoção – Entrega Espiritual, no contexto do Eneagrama, convida cada tipo a explorar a espiritualidade como um caminho para a autenticidade e a paz interior. As sugestões específicas para cada tipo podem ajudar a transformar essa análise em um guia para uma busca espiritual mais significativa e enriquecedora.

CONSTELAÇÃO

Pertencimento na Casa 54 – Bhakti-Loka – Devoção – Entrega Espiritual

Nesta Casa, o pertencimento está profundamente ligado à devoção espiritual e à conexão com algo maior do que nós mesmos. Pertencemos a uma jornada espiritual compartilhada com outros buscadores e à comunhão com a divindade ou o transcendente.

Por meio da devoção, reconhecemos nossa parte no todo cósmico e nos sentimos conectados com outras almas que compartilham o caminho espiritual.

Hierarquia na Casa 54 – Bhakti-Loka – Devoção – Entrega Espiritual

A devoção e a entrega espiritual ocupam o ápice da hierarquia desta casa. Elas transcendem as divisões mundanas e individuais, unindo-se a um senso de unidade com o divino e a humanidade.

A hierarquia espiritual está enraizada na humildade e na aceitação de que somos todos iguais perante o sagrado.

Equilíbrio na Casa 54 – Bhakti-Loka – Devoção – Entrega Espiritual

O equilíbrio nesta casa é alcançado ao praticar a devoção com um coração aberto, enquanto mantemos um senso de individualidade e liberdade. A devoção não deve levar à submissão cega, mas sim a uma entrega consciente que respeita nossa jornada pessoal e nossa responsabilidade como seres pensantes.

Encontrar equilíbrio envolve aprofundar a devoção sem perder a autenticidade e a conexão com nosso próprio ser.

RESUMO

A Casa 54 – Bhakti-Loka – Devoção – Entrega Espiritual nos lembra da importância da devoção espiritual como uma forma de pertencimento a algo maior e do papel da hierarquia espiritual em nos conectar com a divindade. Encontrar equilíbrio nessa casa envolve cultivar uma devoção sincera enquanto permanecemos fiéis à nossa própria jornada espiritual.

OS 7 CHACRAS

Aqui está a análise da Casa 54 – Bhakti-Loka – Devoção, relacionada com os sete chacras, oferecendo *insights* sobre como essa casa influencia cada um dos centros de energia, juntamente com dicas para equilibrar essas influências em sua vida:

Chacra Raiz (Muladhara) – Segurança e Sobrevivência

A devoção, representada pela Casa 54, pode afetar o chacra raiz, pois a busca espiritual muitas vezes envolve uma busca por segurança emocional e espiritual. Uma conexão sólida com uma prática espiritual pode oferecer um senso de estabilidade.

Chacra Sacral (Swadhisthana) – Criatividade e Emoções

A devoção também influencia o chacra sacral, pois muitas expressões criativas e artísticas encontram inspiração na devoção espiritual. Isso pode resultar em uma amplificação das emoções e da expressão criativa.

Chacra do Plexo Solar (Manipura) – Poder Pessoal

Com relação ao chacra do plexo solar, a devoção pode ser vista como a entrega do ego e do poder pessoal a uma causa espiritual maior. Equilibrar esse chacra envolve encontrar um senso saudável de poder dentro dessa entrega.

Chacra Cardíaco (Anahata) – Amor e Compaixão

A devoção frequentemente está ligada ao amor e à compaixão espiritual. Ela pode abrir o chacra cardíaco para experimentar o amor incondicional por todos os seres e a compaixão pelo sofrimento humano.

Chacra Laríngeo (Vishuddha) – Comunicação e Expressão

O chacra laríngeo pode ser afetado pela devoção na forma de cânticos, mantras e expressão verbal de fé. Isso promove uma comunicação espiritual e expressão sincera dos sentimentos espirituais.

Chacra do Terceiro Olho (Ajna) – Intuição e Percepção

A devoção pode aprofundar a intuição e a percepção espiritual, o que afeta o chacra do terceiro olho. Por meio da devoção, muitas pessoas relatam experiências intuitivas e *insights* espirituais mais profundos.

Chacra Coronário (Sahasrara) – Conexão Espiritual

Por fim, a Casa 54 – Bhakti-Loka – Devoção, está intrinsicamente ligada ao chacra coronário, que representa a conexão espiritual com o divino. Por meio da devoção, muitos buscam alcançar um estado de união espiritual e transcender a dualidade.

RESUMO

A Casa 54 – Bhakti-Loka – Devoção, vista por meio da perspectiva dos sete chacras, destaca como a devoção espiritual pode influenciar positivamente nossa segurança, criatividade, poder pessoal, amor, comunicação, intuição e conexão espiritual. Ela nos convida a explorar e nutrir nossa relação com o divino, levando a um crescimento espiritual mais profundo e à experiência da devoção como uma fonte de amor e significado na vida.

MENSAGEM FINAL

A mensagem final da casa Bhakti-Loka nos lembra da importância de cultivar uma conexão espiritual profunda em nossa jornada. Por meio da devoção e da entrega ao divino, podemos encontrar um propósito mais elevado e um significado mais profundo para nossa existência. A espiritualidade nos guia para além dos desafios cotidianos, trazendo paz interior e clareza em meio à agitação do mundo. Ao adotar práticas de devoção e buscar a conexão espiritual, encontramos um refúgio interno que nos sustenta e nutre, tornando nossa jornada mais significativa e transformadora. Lembre-se de que a busca espiritual é uma jornada pessoal e única, e ao abraçá-la, você encontra um caminho de paz e iluminação.

Casa 55

Ahamkara – Egocentrismo Egoísmo

Seja bem-vindo(a) à Casa 55 – Ahamkara – Egocentrismo Egoísmo, um espaço de reflexão profunda sobre os desafios do egoísmo e do egocentrismo em nossa jornada humana. Nesta casa, convidamos você a explorar as complexidades do eu, suas influências em nossas ações e relacionamentos, e como podemos transcender esses padrões para alcançar uma maior harmonia interior e conexão com os outros.

Na Casa 55, Ahamkara representa a noção de egoísmo e egocentrismo. É um chamado para examinar nossas motivações, pensamentos e ações à luz do ego pessoal. O egocentrismo nos lembra da tendência natural de nos colocarmos no centro de nossas preocupações e prioridades, muitas vezes em detrimento dos outros e de nossa própria evolução espiritual.

Ao adentrar a Casa 55 – Ahamkara – Egocentrismo Egoísmo, convidamos você a refletir sobre como o egoísmo pode se manifestar em diferentes aspectos da vida, bem como suas consequências para nossa própria jornada e para o mundo ao nosso redor. Exploraremos como o cultivo de um maior grau de consciência pode nos ajudar a transcender os limites do ego e a abraçar uma perspectiva mais compassiva e colaborativa.

Aqui, examinamos o equilíbrio entre atender às nossas próprias necessidades e estar presentes para os outros, buscando um entendimento mais profundo das raízes do egocentrismo e do egoísmo. A Casa 55 nos oferece a oportunidade de cultivar a empatia, a humildade e a generosidade, essenciais para superar as barreiras do ego e construir relacionamentos mais saudáveis e significativos.

Que a exploração na Casa 55 inspire uma profunda reflexão sobre o egoísmo e o egocentrismo em sua própria vida, incentivando-o(a) a cultivar uma perspectiva mais ampla e inclusiva. Seja bem-vindo(a) à Casa 55 – Ahamkara – Egocentrismo Egoísmo, em que a jornada rumo à transcendência do ego começa.

Algumas características e reflexões relacionadas com a Casa Ahamkara

- **Autoconsciência:** a casa Ahamkara nos convida a refletir sobre nossas tendências egocêntricas e a importância de reconhecer os padrões de pensamento e comportamento que surgem do ego.
- **Impacto nas relações:** explorar como o egocentrismo pode afetar nossas interações com os outros, levando a conflitos, mal-entendidos e desconexão emocional.
- **Desapego do ego:** refletir sobre como o desapego do ego pode liberar um espaço para relacionamentos mais autênticos e significativos, promovendo uma conexão mais profunda com os outros.
- **Compaixão e empatia:** considerar como a prática da compaixão e da empatia pode dissolver as barreiras do egoísmo, permitindo-nos entender e cuidar verdadeiramente das necessidades dos outros.
- **Contribuição para a harmonia:** refletir sobre como a humildade e a compaixão podem contribuir para a criação de um mundo mais harmonioso e solidário, em que as relações são construídas sobre o respeito mútuo.
- **Aplicação Terapêutica da Casa Ahamkara**
- **Práticas de *mindfulness*:** desenvolver a consciência plena para reconhecer pensamentos e padrões egoístas, permitindo-nos responder de maneira mais consciente e compassiva.
- **Autoindagação:** questionar as motivações e intenções por trás de nossas ações, identificando áreas em que o egoísmo pode estar influenciando nossas escolhas.
- **Cultivo da empatia:** praticar a escuta ativa e colocar-se no lugar dos outros para compreender suas perspectivas e necessidades.
- **Atos de generosidade:** participar de atos de generosidade e voluntariado, concentrando-se em dar sem esperar nada em troca.
- **Prática de gratidão:** cultivar um senso de gratidão e apreço pelos outros, reconhecendo as contribuições positivas que recebemos.

ENEAGRAMA

Aqui está a análise da Casa 55 – Ahamkara – Egocentrismo Egoísmo, à luz do Eneagrama, para cada um dos nove tipos, juntamente com sugestões de melhoria específicas:

Tipo 8 - O Poderoso

Quando o Tipo 8 está na Casa 55 - Ahamkara - Egocentrismo Egoísmo, isso sugere a importância de reconhecer e equilibrar a tendência ao controle excessivo e ao domínio.

Sugestão: cultivar a consciência das próprias motivações e praticar a empatia com relação aos outros.

Tipo 9 - O Mediador

Nesta casa, o Tipo 9 é desafiado a superar sua tendência à complacência e à desconexão emocional.

Sugestão: praticar a consciência própria e buscar expressar suas opiniões e desejos de maneira mais assertiva.

Tipo 1 - O Perfeccionista

Para o Tipo 1 nesta casa, a análise é voltada para liberar o autojulgamento excessivo e a necessidade de perfeição.

Sugestão: cultivar a autocompaixão e encontrar um equilíbrio saudável entre padrões elevados e aceitação.

Tipo 2 - O Ajudante

Quando o Tipo 2 está na Casa 55 - Ahamkara - Egocentrismo Egoísmo, isso indica a importância de reconhecer e equilibrar a tendência a envolver-se demais nas necessidades dos outros em detrimento das próprias.

Sugestão: praticar a autossuficiência e cuidar de si mesmo também.

Tipo 3 - O Vencedor

Nesta casa, o Tipo 3 é desafiado a superar a busca por validação externa e a identificação excessiva com conquistas materiais.

Sugestão: cultivar uma autenticidade mais profunda, buscando realização interna em vez de reconhecimento externo.

Tipo 4 - O Intenso

Quando o Tipo 4 está na Casa 55 - Ahamkara - Egocentrismo Egoísmo, isso sugere a importância de superar a tendência ao autoisolamento e à busca constante por singularidade.

Sugestão: praticar a conexão com os outros e encontrar valor na vida cotidiana.

Tipo 5 - O Analítico

Nesta casa, o Tipo 5 é convidado a equilibrar a tendência ao isolamento e à acumulação excessiva de conhecimento.

Sugestão: cultivar a partilha do conhecimento e buscar experiências práticas para enriquecer a vida.

Tipo 6 – O Precavido

Quando o Tipo 6 está na Casa 55 – Ahamkara – Egocentrismo Egoísmo, isso indica a importância de superar a tendência à desconfiança excessiva e à busca de segurança externa.

Sugestão: cultivar a confiança em si mesmo e praticar a independência.

Tipo 7 – O Otimista

Nesta casa, o Tipo 7 é desafiado a superar a busca constante por novas experiências como forma de evitar o desconforto emocional.

Sugestão: praticar o enfrentamento das emoções e a aceitação dos momentos difíceis.

> **RESUMO**
>
> A Casa 55 – Ahamkara – Egocentrismo Egoísmo, no contexto do Eneagrama, convida cada tipo a reconhecer e equilibrar suas tendências egoístas e egocêntricas. As sugestões específicas para cada tipo podem ajudar a transformar essa análise em um guia para o desenvolvimento de um eu mais saudável e harmonioso.

CONSTELAÇÃO

Pertencimento na Casa 55 – Ahamkara – Egocentrismo Egoísmo

Nesta Casa, o pertencimento pode ser desafiador, uma vez que o egocentrismo e o egoísmo frequentemente se sobrepõem ao senso de conexão com os outros e com o mundo ao redor.

> *O pertencimento genuíno é muitas vezes substituído por uma visão limitada e egocêntrica, em que se prioriza o próprio interesse em detrimento das relações interpessoais e da comunidade.*

Hierarquia na Casa 55 – Ahamkara – Egocentrismo Egoísmo

O egocentrismo e o egoísmo ocupam o topo da hierarquia desta casa, refletindo uma atitude de autoimportância exagerada.

> *A busca por gratificação pessoal e o foco no próprio ganho tendem a dominar, deixando de lado considerações mais amplas e altruístas.*

Equilíbrio na Casa 55 – Ahamkara – Egocentrismo Egoísmo

O equilíbrio nesta casa é alcançado ao cultivar a consciência da interconexão de todos os seres e reconhecer a importância das relações saudáveis. É fundamental transcender o egocentrismo e o egoísmo, permitindo-se entender e apreciar os sentimentos e necessidades dos outros.

Encontrar equilíbrio requer autorreflexão constante, práticas que promovam empatia e um compromisso com a harmonia em vez do ganho pessoal a qualquer custo.

RESUMO

A Casa 55 – Ahamkara – Egocentrismo Egoísmo destaca a importância de superar o egocentrismo e o egoísmo em prol de relações saudáveis e conexões genuínas. Encontrar equilíbrio envolve expandir nossa consciência para além do eu, reconhecendo a interdependência de todos os seres.

OS 7 CHACRAS

Aqui está a análise da Casa 55 – Ahamkara – Egocentrismo e Egoísmo, relacionada com os sete chacras, oferecendo *insights* sobre como essa casa influencia cada um dos centros de energia, juntamente com dicas para equilibrar essas influências em sua vida:

Chacra Raiz (Muladhara) – Segurança e Sobrevivência

A Casa 55, representando o egocentrismo e o egoísmo, pode desequilibrar o chacra raiz, já que um foco excessivo em si mesmo pode criar uma sensação de insegurança e medo. Equilibrar isso envolve reconhecer a interconexão de todos os seres e encontrar segurança na comunidade e na empatia.

Chacra Sacral (Swadhisthana) – Criatividade e Emoções

O egocentrismo pode limitar a criatividade e as emoções, tornando-as mais autocentradas. Equilibrar o chacra sacral envolve abrir-se para a expressão criativa que transcende o ego, permitindo uma conexão mais profunda com os outros.

Chacra do Plexo Solar (Manipura) – Poder Pessoal

Um excesso de egoísmo pode resultar em uma busca incessante pelo poder pessoal, muitas vezes às custas dos outros. Equilibrar o chacra do plexo solar significa encontrar um senso saudável de poder que esteja alinhado com o bem maior e a responsabilidade pessoal.

Chacra Cardíaco (Anahata) - Amor e Compaixão

O egocentrismo muitas vezes fecha o chacra cardíaco para o amor e a compaixão genuínos, uma vez que o foco excessivo em si mesmo pode dificultar a conexão com os sentimentos dos outros. Equilibrar esse chacra envolve cultivar a empatia e o amor altruístas.

Chacra Laríngeo (Vishuddha) - Comunicação e Expressão

O egoísmo pode se manifestar na comunicação egocêntrica, em que se prioriza a própria voz e opinião. Para equilibrar o chacra laríngeo, é importante praticar uma comunicação mais consciente, ouvindo os outros e expressando-se com empatia.

Chacra do Terceiro Olho (Ajna) - Intuição e Percepção

Um ego inflado pode distorcer a intuição e a percepção, tornando-as tendenciosas em direção aos interesses pessoais. Equilibrar o chacra do terceiro olho envolve cultivar uma percepção mais imparcial e intuição que sirva ao bem maior.

Chacra Coronário (Sahasrara) - Conexão Espiritual

O egocentrismo muitas vezes obstrui a conexão espiritual, uma vez que a espiritualidade verdadeira se baseia na transcendência do ego. Equilibrar o chacra coronário envolve abrir-se para uma conexão espiritual que transcende o eu individual e reconhece a interconexão de todas as formas de vida.

RESUMO

A Casa 55 - Ahamkara - Egocentrismo e Egoísmo, vista por meio da perspectiva dos sete chacras, destaca como o foco excessivo em si mesmo pode afetar negativamente nossa segurança, criatividade, poder pessoal, amor, comunicação, intuição e conexão espiritual. Ela nos lembra da importância de cultivar a empatia, o amor ao próximo e a compaixão como antídotos para o egocentrismo, promovendo assim um equilíbrio mais saudável entre o eu e o mundo ao nosso redor.

MENSAGEM FINAL

A mensagem final da casa Ahamkara nos alerta para os perigos do egocentrismo e do egoísmo, que podem prejudicar nossas relações e nosso bem-estar. Ao refletir sobre nossas próprias tendências egocêntricas e praticar a humildade e a compaixão, podemos construir relações mais saudáveis e significativas com os outros. A busca pela harmonia e solidariedade começa com a disposição de transcender o ego e olhar além de nossas próprias necessidades. Ao cultivar a empatia e o desapego do ego, contribuímos para a criação de um mundo mais compassivo, em que as relações são enriquecidas pelo respeito mútuo e pela verdadeira compreensão. Lembre-se de que a transformação interior é possível por meio da conscientização e da prática constante, e ao fazê-lo, você contribuirá para um mundo mais amoroso e harmonioso.

Casa 56

Omkara – Vibrações Primordiais – Som Sagrado

Seja bem-vindo(a) à Casa 56 – Omkara – Vibrações Primordiais – Som Sagrado, um espaço em que adentraremos o reino do som sagrado e das vibrações primordiais que permeiam o cosmos. Nesta casa, convidamos você a explorar a profunda conexão entre o som e a espiritualidade, e como as vibrações sonoras podem influenciar nossa mente, corpo e alma.

A Casa 56 é uma imersão no poder do Omkara, que representa o som primordial, muitas vezes referido como o "Om". Este som é considerado nas tradições espirituais como a origem de toda a criação, a vibração que deu origem ao universo. Aqui, exploraremos a importância do som na meditação, nas práticas espirituais e na busca da harmonia interior.

Ao entrar na Casa 56 – Omkara – Vibrações Primordiais – Som Sagrado, você será convidado a mergulhar nas profundezas do som e suas influências em nossa jornada espiritual. Vamos explorar como a prática consciente de entoar o "Omkara" pode ajudar a acalmar a mente, equilibrar as emoções e conectar-se com o divino.

Nesta casa, refletiremos sobre como as vibrações sonoras podem nos elevar para estados superiores de consciência, levando-nos a uma sensação de unidade com o cosmos e com todos os seres. Exploraremos o papel do som sagrado em cerimônias, rituais e práticas de cura, e como ele pode nos auxiliar a acessar estados profundos de meditação e intuição.

Seja bem-vindo(a) à Casa 56 – Omkara – Vibrações Primordiais – Som Sagrado, em que a exploração das vibrações sonoras e do som primordial nos leva a uma jornada de conexão espiritual e descoberta interior.

Algumas características e reflexões relacionadas com a Casa Omkara

- **Som sagrado universal:** a casa Omkara nos convida a explorar o conceito de Om, um som sagrado que é considerado a vibração primordial do universo, representando a essência de toda a criação.

- **Conexão com a essência:** refletir sobre a importância de nos conectarmos com a essência mais profunda da vida, além das distrações e perturbações do mundo exterior.
- **Paz interior:** compreender como sintonizar-se com as vibrações primordiais pode trazer uma sensação de paz interior, permitindo-nos encontrar tranquilidade mesmo em meio ao caos.
- **Centramento:** considerar como a prática de focalizar nossa atenção nas vibrações primordiais pode nos ajudar a encontrar um estado de centramento e equilíbrio.
- **Transcendência:** explorar como a conexão com as vibrações primordiais pode nos ajudar a transcender as preocupações mundanas e a experimentar um senso de unidade com o cosmos.

Aplicação Terapêutica da Casa Omkara

- **Meditação com mantra:** incorporar a prática de meditação com o mantra "Om", concentrando-se nas vibrações sonoras e permitindo que elas guiem sua mente para um estado mais profundo de consciência.
- **Respiração consciente:** combinar a respiração consciente com a recitação silenciosa de "Om", usando o ritmo da respiração para criar uma sensação de harmonia interna.
- **Sons harmoniosos:** explorar outros sons harmoniosos, como cantos de pássaros ou música suave, para criar um ambiente que ressoe com as vibrações positivas da vida.
- **Natureza e quietude:** passar tempo na natureza e apreciar os sons suaves do ambiente, permitindo que eles o ajudem a se conectar com as vibrações primordiais.
- **Reflexão interior:** fazer pausas ao longo do dia para refletir sobre a essência da vida e como você pode trazer essa consciência para suas interações e atividades diárias.

ENEAGRAMA

Aqui está a análise da Casa 56 – Omkara – Vibrações Primordiais – Som Sagrado, à luz do Eneagrama, para cada um dos nove tipos, juntamente com sugestões de melhoria específicas:

Tipo 8 – O Poderoso

Quando o Tipo 8 está na Casa 56 – Omkara – Vibrações Primordiais – Som Sagrado, isso indica a importância de ouvir e sintonizar-se com as energias sutis ao seu redor. *Sugestão:* praticar a escuta profunda e cultivar uma conexão mais consciente com os outros.

Tipo 9 – O Mediador

Nesta casa, o Tipo 9 é convidado a sintonizar-se com as vibrações internas e externas para evitar a complacência e o distanciamento.

Sugestão: praticar a atenção plena às sensações internas e aos sinais do ambiente.

Tipo 1 – O Perfeccionista

Para o Tipo 1 nesta casa, a análise é sobre ouvir a harmonia presente nas imperfeições da vida.

Sugestão: praticar a aceitação e cultivar a compreensão de que nem tudo precisa estar perfeitamente alinhado.

Tipo 2 – O Ajudante

Quando o Tipo 2 está na Casa 56 – Omkara – Vibrações Primordiais – Som Sagrado, isso sugere a importância de ouvir além das necessidades dos outros e conectar-se com suas próprias intuições.

Sugestão: praticar a autenticidade e buscar o equilíbrio entre cuidar dos outros e de si mesmo.

Tipo 3 – O Vencedor

Nesta casa, o Tipo 3 é desafiado a sintonizar-se com sua verdadeira essência, além das máscaras que usa para obter sucesso.

Sugestão: praticar momentos de introspecção e cultivar uma conexão genuína consigo mesmo.

Tipo 4 – O Intenso

Quando o Tipo 4 está na Casa 56 – Omkara – Vibrações Primordiais – Som Sagrado, isso sugere a importância de encontrar beleza nas experiências cotidianas e nas emoções simples.

Sugestão: praticar a gratidão e cultivar uma apreciação pelas coisas simples da vida.

Tipo 5 – Analítico

Nesta casa, o Tipo 5 é convidado a sintonizar-se com a sabedoria interna e a intuição, além do conhecimento acumulado.

Sugestão: praticar a confiança em seus *insights* internos e buscar um equilíbrio entre análise e intuição.

Tipo 6 – Precavido

Quando o Tipo 6 está na Casa 56 – Omkara – Vibrações Primordiais – Som Sagrado, isso indica a importância de ouvir a voz interior confiável e superar a dúvida excessiva.

Sugestão: praticar a autoconfiança e buscar a intuição em momentos de incerteza.

Tipo 7 – Otimista

Nesta casa, o Tipo 7 é desafiado a sintonizar-se com as profundezas interiores, além da busca por novas experiências.

Sugestão: praticar momentos de quietude e cultivar a capacidade de estar presente nas situações atuais.

> **RESUMO**
>
> A Casa 56 – Omkara – Vibrações Primordiais – Som Sagrado, no contexto do Eneagrama, convida cada tipo a sintonizar-se com as energias sutis do mundo interior e exterior. As sugestões específicas para cada tipo podem ajudar a transformar essa análise em um guia para uma conexão mais profunda consigo mesmo e com o ambiente ao redor.

CONSTELAÇÃO

Pertencimento na Casa 56 – Omkara – Vibrações Primordiais – Som Sagrado

Nesta Casa, o pertencimento se manifesta por meio da conexão profunda com as vibrações primordiais e o som sagrado. É um convite para se sentir parte de algo maior e mais vasto do que a individualidade.

O pertencimento é encontrado ao sintonizar-se com a harmonia universal expressa por meio das vibrações sonoras, conectando-se com uma energia que transcende limitações pessoais e cultiva um senso de unidade.

Hierarquia na Casa 56 – Omkara – Vibrações Primordiais – Som Sagrado

As vibrações primordiais e o som sagrado ocupam o cerne da hierarquia nesta casa. A percepção da sacralidade do som e sua importância na criação do universo são fundamentais para a compreensão desta casa.

O reconhecimento da harmonia cósmica por meio do som eleva-o a um patamar de destaque na hierarquia.

Equilíbrio na Casa 56 – Omkara – Vibrações Primordiais – Som Sagrado

O equilíbrio nesta casa é alcançado ao honrar a conexão entre som, mente e espírito. Ao envolver-se com práticas sonoras conscientes, como a meditação com mantras ou a apreciação da música sagrada, é possível criar um equilíbrio entre a experiência individual e a conexão com o divino.

O equilíbrio é mantido quando se reconhece a sacralidade do som sem se perder em abstrações, mantendo-se enraizado na experiência presente.

RESUMO

A Casa 56 – Omkara – Vibrações Primordiais – Som Sagrado convida a explorar o poder transformador e unificador das vibrações sonoras. Ao se sintonizar com o som sagrado, é possível encontrar um senso de pertencimento e conexão mais profundos com o cosmos e com a espiritualidade.

OS 7 CHACRAS

Aqui está a análise da Casa 56 – Omkara – Vibrações Primordiais – Som Sagrado, relacionada com os sete chacras, oferecendo *insights* sobre como essa casa influencia cada um dos centros de energia, juntamente com dicas para equilibrar essas influências em sua vida:

Chacra Raiz (Muladhara) – Segurança e Sobrevivência

A Casa 56, representando as vibrações primordiais e o som sagrado, pode influenciar o chacra raiz ao fornecer uma base sólida para a busca espiritual. Isso pode criar um senso de segurança ao reconhecer que há uma ordem e harmonia subjacentes ao universo.

Chacra Sacral (Swadhisthana) – Criatividade e Emoções

O som sagrado pode estimular a criatividade e as emoções, ajudando a liberar bloqueios energéticos no chacra sacral. Isso permite uma expressão mais fluida das emoções e da criatividade.

Chacra do Plexo Solar (Manipura) – Poder Pessoal

As vibrações primordiais podem fortalecer o chacra do plexo solar, ampliando o senso de poder pessoal. Isso ajuda a desenvolver a confiança e a autoestima, facilitando a expressão do eu autêntico.

Chacra Cardíaco (Anahata) - Amor e Compaixão

O som sagrado pode abrir o chacra cardíaco para experiências amorosas e compassivas mais profundas. Ele promove a conexão com o amor universal e a compaixão pelos outros.

Chacra Laríngeo (Vishuddha) - Comunicação e Expressão

As vibrações primordiais podem aprimorar a comunicação e a expressão autêntica. Isso ajuda a comunicar pensamentos e sentimentos com clareza e honestidade.

Chacra do Terceiro Olho (Ajna) - Intuição e Percepção

O som sagrado pode aguçar a intuição e a percepção, permitindo uma compreensão mais profunda da realidade. Isso ajuda a desenvolver a sabedoria interior e a clarividência.

Chacra Coronário (Sahasrara) - Conexão Espiritual

A Casa 56 pode fortalecer a conexão espiritual no chacra coronário, proporcionando um acesso mais direto à consciência cósmica. Isso promove uma sensação de unidade com o universo.

> **RESUMO**
>
> A Casa 56 - Omkara - Vibrações Primordiais - Som Sagrado, vista por meio da perspectiva dos sete chacras, destaca como o som sagrado e as vibrações primordiais podem afetar positivamente nosso equilíbrio energético. Ela fortalece a segurança, a criatividade, o poder pessoal, o amor, a comunicação, a intuição e a conexão espiritual, promovendo um estado de harmonia e elevação espiritual.

MENSAGEM FINAL

A mensagem final da casa Omkara nos lembra da profunda conexão que podemos ter com a essência da vida por meio das vibrações primordiais. Ao explorar e integrar essa prática em sua jornada, você pode descobrir um novo nível de paz interior e tranquilidade, independentemente das circunstâncias externas. A busca pela conexão com as vibrações primordiais é uma jornada espiritual que pode trazer uma profunda sensação de centramento, unidade e equilíbrio. Ao sintonizar-se com essa essência universal, você pode descobrir uma fonte constante de paz e felicidade interior, enriquecendo sua jornada de autodescoberta e evolução espiritual. Lembre-se de que as vibrações primordiais estão sempre presentes, aguardando sua conexão consciente para guiá-lo em direção a uma vida mais significativa e harmoniosa.

Casa 57

Vayu-Loka – Ar – Meditação

Seja bem-vindo(a) à Casa 57 – Vayu-Loka – Ar – Meditação, um espaço em que mergulharemos nas sutilezas do elemento ar e na prática da meditação. Nesta casa, convidamos você a explorar a profunda conexão entre o ar, a respiração e o estado meditativo, e como essa ligação pode nos levar a um maior equilíbrio e tranquilidade interior.

A Casa 57 nos convida a reconhecer a importância vital do ar não apenas para nossa sobrevivência física, mas também para nossa saúde mental e emocional. O ar é o veículo da respiração, e a respiração consciente é uma ferramenta poderosa na busca da serenidade e da clareza mental. Aqui, exploraremos como a meditação aliada à consciência respiratória pode nos guiar em direção a um estado de tranquilidade e presença.

Ao adentrar a Casa 57 – Vayu-Loka – Ar – Meditação, você será convidado a explorar as várias técnicas de meditação que utilizam a respiração como âncora. Aprenderemos como a respiração consciente pode nos ajudar a acalmar a mente agitada, reduzir o estresse e cultivar uma sensação de paz interior.

Nesta casa, refletiremos sobre a importância de dedicar um tempo para nos conectarmos com o elemento ar por meio da meditação. Exploraremos como essa prática pode melhorar nossa clareza mental, aumentar nossa capacidade de foco e nos ajudar a lidar de maneira mais eficaz com os desafios do cotidiano.

Seja bem-vindo(a) à Casa 57 – Vayu-Loka – Ar – Meditação, em que a exploração do elemento ar e da meditação nos conduz a uma jornada de autoconhecimento, serenidade e transformação interior.

Algumas características e reflexões relacionadas com a Casa Vayu-Loka

- **Sopro de vida:** a casa Vayu-Loka nos convida a refletir sobre o ar como o sopro de vida que sustenta todos os seres vivos. Ele representa a conexão vital entre a natureza e nossa existência.

- **Qualidade do ar:** considerar a importância da qualidade do ar para nossa saúde física, mental e espiritual, e como nossas ações podem impactar positivamente ou negativamente a pureza do ar.

- **Meditação e respiração:** explorar como a prática da meditação e da respiração consciente pode nos ajudar a nos sintonizar com o ar, trazendo calma, clareza mental e presença.

- **Harmonia interna:** refletir sobre como a harmonização com o ar pode nos ensinar sobre a fluidez, a suavidade e a capacidade de se adaptar às mudanças na vida.

- **Conexão com a natureza:** compreender a interdependência entre os elementos da natureza, reconhecendo que nossa relação com o ar reflete nosso relacionamento mais amplo com o mundo natural.

Aplicação Terapêutica da Casa Vayu-Loka

- **Meditação respiratória:** praticar meditações focadas na respiração, concentrando-se na entrada e saída do ar, permitindo que a respiração consciente acalme a mente e fortaleça a conexão com o presente.

- **Práticas de respiração:** explorar técnicas de respiração específicas, como a respiração abdominal profunda (respiração diafragmática) ou a respiração alternada (Nadi Shodhana), para equilibrar a energia e cultivar a tranquilidade.

- **Tempo na natureza:** passar tempo ao ar livre, respirando conscientemente e apreciando a sensação do vento na pele, permitindo que você se sinta parte integrante do ciclo da natureza.

- **Cuidado ambiental:** envolver-se em esforços para preservar a qualidade do ar, apoiando iniciativas de sustentabilidade e reduzindo a poluição do ar por meio de escolhas conscientes.

- **Intenção de clareza:** associar o ato de respirar com a intenção de trazer clareza mental, soltando preocupações e tensões, e permitindo que cada inspiração seja um lembrete de renovação.

ENEAGRAMA

Aqui está a análise da Casa 57 – Vayu-Loka – Ar – Meditação, à luz do Eneagrama, para cada um dos nove tipos, juntamente com sugestões de melhoria específicas:

Tipo 8 – O Poderoso

Quando o Tipo 8 está na Casa 57 – Vayu-Loka – Ar – Meditação, isso indica a importância de incorporar a meditação como uma prática para equilibrar a intensidade e a energia.

Sugestão: praticar a meditação para cultivar a calma interior e encontrar um espaço de reflexão antes de agir.

Tipo 9 – O Mediador

Nesta casa, o Tipo 9 é convidado a usar a meditação como uma ferramenta para despertar e estar plenamente presente.

Sugestão: aplicar a meditação para aumentar a consciência de si mesmo e evitar a tendência de se desconectar de suas próprias necessidades.

Tipo 1 – O Perfeccionista

Para o Tipo 1 nesta casa, a meditação pode ser uma ferramenta para acalmar a mente crítica e cultivar a aceitação.

Sugestão: praticar a meditação como uma forma de liberar a rigidez autocrítica e encontrar um espaço de tranquilidade interior.

Tipo 2 – O Ajudante

Quando o Tipo 2 está na Casa 57 – Vayu-Loka – Ar – Meditação, isso indica a importância de reservar tempo para cuidar de si mesmo por meio da meditação, em vez de apenas cuidar dos outros.

Sugestão: praticar a meditação como uma forma de autocuidado e autodescoberta.

Tipo 3 – O Vencedor

Nesta casa, o Tipo 3 é desafiado a usar a meditação como uma maneira de se conectar com sua verdadeira essência, além das realizações externas.

Sugestão: aplicar a meditação para cultivar a autenticidade e encontrar um equilíbrio entre a busca por sucesso e a busca por significado.

Tipo 4 – O Intenso

Quando o Tipo 4 está na Casa 57 – Vayu-Loka – Ar – Meditação, isso indica a importância de usar a meditação para acalmar as flutuações emocionais e encontrar um estado de equanimidade.

Sugestão: praticar a meditação como uma forma de se centrar e cultivar a paz interior.

Tipo 5 – O Analítico

Nesta casa, o Tipo 5 é convidado a usar a meditação para equilibrar a busca pelo conhecimento com a contemplação silenciosa.

Sugestão: aplicar a meditação para se conectar com a experiência direta do momento presente e encontrar um espaço de quietude interior.

Tipo 6 – O Precavido

Quando o Tipo 6 está na Casa 57 – Vayu-Loka – Ar – Meditação, isso indica a importância de usar a meditação para acalmar a mente ansiosa e cultivar a confiança interior.

Sugestão: praticar a meditação como uma forma de encontrar um espaço de tranquilidade e segurança interna.

Tipo 7 – O Otimista

Nesta casa, o Tipo 7 é desafiado a usar a meditação como uma maneira de se aprofundar e encontrar contentamento no momento presente, em vez de buscar constantemente novas experiências.

Sugestão: aplicar a meditação para cultivar a presença e a gratidão.

RESUMO

A Casa 57 – Vayu-Loka – Ar – Meditação, no contexto do Eneagrama, convida cada tipo a incorporar a meditação como uma ferramenta para cultivar a calma interior, a autenticidade e a presença no momento atual. As sugestões específicas para cada tipo podem ajudar a transformar essa prática em um caminho para o crescimento pessoal e a harmonia interna.

CONSTELAÇÃO

Pertencimento na Casa 57 – Vayu-Loka – Ar – Meditação

Nesta Casa, o pertencimento é encontrado na sutileza do elemento ar e na prática da meditação. O ar é um componente essencial da vida, compartilhado por todos os seres, transcendendo fronteiras e individualidades. A meditação, por sua vez, conecta-nos com um espaço interior comum a toda a humanidade.

O pertencimento é nutrido ao reconhecer que, assim como todos compartilhamos o mesmo ar, também compartilhamos a capacidade de mergulhar na quietude da mente por meio da meditação.

Hierarquia na Casa 57 – Vayu-Loka – Ar – Meditação

O ar, como um elemento universal e essencial à vida, ocupa um lugar de destaque na hierarquia desta casa. Sua influência é constante e global, conectando todas as formas de vida.

A prática da meditação, que utiliza o elemento do ar para focar a mente, também assume um papel relevante, guiando-nos para a transcendência das limitações individuais e o acesso a estados mais elevados de consciência.

Equilíbrio na Casa 57 - Vayu-Loka - Ar - Meditação

O equilíbrio nesta casa é alcançado ao reconhecer a importância do ar tanto para o nosso bem-estar físico quanto para a prática da meditação. Por meio da meditação, podemos equilibrar o fluxo do ar dentro e fora de nosso corpo com a quietude da mente.

Ao cultivar uma conexão consciente com o ar que respiramos e com o espaço interior da meditação, encontramos harmonia entre o mundo externo e interno.

RESUMO

A Casa 57 - Vayu-Loka - Ar - Meditação convida a explorar o elemento universal do ar e a prática da meditação como uma via para o autoconhecimento e a conexão mais profunda com a existência compartilhada. Encontrar equilíbrio entre a quietude interior da meditação e o ritmo constante da respiração é uma jornada que traz benefícios individuais e coletivos.

OS 7 CHACRAS

Aqui está a análise da Casa 57 - Vayu-Loka - Ar - Meditação, relacionada com os sete chacras, oferecendo *insights* sobre como essa casa influencia cada um dos centros de energia, juntamente com dicas para equilibrar essas influências em sua vida:

Chacra Raiz (Muladhara) - Segurança e Sobrevivência

A Casa 57, representando o elemento ar e a meditação, pode influenciar o chacra raiz ao criar um ambiente de tranquilidade e segurança para a prática meditativa. Isso ajuda a estabelecer uma base sólida para o crescimento espiritual.

Chacra Sacral (Swadhisthana) - Criatividade e Emoções

A meditação na Casa 57 pode estimular a criatividade e as emoções, permitindo uma expressão mais fluida desses aspectos. O elemento ar traz clareza mental, que é benéfico para a criatividade.

Chacra do Plexo Solar (Manipura) - Poder Pessoal

A prática da meditação fortalece o chacra do plexo solar, proporcionando autoconfiança e empoderamento pessoal. Isso ajuda a tomar decisões conscientes e assertivas.

Chacra Cardíaco (Anahata) - Amor e Compaixão

A meditação na Casa 57 pode abrir o chacra cardíaco para experiências amorosas e compassivas. Ela promove a compaixão por si mesmo e pelos outros, fortalecendo os laços afetivos.

Chacra Laríngeo (Vishuddha) – Comunicação e Expressão

O elemento ar e a meditação facilitam a comunicação clara e a expressão autêntica. Isso ajuda a comunicar pensamentos e sentimentos com sinceridade e eficácia.

Chacra do Terceiro Olho (Ajna) – Intuição e Percepção

A prática meditativa na Casa 57 aprimora a intuição e a percepção. Ela estimula a claridade mental e o desenvolvimento da visão interior.

Chacra Coronário (Sahasrara) – Conexão Espiritual

A meditação com foco no elemento ar pode elevar a conexão espiritual no chacra coronário. Ela proporciona um espaço mental para contemplar questões transcendentais e buscar a iluminação espiritual.

RESUMO

A Casa 57 – Vayu-Loka – Ar – Meditação, vista por meio da perspectiva dos sete chacras, destaca como a prática meditativa e o elemento ar podem influenciar positivamente nosso equilíbrio energético. Ela fortalece a segurança, a criatividade, o poder pessoal, o amor, a comunicação, a intuição e a conexão espiritual, promovendo um estado de harmonia e elevação espiritual.

MENSAGEM FINAL

A mensagem final da casa Vayu-Loka nos lembra da importância do ar como um elo vital entre todos os seres e a natureza. Ao se conectar conscientemente com o ar por meio da meditação e da respiração, você pode experimentar uma sensação de clareza, harmonia e paz interior. A busca por uma relação equilibrada com o ar não apenas beneficia sua saúde, mas também é uma maneira de expressar respeito e gratidão pela Mãe Terra. Lembre-se de que, assim como o vento, a vida é fluida e em constante mudança. Ao honrar e cuidar do ar, você está contribuindo para um mundo mais limpo, saudável e harmonioso para as gerações presentes e futuras.

Casa 58

Teja-Loka – Luz – Irradiação

Seja bem-vindo(a) à Casa 58 – Teja-Loka – Luz – Irradiação, um espaço que nos convida a explorar a profundidade da luz, sua simbologia e seu poder transformador. Nesta casa, mergulharemos na essência da luz como metáfora de clareza espiritual, conhecimento e iluminação interior.

Ao adentrar a Casa 58, você será envolvido pela presença da luz como um símbolo universal de sabedoria e esclarecimento. Aqui, a luz é mais do que um fenômeno físico; é uma expressão de energia divina que nos guia na jornada em busca do conhecimento interior e da expansão da consciência.

A Casa 58 nos convida a refletir sobre como a luz está presente em várias tradições espirituais como um símbolo de verdade e discernimento. Exploraremos como a busca pela luz interior pode nos ajudar a superar a escuridão da ignorância e da confusão, revelando caminhos de compreensão mais profunda e autoconhecimento.

Neste espaço, vamos explorar práticas e abordagens que nos permitem irradiar a luz que trazemos dentro de nós. Por meio da meditação, contemplação e autorreflexão, descobriremos como podemos nos tornar canais de luz, espalhando a positividade e a sabedoria que adquirimos para iluminar não apenas nossas vidas, mas também as vidas daqueles ao nosso redor.

Seja bem-vindo(a) à Casa 58 – Teja-Loka – Luz – Irradiação, em que a busca pela luz interior nos conduz a um despertar espiritual e à capacidade de irradiar clareza, bondade e inspiração para o mundo ao nosso redor.

Algumas características e reflexões relacionadas com a Casa Teja-Loka

- **Luz da sabedoria:** a casa Teja-Loka nos convida a refletir sobre a luz como um símbolo da sabedoria que dissipa a escuridão da ignorância, permitindo-nos ver a verdade com clareza.

- **Iluminação interior:** explorar a importância de buscar a iluminação interior, que nos ajuda a acessar uma compreensão mais profunda de nós mesmos e do mundo ao nosso redor.

- **Consciência clara:** considerar como a luz representa a clareza mental e a percepção nítida, permitindo-nos discernir entre as ilusões e a realidade.

- **Inspiração e inspiração:** refletir sobre como a luz pode nos inspirar a ser fontes de inspiração para os outros, irradiando positividade, compaixão e amor.

- **Ciclo da vida:** compreender como a luz é parte integrante do ciclo da natureza, desde o nascer até o pôr do sol, simbolizando o fluxo constante de conhecimento e crescimento.

Aplicação Terapêutica da Casa Teja-Loka

- **Meditação da luz interior:** feche os olhos e visualize uma luz brilhante no centro do seu ser, permitindo que ela dissipe quaisquer sombras de dúvida ou confusão.

- **Afirmações de clareza:** use afirmações diárias para invocar a luz da clareza e compreensão em sua vida, como "Eu sou a luz da sabedoria, iluminando meu caminho".

- **Exploração do autoconhecimento:** reserve um tempo para a introspecção, explorando suas próprias crenças, valores e desejos, à medida que a luz interior revela sua verdadeira essência.

- **Atos de generosidade:** envolva-se em atos de generosidade e bondade para irradiar uma luz positiva para os outros, criando uma corrente de influência positiva.

- **Rituais de iluminação:** crie rituais significativos, como acender uma vela ao amanhecer ou entardecer, como um lembrete simbólico da busca constante pela iluminação e clareza.

ENEAGRAMA

Aqui está a análise da Casa 58 – Teja-Loka – Luz – Irradiação, à luz do Eneagrama, para cada um dos nove tipos, juntamente com sugestões de melhoria específicas:

Tipo 8 – O Poderoso

Quando o Tipo 8 está na Casa 58 – Teja-Loka – Luz – Irradiação, isso indica a importância de usar a sua energia para iluminar os outros de maneira positiva.

Sugestão: praticar a irradiação consciente de empatia e gentileza, evitando a tendência de ser dominador.

Tipo 9 – O Mediador

Nesta casa, o Tipo 9 é convidado a irradiar sua presença com mais consciência e intenção.

Sugestão: aplicar a irradiação de entusiasmo e energia para despertar e estar plenamente presente, evitando a tendência de se anular.

Tipo 1 – O Perfeccionista

Para o Tipo 1 nesta casa, a irradiação de sua luz interior pode ser uma ferramenta para inspirar e guiar os outros de maneira positiva.

Sugestão: praticar a irradiação de compaixão e flexibilidade, liberando a necessidade de controle excessivo.

Tipo 2 – O Ajudante

Quando o Tipo 2 está na Casa 58 – Teja-Loka – Luz – Irradiação, isso sugere a importância de irradiar amor próprio antes de cuidar dos outros.

Sugestão: praticar a irradiação de autocuidado e autenticidade, evitando a tendência de negligenciar suas próprias necessidades.

Tipo 3 – O Vencedor

Nesta casa, o Tipo 3 é desafiado a irradiar sua verdadeira essência, além das realizações externas.

Sugestão: aplicar a irradiação de autenticidade e vulnerabilidade, cultivando uma conexão genuína consigo mesmo e com os outros.

Tipo 4 – O Intenso

Quando o Tipo 4 está na Casa 58 – Teja-Loka – Luz – Irradiação, isso indica a importância de irradiar positividade e equilíbrio emocional.

Sugestão: praticar a irradiação de gratidão e serenidade, evitando a tendência de se perder em estados emocionais intensos.

Tipo 5 – O Analítico

Nesta casa, o Tipo 5 é convidado a irradiar sua sabedoria interior para iluminar o mundo ao seu redor.

Sugestão: aplicar a irradiação de compartilhar conhecimento e estar presente nas interações sociais, evitando a tendência de se isolar.

Tipo 6 – O Precavido

Quando o Tipo 6 está na Casa 58 – Teja-Loka – Luz – Irradiação, isso indica a importância de irradiar coragem e confiança para superar a ansiedade.

Sugestão: praticar a irradiação de autoconfiança e tranquilidade, encontrando força interior para enfrentar desafios.

Tipo 7 – O Otimista

Nesta casa, o Tipo 7 é desafiado a irradiar alegria e positividade genuínas, em vez de buscar constantemente novas experiências.

Sugestão: aplicar a irradiação de contentamento no momento atual e cultivar uma perspectiva mais equilibrada.

> **RESUMO**
>
> A Casa 58 – Teja-Loka – Luz – Irradiação, no contexto do Eneagrama, convida cada tipo a irradiar sua energia e essência de maneira positiva para iluminar os outros e o mundo ao redor. As sugestões específicas para cada tipo podem ajudar a transformar essa prática em um caminho para o crescimento pessoal e a inspiração mútua.

CONSTELAÇÃO

Pertencimento na Casa 58 – Teja-Loka – Luz – Irradiação

Na Casa 58, o pertencimento é encontrado na natureza universal da luz e na sua capacidade de irradiar energia e vida para todos os cantos do cosmos. A luz é um fenômeno que transcende fronteiras e limitações, conectando todos os seres por meio da sua presença onipresente.

> *O pertencimento aqui é baseado na compreensão de que todos compartilhamos a mesma fonte de luz e energia, e somos interdependentes na nossa relação com esse elemento fundamental.*

Hierarquia na Casa 58 – Teja-Loka – Luz – Irradiação

A luz, como uma força cósmica que permeia o universo, ocupa o ápice da hierarquia nesta casa. Sua irradiação é um reflexo da energia vital que sustenta toda a criação. A capacidade da luz de iluminar, nutrir e guiar torna-a uma influência poderosa que transcende as diferenças individuais.

> *A capacidade de irradiar luz, seja ela física ou espiritual, também é central nesta hierarquia, representando a expansão e compartilhamento da sabedoria e compaixão.*

Equilíbrio na Casa 58 – Teja-Loka – Luz – Irradiação

O equilíbrio nesta casa é alcançado ao compreender a dualidade da luz, que representa tanto a iluminação interior quanto a capacidade de irradiar essa luz para o mundo.

Assim como a luz do sol precisa ser equilibrada para fornecer vida e energia sem causar danos, também é essencial encontrar uma harmonia entre a luz interior da sabedoria e a capacidade de compartilhá-la com responsabilidade e compaixão.

RESUMO

A Casa 58 – Teja-Loka – Luz – Irradiação convida você a explorar a natureza da luz e da irradiação, tanto interna quanto externamente. Ao compreender a conexão entre a luz que você emana e a luz cósmica que permeia o universo, você pode alcançar um equilíbrio significativo entre o seu crescimento pessoal e a contribuição para o bem-estar coletivo.

OS 7 CHACRAS

Aqui está a análise da Casa 58 – Teja-Loka – Luz – Irradiação, relacionada com os sete chacras, oferecendo *insights* sobre como essa casa influencia cada um dos centros de energia, juntamente com dicas para equilibrar essas influências em sua vida:

Chacra Raiz (Muladhara) – Segurança e Sobrevivência

A Casa 58, representando a luz e a irradiação, pode afetar o chacra raiz ao fornecer uma sensação de segurança e proteção. A luz simboliza a claridade e a eliminação do medo, criando um ambiente seguro para o crescimento espiritual.

Chacra Sacral (Swadhisthana) – Criatividade e Emoções

A presença de luz na Casa 58 pode inspirar a criatividade e influenciar as emoções. Ela pode despertar uma sensação de entusiasmo e vitalidade, estimulando a expressão criativa.

Chacra do Plexo Solar (Manipura) – Poder Pessoal

A luz e a irradiação da Casa 58 podem fortalecer o chacra do plexo solar, aumentando a autoconfiança e o senso de poder pessoal. Isso ajuda a tomar decisões e assumir a liderança em sua vida.

Chacra Cardíaco (Anahata) – Amor e Compaixão

A presença de luz pode abrir o chacra cardíaco para experiências amorosas e compassivas. Ela simboliza a capacidade de amar incondicionalmente, irradiando bondade e compaixão.

Chacra Laríngeo (Vishuddha) – Comunicação e Expressão

A luz na Casa 58 pode influenciar a comunicação e a expressão no chacra laríngeo. Ela promove a comunicação clara e autêntica, permitindo que você se expresse de forma eficaz e significativa.

Chacra do Terceiro Olho (Ajna) – Intuição e Percepção

A presença de luz pode aprimorar a intuição e a percepção no chacra do terceiro olho. Ela simboliza a clareza mental e a capacidade de enxergar além das aparências, fortalecendo a intuição.

Chacra Coronário (Sahasrara) – Conexão Espiritual

A luz e a irradiação da Casa 58 podem elevar a conexão espiritual no chacra coronário. Ela representa a busca pela iluminação espiritual e a conexão com o divino, proporcionando *insights* e sabedoria espiritual.

> **RESUMO**
>
> A Casa 58 – Teja-Loka – Luz – Irradiação, vista por meio da perspectiva dos sete chacras, destaca como a presença da luz pode impactar positivamente nosso equilíbrio energético. Ela promove a segurança, a criatividade, o poder pessoal, o amor, a comunicação, a intuição e a conexão espiritual, irradiando uma energia de clareza e iluminação espiritual. Isso contribui para um estado de harmonia e elevação espiritual.

MENSAGEM FINAL

A mensagem final da casa Teja-Loka nos lembra da importância da luz como um guia interior que nos ajuda a navegar pelas complexidades da vida. Assim como o sol dissipa as trevas, buscar a iluminação interior nos permite discernir a verdade e cultivar a compreensão profunda. Ao se conectar com a luz interior por meio de práticas como a meditação e afirmações positivas, você pode trazer clareza e discernimento para suas escolhas e ações. Lembre-se de que a luz que você irradia pode influenciar positivamente aqueles ao seu redor, contribuindo para um mundo mais iluminado e compassivo. Encontre inspiração na jornada da luz, que começa em seu interior e se estende para iluminar o mundo ao seu redor.

Casa 59

Satya-Loka — Plano da Realidade — Realidade

Seja bem-vindo(a) à Casa 59 – Satya-Loka – Plano da Realidade – Realidade, um espaço que nos convida a explorar a natureza da verdade e a mergulhar nas profundezas da realidade. Nesta casa, embarcaremos em uma jornada de busca pela verdade suprema que transcende as ilusões e nos conecta com a essência última do universo.

Ao entrar na Casa 59, você será imerso na atmosfera da verdade, da autenticidade e da realidade. Aqui, a verdade não é apenas uma ideia conceitual, mas sim uma força vital que permeia todas as coisas e que nos convida a olhar além das aparências superficiais.

A Casa 59 – Satya-Loka nos convida a questionar as noções convencionais de realidade e a explorar as camadas mais profundas da existência. Por meio da autoindagação, da contemplação e do discernimento, buscamos compreender a verdade subjacente por trás das aparências enganosas.

Neste espaço, examinaremos como a busca pela verdade pode nos libertar das amarras da ilusão e nos levar a uma conexão mais profunda com o cerne da existência. A verdade não é apenas uma informação a ser descoberta, mas um estado de ser que nos guia em nossa jornada espiritual.

Seja bem-vindo(a) à Casa 59 – Satya-Loka – Plano da Realidade – Realidade, em que a busca pela verdade nos leva a uma compreensão mais profunda da realidade que transcende os véus das ilusões e nos conduz à essência última da existência.

Algumas características e reflexões relacionadas com a Casa Satya-Loka

- **Verdade interior:** a casa Satya-Loka nos convida a explorar a importância de se conectar com a verdade em nosso âmago, buscando a autenticidade em nossos pensamentos, palavras e ações.

- **Honestidade profunda:** refletir sobre como a verdade e a honestidade formam a base para relacionamentos saudáveis, construindo confiança e respeito mútuos.

- **Integridade universal:** considerar como a busca pela verdade e integridade não se limita a nós mesmos, mas se estende ao mundo, contribuindo para uma sociedade mais justa e ética.

- **Despertar da consciência:** a casa Satya-Loka é um convite para despertar para a realidade ao nosso redor, reconhecendo as verdades subjacentes que muitas vezes passam despercebidas.

- **Autodescoberta profunda:** refletir sobre como a busca pela verdade interior nos conduz a uma jornada de autodescoberta e crescimento pessoal, permitindo-nos compreender nossos propósitos mais profundos.

Aplicação Terapêutica da Casa Satya-Loka

- **Jornal da verdade:** mantenha um diário em que você registra suas reflexões diárias sobre a verdade e a honestidade, identificando áreas em que você pode ser mais autêntico e verdadeiro.

- **Prática da comunicação autêntica:** procure se comunicar com honestidade e clareza, expressando seus sentimentos e opiniões de maneira sincera, ao mesmo tempo respeitando os outros.

- **Questionamento reflexivo:** reserve momentos para questionar suas próprias crenças e suposições, buscando a verdade subjacente por trás de suas ações e decisões.

- **Atos de integridade:** comprometa-se a agir de acordo com seus valores, mesmo quando ninguém estiver observando, cultivando assim a integridade em todas as áreas da vida.

- **Exploração da realidade:** dedique tempo à meditação e à reflexão profunda, buscando uma compreensão mais profunda da realidade e das verdades universais.

ENEAGRAMA

Aqui está a análise da Casa 59 – Satya-Loka – Plano da Realidade – Realidade, à luz do Eneagrama, para cada um dos nove tipos, juntamente com sugestões de melhoria específicas:

Tipo 8 - O Poderoso

Quando o Tipo 8 está na Casa 59 - Satya-Loka - Plano da Realidade - Realidade, isso indica a importância de enfrentar a verdade de forma direta e construtiva.

Sugestão: praticar a busca pela verdade interior e a autenticidade, evitando a tendência de reprimir vulnerabilidades.

Tipo 9 - O Mediador

Nesta casa, o Tipo 9 é convidado a enfrentar a verdade sobre suas próprias necessidades e desejos, em vez de se desconectar para evitar conflitos.

Sugestão: aplicar a busca pela verdade interna e expressar opiniões com clareza, evitando a tendência de se anular.

Tipo 1 - O Perfeccionista

Para o Tipo 1 nesta casa, enfrentar a realidade envolve aceitar imperfeições e ambiguidades, em vez de buscar a perfeição absoluta.

Sugestão: praticar a busca pela verdade equilibrada e adotar uma perspectiva mais flexível, evitando a rigidez autocrítica.

Tipo 2 - O Ajudante

Quando o Tipo 2 está na Casa 59 - Satya-Loka - Plano da Realidade - Realidade, isso sugere a importância de reconhecer suas próprias necessidades antes de ajudar os outros.

Sugestão: aplicar a busca pela verdade emocional e estabelecer limites saudáveis, evitando a tendência de se sacrificar em excesso.

Tipo 3 - O Vencedor

Nesta casa, o Tipo 3 é desafiado a enfrentar a verdade sobre sua autenticidade, além das realizações externas.

Sugestão: aplicar a busca pela verdade interior e permitir-se ser vulnerável, em vez de buscar constantemente validação externa.

Tipo 4 - O Intenso

Quando o Tipo 4 está na Casa 59 - Satya-Loka - Plano da Realidade - Realidade, isso indica a importância de aceitar a realidade como ela é, em vez de idealizar o que poderia ser.

Sugestão: praticar a busca pela verdade objetiva e cultivar a apreciação pelo presente, evitando a tendência de se perder em emoções intensas.

Tipo 5 - O Analítico

Nesta casa, o Tipo 5 é convidado a enfrentar a realidade emocional e social, em vez de se refugiar apenas no conhecimento.

Sugestão: aplicar a busca pela verdade interpessoal e envolver-se ativamente nas relações, evitando a tendência de se isolar.

Tipo 6 - O Precavido

Quando o Tipo 6 está na Casa 59 - Satya-Loka - Plano da Realidade - Realidade, isso indica a importância de enfrentar os medos e incertezas com coragem.

Sugestão: praticar a busca pela verdade interna e confiar em si mesmo, evitando a tendência de buscar constantemente segurança externa.

Tipo 7 - O Otimista

Nesta casa, o Tipo 7 é desafiado a enfrentar a realidade desconfortável e as emoções difíceis, em vez de buscar constantemente novas experiências para evitar o desconforto.

Sugestão: aplicar a busca pela verdade emocional e cultivar a presença no momento atual.

RESUMO

A Casa 59 - Satya-Loka - Plano da Realidade - Realidade, no contexto do Eneagrama, convida cada tipo a enfrentar a verdade interior e a realidade externa de maneira construtiva e consciente. As sugestões específicas para cada tipo podem ajudar a transformar essa prática em um caminho para o crescimento pessoal e uma compreensão mais profunda do mundo ao redor.

CONSTELAÇÃO

Pertencimento na Casa 59 - Satya-Loka - Plano da Realidade - Realidade

Na Casa 59, o pertencimento é encontrado na compreensão de que todos os seres e elementos fazem parte da realidade cósmica. Nossa existência está interligada e inseparável do tecido da realidade.

O pertencimento aqui é baseado na consciência de que todos compartilhamos a mesma essência fundamental e estamos interconectados no vasto panorama da existência.

Hierarquia na Casa 59 - Satya-Loka - Plano da Realidade - Realidade

A realidade cósmica e a verdade fundamental ocupam o ápice da hierarquia nesta casa. A compreensão da realidade transcende as fronteiras das crenças individuais e culturas, refletindo a verdade universal que é inerente a todas as coisas.

A busca pela verdade e a compreensão profunda da natureza da realidade são essenciais para o desenvolvimento espiritual e a expansão da consciência.

Equilíbrio na Casa 59 – Satya-Loka – Plano da Realidade – Realidade

O equilíbrio nesta casa é alcançado ao abraçar a verdade da realidade sem ser subjugado por ela. É importante reconhecer que a nossa percepção da realidade é limitada e filtrada por meio das nossas experiências individuais.

Encontrar o equilíbrio envolve aceitar a natureza multifacetada da realidade e a sua complexidade, ao mesmo tempo em que buscamos uma compreensão mais profunda da verdade subjacente.

RESUMO

A Casa 59 – Satya-Loka – Plano da Realidade – Realidade convida você a explorar a verdade fundamental da existência e a sua conexão com a vasta teia da realidade cósmica. Ao abraçar a verdade da interconexão e da complexidade da realidade, você pode encontrar equilíbrio entre a sua busca pela compreensão e a aceitação das múltiplas facetas da verdade universal.

OS 7 CHACRAS

Aqui está a análise da Casa 59 – Satya-Loka – Plano da Realidade – Realidade, relacionada com os sete chacras, oferecendo *insights* sobre como essa casa influencia cada um dos centros de energia, juntamente com dicas para equilibrar essas influências em sua vida:

Chacra Raiz (Muladhara) – Segurança e Sobrevivência

A Casa 59, representando o plano da realidade, pode influenciar o chacra raiz, fornecendo uma base sólida e segura para sua compreensão da realidade. Isso ajuda a criar uma sensação de estabilidade e segurança em sua vida.

Chacra Sacral (Swadhisthana) – Criatividade e Emoções

A presença da realidade na Casa 59 pode estimular a criatividade e influenciar as emoções. Ela ajuda a ancorar suas emoções na verdade, permitindo expressões criativas mais autênticas.

Chacra do Plexo Solar (Manipura) – Poder Pessoal

O plano da realidade na Casa 59 pode fortalecer o chacra do plexo solar, ajudando você a tomar decisões mais conscientes e a assumir o controle de sua vida de forma eficaz.

Chacra Cardíaco (Anahata) – Amor e Compaixão

A presença da realidade pode abrir o chacra cardíaco para experiências amorosas e compassivas baseadas na verdade. Isso promove relacionamentos mais genuínos e conexões emocionais autênticas.

Chacra Laríngeo (Vishuddha) – Comunicação e Expressão

O plano da realidade na Casa 59 pode influenciar a comunicação e a expressão no chacra laríngeo. Isso incentiva a comunicação honesta e autêntica, permitindo que você se expresse de maneira genuína.

Chacra do Terceiro Olho (Ajna) – Intuição e Percepção

A presença da realidade pode aprimorar a intuição e a percepção no chacra do terceiro olho. Ela ajuda você a ver a verdade por trás das situações e a desenvolver uma visão mais clara.

Chacra Coronário (Sahasrara) – Conexão Espiritual

O plano da realidade na Casa 59 pode aprofundar sua conexão espiritual no chacra coronário. Isso ajuda você a buscar a verdade espiritual e a compreender melhor o propósito da existência.

RESUMO

A Casa 59 – Satya-Loka – Plano da Realidade – Realidade, vista por meio da perspectiva dos sete chacras, enfatiza a importância de viver em harmonia com a verdade e a realidade. Isso promove a segurança, a criatividade, o poder pessoal, o amor, a comunicação, a intuição e a conexão espiritual, permitindo uma vida mais autêntica e significativa.

MENSAGEM FINAL

A mensagem final da casa Satya-Loka nos lembra que a verdade e a integridade são os alicerces de uma vida significativa e de uma sociedade justa. Ao buscar a verdade interior e agir com integridade, você contribui para um mundo mais autêntico e compassivo. Por meio da comunicação autêntica e da reflexão sobre suas próprias ações, você pode cultivar a honestidade em todas as áreas da sua vida. Ao reconhecer a importância da verdade universal e da autodescoberta, você embarca em uma jornada de crescimento pessoal e contribui para um mundo mais iluminado pela luz da verdade. Lembre-se de que cada ato de integridade é um passo em direção a um mundo mais justo, em que a verdade prevalece e a autenticidade é celebrada.

Casa 60

Subuddhi – Positividade – Otimismo

Seja bem-vindo(a) à Casa 60 – Subuddhi – Positividade – Otimismo, um espaço que convida você a explorar as profundezas da mente otimista e a cultivar a positividade em todos os aspectos da vida. Nesta casa, mergulharemos na arte de ver o mundo com olhos esperançosos e de nutrir uma mentalidade voltada para o bem.

Na Casa 60, você encontrará um refúgio para afastar as nuvens da negatividade e permitir que a luz do otimismo ilumine o seu caminho. Aqui, a positividade não é apenas uma atitude superficial, mas sim um modo de ser que influencia nossos pensamentos, ações e interações.

Ao adentrar a Casa 60, você será imerso em um ambiente que nutre a esperança e inspira a confiança. Exploraremos como o otimismo não apenas nos ajuda a enfrentar desafios com resiliência, mas também a atrair experiências positivas para nossa jornada.

Esta casa nos lembra da importância de nutrir pensamentos positivos, de acreditar nas nossas capacidades e de manter a fé, mesmo nas situações mais difíceis. O otimismo não é apenas uma perspectiva ingênua, mas sim um poderoso recurso para enfrentar adversidades com coragem e determinação.

Seja bem-vindo(a) à Casa 60 – Subuddhi – Positividade – Otimismo, em que você será inspirado(a) a cultivar uma mente positiva e a abraçar o poder transformador do otimismo em sua jornada de vida.

Algumas características e reflexões relacionadas com a Casa Subuddhi

- **Criação de atitude positiva:** a casa Subuddhi nos convida a explorar como a positividade pode ser uma escolha consciente, influenciando nossa perspectiva diante dos acontecimentos.

- **Resiliência fortalecida:** refletir sobre como cultivar o otimismo nos capacita a enfrentar desafios com uma atitude mais resiliente, buscando soluções e oportunidades em meio às adversidades.
- **Círculo virtuoso:** considerar como a positividade pode criar um ciclo virtuoso, em que pensamentos e emoções positivas atraem mais experiências gratificantes em nossas vidas.
- **Influência nas relações:** refletir sobre como uma atitude positiva pode melhorar nossos relacionamentos, inspirando e influenciando os outros a adotarem uma perspectiva otimista.
- **Foco na gratidão:** explorar como a positividade nos direciona para a apreciação das coisas boas que já temos em nossas vidas, cultivando um senso de gratidão e contentamento.

Aplicação Terapêutica da Casa Subuddhi

- **Diário de gratidão:** mantenha um diário em que você registra diariamente coisas pelas quais é grato, enfatizando os aspectos positivos de sua vida.
- **Afirmações positivas:** crie afirmações positivas que reflitam seus objetivos e valores, repetindo-as diariamente para reforçar uma mentalidade otimista.
- **Prática de *mindfulness*:** dedique tempo à prática de *mindfulness*, observando seus pensamentos e direcionando-os para padrões positivos sempre que necessário.
- **Visualização positiva:** utilize técnicas de visualização para imaginar cenários positivos e bem-sucedidos, fortalecendo sua crença na possibilidade de resultados favoráveis.
- **Influência inspiradora:** compartilhe histórias de superação e otimismo com os outros, inspirando e motivando-os a cultivar uma mentalidade positiva.

ENEAGRAMA

Aqui está a análise da Casa 60 – Subuddhi – Positividade – Otimismo, à luz do Eneagrama, para cada um dos nove tipos, juntamente com sugestões de melhoria específicas:

Tipo 8 - O Poderoso

Quando o Tipo 8 está na Casa 60 - Subuddhi - Positividade - Otimismo, isso indica a importância de cultivar um otimismo equilibrado, reconhecendo que a vulnerabilidade também é uma força.

Sugestão: praticar a positividade ao aceitar ajuda dos outros e permitir-se ser mais vulnerável.

Tipo 9 - O Mediador

Nesta casa, o Tipo 9 é convidado a abraçar um otimismo que não evite conflitos, mas que esteja enraizado na busca pela harmonia genuína.

Sugestão: aplicar a positividade ao expressar opiniões e enfrentar conflitos construtivamente.

Tipo 1 - O Perfeccionista

Para o Tipo 1 nesta casa, o otimismo se manifesta ao aceitar que a perfeição absoluta pode ser inatingível e que o crescimento está em aprender com erros.

Sugestão: praticar a positividade ao abraçar a flexibilidade e o autocuidado, evitando a autocrítica excessiva.

Tipo 2 - O Ajudante

Quando o Tipo 2 está na Casa 60 - Subuddhi - Positividade - Otimismo, isso indica a importância de cultivar um otimismo que inclua a capacidade de receber ajuda e cuidado dos outros.

Sugestão: aplicar a positividade ao estabelecer limites saudáveis e valorizar suas próprias necessidades.

Tipo 3 - O Vencedor

Nesta casa, o Tipo 3 é desafiado a abraçar um otimismo que vá além das realizações externas e se conecte com sua verdadeira essência.

Sugestão: aplicar a positividade ao cultivar uma autoimagem autêntica e valorizar conquistas internas.

Tipo 4 - O Intenso

Quando o Tipo 4 está na Casa 60 - Subuddhi - Positividade - Otimismo, isso indica a importância de cultivar um otimismo que aceite a complexidade das emoções e abrace os altos e baixos da vida.

Sugestão: praticar a positividade ao apreciar as pequenas coisas e buscar um equilíbrio emocional.

Tipo 5 - O Analítico

Nesta casa, o Tipo 5 é convidado a abraçar um otimismo que valorize a conexão interpessoal e a experiência direta, além do conhecimento.

Sugestão: aplicar a positividade ao envolver-se mais plenamente nas relações e nas atividades do dia a dia.

Tipo 6 - O Precavido

Quando o Tipo 6 está na Casa 60 - Subuddhi - Positividade - Otimismo, isso indica a importância de cultivar um otimismo que confie em sua intuição e em suas próprias habilidades.

Sugestão: praticar a positividade ao enfrentar medos com coragem e buscar fontes internas de segurança.

Tipo 7 - O Otimista

Nesta casa, o Tipo 7 é desafiado a abraçar um otimismo que não busque apenas novas experiências para evitar desconfortos, mas que valorize a profundidade das emoções.

Sugestão: aplicar a positividade ao cultivar a presença no momento atual e enfrentar emoções difíceis.

RESUMO

A Casa 60 - Subuddhi - Positividade - Otimismo, no contexto do Eneagrama, convida cada tipo a cultivar um otimismo genuíno que esteja enraizado na aceitação de sua natureza única e nas oportunidades de crescimento pessoal. As sugestões específicas para cada tipo podem ajudar a transformar essa prática em um caminho para uma mentalidade mais positiva e construtiva.

CONSTELAÇÃO

Pertencimento na Casa 60 - Subuddhi - Positividade - Otimismo

Na Casa 60, o pertencimento é alcançado ao reconhecer que todos os seres compartilham a busca pela positividade e pelo otimismo.

Por meio da nossa conexão na jornada em direção à luz e à esperança, criamos um senso de unidade. Ao nos apoiarmos mutuamente na busca por uma perspectiva mais positiva, construímos um senso de comunidade que transcende barreiras.

Hierarquia na Casa 60 - Subuddhi - Positividade - Otimismo

A positividade e o otimismo ocupam um lugar de destaque na hierarquia desta casa. A capacidade de manter uma visão otimista diante das circunstâncias é uma habilidade valiosa que pode influenciar positivamente todos os aspectos da vida.

A positividade e o otimismo são essenciais para a evolução espiritual, pois ajudam a transcender desafios e a abraçar a jornada com alegria.

Equilíbrio na Casa 60 – Subuddhi – Positividade – Otimismo

O equilíbrio nesta casa é encontrado ao cultivar uma atitude positiva e otimista, ao mesmo tempo em que reconhecemos a realidade das situações. Não se trata de negar desafios ou dificuldades, mas de abordá-los com esperança e confiança.

Encontrar o equilíbrio envolve aceitar que nem tudo é sempre positivo, mas escolher enfrentar os desafios com uma mentalidade de superação.

RESUMO

A Casa 60 – Subuddhi – Positividade – Otimismo convida você a abraçar uma mentalidade positiva e otimista, tanto para si mesmo quanto para os outros. Ao criar uma rede de positividade e apoiar uns aos outros na busca pela luz, você constrói um senso de pertencimento e contribui para um ambiente mais harmonioso e esperançoso.

OS 7 CHACRAS

Aqui está a análise da Casa 60 – Subuddhi – Positividade – Otimismo, relacionada com os sete chacras, oferecendo *insights* sobre como essa casa influencia cada um dos centros de energia, juntamente com dicas para equilibrar essas influências em sua vida:

Chacra Raiz (Muladhara) – Segurança e Sobrevivência

A Casa 60, representando a positividade e o otimismo, pode impactar o chacra raiz, proporcionando uma base sólida para a sensação de segurança. O otimismo é uma ferramenta poderosa para cultivar um senso de estabilidade e confiança na vida.

Chacra Sacral (Swadhisthana) – Criatividade e Emoções

A presença da positividade e do otimismo na Casa 60 pode estimular a criatividade e influenciar positivamente as emoções. Isso permite que você canalize suas emoções de forma construtiva, tornando-se mais criativo e expressivo.

Chacra do Plexo Solar (Manipura) – Poder Pessoal

O otimismo e a positividade podem fortalecer o chacra do plexo solar, ajudando você a sentir mais confiança e autoestima. Isso o capacita a tomar decisões assertivas e a agir com poder pessoal.

Chacra Cardíaco (Anahata) – Amor e Compaixão

A presença da positividade e do otimismo na Casa 60 promove o amor e a compaixão no chacra cardíaco. Isso o ajuda a cultivar relacionamentos mais amorosos, gentis e cheios de compaixão.

Chacra Laríngeo (Vishuddha) – Comunicação e Expressão

O otimismo e a positividade podem aprimorar a comunicação e a expressão no chacra laríngeo. Você se sentirá mais inclinado a se comunicar de maneira construtiva e a expressar pensamentos e sentimentos de forma otimista.

Chacra do Terceiro Olho (Ajna) – Intuição e Percepção

A presença da positividade e do otimismo na Casa 60 pode melhorar a intuição e a percepção no chacra do terceiro olho. Isso o ajuda a ver o lado positivo das situações e a desenvolver uma visão mais clara e otimista da vida.

Chacra Coronário (Sahasrara) – Conexão Espiritual

O otimismo e a positividade podem aprofundar sua conexão espiritual no chacra coronário. Isso o incentiva a ver a espiritualidade como uma fonte de esperança e inspiração.

RESUMO

A Casa 60 – Subuddhi – Positividade – Otimismo, vista por meio da perspectiva dos sete chacras, destaca a importância de manter uma mentalidade positiva e otimista em todos os aspectos da vida. Isso promove segurança, criatividade, poder pessoal, amor, comunicação, intuição e conexão espiritual, permitindo uma vida mais feliz e significativa.

MENSAGEM FINAL

A mensagem final da casa Subuddhi nos lembra da poderosa influência da positividade e do otimismo em nossa jornada de vida. Ao cultivar pensamentos e emoções positivas, você fortalece sua resiliência diante dos desafios e cria um ambiente propício para o crescimento pessoal e a realização de objetivos. Lembre-se de que a positividade não nega a existência dos obstáculos, mas capacita você a enfrentá-los com coragem e determinação. Ao praticar a gratidão, as afirmações positivas e a visualização, você nutre uma mentalidade otimista que atrai experiências enriquecedoras. Sua atitude positiva não apenas influencia sua própria vida, mas também inspira os outros ao seu redor. Ao compartilhar histórias inspiradoras e cultivar uma mentalidade positiva, você contribui para um mundo em que o otimismo é uma força motriz para a superação e a realização.

Casa 61

Durbuddhi – Negatividade – Pessimismo

Seja bem-vindo(a) à Casa 61 – Durbuddhi – Negatividade – Pessimismo, um espaço dedicado à exploração das sombras da mente e à compreensão dos padrões de pensamento negativos que podem influenciar nossa percepção e ação. Nesta casa, convidamos você a examinar de perto a negatividade e o pessimismo, compreendendo como esses elementos podem afetar nossa jornada.

Na Casa 61, adentraremos as camadas da mente em que a negatividade encontra raízes e o pessimismo pode se infiltrar. É um local de autoanálise e reflexão sobre como nossas crenças e pensamentos podem moldar nossa realidade. Aqui, reconheceremos a importância de enfrentar essas tendências negativas e explorar maneiras de transformá-las em uma abordagem mais construtiva.

Exploraremos como a negatividade e o pessimismo podem nos impedir de alcançar nosso pleno potencial e de aproveitar as oportunidades que a vida oferece. Ao mergulhar nessa casa, você terá a oportunidade de confrontar esses aspectos sombrios da mente e aprender a direcionar sua atenção para perspectivas mais positivas.

A Casa 61 nos convida a questionar nossas crenças limitantes e a desenvolver estratégias para cultivar uma mentalidade mais saudável e construtiva. Aqui, você encontrará ferramentas para lidar com a negatividade e o pessimismo, capacitando-se a transformar obstáculos em oportunidades de crescimento e aprendizado.

Seja bem-vindo(a) à Casa 61 – Durbuddhi – Negatividade – Pessimismo, em que você terá a oportunidade de explorar a escuridão da mente para descobrir a luz da transformação e da superação.

Algumas características e reflexões relacionadas com a Casa Durbuddhi

- **Autoconsciência:** a casa Durbuddhi nos convida a examinar nossos padrões de pensamento negativo e a reconhecer como eles podem afetar nossa perspectiva e decisões.

- **Autossabotagem:** refletir sobre como o pessimismo pode nos levar à autossabotagem, minando nossas ações e impedindo nosso progresso.

- **Ciclo de negatividade:** considerar como o foco excessivo em pensamentos negativos pode criar um ciclo vicioso, alimentando mais negatividade e desânimo.

- **Saúde mental:** refletir sobre os efeitos nocivos da negatividade na nossa saúde mental e emocional, e como podemos preservar nosso bem-estar.

- **Resiliência mental:** explorar como a escolha de evitar a negatividade fortalece nossa resiliência mental, permitindo-nos enfrentar desafios de maneira mais construtiva.

Aplicação Terapêutica da Casa Durbuddhi

- **Reestruturação cognitiva:** pratique a reestruturação cognitiva, identificando e desafiando os padrões negativos de pensamento e substituindo-os por perspectivas mais realistas e positivas.

- **Gratidão diária:** dedique um tempo para listar três coisas pelas quais você é grato todos os dias, mudando o foco para as coisas boas em sua vida.

- **Limpeza de ambiente:** elimine influências negativas de seu ambiente, como notícias excessivamente negativas ou relacionamentos tóxicos.

- **Afirmações positivas:** desenvolva afirmações positivas para repetir quando pensamentos negativos surgirem, desafiando a negatividade com declarações de poder.

- **Prática de *mindfulness*:** pratique a atenção plena para reconhecer os pensamentos negativos sem julgamento, permitindo que eles passem sem se prender a eles.

ENEAGRAMA

Aqui está a análise da Casa 61 – Durbuddhi – Negatividade – Pessimismo, à luz do Eneagrama, para cada um dos nove tipos, juntamente com sugestões de melhoria específicas:

Tipo 8 - O Poderoso

Quando o Tipo 8 está na Casa 61 - Durbuddhi - Negatividade - Pessimismo, isso indica a importância de reconhecer e confrontar padrões de pensamento pessimista.

Sugestão: trabalhar para equilibrar a desconfiança com um discernimento saudável e encontrar momentos de otimismo realista.

Tipo 9 - O Mediador

Nesta casa, o Tipo 9 é desafiado a enfrentar tendências pessimistas que podem levar à procrastinação.

Sugestão: aplicar uma abordagem proativa e, em vez de evitar conflitos, abordá-los com uma perspectiva equilibrada e construtiva.

Tipo 1 - O Perfeccionista

Para o Tipo 1 nesta casa, é importante reconhecer quando o desejo de perfeição leva a uma visão negativa de si mesmo e dos outros.

Sugestão: praticar a autocompaixão e trabalhar para cultivar um senso realista de aceitação e melhoria.

Tipo 2 - O Ajudante

Quando o Tipo 2 está na Casa 61 - Durbuddhi - Negatividade - Pessimismo, é necessário reconhecer quando o foco excessivo nos outros leva a sentimentos de inadequação.

Sugestão: aplicar uma dose saudável de autonutrição e aprender a valorizar-se independentemente da aprovação externa.

Tipo 3 - O Vencedor

Nesta casa, o Tipo 3 é desafiado a enfrentar o pessimismo que pode surgir quando as metas externas não trazem a satisfação desejada.

Sugestão: buscar autenticidade interna e valorizar as realizações que se alinham com a própria essência.

Tipo 4 - O Intenso

Quando o Tipo 4 está na Casa 61 - Durbuddhi - Negatividade - Pessimismo, é importante reconhecer e questionar os padrões de pensamento negativos que podem amplificar emoções intensas.

Sugestão: praticar o autocuidado e encontrar beleza nas experiências cotidianas.

Tipo 5 – O Analítico

Nesta casa, o Tipo 5 é desafiado a enfrentar o pessimismo que pode surgir quando a busca por conhecimento se transforma em isolamento.

Sugestão: aplicar o conhecimento de maneira prática, envolvendo-se mais plenamente nas relações e atividades.

Tipo 6 – O Precavido

Quando o Tipo 6 está na Casa 61 – Durbuddhi – Negatividade – Pessimismo, é importante abordar a tendência a antecipar problemas e cenários negativos.

Sugestão: praticar o cultivo da confiança interior e equilibrar o pensamento cauteloso com uma perspectiva mais otimista.

Tipo 7 – O Otimista

Nesta casa, o Tipo 7 é desafiado a reconhecer quando o otimismo excessivo pode mascarar medos e preocupações subjacentes.

Sugestão: aplicar a positividade de forma equilibrada, enfrentando os sentimentos difíceis e cultivando uma abordagem mais realista.

RESUMO

A Casa 61 – Durbuddhi – Negatividade – Pessimismo, no contexto do Eneagrama, convida cada tipo a enfrentar seus padrões de pensamento pessimista e trabalhar para cultivar uma perspectiva mais equilibrada e construtiva. As sugestões específicas para cada tipo podem ajudar a transformar essa prática em um caminho para uma mentalidade mais positiva e realista.

CONSTELAÇÃO

Pertencimento na Casa 61 – Durbuddhi – Negatividade – Pessimismo

Na Casa 61, o pertencimento é conquistado ao reconhecer que todos os seres humanos compartilham a experiência de enfrentar momentos de negatividade e pessimismo. Ao abraçar essa compreensão com empatia, criamos uma conexão que transcende as diferenças individuais.

O pertencimento se estabelece ao perceber que todos enfrentamos desafios similares e buscamos superá-los juntos.

Hierarquia na Casa 61 – Durbuddhi – Negatividade – Pessimismo

A negatividade e o pessimismo ocupam um papel proeminente na hierarquia desta casa. A predisposição para enxergar desafios e situações com uma perspectiva pessimista pode impactar significativamente o bem-estar emocional e mental.

Reconhecer a negatividade como um ponto de partida e trabalhar para transformá-la em pensamentos construtivos e esperançosos é fundamental para o crescimento espiritual.

Equilíbrio na Casa 61 – Durbuddhi – Negatividade – Pessimismo

O equilíbrio nesta casa é atingido ao confrontar a negatividade e o pessimismo com autoconsciência e autotransformação. Não se trata de negar ou suprimir essas emoções, mas sim de encontrar maneiras saudáveis de lidar com elas e transformá-las.

Encontrar equilíbrio envolve cultivar uma mentalidade mais positiva e nutrir a capacidade de enfrentar desafios com resiliência.

RESUMO

A Casa 61 – Durbuddhi – Negatividade – Pessimismo convida você a explorar e transformar suas tendências negativas e pessimistas. Ao criar um senso de pertencimento por meio da compreensão compartilhada da experiência humana, você pode trabalhar para cultivar uma mentalidade mais positiva e esperançosa, construindo uma hierarquia interna que promova a autotransformação e o crescimento espiritual.

OS 7 CHACRAS

Aqui está a análise da Casa 61 – Durbuddhi – Negatividade – Pessimismo, relacionada com os sete chacras, oferecendo *insights* sobre como essa casa influencia cada um dos centros de energia, juntamente com dicas para equilibrar essas influências em sua vida:

Chacra Raiz (Muladhara) – Segurança e Sobrevivência

A presença da negatividade e do pessimismo na Casa 61 pode afetar adversamente o chacra raiz. O pessimismo pode gerar ansiedade e insegurança, desafiando a sensação de estabilidade e sobrevivência.

Chacra Sacral (Swadhisthana) – Criatividade e Emoções

O pessimismo pode impactar negativamente o chacra sacral, inibindo a criatividade e desencadeando emoções negativas. Isso pode resultar em bloqueios emocionais e criativos.

Chacra do Plexo Solar (Manipura) – Poder Pessoal

A presença da negatividade e do pessimismo pode minar o chacra do plexo solar, levando à falta de autoconfiança e poder pessoal. Isso pode dificultar tomar decisões assertivas.

Chacra Cardíaco (Anahata) – Amor e Compaixão

O pessimismo pode dificultar a abertura do chacra cardíaco para o amor e a compaixão. Relacionamentos podem ser afetados negativamente, tornando-se tensos e carentes de amor.

Chacra Laríngeo (Vishuddha) – Comunicação e Expressão

A negatividade e o pessimismo podem prejudicar a comunicação e a expressão no chacra laríngeo. Isso pode levar a uma comunicação menos clara e a expressões negativas.

Chacra do Terceiro Olho (Ajna) – Intuição e Percepção

O pessimismo pode obscurecer a intuição e a percepção no chacra do terceiro olho. Isso pode dificultar a tomada de decisões informadas e levar a uma visão distorcida da realidade.

Chacra Coronário (Sahasrara) – Conexão Espiritual

A negatividade e o pessimismo podem prejudicar a conexão espiritual no chacra coronário. Isso pode resultar em desânimo espiritual e falta de fé.

RESUMO

A Casa 61 – Durbuddhi – Negatividade – Pessimismo, vista por meio da perspectiva dos sete chacras, destaca a importância de superar a negatividade e o pessimismo para promover segurança, criatividade, poder pessoal, amor, comunicação, intuição e conexão espiritual positivos. Trabalhar para cultivar uma mentalidade mais otimista pode ser fundamental para alcançar um estado de equilíbrio e bem-estar.

MENSAGEM FINAL

A mensagem final casa Durbuddhi nos chama a atenção para o impacto da negatividade e do pessimismo em nossas vidas. Ao reconhecer os padrões de pensamento negativo e a autossabotagem que eles podem causar, você dá o primeiro passo para romper com esse ciclo prejudicial. Lembre-se de que evitar a negatividade não é negar as dificuldades da vida, mas escolher enfrentá-las com uma perspectiva mais equilibrada e construtiva. Práticas como reestruturação cognitiva, gratidão diária e afirmações positivas podem ajudar a substituir os pensamentos negativos por uma mentalidade mais otimista. Ao eliminar influências negativas de seu ambiente e praticar a atenção plena, você fortalece sua resiliência mental e emocional, permitindo que você enfrente desafios com maior clareza e força. Lembre-se de que cultivar uma mentalidade positiva não apenas beneficia você, mas também contribui para um ambiente mais saudável e harmonioso ao seu redor.

Casa 62

Sukha – Felicidade – Prosperidade

Seja bem-vindo(a) à Casa 62 – Sukha – Felicidade – Prosperidade, um espaço dedicado à busca e compreensão das fontes genuínas de alegria e bem-estar em nossa jornada. Nesta casa, convidamos você a explorar os caminhos que levam à verdadeira felicidade e prosperidade, entendendo como esses elementos estão entrelaçados em nossas vidas.

Na Casa 62, adentraremos a essência da felicidade e da prosperidade, buscando além das noções superficiais e materialistas desses conceitos. Aqui, você terá a oportunidade de investigar as raízes da verdadeira alegria, que muitas vezes reside nas conexões humanas, na realização pessoal e no cultivo de valores espirituais.

Esta casa nos convida a refletir sobre a natureza da felicidade duradoura e como ela pode ser construída a partir de uma base sólida de valores e relações autênticas. Vamos explorar como a prosperidade pode se manifestar não apenas em riquezas materiais, mas também em uma sensação de plenitude e realização em todos os aspectos da vida.

Ao explorar a Casa 62, você descobrirá maneiras de cultivar a felicidade interna e a prosperidade genuína, liberando-se das armadilhas da busca incessante por prazeres superficiais. Aqui, aprenderemos a valorizar momentos de alegria simples, nutrir relacionamentos significativos e estabelecer um equilíbrio saudável entre o material e o espiritual.

Seja bem-vindo(a) à Casa 62 – Sukha – Felicidade – Prosperidade, em que a verdadeira alegria e prosperidade aguardam ser descobertas por meio da exploração de caminhos autênticos e significativos.

Algumas características e reflexões relacionadas com a Casa Sukha

- **Autenticidade:** a casa Sukha nos incentiva a buscar a verdadeira fonte da felicidade em nosso interior, em vez de depender exclusivamente de fatores externos.
- **Equilíbrio:** refletir sobre como um equilíbrio entre satisfação material e bem-estar emocional é essencial para uma felicidade duradoura.
- **Cultivo diário:** considerar como a felicidade pode ser cultivada diariamente por meio de práticas como gratidão, atenção plena e conexões significativas.
- **Propósito:** explorar como a busca de um propósito pessoal e significativo contribui para uma sensação de realização e contentamento.
- **Aceitação:** refletir sobre a importância de aceitar as imperfeições da vida e encontrar alegria mesmo em meio aos desafios.

Aplicação Terapêutica da Casa Sukha

- **Prática de gratidão:** dedique um tempo diariamente para listar coisas pelas quais você é grato, cultivando um senso de apreço pelas coisas boas em sua vida.
- *Mindfulness*: pratique a atenção plena para viver plenamente o momento presente, reconhecendo e apreciando as pequenas alegrias da vida.
- **Autoconexão:** reserve momentos para se conectar consigo mesmo, ouvindo suas necessidades e desejos, e buscando formas de atender a eles.
- **Perdoar e deixar ir:** trabalhe para perdoar ressentimentos passados e liberar bagagens emocionais, permitindo que a alegria entre em sua vida.
- **Cultivo de relações positivas:** invista em relacionamentos significativos que tragam alegria e apoio, fortalecendo sua rede de apoio emocional.

ENEAGRAMA

Aqui está a análise da Casa 62 – Sukha – Felicidade – Prosperidade, à luz do Eneagrama, para cada um dos nove tipos, juntamente com sugestões de melhoria específicas:

Tipo 8 – O Poderoso

Quando o Tipo 8 está na Casa 62 – Sukha – Felicidade – Prosperidade, é importante reconhecer que a busca por poder pode não garantir a verdadeira felicidade.

Sugestão: equilibrar a ambição com momentos de desfrutar das conquistas e nutrir conexões emocionais significativas.

Tipo 9 – O Mediador

Nesta casa, o Tipo 9 é desafiado a buscar sua própria felicidade e não apenas a harmonia externa.

Sugestão: praticar o autoconhecimento e expressar seus desejos e necessidades, encontrando alegria tanto nas atividades próprias quanto nas compartilhadas com os outros.

Tipo 1 – O Perfeccionista

Para o Tipo 1 nesta casa, é importante reconhecer que a busca incessante pela perfeição pode impedir a apreciação dos momentos felizes.

Sugestão: permitir-se relaxar e encontrar alegria na imperfeição, valorizando tanto a ordem quanto a espontaneidade.

Tipo 2 – O Ajudante

Quando o Tipo 2 está na Casa 62 – Sukha – Felicidade – Prosperidade, é essencial equilibrar a ajuda aos outros com o cuidado de si mesmo.

Sugestão: encontrar a felicidade em satisfazer as próprias necessidades e cultivar relacionamentos genuínos que não se baseiem apenas na ajuda.

Tipo 3 – O Vencedor

Nesta casa, o Tipo 3 é desafiado a não depender apenas das conquistas externas para sua felicidade.

Sugestão: buscar satisfação interna, valorizando quem é além das realizações, e permitir-se momentos de descanso e autenticidade.

Tipo 4 – O Intenso

Quando o Tipo 4 está na Casa 62 – Sukha – Felicidade – Prosperidade, é importante não se apegar à busca constante por emoções profundas e especiais.

Sugestão: encontrar a felicidade nas experiências cotidianas e valorizar a simplicidade e a estabilidade emocional.

Tipo 5 – O Analítico

Nesta casa, o Tipo 5 é desafiado a não se isolar demais em busca de conhecimento, perdendo oportunidades de felicidade compartilhada.

Sugestão: equilibrar a busca por compreensão com a interação social, encontrando alegria tanto na solitude quanto na companhia dos outros.

Tipo 6 – O Precavido

Quando o Tipo 6 está na Casa 62 – Sukha – Felicidade – Prosperidade, é importante não deixar que a preocupação constante prejudique a busca pela felicidade.

Sugestão: praticar a confiança em si mesmo e no mundo, encontrando alegria em momentos de segurança e relaxamento.

Tipo 7 – O Otimista

Nesta casa, o Tipo 7 é desafiado a não fugir constantemente para novas experiências em busca de felicidade instantânea.

Sugestão: cultivar a capacidade de estar presente no momento atual e encontrar contentamento nas experiências cotidianas.

> **RESUMO**
>
> A Casa 62 – Sukha – Felicidade – Prosperidade, no contexto do Eneagrama, convida cada tipo a encontrar a verdadeira felicidade em equilíbrio, valorizando tanto as conquistas quanto os momentos simples da vida. As sugestões específicas para cada tipo podem ajudar a transformar essa prática em um caminho para uma felicidade autêntica e duradoura.

CONSTELAÇÃO

Pertencimento na Casa 62 – Sukha – Felicidade – Prosperidade

Na Casa 62, o pertencimento é encontrado ao reconhecer que a busca pela felicidade e prosperidade é uma aspiração universal compartilhada por todos os seres humanos. Independentemente das diferenças individuais, todos desejam experimentar alegria e sucesso em suas vidas.

> *O pertencimento se solidifica quando percebemos que estamos todos conectados pelo desejo comum de alcançar a felicidade e a prosperidade.*

Hierarquia na Casa 62 – Sukha – Felicidade – Prosperidade

A busca pela felicidade e prosperidade assume uma posição central na hierarquia desta casa. Ela representa um objetivo almejado por muitos, refletindo uma aspiração interior profundamente enraizada.

> *No entanto, é importante entender que a verdadeira felicidade não está apenas na aquisição de bens materiais, mas também na busca de significado, conexões saudáveis e crescimento pessoal.*

Equilíbrio na Casa 62 – Sukha – Felicidade – Prosperidade

O equilíbrio nesta casa é alcançado ao cultivar uma perspectiva holística da felicidade e prosperidade. Isso envolve o reconhecimento de que a verdadeira prosperidade não se limita apenas à riqueza material, mas também abrange saúde emocional, relacionamentos significativos e bem-estar espiritual.

Além disso, encontrar o equilíbrio implica em não sacrificar valores ou relações em busca de sucesso material.

RESUMO

A Casa 62 – Sukha – Felicidade – Prosperidade destaca a busca universal pela alegria e sucesso. Ao compreender que essa busca é compartilhada por todos, você pode cultivar um senso de pertencimento. Encontrar o equilíbrio entre a busca por prosperidade material e bem-estar emocional é fundamental para alcançar uma felicidade verdadeira e duradoura.

OS 7 CHACRAS

Aqui está a análise da Casa 62 – Sukha – Felicidade – Prosperidade, vista por meio da perspectiva dos sete chacras:

Chacra Raiz (Muladhara) – Segurança e Sobrevivência

A Casa 62, associada à felicidade e à prosperidade, pode influenciar positivamente o chacra raiz. A sensação de segurança e estabilidade é fortalecida quando você se sente próspero e feliz em sua vida.

Chacra Sacral (Swadhisthana) – Criatividade e Emoções

A prosperidade e a felicidade podem alimentar a criatividade e as emoções saudáveis no chacra sacral. Quando se sente realizado e alegre, você é mais propenso a expressar sua criatividade e experimentar emoções positivas.

Chacra do Plexo Solar (Manipura) – Poder Pessoal

A prosperidade pode reforçar o senso de poder pessoal no chacra do plexo solar. Quando você se sente próspero, está mais confiante em suas habilidades e no controle de sua vida.

Chacra Cardíaco (Anahata) – Amor e Compaixão

A felicidade e a prosperidade estão intimamente ligadas ao chacra cardíaco. Quando você se sente verdadeiramente feliz, é mais propenso a compartilhar amor e compaixão com os outros.

Chacra Laríngeo (Vishuddha) – Comunicação e Expressão

A prosperidade e a felicidade podem melhorar a comunicação e a expressão no chacra laríngeo. Você é mais propenso a se comunicar de maneira clara e positiva quando se sente bem.

Chacra do Terceiro Olho (Ajna) – Intuição e Percepção

A felicidade e a prosperidade podem aprimorar a intuição e a percepção no chacra do terceiro olho. Quando você está em um estado mental positivo, sua intuição tende a ser mais aguçada.

Chacra Coronário (Sahasrara) – Conexão Espiritual

A prosperidade e a felicidade podem melhorar sua conexão espiritual no chacra coronário. Quando você está em paz e satisfeito, é mais propenso a buscar um significado mais profundo na vida.

> **RESUMO**
>
> A Casa 62 – Sukha – Felicidade – Prosperidade, vista por meio da perspectiva dos sete chacras, destaca a influência positiva que a prosperidade e a felicidade podem ter em todos os aspectos da sua vida. Elas fortalecem a segurança, a criatividade, o poder pessoal, o amor, a comunicação, a intuição e a conexão espiritual, contribuindo para um estado geral de equilíbrio e bem-estar.

MENSAGEM FINAL

A mensagem final da casa Sukha nos lembra que a busca da felicidade começa de dentro para fora. Ao reconhecer que a verdadeira fonte de felicidade não está apenas nos bens materiais ou circunstâncias externas, você abre as portas para uma jornada de prosperidade interior. Práticas como gratidão diária, atenção plena e autoconexão são maneiras poderosas de cultivar a felicidade diariamente. Lembre-se de que a felicidade não é um estado constante, mas sim um equilíbrio entre contentamento emocional e satisfação material. Ao buscar um propósito pessoal significativo e aceitar as imperfeições da vida, você fortalece sua capacidade de encontrar alegria mesmo em meio aos desafios. A felicidade é uma busca contínua, mas ao cultivá-la internamente, você enriquece sua vida com uma sensação duradoura de realização e contentamento.

Casa 63

Tamas – Obscuridade – Orgulho/Vaidade

Seja bem-vindo(a) à Casa 63 – Tamas – Obscuridade – Orgulho/Vaidade, um espaço de exploração profunda das sombras interiores e das tendências negativas que podem afetar nossa jornada espiritual e emocional. Nesta casa, convidamos você a enfrentar os aspectos mais obscuros da psique humana, com foco especial no orgulho e na vaidade, que muitas vezes obscurecem nossa visão interior.

Na Casa 63, mergulharemos nas camadas mais profundas da consciência, em que o orgulho e a vaidade podem residir, impedindo o crescimento espiritual e a verdadeira compreensão de nós mesmos. Ao explorar essa obscuridade, teremos a oportunidade de examinar as causas subjacentes desses sentimentos e como eles podem impactar negativamente nossas ações, relacionamentos e percepções.

Aqui, você encontrará uma jornada de autoconhecimento e autotransformação, à medida que confronta e dissolve as barreiras que o orgulho e a vaidade podem criar em sua jornada espiritual. Ao reconhecer e trabalhar com esses aspectos, podemos alinhar nossa busca interior com valores mais profundos de humildade e autenticidade.

Ao explorar a Casa 63, você será convidado(a) a examinar os efeitos do orgulho e da vaidade em sua vida, bem como a buscar maneiras de cultivar uma maior clareza e iluminação interior. Este é um espaço de reflexão sincera, em que a obscuridade é confrontada e transformada, permitindo que a luz da compreensão e do crescimento espiritual prevaleça.

Seja bem-vindo(a) à Casa 63 – Tamas – Obscuridade – Orgulho/Vaidade, em que a jornada em direção à autenticidade e à clareza interior se desdobrará diante de você.

Algumas características e reflexões relacionadas com a Casa Tamas

- **Inércia e preguiça:** a casa Tamas nos lembra dos perigos da inércia e da preguiça, que podem nos impedir de progredir e alcançar nossos objetivos.
- **Autoconsciência:** refletir sobre como o orgulho e a vaidade podem estar ligados à resistência à mudança e à falta de autocrítica.
- **Ação e movimento:** considerar como a ação consciente e o movimento são fundamentais para romper com a inércia e superar o orgulho.
- **Autodisciplina:** explorar formas de cultivar a autodisciplina para evitar a armadilha da preguiça e da autossatisfação.
- **Crescimento pessoal:** refletir sobre como a busca do autodesenvolvimento e da superação pode nos ajudar a transcender a obscuridade e o orgulho.

Aplicação Terapêutica da Casa Tamas

- **Defina metas:** estabeleça metas claras para diferentes áreas da sua vida, e crie um plano de ação para alcançá-las, evitando a procrastinação.
- **Rotina ativa:** crie uma rotina diária que inclua atividades físicas, mentais e emocionais para manter um estado de movimento constante.
- *Mindfulness*: pratique a atenção plena para estar consciente de suas ações e comportamentos, evitando cair na armadilha da inércia.
- **Autorreflexão:** reserve um tempo regularmente para refletir sobre suas ações e comportamentos, identificando padrões de orgulho e vaidade.
- **Busca de desafios:** busque desafios que o incentivem a sair da zona de conforto, promovendo o crescimento pessoal e a superação.

ENEAGRAMA

Aqui está a análise da Casa 63 – Tamas – Obscuridade – Orgulho/Vaidade, à luz do Eneagrama, para cada um dos nove tipos, juntamente com sugestões de melhoria específicas:

Tipo 8 – O Poderoso

Quando o Tipo 8 está na Casa 63 – Tamas – Obscuridade – Orgulho/Vaidade, é importante estar atento ao desejo de manter o controle e a independência, mesmo que isso resulte em isolamento.

Sugestão: praticar a humildade, reconhecendo quando é necessário pedir ajuda e permitindo-se vulnerabilidade.

Tipo 9 - O Mediador

Nesta casa, o Tipo 9 é desafiado a não ceder ao desejo de evitar conflitos a todo custo, o que pode levar ao orgulho de se considerar sempre "neutro".

Sugestão: cultivar a autoexpressão e a assertividade, superando o medo do confronto e encontrando voz própria.

Tipo 1 - O Perfeccionista

Para o Tipo 1 nesta casa, é importante reconhecer que o orgulho pode se manifestar na busca excessiva pela correção e na crítica a si mesmo e aos outros.

Sugestão: praticar a autocompaixão e a aceitação da imperfeição, permitindo um senso de realização sem julgamentos rígidos.

Tipo 2 - O Ajudante

Quando o Tipo 2 está na Casa 63 - Tamas - Obscuridade - Orgulho/Vaidade, é crucial superar a armadilha do orgulho em ser indispensável para os outros.

Sugestão: cultivar a autossuficiência emocional e valorizar a si mesmo independentemente da ajuda que oferece aos demais.

Tipo 3 - O Vencedor

Nesta casa, o Tipo 3 é desafiado a não se prender excessivamente à busca de realizações externas para validar sua autoestima.

Sugestão: explorar sua verdadeira identidade além das conquistas, evitando a armadilha do orgulho ligada apenas ao sucesso externo.

Tipo 4 - O Intenso

Quando o Tipo 4 está na Casa 63 - Tamas - Obscuridade - Orgulho/Vaidade, é importante não se apegar ao orgulho de ser diferente ou único, a ponto de se isolar dos outros.

Sugestão: praticar a conexão genuína com os demais, encontrando valor tanto na individualidade quanto na pertença.

Tipo 5 - O Analítico

Nesta casa, o Tipo 5 é desafiado a não se refugiar no orgulho intelectual, mantendo uma distância emocional das situações.

Sugestão: praticar a abertura emocional e a partilha de conhecimento, encontrando equilíbrio entre a busca de informações e a conexão humana.

Tipo 6 – O Precavido

Quando o Tipo 6 está na Casa 63 – Tamas – Obscuridade – Orgulho/Vaidade, é importante superar o orgulho que pode surgir da necessidade de segurança e certeza.

Sugestão: cultivar a confiança interior e a coragem de enfrentar o desconhecido, evitando a rigidez mental.

Tipo 7 – O Otimista

Nesta casa, o Tipo 7 é desafiado a não usar o otimismo como um escudo contra emoções mais sombrias, caindo na armadilha do orgulho de sempre ser positivo.

Sugestão: praticar a autenticidade emocional, permitindo-se explorar os sentimentos menos confortáveis.

RESUMO

A Casa 63 – Tamas – Obscuridade – Orgulho/Vaidade, no contexto do Eneagrama, convida cada tipo a reconhecer e superar o orgulho que pode obscurecer o crescimento pessoal. As sugestões específicas para cada tipo podem ajudar a transformar essa prática em um caminho para a humildade e o desenvolvimento autêntico.

CONSTELAÇÃO

Pertencimento na Casa 63 – Tamas – Obscuridade – Orgulho/Vaidade

Na Casa 63, o pertencimento é compreendido quando percebemos que todos os seres humanos têm a capacidade de experimentar momentos de obscuridade emocional, orgulho e vaidade. Embora essas emoções possam parecer isoladoras, a verdade é que todos nós enfrentamos desafios emocionais e momentos de autoestima exagerada em algum momento de nossas vidas.

Reconhecer esse fato nos une como seres humanos compartilhando experiências comuns.

Hierarquia na Casa 63 – Tamas – Obscuridade – Orgulho/Vaidade

Na hierarquia desta casa, a obscuridade emocional, o orgulho e a vaidade ocupam um lugar significativo. Essas emoções podem afetar profundamente a maneira como nos vemos e interagimos com o mundo ao nosso redor.

O desafio reside em reconhecer esses aspectos de nós mesmos e trabalhar para transcender a negatividade que eles podem trazer.

Equilíbrio na Casa 63 – Tamas – Obscuridade – Orgulho/Vaidade

O equilíbrio nesta casa é alcançado ao reconhecer a presença da obscuridade emocional, do orgulho e da vaidade em nós mesmos, enquanto também trabalhamos para cultivar uma mente mais clara e humilde.

Isso envolve aceitar nossos desafios emocionais sem sermos dominados por eles, e reconhecendo nossas realizações sem cair no excesso de confiança.

RESUMO

A Casa 63 – Tamas – Obscuridade – Orgulho/Vaidade aborda emoções desafiadoras que todos nós enfrentamos em diferentes graus. Ao reconhecer a presença desses sentimentos em nossa própria experiência e trabalhar para equilibrá-los com humildade e autoconsciência, podemos alcançar um estado mais saudável de ser.

OS 7 CHACRAS

Aqui está a análise da Casa 63 – Tamas – Obscuridade – Orgulho/Vaidade, relacionada com os sete chacras, oferecendo *insights* sobre como essa casa influencia cada um dos centros de energia, juntamente com dicas para equilibrar essas influências em sua vida:

Chacra Raiz (Muladhara) – Segurança e Sobrevivência

A Casa 63, associada à obscuridade e ao orgulho, pode influenciar o chacra raiz de maneira desafiadora. O orgulho excessivo pode criar uma sensação de desequilíbrio, tornando importante manter um senso de segurança e estabilidade interna para evitar que o orgulho se torne prejudicial.

Chacra Sacral (Swadhisthana) – Criatividade e Emoções

O orgulho e a vaidade na Casa 63 podem impactar o chacra sacral. O excesso de orgulho pode bloquear a criatividade e levar a emoções negativas. É essencial cultivar humildade e modéstia para equilibrar essas influências.

Chacra do Plexo Solar (Manipura) – Poder Pessoal

A vaidade e o orgulho podem influenciar negativamente o chacra do plexo solar. Isso pode resultar em um excesso de poder pessoal que é usado de maneira prejudicial. Buscar um equilíbrio saudável entre o poder e a humildade é crucial.

Chacra Cardíaco (Anahata) – Amor e Compaixão

O orgulho excessivo na Casa 63 pode dificultar a expressão genuína de amor e compaixão no chacra cardíaco. Praticar a humildade e a empatia é essencial para equilibrar essas influências.

Chacra Laríngeo (Vishuddha) – Comunicação e Expressão

A vaidade e o orgulho podem afetar negativamente a comunicação e a expressão no chacra laríngeo. Praticar a comunicação autêntica e ouvir os outros é fundamental para manter um equilíbrio saudável.

Chacra do Terceiro Olho (Ajna) – Intuição e Percepção

O orgulho excessivo pode prejudicar a intuição e a percepção no chacra do terceiro olho. É importante cultivar a clareza mental e a humildade para equilibrar essas influências.

Chacra Coronário (Sahasrara) – Conexão Espiritual

O orgulho e a vaidade podem criar barreiras à conexão espiritual no chacra coronário. Praticar a humildade e a abertura para a espiritualidade é essencial para equilibrar essas influências.

> **Resumo**
>
> A Casa 63 – Tamas – Obscuridade – Orgulho/Vaidade, vista por meio da perspectiva dos sete chacras, destaca a importância de cultivar a humildade, a modéstia e o equilíbrio para evitar que o orgulho excessivo e a vaidade prejudiquem seu bem-estar emocional, mental e espiritual. Encontrar o equilíbrio entre o amor-próprio e a humildade é fundamental para manter uma energia harmoniosa em todos os níveis.

MENSAGEM FINAL

A mensagem final da casa Tamas nos relembra que a obscuridade da inércia e o orgulho podem nos impedir de progredir e alcançar nosso potencial máximo. A preguiça e o orgulho muitas vezes estão ligados à falta de autocrítica e à resistência à mudança. Para superar esses obstáculos, é essencial cultivar a autodisciplina, agir com determinação e buscar constantemente o crescimento pessoal. Ao definir metas claras, criar uma rotina ativa e praticar a atenção plena, você pode evitar a armadilha da inércia e do orgulho. Lembre-se de que a busca pelo movimento e pela superação constante é fundamental para uma vida realizada e significativa. Ao se esforçar para transcender a obscuridade da inércia e do orgulho, você se coloca em um caminho de autodesenvolvimento contínuo e realizações pessoais.

Casa 64

Prakrti-loka – Mundo Fenomênico – Transparência

Seja bem-vindo(a) à Casa 64 – Prakrti-loka – Mundo Fenomênico – Transparência, um espaço dedicado à exploração da natureza transitória e ilusória do mundo ao nosso redor. Nesta casa, convidamos você a examinar profundamente a natureza efêmera da realidade fenomênica e a cultivar a transparência em sua compreensão.

Na Casa 64, mergulharemos nas complexidades do mundo manifestado, reconhecendo que as aparências muitas vezes podem ser enganosas. Aqui, a busca pela verdade é aprimorada por meio da prática da transparência, permitindo que você veja além das camadas superficiais e explore as essências subjacentes.

Ao adentrar a Casa 64, você terá a oportunidade de refletir sobre como as ilusões do mundo fenomênico podem afetar nossas percepções, ações e conexões com os outros. A prática da transparência convida a uma visão mais clara e desapegada, possibilitando a compreensão profunda além das aparências.

A jornada nesta casa é uma exploração do equilíbrio entre a experiência sensorial e a verdade essencial. Ao transcender as ilusões do mundo exterior, você poderá encontrar um estado de clareza interior que permeia todas as experiências. A transparência se torna uma ferramenta poderosa para enxergar além das superficialidades e acessar a essência subjacente de todas as coisas.

Portanto, seja bem-vindo(a) à Casa 64 – Prakrti-loka – Mundo Fenomênico – Transparência, em que a busca pela verdade e a prática da transparência se entrelaçam, proporcionando uma visão mais profunda e significativa do mundo ao nosso redor.

Algumas características e reflexões relacionadas com a Casa Prakrti-loka

- Natureza efêmera: a casa Prakrti-lokaPrakrti-loka convida a contemplar a natureza transitória de todas as coisas no mundo fenomênico.

- **Desapego:** refletir sobre como o entendimento da impermanência pode nos ajudar a cultivar o desapego e reduzir o sofrimento.

- **Aceitação da mudança:** considerar como a resistência à mudança pode causar sofrimento e como a aceitação da impermanência pode trazer paz interior.

- **Viver no presente:** explorar como estar plenamente presente no momento atual pode nos ajudar a apreciar a beleza da vida, apesar de sua impermanência.

- **Ciclo de renovação:** refletir sobre como a impermanência permite um ciclo constante de renovação e transformação, trazendo oportunidades para crescimento.

Aplicação Terapêutica da Casa Prakrti-loka

- **Prática da atenção plena:** aprenda a estar plenamente presente no momento presente, observando seus pensamentos e emoções sem julgamento.

- **Desapego progressivo:** pratique o desapego de objetos materiais e expectativas, reconhecendo que sua verdadeira felicidade não depende deles.

- **Aceitação da mudança:** quando enfrentar mudanças ou perdas, lembre-se de que tudo é impermanente e busque encontrar aceitação e paz interior.

- **Cultive a gratidão:** aprecie as coisas boas que você tem em sua vida agora, reconhecendo que elas também são efêmeras.

- **Encontre significado no presente:** concentre-se em atividades que tragam significado e alegria ao presente, em vez de se preocupar excessivamente com o futuro.

ENEAGRAMA

Aqui está a análise da Casa 64 – Prakrti-loka – Mundo Fenomênico – Transparência, à luz do Eneagrama, para cada um dos nove tipos, juntamente com sugestões de melhoria específicas:

Tipo 8 – O Poderoso

Quando o Tipo 8 está na Casa 64 – Prakrti-loka – Mundo Fenomênico – Transparência, é essencial buscar a transparência emocional e comunicativa.

Sugestão: praticar a abertura sobre suas intenções e sentimentos, evitando a tendência de ocultar vulnerabilidades por trás da força.

Tipo 9 – O Mediador

Nesta casa, o Tipo 9 é desafiado a não evitar conflitos por meio da inação, em detrimento da transparência e da autenticidade.

Sugestão: praticar a expressão clara de suas opiniões e desejos, superando o desejo de manter a paz a qualquer custo.

Tipo 1 – O Perfeccionista

Para o Tipo 1 nesta casa, é importante reconhecer a tendência de buscar a perfeição como uma forma de ocultar inseguranças.

Sugestão: praticar a autenticidade e aceitar as imperfeições, permitindo-se ser verdadeiramente transparente com relação a si mesmo e aos outros.

Tipo 2 – O Ajudante

Quando o Tipo 2 está na Casa 64 – Prakrti-loka – Mundo Fenomênico – Transparência, é crucial superar a armadilha de oferecer ajuda excessiva como uma maneira de obter aprovação.

Sugestão: praticar a generosidade autêntica, sem esperar reconhecimento, e ser transparente sobre suas próprias necessidades.

Tipo 3 – O Vencedor

Nesta casa, o Tipo 3 é desafiado a não mascarar sua verdadeira identidade por trás de conquistas externas.

Sugestão: praticar a autenticidade, compartilhando não apenas os sucessos, mas também os desafios, e buscando a transparência emocional.

Tipo 4 – O Intenso

Quando o Tipo 4 está na Casa 64 – Prakrti-loka – Mundo Fenomênico – Transparência, é importante não se perder na busca de singularidade a ponto de se tornar inacessível emocionalmente.

Sugestão: praticar a clareza emocional e a comunicação direta, compartilhando sentimentos de maneira transparente.

Tipo 5 – O Analítico

Nesta casa, o Tipo 5 é desafiado a não se retirar para o mundo interno a ponto de se isolar dos outros.

Sugestão: praticar a abertura e a compartilhar conhecimento de forma transparente, encontrando equilíbrio entre a busca por informações e a conexão com os demais.

Tipo 6 – O Precavido

Quando o Tipo 6 está na Casa 64 – Prakrti-loka – Mundo Fenomênico – Transparência, é crucial superar o desejo de evitar riscos e incertezas por meio da desconfiança constante.

Sugestão: praticar a confiança em si mesmo e nos outros, sendo transparente sobre suas preocupações e anseios.

Tipo 7 – O Otimista

Nesta casa, o Tipo 7 é desafiado a não usar o otimismo como uma fuga dos aspectos mais difíceis da vida.

Sugestão: praticar a presença plena e compartilhar tanto os momentos alegres quanto os desafios, buscando a transparência emocional e mental.

> **Resumo**
>
> A Casa 64 – Prakrti-loka – Mundo Fenomênico – Transparência, no contexto do Eneagrama, convida cada tipo a cultivar a autenticidade e a comunicação transparente. As sugestões específicas para cada tipo podem ajudar a transformar essa prática em um caminho para relacionamentos mais genuínos e uma vida mais autêntica.

CONSTELAÇÃO

Pertencimento na Casa 64 – Prakrti-loka – Mundo Fenomênico – Transparência

Na Casa 64, o pertencimento é experimentado ao reconhecer que fazemos parte de um mundo fenomênico vasto e interconectado. Cada um de nós é um elemento desse universo em constante mudança, em que tudo está intrinsecamente ligado.

Nossa pertença se revela ao aceitar a natureza transitória das coisas e ao nos vermos como partes essenciais do todo.

Hierarquia na Casa 64 – Prakrti-loka – Mundo Fenomênico – Transparência

Nesta casa, a hierarquia é fundamentada na compreensão da transparência do mundo fenomênico. Todas as manifestações da realidade têm uma natureza transitória e interdependente.

A visão clara da interconexão das coisas está acima da mera ilusão das aparências superficiais.

Equilíbrio na Casa 64 – Prakrti-loka – Mundo Fenomênico – Transparência

O equilíbrio é alcançado ao reconhecer a verdadeira natureza das coisas como transitórias e interconectadas. Isso envolve a prática da transparência interna e externa, ou seja, ser verdadeiro consigo mesmo e enxergar além das aparências superficiais nas relações e eventos externos.

O equilíbrio é mantido ao não se apegar excessivamente aos fenômenos e, ao mesmo tempo, valorizar sua importância na nossa jornada.

RESUMO

A Casa 64 – Prakrti-loka – Mundo Fenomênico – Transparência convida a reconhecer a verdadeira natureza das coisas e a viver em harmonia com a realidade interconectada. Ao praticar a transparência e o desapego, encontramos um estado de equilíbrio e aceitação, nos sentindo profundamente conectados com o vasto mundo fenomênico ao nosso redor.

OS 7 CHACRAS

Aqui está a análise da Casa 64 – Prakrti-loka – Mundo Fenomênico – Transparência, relacionada com os sete chacras, oferecendo *insights* sobre como essa casa influencia cada um dos centros de energia, juntamente com dicas para equilibrar essas influências em sua vida:

Chacra Raiz (Muladhara) – Segurança e Sobrevivência

A Casa 64, associada ao mundo fenomênico e à transparência, pode influenciar positivamente o chacra raiz. A busca pela transparência pode criar um ambiente seguro e confiável, promovendo um senso de estabilidade interna.

Chacra Sacral (Swadhisthana) – Criatividade e Emoções

A transparência na Casa 64 também pode afetar o chacra sacral. Ao ser autêntico em suas expressões criativas e emocionais, você equilibra essas influências, promovendo a criatividade genuína.

Chacra do Plexo Solar (Manipura) – Poder Pessoal

Nesta casa, a busca pela transparência pode influenciar o chacra do plexo solar de maneira positiva. Ser transparente em suas ações e intenções ajuda a cultivar um senso saudável de poder pessoal.

Chacra Cardíaco (Anahata) – Amor e Compaixão

A transparência na Casa 64 também pode afetar o chacra cardíaco. Ao praticar o amor e a compaixão autênticos e transparentes, você equilibra essas influências, promovendo relacionamentos genuínos.

Chacra Laríngeo (Vishuddha) – Comunicação e Expressão

Na Casa 64, a busca pela transparência pode influenciar positivamente a comunicação e a expressão no chacra laríngeo. Pratique a comunicação honesta e autêntica para equilibrar essas influências.

Chacra do Terceiro Olho (Ajna) – Intuição e Percepção

A transparência na Casa 64 também pode afetar o chacra do terceiro olho. Ao cultivar a clareza mental e a intuição, você equilibra essas influências, promovendo uma percepção mais profunda do mundo fenomênico.

Chacra Coronário (Sahasrara) – Conexão Espiritual

Nesta casa, a busca pela transparência pode influenciar sua conexão espiritual no chacra coronário. Praticar a espiritualidade de maneira transparente e autêntica ajuda a equilibrar essas influências.

RESUMO

A Casa 64 – Prakrti-loka – Mundo Fenomênico – Transparência, vista por meio da perspectiva dos sete chacras, destaca a importância de ser autêntico, transparente e verdadeiro em todas as áreas da sua vida. Isso não apenas promove relacionamentos mais genuínos, mas também equilibra sua energia e ajuda na percepção mais profunda do mundo ao seu redor, fortalecendo seu bem-estar físico, emocional e espiritual.

MENSAGEM FINAL

A mensagem final da casa Prakrti-loka nos lembra que tudo no mundo fenomênico é efêmero e sujeito à mudança. Ao aceitarmos essa realidade fundamental da impermanência, podemos cultivar um profundo sentido de paz interior. A prática da atenção plena, desapego progressivo e gratidão nos ajuda a viver plenamente no presente, apreciando cada momento precioso. A compreensão da impermanência não apenas nos liberta do sofrimento causado pelo apego, mas também nos permite abraçar a transformação constante da vida como parte de um ciclo natural de renovação. Ao aceitar a impermanência e encontrar significado no presente, você pode descobrir uma paz duradoura e uma conexão mais profunda com a essência da vida.

Casa 65

Uranta-Loka — Espaço Interior

Seja bem-vindo(a) à Casa 65 – Uranta-Loka – Espaço Interior, um espaço dedicado à exploração das profundezas do seu ser e à jornada para o espaço interior da consciência. Nesta casa, convidamos você a embarcar em uma jornada de autodescoberta e autoconexão, explorando os reinos internos da mente e da alma.

Na Casa 65, o foco está no entendimento e cultivo do seu mundo interior. Aqui, você encontrará ferramentas e práticas que o ajudarão a mergulhar nas paisagens interiores da mente, emoções e espiritualidade. É um convite para se voltar para dentro, para encontrar a tranquilidade, a sabedoria e a clareza que residem no âmago do seu ser.

Ao explorar a Casa 65, você terá a oportunidade de desenvolver uma conexão mais profunda consigo mesmo, compreendendo seus pensamentos, sentimentos e motivações em um nível mais íntimo. A prática do espaço interior permitirá que você transcenda as distrações externas e mergulhe na quietude da sua própria consciência.

A jornada nesta casa é uma exploração do silêncio interior, em que você poderá acessar *insights* e intuições que muitas vezes são abafados pelo ruído do mundo exterior. É um convite para contemplar, meditar e se conectar com a essência mais verdadeira de quem você é.

Portanto, seja bem-vindo(a) à Casa 65 – Uranta-Loka – Espaço Interior, em que a busca pela autodescoberta e pela conexão com o eu interior é valorizada e incentivada, levando a uma compreensão mais profunda e significativa de si mesmo e do universo que o cerca.

Algumas características e reflexões relacionadas com a Casa Uranta-Loka

- **Jornada interna:** a casa Uranta-Loka nos convida a embarcar em uma jornada para explorar o vasto e profundo espaço interior de nossa mente e alma.

- **Autoconhecimento:** refletir sobre como nos conectarmos com nosso eu interior pode nos ajudar a compreender nossos pensamentos, emoções e padrões de comportamento.

- **Paz interior:** considerar como a exploração do espaço interior pode levar a um estado de paz e tranquilidade, independentemente das circunstâncias externas.

- **Sabedoria interior:** explorar como nos conectarmos com nossa sabedoria interior pode nos guiar para tomar decisões mais sábias e alinhar-nos com nosso verdadeiro propósito.

- **Aceitação e transformação:** refletir sobre como a conexão com nosso interior nos permite enfrentar nossos medos, inseguranças e desafios com aceitação e buscar transformação.

Aplicação Terapêutica da Casa Uranta-Loka

- **Meditação regular:** pratique a meditação para acalmar a mente e se conectar com o seu espaço interior, explorando seus pensamentos e sentimentos sem julgamento.

- **Diário de reflexão:** mantenha um diário para registrar seus pensamentos, emoções e *insights* à medida que explora seu interior, ganhando clareza e autoconhecimento.

- **Momentos de silêncio:** reserve momentos diários para estar em silêncio, permitindo-se ouvir a voz tranquila e sábia do seu eu interior.

- **Prática da gratidão:** cultive a gratidão pelas lições e experiências que surgem ao explorar seu espaço interior, mesmo que sejam desafiadoras.

- **Busca por propósito:** use a conexão com seu interior para refletir sobre seu propósito de vida e como você pode contribuir positivamente para o mundo ao seu redor.

ENEAGRAMA

Aqui está a análise da Casa 65 – Uranta-Loka – Espaço Interior, à luz do Eneagrama, para cada um dos nove tipos, juntamente com sugestões de melhoria específicas:

Tipo 8 – Poderoso

Quando o Tipo 8 está na Casa 65 – Uranta-Loka – Espaço Interior, é importante dedicar tempo para explorar seu mundo interior.

Sugestão: praticar a autorreflexão profunda, permitindo-se vulnerabilidade e explorando as motivações por trás de suas ações.

Tipo 9 – O Mediador

Nesta casa, o Tipo 9 é convidado a não se perder em suas tendências de evasão e desconexão.

Sugestão: dedicar tempo para se sintonizar consigo mesmo, explorar suas próprias opiniões e desejos, e buscar a autenticidade no espaço interior.

Tipo 1 – O Perfeccionista

Para o Tipo 1 nesta casa, é essencial equilibrar o desejo de perfeição com a aceitação de sua humanidade.

Sugestão: praticar o autocuidado, cultivar o autoperdão e explorar os sentimentos subjacentes à autocrítica constante.

Tipo 2 – O Ajudante

Quando o Tipo 2 está na Casa 65 – Uranta-Loka – Espaço Interior, é fundamental não negligenciar suas próprias necessidades em prol dos outros.

Sugestão: dedicar tempo para se conectar com suas próprias emoções e desejos, e estabelecer limites saudáveis.

Tipo 3 – O Vencedor

Nesta casa, o Tipo 3 é desafiado a não se definir apenas por realizações externas.

Sugestão: explorar os próprios sentimentos e desejos autênticos, além das metas externas, e praticar a autenticidade mesmo quando não há aplausos externos.

Tipo 4 – O Intenso

Quando o Tipo 4 está na Casa 65 – Uranta-Loka – Espaço Interior, é importante equilibrar a busca por singularidade com a aceitação de si mesmo.

Sugestão: explorar o espaço interior para encontrar uma sensação de completude dentro de si, independentemente de circunstâncias externas.

Tipo 5 – O Analítico

Nesta casa, o Tipo 5 é convidado a não se isolar excessivamente em seu mundo mental.

Sugestão: explorar o espaço interior por meio da autorreflexão emocional, permitindo-se conectar com sentimentos e compartilhá-los com outros de maneira autêntica.

Tipo 6 – O Precavido

Quando o Tipo 6 está na Casa 65 – Uranta-Loka – Espaço Interior, é crucial superar a tendência de se perder em preocupações e ansiedades.

Sugestão: praticar a confiança interior, explorar o espaço mental para identificar medos irracionais e cultivar a segurança interna.

Tipo 7 – O Otimista

Nesta casa, o Tipo 7 é desafiado a não usar a busca constante por novas experiências como uma fuga de seu mundo interior.

Sugestão: explorar o espaço interior para lidar com emoções desconfortáveis, encontrando equilíbrio entre a busca por prazer externo e a autocompreensão.

> **RESUMO**
>
> A Casa 65 – Uranta-Loka – Espaço Interior, no contexto do Eneagrama, convida cada tipo a explorar seu mundo interior, cultivar a autenticidade e aprofundar a compreensão de si mesmo. As sugestões específicas para cada tipo podem ajudar a transformar essa prática em um caminho para autoconhecimento e crescimento pessoal.

CONSTELAÇÃO

Pertencimento na Casa 65 – Uranta-Loka – Espaço Interior

A Casa 65 nos convida a explorar nosso espaço interior, o reino das nossas emoções, pensamentos e experiências pessoais. O pertencimento aqui é alcançado ao nos reconhecermos como habitantes únicos desse espaço interno.

Somos os guardiões e exploradores de nossos próprios mundos internos, e nosso pertencimento é fortalecido ao nos conectarmos com a riqueza de nossas próprias narrativas internas.

Hierarquia na Casa 65 – Uranta-Loka – Espaço Interior

Nesta casa, a hierarquia é fundamentada na autenticidade e na capacidade de explorar profundamente o nosso espaço interior. Reconhecemos que cada aspecto do nosso mundo interno tem seu próprio valor e propósito, e não devemos julgar ou reprimir nenhum aspecto em detrimento de outro.

Cada pensamento, emoção e experiência ocupa um lugar legítimo em nossa hierarquia interna.

Equilíbrio na Casa 65 – Uranta-Loka – Espaço Interior

O equilíbrio é alcançado quando estamos em sintonia com nosso espaço interior, mantendo uma relação saudável com nossos pensamentos e emoções. Isso envolve não se deixar consumir por pensamentos negativos ou emoções desequilibradas, mas também não negar ou reprimir aspectos de nossa experiência interna.

O equilíbrio é mantido ao cultivar a autorreflexão, o autoconhecimento e a autocompaixão.

RESUMO

A Casa 65 – Uranta-Loka – Espaço Interior nos convida a explorar e honrar nosso mundo interior. Ao abraçar todas as facetas de nossa experiência interna, encontramos um profundo senso de pertencimento e equilíbrio. A prática constante de autorreflexão e autocompaixão nos ajuda a manter uma hierarquia saudável e uma conexão autêntica com nosso espaço interior.

OS 7 CHACRAS

Aqui está a análise da Casa 65 – Uranta-Loka – Espaço Interior, relacionada com os sete chacras, oferecendo *insights* sobre como essa casa influencia cada um dos centros de energia, juntamente com dicas para equilibrar essas influências em sua vida:

Chacra Raiz (Muladhara) – Segurança e Sobrevivência

A Casa 65, associada ao espaço interior, pode influenciar o chacra raiz de maneira positiva. Ao explorar e compreender seu espaço interior, você pode fortalecer seu senso de segurança e sobrevivência.

Chacra Sacral (Swadhisthana) – Criatividade e Emoções

O espaço interior na Casa 65 também pode afetar o chacra sacral. Ao se conectar com suas emoções e explorar sua criatividade interna, você equilibra essas influências, promovendo uma expressão emocional saudável.

Chacra do Plexo Solar (Manipura) – Poder Pessoal

Nesta casa, o espaço interior pode influenciar o chacra do plexo solar de maneira positiva. Ao compreender e fortalecer seu poder pessoal interior, você equilibra essas influências.

Chacra Cardíaco (Anahata) – Amor e Compaixão

O espaço interior na Casa 65 também pode afetar o chacra cardíaco. Ao cultivar o amor e a compaixão internos, você equilibra essas influências, promovendo relacionamentos mais amorosos.

Chacra Laríngeo (Vishuddha) – Comunicação e Expressão

Na Casa 65, o espaço interior pode influenciar positivamente a comunicação e a expressão no chacra laríngeo. Pratique a comunicação autêntica e sincera para equilibrar essas influências.

Chacra do Terceiro Olho (Ajna) – Intuição e Percepção

O espaço interior na Casa 65 também pode afetar o chacra do terceiro olho. Ao explorar sua intuição e aprofundar sua percepção interior, você equilibra essas influências.

Chacra Coronário (Sahasrara) – Conexão Espiritual

Nesta casa, o espaço interior pode influenciar sua conexão espiritual no chacra coronário. Pratique a meditação e a espiritualidade internas para equilibrar essas influências.

RESUMO

A Casa 65 – Uranta-Loka – Espaço Interior, vista por meio da perspectiva dos sete chacras, destaca a importância de explorar e compreender seu mundo interior. Isso não apenas fortalece sua segurança e bem-estar, mas também promove relacionamentos mais amorosos, uma comunicação mais autêntica e uma conexão mais profunda com o mundo espiritual, ajudando a alcançar um estado de equilíbrio e harmonia em todos os níveis.

MENSAGEM FINAL

A mensagem final da casa Uranta-Loka nos convida a mergulhar no espaço interior, em que a sabedoria e a paz residem. Por meio da meditação, reflexão e momentos de silêncio, podemos nos conectar com nossa verdadeira essência e encontrar respostas para nossas perguntas mais profundas. Ao explorar o espaço interior, podemos compreender melhor a nós mesmos, enfrentar desafios com aceitação e transformar nossa vida de maneiras positivas. Ao cultivar essa conexão, você descobrirá uma fonte inesgotável de sabedoria e paz interior, guiando-o em direção a uma vida mais significativa e realizada.

Casa 66

Ananda-Loka — Bem-aventurança — êxtase

Seja bem-vindo(a) à Casa 66 – Ananda-Loka – Bem-aventurança – êxtase, um espaço dedicado a explorar a natureza sublime da bem-aventurança e do êxtase que residem dentro de cada ser humano. Nesta casa, convidamos você a entrar em contato com a essência da alegria verdadeira e a buscar a profunda realização que provém da conexão com o estado de êxtase interior.

A Casa 66 é um convite para vivenciar a plenitude da existência, transcender as limitações cotidianas e mergulhar na felicidade intrínseca que permeia cada aspecto da vida. Aqui, você encontrará práticas e *insights* que o ajudarão a despertar e nutrir a sensação de bem-estar interior, independentemente das circunstâncias externas.

Explorar a Casa 66 significa abraçar a busca pela alegria genuína e duradoura. É uma oportunidade para transcender os prazeres efêmeros e mergulhar na bem-aventurança que emana do seu ser mais profundo. Ao entrar neste espaço, você será convidado(a) a cultivar uma conexão mais profunda consigo mesmo(a) e com o universo, encontrando êxtase no simples ato de existir.

A jornada pela Casa 66 é uma exploração do estado de ser que vai além das preocupações e ansiedades, permitindo que você experimente a paz interior e alegria que estão sempre disponíveis. É um convite para descobrir a fonte inesgotável de bem-estar que reside em seu interior e para trazer essa bem-aventurança para todos os aspectos da sua vida.

Portanto, seja bem-vindo(a) à Casa 66 – Ananda-Loka – Bem-aventurança – êxtase, em que a busca pela alegria genuína e pelo êxtase interior é valorizada e incentivada, proporcionando uma conexão mais profunda consigo mesmo(a) e com o fluxo sublime da existência.

Algumas características e reflexões relacionadas com a Casa Ananda-Loka

- **Busca pela felicidade duradoura:** a casa Ananda-Loka convida a refletir sobre a verdadeira natureza da felicidade e como podemos alcançar uma sensação duradoura de bem-aventurança.

- **Plenitude interior:** considerar como a busca pela realização interior pode nos ajudar a experimentar uma sensação de plenitude, independentemente das circunstâncias externas.

- **Desapego e contentamento:** refletir sobre como o desapego das necessidades materiais e a prática do contentamento podem nos aproximar da verdadeira bem-aventurança.

- **Autoconexão e aceitação:** explorar como nos conectar profundamente com nós mesmos e aceitar nossa essência pode nos levar a um estado de êxtase interior.

- **Cultivando a gratidão:** refletir sobre como a prática da gratidão pode nos ajudar a reconhecer e valorizar as pequenas alegrias da vida, contribuindo para uma sensação contínua de bem-aventurança.

Aplicação Terapêutica da Casa Ananda-Loka

- *Mindfulness* **e meditação:** pratique a atenção plena e a meditação para se conectar com o momento presente e experimentar a plenitude interior que reside nele.

- **Prática de gratidão:** mantenha um diário de gratidão, registrando diariamente três coisas pelas quais você é grato, cultivando uma atitude de apreço pelas pequenas coisas da vida.

- **Tempo na natureza:** passe mais tempo ao ar livre, conectando-se com a natureza e encontrando inspiração na beleza e harmonia do mundo natural.

- **Cultivo de relações significativas:** invista tempo em relacionamentos significativos e amorosos que contribuem para sua sensação de bem-aventurança e plenitude.

- **Expressão criativa:** explore formas de expressão criativa, como arte, música ou escrita, para canalizar suas emoções e experimentar momentos de êxtase interior.

ENEAGRAMA

Aqui está a análise da Casa 65 – Uranta-Loka – Espaço Interior, à luz do Eneagrama, para cada um dos nove tipos, juntamente com sugestões de melhoria específicas:

Tipo 8 – O Poderoso

Quando o Tipo 8 está na Casa 65 – Uranta-Loka – Espaço Interior, é importante dedicar tempo para explorar seu mundo interior.

Sugestão: praticar a autorreflexão profunda, permitindo-se vulnerabilidade e explorando as motivações por trás de suas ações.

Tipo 9 – O Mediador

Nesta casa, o Tipo 9 é convidado a não se perder em suas tendências de evasão e desconexão.

Sugestão: dedicar tempo para se sintonizar consigo mesmo, explorar suas próprias opiniões e desejos, e buscar a autenticidade no espaço interior.

Tipo 1 – O Perfeccionista

Para o Tipo 1 nesta casa, é essencial equilibrar o desejo de perfeição com a aceitação de sua humanidade.

Sugestão: praticar o autocuidado, cultivar o autoperdão e explorar os sentimentos subjacentes à autocrítica constante.

Tipo 2 – O Ajudante

Quando o Tipo 2 está na Casa 65 – Uranta-Loka – Espaço Interior, é fundamental não negligenciar suas próprias necessidades em prol dos outros.

Sugestão: dedicar tempo para se conectar com suas próprias emoções e desejos, e estabelecer limites saudáveis.

Tipo 3 – O Vencedor

Nesta casa, o Tipo 3 é desafiado a não se definir apenas por realizações externas.

Sugestão: explorar os próprios sentimentos e desejos autênticos, além das metas externas, e praticar a autenticidade mesmo quando não há aplausos externos.

Tipo 4 – O Intenso

Quando o Tipo 4 está na Casa 65 – Uranta-Loka – Espaço Interior, é importante equilibrar a busca por singularidade com a aceitação de si mesmo.

Sugestão: explorar o espaço interior para encontrar uma sensação de completude dentro de si, independentemente de circunstâncias externas.

Tipo 5 – O Analítico

Nesta casa, o Tipo 5 é convidado a não se isolar excessivamente em seu mundo mental.

Sugestão: explorar o espaço interior por meio da autorreflexão emocional, permitindo-se conectar com sentimentos e compartilhá-los com outros de maneira autêntica.

Tipo 6 – O Precavido

Quando o Tipo 6 está na Casa 65 – Uranta-Loka – Espaço Interior, é crucial superar a tendência de se perder em preocupações e ansiedades.

Sugestão: praticar a confiança interior, explorar o espaço mental para identificar medos irracionais e cultivar a segurança interna.

Tipo 7 – O Otimista

Nesta casa, o Tipo 7 é desafiado a não usar a busca constante por novas experiências como uma fuga de seu mundo interior.

Sugestão: explorar o espaço interior para lidar com emoções desconfortáveis, encontrando equilíbrio entre a busca por prazer externo e a autocompreensão.

RESUMO

A Casa 65 – Uranta-Loka – Espaço Interior, no contexto do Eneagrama, convida cada tipo a explorar seu mundo interior, cultivar a autenticidade e aprofundar a compreensão de si mesmo. As sugestões específicas para cada tipo podem ajudar a transformar essa prática em um caminho para autoconhecimento e crescimento pessoal.

CONSTELAÇÃO

Pertencimento na Casa 66 – Ananda-Loka – Bem-aventurança – êxtase

Na Casa 66, somos convidados a explorar os estados de bem-aventurança e êxtase em nossas vidas. O pertencimento nesta casa ocorre quando nos permitimos experimentar momentos de profunda alegria e contentamento.

Reconhecemos que a busca pela felicidade é inerente à natureza humana, e nosso pertencimento é reforçado quando compartilhamos esses sentimentos de alegria com os outros.

Hierarquia na Casa 66 – Ananda-Loka – Bem-aventurança – êxtase

A hierarquia nesta casa se baseia na capacidade de buscar a verdadeira fonte de bem-aventurança interior. Compreendemos que a alegria efêmera baseada em circunstâncias externas pode ser superada por uma alegria mais profunda e duradoura que emana de nosso interior.

Nesse sentido, a busca pelo êxtase interno supera a busca por prazeres momentâneos.

Equilíbrio na Casa 66 – Ananda-Loka – Bem-aventurança – êxtase

O equilíbrio é alcançado ao encontrarmos alegria em nossas vidas cotidianas, mas sem nos apegarmos excessivamente a ela. Buscamos momentos de êxtase, mas também cultivamos a habilidade de encontrar contentamento mesmo em situações simples e cotidianas.

O equilíbrio é mantido ao reconhecer que a verdadeira bem-aventurança é uma jornada interna.

RESUMO

A Casa 66 – Ananda-Loka – Bem-aventurança – êxtase nos convida a buscar alegria genuína e contentamento interno. Ao equilibrar a busca pelo êxtase com a capacidade de encontrar felicidade nas pequenas coisas, encontramos pertencimento e equilíbrio em nossas vidas. A hierarquia é estabelecida ao priorizar a alegria interna duradoura sobre prazeres passageiros.

OS 7 CHACRAS

Aqui está a análise da Casa 66 – Ananda-Loka – Bem-aventurança e êxtase, relacionada com os sete chacras, oferecendo *insights* sobre como essa casa influencia cada um dos centros de energia, juntamente com dicas para equilibrar essas influências em sua vida:

Chacra Raiz (Muladhara) – Segurança e Sobrevivência

A Casa 66, associada à bem-aventurança e ao êxtase, pode afetar o chacra raiz de maneira positiva. Experimentar estados de alegria profunda e satisfação interior pode fortalecer sua sensação de segurança e sobrevivência.

Chacra Sacral (Swadhisthana) – Criatividade e Emoções

A bem-aventurança na Casa 66 também pode influenciar o chacra sacral. Ao experimentar êxtase criativo e emoções profundas, você equilibra essas influências, promovendo uma expressão emocional saudável.

Chacra do Plexo Solar (Manipura) – Poder Pessoal

Nesta casa, a bem-aventurança pode influenciar o chacra do plexo solar. Experimentar estados de êxtase pode fortalecer sua autoconfiança e senso de poder pessoal interior, ajudando a equilibrar essas influências.

Chacra Cardíaco (Anahata) – Amor e Compaixão

A Casa 66 também pode afetar o chacra cardíaco. A vivência da bem-aventurança pode abrir seu coração para o amor e a compaixão, ajudando a equilibrar essas influências e promovendo relacionamentos baseados em amor genuíno.

Chacra Laríngeo (Vishuddha) – Comunicação e Expressão

Na Casa 66, a bem-aventurança pode influenciar positivamente a comunicação e a expressão no chacra laríngeo. Pratique a comunicação alegre e autêntica para equilibrar essas influências.

Chacra do Terceiro Olho (Ajna) – Intuição e Percepção

A vivência da bem-aventurança na Casa 66 também pode afetar o chacra do terceiro olho. Isso pode aprofundar sua intuição e percepção interior, ajudando a equilibrar essas influências.

Chacra Coronário (Sahasrara) – Conexão Espiritual

Nesta casa, a bem-aventurança pode influenciar sua conexão espiritual no chacra coronário. Experimentar estados de êxtase pode fortalecer sua ligação com o divino, promovendo uma conexão mais profunda com o aspecto espiritual da vida.

RESUMO

A Casa 66 – Ananda-Loka – Bem-aventurança e êxtase, vista por meio da perspectiva dos sete chacras, destaca a importância de experimentar alegria profunda e estados de êxtase interior. Essas experiências não apenas promovem uma sensação de segurança e bem-estar, mas também enriquecem sua vida emocional, relacionamentos, expressão criativa e conexão espiritual, ajudando a alcançar um estado de equilíbrio e harmonia em todos os níveis.

MENSAGEM FINAL

A mensagem final da casa Ananda-Loka nos lembra que a busca pela plenitude e bem-aventurança não está apenas nas circunstâncias externas, mas também dentro de nós mesmos. Ao praticar a gratidão, a meditação e a conexão com o momento presente, podemos encontrar uma fonte constante de alegria interior. A realização interior vem do cultivo de um relacionamento amoroso e aceitante consigo mesmo, além de apreciar a beleza do mundo ao nosso redor. Ao explorar o espaço interior da nossa consciência, podemos encontrar uma bem-aventurança que transcende o efêmero, nutrindo-nos em nossa jornada de vida e nos guiando em direção a um estado de êxtase e plenitude duradouros.

Casa 67

Rudra-Loka – Bem Cósmico – Amor Impessoal

Seja bem-vindo(a) à Casa 67 – Rudra-Loka – Bem Cósmico – Amor Impessoal, um espaço que convida você a explorar as profundezas do amor em sua forma mais expansiva e desapegada. Nesta casa, você será guiado(a) a compreender o conceito de amor impessoal, uma expressão que transcende os limites individuais e se conecta ao âmago do cosmos.

Ao entrar na Casa 67, você se depara com a grandiosidade do Bem Cósmico, uma manifestação de amor que não conhece fronteiras nem limitações. Aqui, convidamos você a se abrir para uma perspectiva mais ampla do amor, que vai além das relações pessoais e se estende a toda a criação. O Amor Impessoal representa uma conexão profunda e compassiva com o universo como um todo.

Nesta jornada, você explorará como o amor pode ser uma força poderosa que une tudo o que existe. Ao transcender o amor individual, você descobrirá a capacidade de irradiar compaixão e bondade para além do eu pessoal, abraçando a humanidade e o cosmos com igualdade e generosidade.

A Casa 67 convida você a compreender que o Amor Impessoal não nega os relacionamentos individuais, mas os eleva a um nível mais profundo e significativo. É um convite para experimentar a verdadeira essência do amor, em que a separação desaparece e a conexão universal prevalece.

Portanto, seja bem-vindo(a) à Casa 67 – Rudra-Loka – Bem Cósmico – Amor Impessoal, em que você é convidado(a) a explorar a vastidão do amor que transcende o eu pessoal e se torna uma expressão sublime de conexão e compaixão em direção a todo o cosmos.

Algumas características e reflexões relacionadas com a Casa Rudra-Loka

- **Ciclo de transformação:** a casa Rudra-Loka convida a refletir sobre o ciclo natural de construção, destruição e renovação que permeia todas as áreas da vida.

- **Aceitação da impermanência:** explorar como a compreensão da impermanência nos ajuda a abraçar as mudanças inevitáveis e a liberar a resistência ao fluxo da vida.
- **Amor impessoal:** refletir sobre a prática do amor impessoal, em que encontramos a capacidade de amar e liberar ao mesmo tempo, permitindo que as coisas sigam seu curso natural.
- **Cultivo da desapego:** considerar como o desapego das apegos excessivos e identificações pode nos ajudar a navegar pelas mudanças com mais facilidade e graça.
- **Resiliência e adaptação:** refletir sobre como desenvolver resiliência e habilidades de adaptação nos permite enfrentar as adversidades com coragem e flexibilidade.

Aplicação Terapêutica da Casa Rudra-Loka

- *Mindfulness* **das mudanças:** pratique a atenção plena ao observar as mudanças sutis em sua vida cotidiana, lembrando-se de que cada momento é único e efêmero.
- **Reflexão sobre impermanência:** reserve tempo para contemplar a natureza transitória de todas as coisas e meditar sobre como essa compreensão pode impactar positivamente sua perspectiva.
- **Prática do desapego:** identifique áreas de sua vida em que você está excessivamente apegado e comece a praticar o desapego consciente, liberando gradualmente esses vínculos.
- **Amor impessoal:** pratique o amor impessoal ao demonstrar bondade e compaixão a todos os seres, enquanto também permite que eles sigam seu próprio caminho.
- **Flexibilidade mental:** desenvolva habilidades de adaptação, expondo-se conscientemente a novas situações e abraçando mudanças com uma mente aberta.

ENEAGRAMA

Aqui está a análise da Casa 67 – Rudra-Loka – Bem Cósmico – Amor Impessoal, à luz do Eneagrama, para cada um dos nove tipos, juntamente com sugestões de melhoria específicas:

Tipo 8 – O Poderoso

Quando o Tipo 8 está na Casa 67 – Rudra-Loka – Bem Cósmico – Amor Impessoal, é importante explorar a capacidade de canalizar sua intensidade em direção a um amor que transcende o pessoal.

Sugestão: praticar a compaixão e generosidade com relação a todos, não apenas aqueles próximos a você.

Tipo 9 – O Mediador

Nesta casa, o Tipo 9 é desafiado a expandir sua capacidade de amar além das fronteiras pessoais.

Sugestão: praticar a assertividade em suas ações amorosas, expressando suas necessidades e opiniões de maneira clara, contribuindo assim para o bem coletivo.

Tipo 1 – O Perfeccionista

Para o Tipo 1 nesta casa, é importante cultivar um amor que transcende o desejo de perfeição.

Sugestão: praticar a autocompaixão, aceitando suas próprias imperfeições e estendendo esse amor também aos outros, independentemente de suas falhas.

Tipo 2 – O Ajudante

Quando o Tipo 2 está na Casa 67 – Rudra-Loka – Bem Cósmico – Amor Impessoal, é fundamental explorar o amor que vai além das expectativas de receber algo em troca.

Sugestão: praticar o cuidado e apoio amoroso sem esperar reconhecimento ou gratidão.

Tipo 3 – O Vencedor

Nesta casa, o Tipo 3 é desafiado a buscar um amor genuíno e autêntico, não baseado em realizações externas.

Sugestão: explorar o amor que existe independentemente do sucesso ou fracasso, cultivando relacionamentos verdadeiros e significativos.

Tipo 4 – O Intenso

Quando o Tipo 4 está na Casa 67 – Rudra-Loka – Bem Cósmico – Amor Impessoal, é importante transcender a busca por um amor idealizado.

Sugestão: praticar a apreciação pelo amor presente em cada momento, direcionando a atenção para o que está ao redor.

Tipo 5 – O Analítico

Nesta casa, o Tipo 5 é desafiado a sair do isolamento e explorar um amor que se conecta com os outros de maneira genuína.

Sugestão: praticar a empatia, compartilhar conhecimento e experiências emocionais para criar conexões mais profundas.

Tipo 6 - O Precavido

Quando o Tipo 6 está na Casa 67 - Rudra-Loka - Bem Cósmico - Amor Impessoal, é fundamental transcender a desconfiança e cultivar um amor que confia na bondade inerente das pessoas.

Sugestão: praticar a abertura para o amor sem medo de ser traído.

Tipo 7 - O Otimista

Nesta casa, o Tipo 7 é desafiado a explorar um amor que vai além da busca constante por prazer e novas experiências.

Sugestão: praticar a gratidão pelo que está presente no momento atual e cultivar relacionamentos mais profundos e significativos.

RESUMO

A Casa 67 - Rudra-Loka - Bem Cósmico - Amor Impessoal, no contexto do Eneagrama, convida cada tipo a expandir seu entendimento de amor para além do pessoal e a cultivar um amor que abrange a humanidade como um todo. As sugestões específicas para cada tipo podem ajudar a transformar essa prática em um caminho para um amor mais altruísta e significativo.

CONSTELAÇÃO

Pertencimento na Casa 67 - Rudra-Loka - Bem Cósmico - Amor Impessoal

Na Casa 67, somos convidados a explorar o conceito de amor impessoal e bem cósmico. O pertencimento nesta casa ocorre quando nos conectamos com a ideia de que somos parte de algo maior, uma energia universal que abrange tudo.

Sentimos pertencimento quando percebemos que nossos sentimentos de amor podem transcender os limites individuais e abranger a totalidade do universo.

Hierarquia na Casa 67 - Rudra-Loka - Bem Cósmico - Amor Impessoal

A hierarquia nesta casa é estabelecida ao reconhecer que o amor impessoal não nega os relacionamentos individuais, mas os enriquece.

pessoais, mas sim expandir nossa compreensão do amor para abranger a humanidade inteira.

Equilíbrio na Casa 67 - Rudra-Loka - Bem Cósmico - Amor Impessoal

O equilíbrio é alcançado ao integrar o amor impessoal com o amor pessoal. Embora possamos sentir uma conexão cósmica com todos, também valorizamos e nutrimos relacionamentos pessoais significativos.

O equilíbrio reside em entender que o amor universal não anula o amor individual, mas o enriquece.

> **RESUMO**
>
> A Casa 67 – Rudra-Loka – Bem Cósmico – Amor Impessoal nos convida a transcender o amor pessoal em direção a um amor universal e impessoal. Pertencimento é encontrado ao reconhecer nossa conexão com o cosmos. Hierarquia é estabelecida ao integrar amor pessoal e universal. O equilíbrio é mantido ao nutrir ambos os aspectos do amor em nossas vidas.

OS 7 CHACRAS

Aqui está a análise da Casa 67 – Rudra-Loka – Bem Cósmico e Amor Impessoal, relacionada com os sete chacras, oferecendo *insights* sobre como essa casa influencia cada um dos centros de energia, juntamente com dicas para equilibrar essas influências em sua vida:

Chacra Raiz (Muladhara) – Segurança e Sobrevivência

A Casa 67, associada ao bem cósmico e amor impessoal, pode influenciar o chacra raiz, embora de forma sutil. Ao se conectar com a ideia de um amor universal e impessoal, você pode fortalecer sua sensação de segurança, sabendo que faz parte de algo maior.

Chacra Sacral (Swadhisthana) – Criatividade e Emoções

O amor impessoal da Casa 67 também pode afetar o chacra sacral. Ao permitir que o amor flua livremente, desvinculado de relações pessoais, você pode estimular sua criatividade e experimentar emoções profundas e puras.

Chacra do Plexo Solar (Manipura) – Poder Pessoal

Nesta casa, o amor impessoal pode influenciar o chacra do plexo solar. Ao compreender que seu poder pessoal está alinhado com o bem maior de todos, você equilibra essas influências, cultivando um senso saudável de autoconfiança e empoderamento.

Chacra Cardíaco (Anahata) – Amor e Compaixão

A Casa 67 também pode afetar profundamente o chacra cardíaco. Ao abraçar o amor impessoal, você desenvolve uma compaixão incondicional por todos os seres, promovendo relacionamentos baseados em amor genuíno e generosidade.

Chacra Laríngeo (Vishuddha) – Comunicação e Expressão

Na Casa 67, o amor impessoal pode influenciar positivamente a comunicação e a expressão no chacra laríngeo. Pratique a comunicação compassiva e a expressão que promova o entendimento e a harmonia entre as pessoas.

Chacra do Terceiro Olho (Ajna) – Intuição e Percepção

A vivência do amor impessoal na Casa 67 também pode afetar o chacra do terceiro olho. Ao cultivar um entendimento mais profundo e intuitivo da interconexão de todas as coisas, você aprimora sua percepção e intuição.

Chacra Coronário (Sahasrara) – Conexão Espiritual

Nesta casa, o amor impessoal está intrinsecamente ligado à conexão espiritual no chacra coronário. Compreender que faz parte de um todo maior fortalece sua ligação com o divino, promovendo uma conexão mais profunda com a espiritualidade.

RESUMO

A Casa 67 – Rudra-Loka – Bem Cósmico e Amor Impessoal, vista por meio da perspectiva dos sete chacras, enfatiza a importância de transcender o amor pessoal e experimentar o amor em sua forma mais ampla e universal. Isso não apenas enriquece sua vida emocional, mas também fortalece sua sensação de poder pessoal, promove relacionamentos compassivos e melhora sua conexão espiritual, contribuindo para um estado de equilíbrio e harmonia em todos os níveis.

MENSAGEM FINAL

A mensagem final da casa Rudra-Loka nos recorda que a destruição e a mudança são partes naturais da jornada da vida. Ao abraçar a impermanência, cultivar o amor impessoal e praticar o desapego, podemos enfrentar as mudanças com resiliência e paz interior. A compreensão da destruição como um processo cósmico nos ajuda a aceitar as mudanças em nossas vidas e a fluir com elas em vez de resistir. Ao permitir que as coisas se desintegrem naturalmente, abrimos espaço para novos começos e crescimento. Rudra-Loka nos lembra que, assim como o ciclo da natureza, nossa jornada também inclui momentos de construção e destruição, e ao aceitar essa realidade, podemos encontrar equilíbrio e paz em meio à mudança.

Casa 68

Vaikuntha-Loka – Consciência Plena

Seja bem-vindo(a) à Casa 68 – Vaikuntha-Loka – Consciência Plena, um espaço de exploração e descoberta da mais profunda e expansiva forma de consciência. Nesta casa, você terá a oportunidade de mergulhar na experiência da Consciência Plena, transcendendo os limites da mente e do ego para alcançar um estado de percepção elevada.

Ao adentrar a Casa 68, você é convidado(a) a deixar para trás as distrações da vida cotidiana e a se conectar com a essência primordial da existência. Aqui, a Consciência Plena é apresentada como um estado de total presença, no qual a mente se aquietou e você está completamente imerso no momento presente.

Neste espaço, você explorará práticas e reflexões que o ajudarão a desenvolver a capacidade de se desapegar dos pensamentos incessantes e das preocupações do passado ou do futuro. Em vez disso, você aprenderá a cultivar a habilidade de se entregar plenamente ao aqui e agora, permitindo que a verdadeira natureza da realidade se revele.

A Consciência Plena não se limita a uma abordagem de meditação, mas é uma forma de viver cada momento com total atenção e aceitação. Você será incentivado(a) a se tornar um observador atento de seus pensamentos, emoções e sensações, o que lhe permitirá desenvolver uma compreensão mais profunda de si mesmo e do mundo ao seu redor.

Portanto, seja bem-vindo(a) à Casa 68 – Vaikuntha-Loka – Consciência Plena, em que você é convidado(a) a explorar e cultivar a prática de estar verdadeiramente presente em cada aspecto da sua vida, permitindo que a luz da consciência plena ilumine o seu ser e guie o seu caminho rumo à compreensão mais profunda da existência.

Características e Reflexões Relacionadas com a casa Vaikuntha-Loka

- **Conexão universal:** Vaikuntha-Loka nos lembra de que somos parte de uma teia cósmica interconectada. Refletir sobre essa conexão nos ajuda a reconhecer a unicidade de todas as formas de vida e a importância de nutrir um profundo respeito por cada ser.
- **Transcendência do ego:** a consciência cósmica nos incentiva a transcender as limitações do ego e a buscar uma perspectiva mais ampla da vida. Isso nos ajuda a superar conflitos internos e a encontrar harmonia em nossa jornada.
- **Paz interior:** ao nos sintonizarmos com a energia cósmica, podemos experimentar uma profunda sensação de paz interior. Essa paz não depende das circunstâncias externas, mas surge da conexão com algo maior do que nós mesmos.
- **Sabedoria universal:** a consciência plena nos permite acessar uma sabedoria universal, além dos conhecimentos convencionais. Essa sabedoria nos orienta na tomada de decisões e nos ajuda a compreender as complexidades da vida.
- **Intuição e inspiração:** conectar-se com a energia cósmica pode despertar nossa intuição e inspiração interior. Ideias criativas fluem naturalmente quando estamos alinhados com essa energia.

Aplicação Terapêutica da Casa Vaikuntha-Loka

- **Meditação e contemplação:** práticas meditativas que visam expandir a consciência, como a meditação de *mindfulness* ou meditações focadas na conexão cósmica, podem ajudar a aprofundar sua ligação com a energia cósmica.
- **Conexão com a natureza:** passar tempo na natureza e observar seus padrões e ciclos pode ajudar a reconhecer a presença da energia cósmica em todo lugar.
- **Leitura e estudo espiritual:** explorar ensinamentos espirituais e filosofias que abordam a conexão cósmica pode enriquecer sua compreensão e prática.
- **Arte e expressão criativa:** engajar-se em formas de expressão criativa, como arte, escrita ou música, pode permitir que você canalize a energia cósmica de maneiras criativas e significativas.

ENEAGRAMA

Aqui está a análise da Casa 68 – Vaikuntha-Loka – Consciência Plena, à luz do Eneagrama, para cada um dos nove tipos, juntamente com sugestões de melhoria específicas:

Tipo 8 – O Poderoso

Quando o Tipo 8 está na Casa 68 – Vaikuntha-Loka – Consciência Plena, é importante buscar um equilíbrio entre a força e a sensibilidade.

Sugestão: praticar a consciência plena para se conectar com suas emoções mais sutis e se tornar mais consciente dos impactos de suas ações nos outros.

Tipo 9 – O Mediador

Nesta casa, o Tipo 9 é desafiado a despertar para sua própria presença e voz.

Sugestão: aplicar a consciência plena para se tornar mais consciente de suas próprias necessidades e desejos, e para expressá-los de maneira autêntica, sem se perder nas expectativas dos outros.

Tipo 1 – O Perfeccionista

Para o Tipo 1 nesta casa, é importante direcionar a consciência plena para o presente em vez de se preocupar excessivamente com o passado ou o futuro.

Sugestão: praticar a aceitação do momento presente, abraçando a imperfeição como parte da vida.

Tipo 2 – O Ajudante

Quando o Tipo 2 está na Casa 68 – Vaikuntha-Loka – Consciência Plena, é fundamental cultivar a consciência plena para perceber quando está buscando a aprovação dos outros de maneira excessiva.

Sugestão: praticar o autocuidado e a autenticidade, valorizando suas próprias necessidades.

Tipo 3 – O Vencedor

Nesta casa, o Tipo 3 é desafiado a direcionar a consciência plena para suas próprias motivações e valores internos, em vez de buscar validação externa.

Sugestão: aplicar a consciência plena para alinhar suas metas e ações com sua verdadeira essência.

Tipo 4 – O Intenso

Quando o Tipo 4 está na Casa 68 – Vaikuntha-Loka – Consciência Plena, é importante praticar a consciência plena para encontrar equilíbrio emocional e aceitar os altos e baixos da vida.

Sugestão: direcionar a atenção para o presente e para o que está acontecendo ao seu redor.

Tipo 5 – O Analítico

Nesta casa, o Tipo 5 é desafiado a usar a consciência plena para se conectar não apenas com o mundo mental, mas também com as experiências sensoriais.

Sugestão: praticar a consciência plena para envolver-se plenamente com o momento presente, em vez de se isolar na mente.

Tipo 6 – O Precavido

Quando o Tipo 6 está na Casa 68 – Vaikuntha-Loka – Consciência Plena, é fundamental aplicar a consciência plena para acalmar a ansiedade e cultivar a confiança interior.

Sugestão: direcionar a atenção para o presente e para a sensação de segurança interna.

Tipo 7 – O Otimista

Nesta casa, o Tipo 7 é desafiado a usar a consciência plena para se aprofundar nas experiências presentes, em vez de buscar constantemente novas experiências.

Sugestão: praticar a consciência plena para cultivar a gratidão pelo que está presente agora.

> **RESUMO**
>
> A Casa 68 – Vaikuntha-Loka – Consciência Plena, no contexto do Eneagrama, convida cada tipo a cultivar a atenção plena para se tornar mais consciente de si mesmo, dos outros e do mundo ao redor. As sugestões específicas para cada tipo podem ajudar a transformar essa prática em um caminho para uma vida mais autêntica e significativa.

CONSTELAÇÃO

Pertencimento na Casa 68 – Vaikuntha-Loka – Consciência Plena

Na Casa 68, somos convidados a explorar a consciência plena, o estado de profunda percepção e presença. O pertencimento nesta casa ocorre quando nos sentimos conectados não apenas com os outros, mas também com o presente momento.

Sentimos pertencimento quando estamos totalmente presentes em nossa própria experiência e conectados com a totalidade do universo.

Hierarquia na Casa 68 – Vaikuntha-Loka – Consciência Plena

A hierarquia nesta casa é estabelecida ao reconhecer que a consciência plena não é apenas um estado mental, mas também uma maneira elevada de ser. Ela está acima das preocupações triviais e das distrações da vida cotidiana.

> Quando priorizamos a consciência plena, reconhecemos sua importância acima das preocupações mundanas.

Equilíbrio na Casa 68 – Vaikuntha-Loka – Consciência Plena

O equilíbrio é alcançado ao integrar a consciência plena com as atividades diárias. Embora busquemos momentos de contemplação, também entendemos que a vida cotidiana exige nossa atenção.

> *O equilíbrio reside em manter a consciência plena enquanto realizamos nossas tarefas e interagimos com os outros.*

RESUMO

A Casa 68 – Vaikuntha-Loka – Consciência Plena nos convida a mergulhar na profundidade da consciência presente. Pertencimento é encontrado quando estamos totalmente presentes em nossa própria experiência e conectados com o momento atual. Hierarquia é estabelecida ao priorizar a consciência plena acima das distrações cotidianas. O equilíbrio é alcançado ao integrar a consciência plena com as atividades diárias.

OS 7 CHACRAS

Aqui está a análise da Casa 68 – Vaikuntha-Loka – Consciência Plena, relacionada com os sete chacras, oferecendo *insights* sobre como essa casa influencia cada um dos centros de energia, juntamente com dicas para equilibrar essas influências em sua vida:

Chacra Raiz (Muladhara) – Segurança e Sobrevivência

A Casa 68, associada à consciência plena, pode fortalecer o chacra raiz, proporcionando uma sensação de segurança profunda e fundamental. Quando você está consciente de todos os aspectos da sua existência, incluindo suas necessidades básicas, tende a cultivar um senso de segurança interior sólido.

Chacra Sacral (Swadhisthana) – Criatividade e Emoções

A consciência plena na Casa 68 também pode enriquecer o chacra sacral, permitindo uma expressão mais autêntica das emoções e da criatividade. Ao estar consciente de seus sentimentos e experiências, você pode usar essa energia para criar e se expressar de maneira mais significativa.

Chacra do Plexo Solar (Manipura) – Poder Pessoal

Nesta casa, a consciência plena pode influenciar positivamente o chacra do plexo solar. Ao estar plenamente consciente de sua força interior e capacidade, você fortalece seu poder pessoal, tomando decisões alinhadas com sua verdadeira essência.

Chacra Cardíaco (Anahata) – Amor e Compaixão

A Casa 68 também pode nutrir profundamente o chacra cardíaco. A consciência plena permite que você ame e compreenda a si mesmo e aos outros com mais profundidade. Isso promove relacionamentos compassivos e uma capacidade maior de amar de maneira incondicional.

Chacra Laríngeo (Vishuddha) – Comunicação e Expressão

Na Casa 68, a consciência plena pode influenciar positivamente a comunicação e a expressão no chacra laríngeo. Você aprende a se comunicar de forma mais clara e autêntica, expressando suas ideias e sentimentos de maneira consciente e construtiva.

Chacra do Terceiro Olho (Ajna) – Intuição e Percepção

A vivência da consciência plena na Casa 68 também pode afetar positivamente o chacra do terceiro olho. Ao estar consciente de sua intuição e percepção, você aprimora sua capacidade de compreender a verdade e tomar decisões sábias.

Chacra Coronário (Sahasrara) – Conexão Espiritual

Nesta casa, a consciência plena está intrinsecamente ligada à conexão espiritual no chacra coronário. Ao estar plenamente consciente de sua espiritualidade e da conexão com o divino, você experimenta uma expansão da consciência espiritual e uma conexão mais profunda com o universo.

RESUMO

A Casa 68 – Vaikuntha-Loka – Consciência Plena, vista por meio da perspectiva dos sete chacras, enfatiza a importância de viver de maneira consciente e plena em todos os aspectos da vida. Isso não apenas promove segurança, criatividade e poder pessoal, mas também fortalece relacionamentos, intuição, espiritualidade e a capacidade de se expressar de maneira autêntica, contribuindo para um estado de equilíbrio e harmonia em todos os níveis.

MENSAGEM FINAL

A mensagem final da Casa Vaikuntha-Loka pede para que lembre que a conexão com a energia cósmica é uma jornada transformadora. Ao se conectar com essa energia, você pode encontrar uma compreensão mais profunda da vida e do seu lugar no vasto universo. A mensagem final para você, que tirou esta carta, é que essa conexão pode trazer uma maior consciência, sabedoria e paz interior em sua jornada espiritual.

Casa 69

Brahma-Loka – Plano Absoluto – Criador e Criação – Sincronicidade

Seja bem-vindo(a) à Casa 69 – Brahma-Loka – Plano Absoluto – Criador e Criação – Sincronicidade, um reino de exploração profunda da interconexão entre o Criador, a Criação e os intrincados fios de sincronicidade que unem toda a existência. Nesta casa, você está prestes a embarcar em uma jornada fascinante para compreender a natureza última da realidade e a relação entre o divino e o manifestado.

Ao adentrar a Casa 69, você será conduzido(a) a refletir sobre a natureza do Criador, seja como uma entidade transcendental, energia primordial ou fonte criativa que deu origem a tudo o que existe. Além disso, você explorará a conexão entre o Criador e a Criação, investigando como o universo, em sua infinita diversidade, reflete os aspectos essenciais do divino.

Um dos temas centrais desta casa é a sincronicidade – os encontros aparentemente casuais e eventos significativos que ocorrem em nossas vidas de maneiras aparentemente coordenadas e significativas. Você será convidado(a) a contemplar as coincidências e os padrões que se manifestam ao seu redor, questionando se há uma ordem subjacente que conecta todos esses eventos.

A Casa 69 o(a) convida a transcender os limites da percepção convencional e a mergulhar na compreensão mais profunda do plano absoluto da existência. Aqui, você será guiado(a) a explorar a interseção entre o infinitamente grande e o infinitamente pequeno, entre o Criador e cada fragmento da Criação.

Prepare-se para uma jornada intelectual e espiritual que o(a) levará a explorar os mistérios da origem, propósito e sincronicidade que permeiam o universo. Seja bem-vindo(a) à Casa 69 – Brahma-Loka – Plano Absoluto – Criador e Criação – Sincronicidade, em que a busca pelo conhecimento e a conexão com os fundamentos da existência o(a) aguardam.

Algumas características e reflexões relacionadas com a Casa Brahma-Loka

- **Conexão divina:** a casa Brahma-Loka nos convida a refletir sobre a conexão profunda entre o criador (Brahma) e a criação (o universo manifestado), reconhecendo que tudo está interligado.
- **Sentido de propósito:** explorar como compreender a relação entre o criador e a criação pode nos ajudar a descobrir um propósito maior em nossa vida, à medida que nos alinhamos com o fluxo cósmico.
- **Sincronicidade:** refletir sobre a ideia de sincronicidade, em que eventos aparentemente casuais estão conectados por um significado subjacente, revelando a interação entre o criador e a criação.
- **Coesão universal:** considerar como a compreensão da relação entre o criador e a criação pode nos levar a uma maior apreciação da harmonia e da ordem presentes em todo o universo.
- **Autoconhecimento e transcendência:** refletir sobre como essa compreensão profunda pode levar ao autoconhecimento e à transcendência das limitações da existência individual.

Aplicação Terapêutica da Casa Brahma-Loka

- **Contemplação da interconexão:** reserve tempo para contemplar a interconexão entre todas as coisas, reconhecendo como cada parte contribui para o todo.
- **Prática da sincronicidade:** esteja atento às sincronicidades em sua vida e reflita sobre o significado subjacente desses eventos aparentemente casuais.
- **Meditação na unidade:** pratique meditações que explorem a unidade entre o criador e a criação, permitindo-se sentir essa conexão profunda.
- **Alinhamento com o fluxo:** observe áreas de sua vida em que você pode se alinhar mais conscientemente com o fluxo natural da criação, seguindo o caminho que parece guiado por uma força maior.
- **Expressão criativa:** explore formas de expressar sua própria criatividade e contribuir para a criação em sintonia com a energia criadora universal.

ENEAGRAMA

Aqui está a análise da Casa 69 – Brahma-Loka – Plano Absoluto – Criador e Criação – Sincronicidade, à luz do Eneagrama, para cada um dos nove tipos, juntamente com sugestões de melhoria específicas:

Tipo 8 - O Poderoso

Quando o Tipo 8 está na Casa 69 - Brahma-Loka - Plano Absoluto, é importante reconhecer a interconexão entre todas as coisas.

Sugestão: cultivar a sensibilidade à sincronicidade e às relações sutis entre eventos. Isso pode ajudar a desenvolver uma abordagem mais consciente e considerada em suas ações.

Tipo 9 - O Mediador

Nesta casa, o Tipo 9 é desafiado a perceber o papel ativo que desempenha na criação de sua realidade.

Sugestão: aplicar a consciência da sincronicidade para tomar decisões alinhadas com seus valores mais profundos, em vez de se perder nas necessidades dos outros.

Tipo 1 - O Perfeccionista

Para o Tipo 1 nesta casa, é importante reconhecer que a perfeição se manifesta de maneiras diversas.

Sugestão: praticar a observação das sincronicidades para abraçar o fluxo natural da vida, em vez de se apegar a padrões rígidos de perfeição.

Tipo 2 - O Ajudante

Quando o Tipo 2 está na Casa 69 - Brahma-Loka - Plano Absoluto, é essencial perceber que a ajuda pode assumir várias formas.

Sugestão: cultivar a sensibilidade às sincronicidades para discernir quando e como oferecer apoio, evitando sacrificar suas próprias necessidades.

Tipo 3 - O Vencedor

Nesta casa, o Tipo 3 é convidado a perceber que o sucesso é mais do que apenas conquistas externas.

Sugestão: aplicar a consciência da sincronicidade para alinhar suas ambições com seus valores internos, buscando realizações significativas, em vez de validação externa.

Tipo 4 - O Intenso

Quando o Tipo 4 está na Casa 69 - Brahma-Loka - Plano Absoluto, é fundamental reconhecer que a busca pela singularidade também pode ser encontrada nas conexões cotidianas.

Sugestão: praticar a observação das sincronicidades para encontrar beleza e significado nas pequenas coisas.

Tipo 5 - O Analítico

Nesta casa, o Tipo 5 é desafiado a perceber que a busca pelo conhecimento também pode ser esclarecedora em níveis mais sutis.

Sugestão: aplicar a consciência da sincronicidade para se abrir para *insights* e conexões que vão além do intelecto.

Tipo 6 – Precavido

Quando o Tipo 6 está na Casa 69 – Brahma-Loka – Plano Absoluto, é importante confiar mais na intuição e na orientação interna.

Sugestão: cultivar a sensibilidade às sincronicidades como sinais de apoio e guia, em vez de depender apenas da lógica.

Tipo 7 – Otimista

Nesta casa, o Tipo 7 é convidado a perceber que a busca por novas experiências também pode ser uma exploração do significado subjacente.

Sugestão: praticar a observação das sincronicidades para mergulhar mais profundamente nas experiências atuais, em vez de buscar constantemente o próximo estímulo.

RESUMO

A Casa 69 – Brahma-Loka – Plano Absoluto – Criador e Criação – Sincronicidade, no contexto do Eneagrama, convida cada tipo a perceber as conexões sutis entre todas as coisas e a encontrar significado e orientação na sincronicidade. As sugestões específicas para cada tipo podem ajudar a transformar essa prática em um caminho para uma vida mais consciente e alinhada com seu propósito interior.

CONSTELAÇÃO

Pertencimento na Casa 69 – Brahma-Loka – Plano Absoluto – Criador e Criação – Sincronicidade

Nesta Casa, somos convidados a explorar o plano absoluto da existência, em que o Criador e a Criação estão intrinsecamente ligados. O pertencimento é encontrado quando reconhecemos que fazemos parte de um vasto e interconectado tecido do universo, sendo tanto criados quanto criadores.

Sentimos pertencimento ao nos sintonizarmos com a sincronicidade, percebendo os padrões e conexões que unem todas as coisas.

Hierarquia na Casa 69 – Brahma-Loka – Plano Absoluto – Criador e Criação – Sincronicidade

A hierarquia nesta casa é estabelecida ao compreendermos a interdependência entre o Criador e a Criação. Não há uma separação rígida entre o Criador e o criado, mas sim uma dança harmoniosa de energia e consciência.

Reconhecemos que, apesar das aparências superficiais de hierarquia, tudo está unido em um nível mais profundo.

Equilíbrio na Casa 69 – Brahma-Loka – Plano Absoluto – Criador e Criação – Sincronicidade

O equilíbrio é alcançado ao reconhecermos nosso papel como cocriadores conscientes do universo. Embora saibamos que há um plano maior em ação, também reconhecemos nossa capacidade de influenciar esse plano por meio de nossas escolhas e intenções.

Equilíbrio é encontrado quando nos alinhamos com a sincronicidade, permitindo que a criação flua naturalmente.

RESUMO

Em síntese, a Casa 69 – Brahma-Loka – Plano Absoluto – Criador e Criação – Sincronicidade nos convida a reconhecer nosso papel como cocriadores conscientes do universo. Pertencimento é encontrado ao percebermos que somos parte de um vasto e interconectado tecido do universo. Hierarquia é estabelecida ao compreendermos a interdependência entre o Criador e a Criação. O equilíbrio é alcançado ao nos alinharmos com a sincronicidade e permitirmos que a criação flua naturalmente.

OS 7 CHACRAS

Aqui está a análise da Casa 69 – Brahma-Loka – Plano Absoluto – Criador e Criação – Sincronicidade, relacionada com os sete chacras, oferecendo *insights* sobre como essa casa influencia cada um dos centros de energia, juntamente com dicas para equilibrar essas influências em sua vida:

Chacra Raiz (Muladhara) – Segurança e Sobrevivência

A Casa 69, associada ao plano absoluto e à sincronicidade, pode fortalecer o chacra raiz, proporcionando uma sensação de segurança profunda e fundamental. Ao compreender a interconexão de todas as coisas, você se sente mais seguro em seu lugar no universo.

Chacra Sacral (Swadhisthana) – Criatividade e Emoções

A consciência da sincronicidade na Casa 69 também pode enriquecer o chacra sacral, inspirando uma expressão mais criativa e autêntica das emoções. Você se torna mais receptivo às emoções e intuições que fluem naturalmente, alimentando sua criatividade.

Chacra do Plexo Solar (Manipura) – Poder Pessoal

Nesta casa, a compreensão do plano absoluto e da sincronicidade pode influenciar positivamente o chacra do plexo solar. Você percebe que tem um papel ativo na criação de sua realidade, fortalecendo seu poder pessoal e tomando decisões alinhadas com o fluxo universal.

Chacra Cardíaco (Anahata) – Amor e Compaixão

A sincronicidade na Casa 69 também nutre o chacra cardíaco. Você experimenta um profundo amor e compaixão por todas as formas de vida, vendo a conexão entre todos os seres como parte do plano divino. Isso promove relacionamentos amorosos e compassivos.

Chacra Laríngeo (Vishuddha) – Comunicação e Expressão

Na Casa 69, a compreensão da sincronicidade pode influenciar positivamente a comunicação e a expressão no chacra laríngeo. Você aprende a comunicar suas ideias e sentimentos de maneira harmoniosa, reconhecendo que a sincronicidade muitas vezes guia a forma como você se expressa.

Chacra do Terceiro Olho (Ajna) – Intuição e Percepção

A vivência da sincronicidade na Casa 69 também pode afetar positivamente o chacra do terceiro olho. Você se sintoniza com a intuição e a percepção aprimoradas, reconhecendo os sinais do universo com mais clareza e sabedoria.

Chacra Coronário (Sahasrara) – Conexão Espiritual

Nesta casa, a compreensão do plano absoluto e da sincronicidade está intrinsecamente ligada à conexão espiritual no chacra coronário. Você se sente profundamente conectado ao criador e à criação, experimentando uma expansão da consciência espiritual e uma conexão mais profunda com o plano absoluto.

RESUMO

A Casa 69 – Brahma-Loka – Plano Absoluto – Criador e Criação – Sincronicidade, vista por meio da perspectiva dos sete chacras, enfatiza a importância de reconhecer a interconexão de todas as coisas no universo. Isso não apenas promove segurança, criatividade e poder pessoal, mas também fortalece relacionamentos, intuição, espiritualidade e a capacidade de se expressar de maneira autêntica, contribuindo para um estado de equilíbrio e harmonia em todos os níveis.

MENSAGEM FINAL

A mensagem final da casa Brahma-Loka nos lembra da conexão essencial entre o criador e a criação, convidando-nos a refletir sobre como essa relação influencia nossa jornada. Ao compreendermos a interconexão e a sincronicidade que permeiam a existência, podemos descobrir um profundo sentido de propósito e alinhar nossa vida com o fluxo cósmico. Reconhecendo nossa parte no todo, podemos cultivar uma apreciação mais profunda pela harmonia universal e buscar transcender as limitações da existência individual. Brahma-Loka nos convida a explorar essa relação entre criador e criação como uma fonte de sabedoria, autoconhecimento e expansão espiritual.

Casa 70

Satoguna – Natureza Verdadeira – Essência da Verdade

Seja bem-vindo(a) à Casa 70 – Satoguna – Natureza Verdadeira – Essência da Verdade, um refúgio para a exploração da pureza e clareza da verdade que reside tanto no âmago da existência quanto no âmago de cada ser. Nesta casa, você entrará em um espaço de profunda contemplação sobre a natureza intrínseca da verdade e a maneira pela qual ela se manifesta em nossa vida.

Ao cruzar o limiar da Casa 70, você será imerso(a) em um ambiente de serenidade e autenticidade, em que a busca pela verdade é um guia essencial. Aqui, a verdade não é apenas vista como uma ideia ou conceito, mas como uma energia vital que permeia toda a criação. A busca pela verdade é considerada uma jornada interior e exterior, levando a uma compreensão mais profunda de nós mesmos e do mundo ao nosso redor.

A Casa 70 convida você a contemplar a importância de se conectar com a essência da verdade em sua forma mais pura. Isso implica olhar para além das ilusões e máscaras que possam obscurecer nossa percepção e abraçar a autenticidade em todos os aspectos da vida. Aqui, você vai explorar a ideia de que a verdade é uma fonte de harmonia e clareza, capaz de guiar suas ações e decisões.

Prepare-se para uma jornada de descoberta interior, na qual você será incentivado(a) a sintonizar-se com a natureza verdadeira das coisas e a reconhecer como a busca pela verdade pode enriquecer sua vida espiritual e pessoal. Bem-vindo(a) à Casa 70 – Satoguna – Natureza Verdadeira – Essência da Verdade, em que a jornada em direção à verdade interior o(a) aguarda.

Algumas características e reflexões relacionadas com a Casa Satoguna

- **Busca pela verdade:** a casa Satoguna nos convida a refletir sobre a importância fundamental de buscar a verdade em todas as áreas de nossa vida, desde nossos pensamentos até nossas ações.

- **Despertar da consciência:** explorar como a busca pela verdade nos ajuda a elevar nossa consciência e nos afastar das ilusões e falsas percepções que podem obscurecer nossa compreensão.
- **Paz interior:** refletir sobre como a conexão com a verdade pode nos trazer uma profunda sensação de paz interior, à medida que nos alinhamos com o que é autêntico e genuíno.
- **Sabedoria interior:** considerar como a busca pela verdade nos ajuda a acessar nossa sabedoria interior, permitindo-nos tomar decisões mais alinhadas com nossos valores e propósito.
- **Liberdade do engano:** refletir sobre como a verdade nos liberta do engano e das máscaras que possamos usar, permitindo-nos viver de maneira mais autêntica e verdadeira.

Aplicação Terapêutica da Casa Satoguna

- **Autoinvestigação:** reserve um tempo regularmente para se questionar sobre suas crenças, pensamentos e ações, buscando entender se estão alinhados com a verdade.
- **Prática da honestidade:** cultive a honestidade consigo mesmo e com os outros, sendo sincero em suas interações e escolhas.
- **Meditação na verdade:** pratique meditações que enfatizem a busca pela verdade e permitam que a mente se acalme para que a verdade possa emergir.
- **Reflexão sobre valores:** reflita sobre seus valores e princípios pessoais, considerando como eles se relacionam com suas escolhas e ações.
- **Vivendo autenticamente:** identifique áreas em sua vida em que você pode viver mais autenticamente, alinhado com sua verdadeira natureza.

ENEAGRAMA

Aqui está a análise da Casa 70 – Satoguna – Natureza Verdadeira – Essência da Verdade Sincronicidade, à luz do Eneagrama, para cada um dos nove tipos, juntamente com sugestões de melhoria específicas:

Tipo 8 – O Poderoso

Quando o Tipo 8 está na Casa 70 – Satoguna – Natureza Verdadeira, é importante cultivar a conexão com sua essência interior.

Sugestão: praticar a consciência da verdadeira natureza e estar aberto à sincronicidade como uma forma de guiar suas ações, mantendo um equilíbrio saudável entre assertividade e sensibilidade.

Tipo 9 - O Mediador

Nesta casa, o Tipo 9 é convidado a se sintonizar com sua essência interior e a reconhecer as oportunidades que a sincronicidade apresenta.

Sugestão: aplicar a consciência da verdadeira natureza para romper a complacência e tomar decisões que estejam alinhadas com seus valores profundos.

Tipo 1 - O Perfeccionista

Para o Tipo 1 nesta casa, é importante se conectar com a verdade essencial e permitir que essa conexão influencie suas ações.

Sugestão: praticar a observação da sincronicidade para liberar o desejo de perfeição rígida e abraçar o fluxo natural da vida.

Tipo 2 - O Ajudante

Quando o Tipo 2 está na Casa 70 - Satoguna - Natureza Verdadeira, é fundamental reconhecer sua própria essência e necessidades.

Sugestão: cultivar a consciência da verdadeira natureza como base para ajudar os outros, mantendo limites saudáveis e autenticidade.

Tipo 3 - O Vencedor

Nesta casa, o Tipo 3 é desafiado a alinhar suas realizações externas com sua verdade interior.

Sugestão: aplicar a consciência da verdadeira natureza para buscar metas que se alinhem com seus valores autênticos, em vez de buscar apenas reconhecimento externo.

Tipo 4 - O Intenso

Quando o Tipo 4 está na Casa 70 - Satoguna - Natureza Verdadeira, é importante reconhecer a beleza da sua essência única.

Sugestão: praticar a observação da sincronicidade para encontrar significado e satisfação em quem você é, liberando a necessidade de ser excepcional.

Tipo 5 - O Analítico

Nesta casa, o Tipo 5 é convidado a se conectar com a essência da verdade que vai além do conhecimento intelectual.

Sugestão: aplicar a consciência da verdadeira natureza para equilibrar a busca pelo conhecimento com a experiência direta da vida.

Tipo 6 - O Precavido

Quando o Tipo 6 está na Casa 70 - Satoguna - Natureza Verdadeira, é importante confiar na intuição e na orientação interior.

Sugestão: cultivar a sensibilidade à sincronicidade como uma forma de cultivar a confiança interna e superar a ansiedade.

Tipo 7 – O Otimista

Nesta casa, o Tipo 7 é desafiado a encontrar a verdadeira satisfação além das buscas incessantes.

Sugestão: praticar a observação da sincronicidade para cultivar uma apreciação mais profunda do momento presente, em vez de buscar constantemente novas experiências.

RESUMO

A Casa 70 – Satoguna – Natureza Verdadeira – Essência da Verdade Sincronicidade, no contexto do Eneagrama, convida cada tipo a se conectar com sua essência interior e a reconhecer a guiança da sincronicidade em suas vidas. As sugestões específicas para cada tipo podem ajudar a transformar essa prática em um caminho para uma vida mais autêntica e alinhada com a verdadeira natureza.

CONSTELAÇÃO

Pertencimento na Casa 70 – Satoguna – Natureza Verdadeira – Essência da Verdade

Nesta Casa, adentramos a esfera da Natureza Verdadeira, em que a Essência da Verdade prevalece. O pertencimento é encontrado quando reconhecemos que fazemos parte de um todo maior, conectado por uma realidade mais profunda e essencial.

Sentimo-nos verdadeiramente pertencentes ao abraçar a autenticidade e a verdade que permeiam essa dimensão.

Hierarquia na Casa 70 – Satoguna – Natureza Verdadeira – Essência da Verdade

A hierarquia aqui é fundamentada na compreensão de que a Verdade é o alicerce primordial de tudo o que existe. A Verdade transcende distinções superficiais e coloca todos os seres em um plano igualitário de autenticidade.

A busca pela Verdade revela que não há hierarquia no sentido convencional, pois todos estão conectados por sua natureza essencial.

Equilíbrio na Casa 70 – Satoguna – Natureza Verdadeira – Essência da Verdade

O equilíbrio é alcançado ao alinhar nossas ações, pensamentos e emoções com a Essência da Verdade. Aqui, equilíbrio não se trata de encontrar um ponto intermediário, mas sim de se mover em direção à autenticidade e à verdade em todas as dimensões da vida.

Ao viver em conformidade com a Natureza Verdadeira, alcançamos um estado de harmonia interior e exterior.

RESUMO

A Casa 70 – Satoguna – Natureza Verdadeira – Essência da Verdade nos convida a nos conectarmos com a Essência da Verdade em nosso âmago. O pertencimento é encontrado ao abraçar a autenticidade e a verdade que permeiam essa dimensão. A hierarquia é baseada na compreensão de que a Verdade é fundamental para todos os seres. O equilíbrio é alcançado ao viver em harmonia com a Natureza Verdadeira, alinhando nossas ações com a Essência da Verdade.

OS 7 CHACRAS

Aqui está a análise da Casa 70 – Satoguna – Natureza Verdadeira – Essência da Verdade, relacionada com os sete chacras, oferecendo *insights* sobre como essa casa influencia cada um dos centros de energia, juntamente com dicas para equilibrar essas influências em sua vida:

Chacra Raiz (Muladhara) – Segurança e Sobrevivência

A Casa 70, associada à natureza verdadeira e à essência da verdade, fortalece o chacra raiz, proporcionando uma sensação de segurança baseada na compreensão da verdade fundamental do universo. Isso promove uma sensação de segurança profunda e duradoura.

Chacra Sacral (Swadhisthana) – Criatividade e Emoções

A consciência da natureza verdadeira na Casa 70 também pode enriquecer o chacra sacral, inspirando uma expressão mais autêntica e criativa das emoções. Você se sente à vontade para explorar e expressar suas emoções de maneira saudável.

Chacra do Plexo Solar (Manipura) – Poder Pessoal

Nesta casa, a compreensão da natureza verdadeira e da essência da verdade pode influenciar positivamente o chacra do plexo solar. Isso fortalece seu senso de poder pessoal, pois você vive em alinhamento com sua verdade interior.

Chacra Cardíaco (Anahata) – Amor e Compaixão

A natureza verdadeira na Casa 70 também nutre o chacra cardíaco. Você vive com um coração aberto, amando e demonstrando compaixão de forma genuína, pois reconhece a verdade fundamental do amor como a essência da vida.

Chacra Laríngeo (Vishuddha) – Comunicação e Expressão

Na Casa 70, a compreensão da natureza verdadeira pode influenciar positivamente a comunicação e a expressão no chacra laríngeo. Você comunica a verdade com clareza e autenticidade, promovendo uma comunicação honesta e compassiva.

Chacra do Terceiro Olho (Ajna) – Intuição e Percepção

A vivência da natureza verdadeira na Casa 70 também pode afetar positivamente o chacra do terceiro olho. Você acessa uma intuição profunda e uma percepção clara, reconhecendo a verdade interior que guia suas decisões.

Chacra Coronário (Sahasrara) – Conexão Espiritual

Nesta casa, a compreensão da natureza verdadeira e da essência da verdade está intrinsecamente ligada à conexão espiritual no chacra coronário. Você se conecta à verdade universal e experimenta uma profunda expansão da consciência espiritual.

RESUMO

A Casa 70 – Satoguna – Natureza Verdadeira – Essência da Verdade, vista por meio da perspectiva dos sete chacras, destaca a importância de viver em alinhamento com a verdade fundamental do universo. Isso promove segurança, criatividade, poder pessoal, amor, comunicação autêntica, intuição, espiritualidade e uma conexão mais profunda com a essência da verdade, contribuindo para um estado de equilíbrio e harmonia em todos os níveis.

MENSAGEM FINAL

A mensagem final da casa Satoguna nos lembra da importância fundamental de buscar a verdade em todas as áreas de nossa vida. Ao nos alinharmos com a natureza verdadeira das coisas, encontramos uma profunda paz interior e acessamos uma sabedoria interior que nos guia para decisões mais autênticas e significativas. A busca pela verdade nos liberta do engano e das ilusões, permitindo-nos viver de maneira mais genuína e alinhada com nosso propósito. Satoguna nos convida a embarcar nessa jornada de descoberta e autenticidade, lembrando-nos de que a verdade é um farol que ilumina nosso caminho em direção à realização e ao despertar espiritual.

Casa 71

Rajoguna – Atividade – Ação – Verdade em Ação

Seja bem-vindo(a) à Casa 71 – Rajoguna – Atividade – Ação – Verdade em Ação, um espaço dedicado à exploração dinâmica da ação e atividade como expressões autênticas da verdade. Nesta casa, você entrará em um ambiente energético e motivador, em que a importância da ação consciente e alinhada com a verdade será explorada em profundidade.

Ao atravessar o portal da Casa 71, você será envolvido(a) por um ambiente pulsante de movimento e empreendimento. Aqui, a verdade é entendida como algo que não apenas reside em palavras e pensamentos, mas também se manifesta por meio das ações que empreendemos em nossa jornada. A verdade em ação é a busca por sincronizar nossas atividades com nossos princípios mais autênticos.

A Casa 71 o(a) convida a refletir sobre como a busca pela verdade pode se expressar em suas ações cotidianas. Ela destaca a importância de agir com discernimento e intenção, em harmonia com seus valores interiores, enquanto navega pelas complexidades da vida. Aqui, você será incentivado(a) a considerar como suas escolhas e esforços contribuem para a criação de um mundo mais autêntico e alinhado com a verdade.

Prepare-se para explorar a dinâmica entre ação e verdade, mergulhando na compreensão de que nossos esforços são meios poderosos para manifestar nossos ideais e verdades mais profundas. Bem-vindo(a) à Casa 71 – Rajoguna – Atividade – Ação – Verdade em Ação, em que a jornada para integrar a verdade em suas ações está prestes a começar.

Algumas características e reflexões relacionadas com a Casa Rajoguna

- **Movimento constante:** a casa Rajoguna convida a refletir sobre a natureza dinâmica da vida, em que a atividade e a ação são elementos intrínsecos.

- **Manifestação dos planos:** explorar como a ação é a expressão tangível de nossos planos e intenções, transformando ideias em realidade.
- **Empenho e determinação:** refletir sobre a importância de aplicar esforço e determinação em nossas ações, buscando alcançar nossos objetivos.
- **Responsabilidade pessoal:** considerar como a ação nos coloca no assento do motorista de nossas vidas, permitindo-nos assumir responsabilidade pelo nosso destino.
- **Alinhando com a verdade:** refletir sobre como nossas ações podem refletir nossa verdade interior, sendo congruentes com nossos valores e intenções.

Aplicação Terapêutica da Casa Rajoguna

- **Planejamento estratégico:** desenvolva um plano claro para alcançar suas metas, identificando passos concretos e cronograma para implementação.
- **Estabeleça prioridades:** identifique as tarefas e atividades mais importantes e alinhe-as com seus objetivos de longo prazo.
- **Foco e concentração:** pratique técnicas de concentração e foco para maximizar a eficácia de suas ações e minimizar distrações.
- **Ação consciente:** cultive a prática de realizar cada tarefa com atenção plena, mantendo-se presente no momento presente.
- **Avaliação e ajuste:** avalie regularmente suas ações e resultados, fazendo ajustes conforme necessário para alcançar seus objetivos.

ENEAGRAMA

Aqui está a análise da Casa 71 – Rajoguna – Atividade – Ação – Verdade em Ação, à luz do Eneagrama, para cada um dos nove tipos, juntamente com sugestões de melhoria específicas:

Tipo 8 – O Poderoso

Quando o Tipo 8 está na Casa 71 – Rajoguna – Atividade, é importante canalizar sua energia e determinação para ações que se alinhem com sua verdade e valores.

Sugestão: praticar a ação consciente e assertiva, buscando equilíbrio entre liderança e consideração pelos outros.

Tipo 9 – O Mediador

Nesta casa, o Tipo 9 é desafiado a se engajar em ações que expressem a sua verdade interior, em vez de evitá-las por harmonia.

Sugestão: aplicar a ação consciente para se posicionar com autenticidade, mantendo uma abordagem pacífica em situações desafiadoras.

Tipo 1 – O Perfeccionista

Para o Tipo 1 nesta casa, é fundamental agir de acordo com seus princípios, mas também permitir flexibilidade.

Sugestão: praticar a ação consciente, liberando a necessidade de controle excessivo e buscando uma abordagem mais compassiva diante das imperfeições.

Tipo 2 – O Ajudante

Quando o Tipo 2 está na Casa 71 – Rajoguna – Atividade, é importante direcionar a generosidade para ações que realmente sirvam aos outros e a si mesmo.

Sugestão: cultivar a ação consciente, definindo limites saudáveis e evitando a busca de validação por meio do cuidado com os outros.

Tipo 3 – O Vencedor

Nesta casa, o Tipo 3 é convidado a agir de acordo com seus objetivos autênticos, em vez de perseguir apenas a imagem de sucesso.

Sugestão: aplicar a ação consciente para se alinhar com suas verdadeiras aspirações e transmitir autenticidade, independentemente da aprovação externa.

Tipo 4 – O Intenso

Quando o Tipo 4 está na Casa 71 – Rajoguna – Atividade, é fundamental canalizar sua profundidade emocional para ações criativas e construtivas.

Sugestão: praticar a ação consciente, usando a expressão artística e pessoal para conectar-se com os outros de maneira significativa.

Tipo 5 – O Analítico

Nesta casa, o Tipo 5 é desafiado a transformar seu conhecimento em ações práticas e compartilhá-las com os outros.

Sugestão: aplicar a ação consciente para equilibrar o desejo de aprender com a necessidade de participar plenamente da vida e contribuir com sua sabedoria.

Tipo 6 – O Precavido

Quando o Tipo 6 está na Casa 71 – Rajoguna – Atividade, é importante agir apesar das dúvidas e inseguranças.

Sugestão: cultivar a ação consciente, confiando em suas habilidades e tomando decisões fundamentadas para superar o medo e a indecisão.

Tipo 7 - O Otimista

Nesta casa, o Tipo 7 é convidado a envolver-se em ações que tragam satisfação duradoura, em vez de buscar apenas prazeres momentâneos.

Sugestão: praticar a ação consciente, direcionando sua energia para projetos que tenham significado e profundidade.

RESUMO

A Casa 71 - Rajoguna - Atividade - Ação - Verdade em Ação, no contexto do Eneagrama, convida cada tipo a agir de acordo com sua verdade interior e a usar sua energia de forma construtiva e alinhada com seus valores. As sugestões específicas para cada tipo podem ajudar a transformar essa prática em um caminho para uma vida mais autêntica e realizada.

CONSTELAÇÃO

Pertencimento na Casa 71 - Rajoguna - Atividade - Ação - Verdade em Ação

Nesta Casa, entramos no domínio da Atividade e da Ação, em que a Verdade é expressa por meio de nossas ações. O pertencimento é encontrado quando percebemos que fazemos parte de um fluxo dinâmico de atividade no universo, e nossa contribuição é uma parte essencial desse processo.

Ao nos engajarmos autenticamente nas atividades, encontramos nosso lugar nesse cenário em constante movimento.

Hierarquia na Casa 71 - Rajoguna - Atividade - Ação - Verdade em Ação

A hierarquia nesta casa é baseada na sincronicidade entre nossas ações e a Verdade mais profunda. Ao nos sintonizarmos com a Verdade em nossa busca por ação significativa, transcendemos hierarquias tradicionais e nos conectamos com um senso de unidade com todos os seres.

A Verdade é a guia, e todos os papéis desempenhados nas atividades são igualmente valiosos.

Equilíbrio na Casa 71 - Rajoguna - Atividade - Ação - Verdade em Ação

O equilíbrio é alcançado quando nossas atividades são conduzidas por uma intenção autêntica e uma compreensão clara da Verdade. Significa engajar-se nas atividades com vigor e paixão, mas também com um senso de discernimento e harmonia.

Ao equilibrar a ação impulsionada pelo Rajoguna com a sabedoria da Verdade, evitamos excessos e desequilíbrios.

RESUMO

A Casa 71 – Rajoguna – Atividade – Ação – Verdade em Ação nos lembra que nossas ações são expressões da Verdade e que nosso pertencimento está enraizado em nossa contribuição ativa para o universo. A hierarquia é definida pela sintonia com a Verdade, e o equilíbrio é alcançado ao agir com intenção autêntica e sabedoria.

OS 7 CHACRAS

Aqui está a análise da Casa 71 – Rajoguna – Atividade – Ação – Verdade em Ação, relacionada com os sete chacras, oferecendo *insights* sobre como essa casa influencia cada um dos centros de energia, juntamente com dicas para equilibrar essas influências em sua vida:

Chacra Raiz (Muladhara) – Segurança e Sobrevivência

A Casa 71, relacionada à atividade e à verdade em ação, pode impactar o chacra raiz, fornecendo a energia e a motivação necessárias para a ação. Isso ajuda a fortalecer seu senso de segurança, pois você toma medidas para criar estabilidade em sua vida.

Chacra Sacral (Swadhisthana) – Criatividade e Emoções

A conscientização da verdade em ação na Casa 71 também pode inspirar o chacra sacral. Você canaliza sua energia criativa para ações construtivas, expressando suas emoções de maneira produtiva e autêntica.

Chacra do Plexo Solar (Manipura) – Poder Pessoal

Nesta casa, a busca pela verdade em ação pode influenciar positivamente o chacra do plexo solar. Você se sente mais empoderado e confiante à medida que toma ações alinhadas com seus valores e objetivos pessoais.

Chacra Cardíaco (Anahata) – Amor e Compaixão

A verdade em ação na Casa 71 nutre o chacra cardíaco, permitindo que você aja a partir de um lugar de amor genuíno e compaixão. Suas ações são motivadas pelo desejo de criar um impacto positivo nos outros.

Chacra Laríngeo (Vishuddha) – Comunicação e Expressão

Na Casa 71, a busca pela verdade em ação pode influenciar a comunicação e a expressão no chacra laríngeo. Você comunica suas ideias e sentimentos de forma clara e autêntica, agindo com honestidade em todas as interações.

Chacra do Terceiro Olho (Ajna) – Intuição e Percepção

A verdade em ação também pode afetar positivamente o chacra do terceiro olho. Você toma decisões baseadas na intuição e na percepção aguçada, agindo de maneira mais alinhada com sua verdade interior.

Chacra Coronário (Sahasrara) – Conexão Espiritual

Nesta casa, a busca pela verdade em ação está ligada à conexão espiritual no chacra coronário. Suas ações são um reflexo de sua busca espiritual e de seu desejo de viver em harmonia com os princípios espirituais.

RESUMO

A Casa 71 – Rajoguna – Atividade – Ação – Verdade em Ação, vista por meio da perspectiva dos sete chacras, destaca a importância de agir de acordo com seus valores e princípios, promovendo segurança, criatividade, poder pessoal, amor, comunicação autêntica, intuição, espiritualidade e uma conexão mais profunda com a verdade em ação, contribuindo para um estado de equilíbrio e harmonia em todos os níveis.

MENSAGEM FINAL

A mensagem final da casa Rajoguna nos lembra da importância vital da atividade e da ação em nossa jornada de vida. Cada passo que damos é uma manifestação de nossos planos e intenções, transformando ideias em realidade tangível. A ação requer empenho e determinação, mas também nos capacita a assumir responsabilidade por nossa própria vida e destino. Ao nos alinharmos com a verdade interior, nossas ações refletem nossa autenticidade e valores, trazendo uma sensação de integridade e realização. Rajoguna nos incentiva a abraçar a atividade como um meio para alcançar nossos objetivos e transformar nossos sonhos em realizações concretas, lembrando-nos de que a ação é a força motriz que nos leva adiante em nossa jornada.

Casa 72

Tamoguna – Inércia – Transformação

Seja bem-vindo(a) à Casa 72 – Tamoguna – Inércia – Transformação, um espaço dedicado à profunda reflexão sobre os ciclos de inércia e transformação que moldam nossa jornada. Ao entrar nesta casa, você será imerso(a) em uma atmosfera de contemplação e autoconsciência, em que os aspectos da inércia e da metamorfose serão cuidadosamente explorados.

Ao cruzar o limiar da Casa 72, você se encontrará em um ambiente que convida à reflexão sobre a tendência humana à inércia, à estagnação e à resistência à mudança. Aqui, a inércia não é vista como uma mera falta de movimento, mas como um estágio vital em que nos deparamos com oportunidades para transformação interior. É um convite para examinar profundamente as áreas de nossas vidas em que resistimos à evolução.

A Casa 72 o(a) guiará por uma jornada interior, incentivando-o(a) a explorar como a inércia pode ser um ponto de partida para a transformação pessoal. Ela enfatiza que, mesmo em momentos de aparente estagnação, os processos internos de crescimento e mudança estão em andamento. Aqui, você será convidado(a) a observar como a autotransformação muitas vezes emerge das profundezas da inércia.

Prepare-se para uma exploração profunda sobre a natureza da mudança e como a inércia pode ser um precursor de uma transformação interior significativa. Bem-vindo(a) à Casa 72 – Tamoguna – Inércia – Transformação, em que os ciclos de estagnação e renovação se entrelaçam em uma dança sutil de autodescoberta.

Algumas características e reflexões relacionadas com a Casa Tamoguna

- **Inércia e estagnação:** a casa Tamoguna nos lembra dos perigos da inércia e da estagnação, que podem impedir nosso crescimento pessoal e espiritual.

- **Resistência à mudança:** refletir sobre como a inércia muitas vezes resulta da resistência à mudança e à transformação, mesmo quando elas são necessárias.
- **Despertar para a ação:** explorar como a inércia pode nos manter presos em padrões de comportamento pouco saudáveis, enquanto a transformação pode ser um caminho para a libertação.
- **Equilíbrio com rajoguna:** compreender a interação entre Tamoguna (inércia) e Rajoguna (atividade), buscando um equilíbrio saudável entre descanso e ação.
- **Aceitação da mudança:** considerar como a transformação é uma parte inevitável da vida e como abraçar essa mudança pode nos permitir crescer e evoluir.

Aplicação Terapêutica da Casa Tamoguna

- **Autoconsciência:** identifique áreas de sua vida em que a inércia possa estar presente e reflita sobre as razões subjacentes a esse padrão.
- **Pequenos passos:** comece com pequenas ações para sair da inércia, estabelecendo metas alcançáveis que o motivem a agir.
- **Mudança gradual:** introduza gradualmente mudanças positivas em sua rotina, permitindo-se adaptar-se à transformação de forma mais suave.
- **Práticas energizantes:** experimente práticas que estimulem sua energia, como exercícios, meditação ou hobbies que o inspirem.
- **Apoio externo:** busque o apoio de amigos, familiares ou profissionais, caso sinta que a inércia está afetando negativamente sua vida.

ENEAGRAMA

Aqui está a análise da Casa 72 – Tamoguna – Inércia – Transformação, à luz do Eneagrama, para cada um dos nove tipos, juntamente com sugestões de melhoria específicas:

Tipo 8 – O Poderoso

Quando o Tipo 8 está na Casa 72 – Tamoguna – Inércia – Transformação, é importante reconhecer quando a resistência à mudança surge.

Sugestão: abraçar a transformação com humildade, permitindo que as vulnerabilidades e resistências sejam exploradas e transformadas.

Tipo 9 – O Mediador

Nesta casa, o Tipo 9 é desafiado a superar a tendência à complacência e à procrastinação.

Sugestão: abraçar a transformação com energia, permitindo que seus desejos e paixões se manifestem, em vez de evitá-los para manter a paz.

Tipo 1 – O Perfeccionista

Para o Tipo 1 nesta casa, é crucial reconhecer e liberar a rigidez e autocrítica que podem impedir a transformação.

Sugestão: abraçar a transformação com compaixão, aceitando a imperfeição como parte do crescimento e permitindo uma abordagem mais flexível.

Tipo 2 – O Ajudante

Quando o Tipo 2 está na Casa 72 – Tamoguna – Inércia – Transformação, é importante superar o desejo de agradar aos outros a todo custo.

Sugestão: abraçar a transformação com autenticidade, concentrando-se em atender às próprias necessidades antes de cuidar dos outros.

Tipo 3 – O Vencedor

Nesta casa, o Tipo 3 é desafiado a transcender a busca incessante por sucesso e reconhecimento externo.

Sugestão: abraçar a transformação com autenticidade, permitindo que a verdadeira essência e paixões se manifestem, independentemente da validação externa.

Tipo 4 – O Intenso

Quando o Tipo 4 está na Casa 72 – Tamoguna – Inércia – Transformação, é crucial superar a tendência de se perder na própria tristeza e melancolia.

Sugestão: abraçar a transformação com esperança, buscando ativamente maneiras de canalizar a intensidade emocional para a criação e autodescoberta.

Tipo 5 – O Analítico

Nesta casa, o Tipo 5 é desafiado a superar a tendência ao isolamento excessivo e ao acumular conhecimento sem aplicá-lo.

Sugestão: abraçar a transformação com abertura, compartilhando *insights* e conhecimentos com os outros e se envolvendo mais plenamente nas interações sociais.

Tipo 6 – O Precavido

Quando o Tipo 6 está na Casa 72 – Tamoguna – Inércia – Transformação, é importante superar a ansiedade e a hesitação diante da incerteza.

Sugestão: abraçar a transformação com coragem, confiando em suas habilidades e tomando medidas para enfrentar os desafios.

Tipo 7 – O Otimista

Nesta casa, o Tipo 7 é convidado a superar a tendência a evitar emoções desconfortáveis por meio da busca constante por experiências novas e excitantes.

Sugestão: abraçar a transformação com introspecção, permitindo-se sentir e explorar as profundezas emocionais.

RESUMO

A Casa 72 – Tamoguna – Inércia – Transformação, no contexto do Eneagrama, convida cada tipo a reconhecer e superar a resistência à mudança, permitindo a transformação pessoal e o crescimento. As sugestões específicas para cada tipo podem ajudar a transformar essa prática em um caminho para uma vida mais autêntica e significativa.

CONSTELAÇÃO

Pertencimento na Casa 72 – Tamoguna – Inércia – Transformação

Nesta Casa, somos confrontados com a Inércia e a necessidade de Transformação. O pertencimento aqui é encontrado quando reconhecemos que fazemos parte de um fluxo constante de mudança e crescimento.

Apesar da inércia inicial que pode surgir, pertencemos a um processo evolutivo que nos convida a transformar e transcender nosso estado atual.

Hierarquia na Casa 72 – Tamoguna – Inércia – Transformação

A hierarquia nesta casa está alinhada com o ciclo de transformação. A inércia inicial pode ser vista como a base, mas a busca pela transformação transcende essa inércia.

A capacidade de evoluir e transcender está no topo da hierarquia, pois supera a estagnação.

Equilíbrio na Casa 72 – Tamoguna – Inércia – Transformação

O equilíbrio é alcançado quando reconhecemos que a inércia é um estágio temporário e necessário para a transformação. Devemos equilibrar a resistência à mudança com a aceitação da necessidade de crescimento.

A transformação não é apenas uma mudança externa, mas também uma mudança interna em nossa mentalidade e perspectiva.

> **RESUMO**
>
> A Casa 72 – Tamoguna – Inércia – Transformação nos lembra que, embora a inércia possa ser inicialmente desafiadora, ela é um estágio necessário para a transformação. A hierarquia é definida pela capacidade de transcender a inércia e buscar a evolução. O equilíbrio é alcançado quando abraçamos a transformação como parte integrante de nossa jornada de crescimento.

OS 7 CHACRAS

Aqui está a análise da Casa 72 – Tamoguna – Inércia – Transformação, relacionada com os sete chacras, oferecendo *insights* sobre como essa casa influencia cada um dos centros de energia, juntamente com dicas para equilibrar essas influências em sua vida:

Chacra Raiz (Muladhara) – Segurança e Sobrevivência

A Casa 72, associada à inércia e à transformação, pode impactar o chacra raiz ao lidar com a sensação de segurança e sobrevivência. A inércia pode representar resistência à mudança, mas também é um estágio importante da transformação, permitindo que você se sinta seguro enquanto se prepara para uma nova fase.

Chacra Sacral (Swadhisthana) – Criatividade e Emoções

A conscientização da inércia e transformação na Casa 72 também pode inspirar o chacra sacral. A inércia pode ser um período de incubação criativa, em que você processa emoções e ideias antes de se transformar em algo novo.

Chacra do Plexo Solar (Manipura) – Poder Pessoal

Nesta casa, a inércia pode ser vista como um estágio de transição, em que você avalia e reconstrói seu senso de poder pessoal. É um momento de introspecção antes de assumir novos desafios e responsabilidades.

Chacra Cardíaco (Anahata) – Amor e Compaixão

A inércia e transformação na Casa 72 podem influenciar o chacra cardíaco ao permitir que você processe e libere sentimentos passados, abrindo espaço para um amor e compaixão mais profundos, tanto por si mesmo quanto pelos outros.

Chacra Laríngeo (Vishuddha) – Comunicação e Expressão

Na Casa 72, a inércia pode ser vista como um período de silêncio e reflexão antes de expressar novas ideias ou sentimentos. Isso ajuda a garantir que sua comunicação seja clara e significativa quando a transformação ocorrer.

Chacra do Terceiro Olho (Ajna) – Intuição e Percepção

A inércia e transformação também podem afetar o chacra do terceiro olho, proporcionando momentos de introspecção e percepção intuitiva que o guiarão durante a transformação.

Chacra Coronário (Sahasrara) – Conexão Espiritual

Nesta casa, a inércia e transformação podem ser vistas como um período de renovação espiritual. Você se reconecta com sua espiritualidade e busca a compreensão profunda enquanto se transforma internamente.

RESUMO

A Casa 72 – Tamoguna – Inércia – Transformação, vista por meio da perspectiva dos sete chacras, destaca a importância da inércia como parte do processo de transformação. Ela proporciona um espaço para refletir, processar emoções e preparar-se para a próxima fase de crescimento e desenvolvimento, contribuindo para um estado de equilíbrio e harmonia em todos os níveis durante o processo de transformação.

MENSAGEM FINAL

A mensagem final da casa Tamoguna nos recorda que a inércia pode nos aprisionar em padrões de comportamento limitantes, impedindo nosso progresso e evolução. A transformação é essencial para quebrar esses grilhões e nos libertar para o crescimento pessoal. Ao compreender a interação entre inércia e atividade, podemos encontrar um equilíbrio saudável entre o descanso necessário e a ação produtiva. Aceitar a inevitabilidade da mudança nos ajuda a abraçar a transformação como um meio de alcançar uma vida mais plena e realizada. Portanto, lembre-se de que a inércia pode ser superada por meio da vontade de mudar e evoluir, permitindo que você alcance todo o seu potencial e desfrute de uma vida cheia de significado e realizações.

Agradecimento

Este livro é o resultado de uma jornada de exploração profunda e reflexão interior. Não teria sido possível sem apoio, incentivo e contribuição de muitas pessoas maravilhosas ao longo do caminho. Expressar minha gratidão é apenas um pequeno gesto diante da imensa ajuda que recebi.

Primeiramente, quero expressar minha sincera gratidão aos meus familiares e amigos, que estiveram ao meu lado durante todo o processo de criação deste livro. Seu apoio inabalável, encorajamento constante e palavras de estímulo foram fundamentais para me manter motivada e focada.

Aos meus mentores e professores, dedico um profundo agradecimento. Suas orientações sábias, conhecimento compartilhado e *insights* valiosos enriqueceram este trabalho de maneira significativa. Cada conversa e conselho moldaram a direção deste livro e contribuíram para seu conteúdo enriquecedor.

Uma palavra especial de gratidão aos meus alunos, cujos comentários e sugestões ajudaram a lapidar este livro, tornando-o mais claro, coeso e impactante. Suas perspectivas foram inestimáveis e contribuíram para aprimorar a experiência de leitura.

Por fim, quero expressar minha gratidão a você, querido leitor. É por sua busca contínua por sabedoria, sua abertura para a exploração interior e sua vontade de mergulhar nessas páginas que este livro encontra seu propósito mais profundo. Que este livro possa oferecer inspiração, *insight* e orientação em sua própria jornada de autodescoberta e crescimento interior.

Com profunda gratidão,

Josi Meda